任学明　张秀丽/编著

中国人口出版社

图书在版编目（CIP）数据

0~3 岁教养训练实用百科 / 任学明，张秀丽编著 .—北京：中国人口出版社，2012.4

ISBN 978-7-5101-1147-1

Ⅰ. ① 0… Ⅱ. ①任… ②张… Ⅲ. ①婴幼儿－早期教育－基本知识 Ⅳ. ① G61

中国版本图书馆 CIP 数据核字（2012）第 056633 号

0~3岁教养训练实用百科

任学明　张秀丽　编著

出版发行　中国人口出版社
印　　刷　北京市通州富达印刷厂
开　　本　720 毫米 ×1000 毫米　　1/16
印　　张　29.75
字　　数　360 千
版　　次　2012 年 5 月第 1 版
印　　次　2012 年 5 月第 1 次印刷
书　　号　ISBN 978-7-5101-1147-1
定　　价　29.80 元（赠送 CD）

社　　长　陶庆军
网　　址　www.rkcbs.net
电子信箱　rkcbs@126.com
电　　话　(010) 83534662
传　　真　(010) 83515922
地　　址　北京市西城区广安门南街 80 号中加大厦
邮　　编　100054

“幸福 2+1”专家团队

总顾问 吴阶平 原全国人大常委会副委员长

严仁英 北京大学第一临床医学院妇产科教授
中国关心下一代工作委员会专家委员会主任
世界卫生组织母婴保健合作中心主任

胡亚美 中国工程院院士
中华医学会副会长
北京儿童医院名誉院长
国务院学位委员会委员

杨魁孚 中国计划生育协会常务副会长
中国人民大学兼职教授

黄醒华 首都医科大学北京妇产医院教授、主任医师
首都医科大学硕士生导师
中华预防医学会妇女保健学会主任委员
中华医学会围产医学分会常委

区慕洁 中国优生科学协会理事
“万婴跟踪”首席专家

戴淑凤 北京大学第一临床医学院妇产儿童医院教授
中国优生科学协会
中国优生优育协会理事

张湖德 中央人民广播电台医学顾问
北京中医药大学教授

特别为您精心打造

经过5年的读者考验，结合读者的反馈和新的孕育理念的发展，编委会集合各方力量重新打造了“孕育实用百科”系列丛书，希望给您的孕育生活送去科学、带来轻松。

特点1 这是一套物超所值的图书——

厚重的图书、实惠的定价，您花5分钱就能读1页书，每页1~3个知识点，个个都精彩、个个都实用。

特点2 这是一套权威可信的图书——

中国人口出版社是国家级孕育类专业出版社，依托人口计生委的专业资源，出版孕育类图书累计2000余种，编委会由多位孕育专家组成，做的就是精品。

特点3 这是一套呵护有加的图书——

孕育既是一件快乐的事情，也是一件辛苦的事情，在书中除了常见的孕育知识，还有生活中其他常见问题的解决建议，比如如何维护好一个家庭、如何提高生活的品质等。

特点4 这是一套从生活中来的图书——

博尔乐孕育热线开通6年了，数十万读者打来了咨询的电话、感谢的电话，有的家庭从妈妈怀孕到宝宝上幼儿园都伴随着热线的指导，因此这套书的问题都从生活中来，解决读者的实际之需。

本套图书经过了编委会的不懈努力、倾注了编辑的满腔热情，但仍有不足之处请读者指正，知识是在不断更新的，只有不断的完善才能紧随读者的需求，解决您的孕育问题是我们的责任，我们会继续努力。

目录 Contents

第一章 0~1岁的宝宝，充满新发现的成长阶段

第一节 新生的宝宝

目录 Contents

Contents 目录

目录 Contents

Contents 目录

目录 Contents

Contents 目录

第九节 9个月的宝宝

目录 Contents

Contents 目录

目录 Contents

第二章

1~2岁的宝宝，发育稳定的成长阶段

第一节 13~15个月的宝宝

Contents 目录

目录 Contents

Contents 目录

目录 Contents

第三章 2~3岁的宝宝，求知欲旺盛的成长阶段

第一节 25~27个月的宝宝

第二节 28~30个月的宝宝

Contents 目录

目录 Contents

Contents 目录

天赋潜能要在良好环境中才能发展，一个资优宝宝的形成跟遗传、环境两大因素有密切的关系。就像栽培植物一样，品种再好的幼苗，在培植期间也要肥美的土壤、充分的阳光、适宜的水分来帮助它成长；宝宝也是这样，不论天分多高，都需靠教养环境配合才能发挥出来。

第一节 新生的宝宝

做妈妈须知

早开奶，早吸吮，早接触；
母乳喂养好；
护理好新生儿脐部，预防脐炎；
与宝宝多接触，多抱，多抚摸；
学笑，练抬头和“爬行”；
继续听胎教音乐；
与宝宝多说话，要懂得宝宝哭所表达的意思；
出生两周后可以加喂鱼肝油滴剂；
出生后接种卡介苗和乙肝疫苗；
满月时要做常规体检。

一、宝宝的成长

1. 身体发育

从宝宝胎动腹中开始，分别称为胎儿、新生儿、婴儿和幼儿。

胎儿 在母体内，由受精卵着床于子宫，从胚胎逐渐生长发育，在怀孕第9～10周结束胚芽期，一直到临产，在母体子宫内度过的生长发育过程，被称做胎儿。

新生儿 从出生时候算起，生长到28天的宝宝被称做新生儿，即指满月前的宝宝。

从母体怀孕算起，胎龄满37周或者大于这个时间，初生体重在2500克以上的新生儿为正常。

在母体中怀孕不足37周出生的新生儿，一般称做早产儿，也叫未成熟儿。

妊娠期满37周，体重不足2500克的新生儿，称足月小样儿，也叫低体重儿。

一般说来，新生儿的正常指标如下：

体重2500～4000克；身长47～53厘米；头围33～34厘米；坐高（颅顶～臀）约33厘米；呼吸每分钟40～60次；心率每分钟140次左右。

体温 新生儿的正常体温为36~37℃。但因为体温中枢功能尚不完善，宝宝的体温不稳定，受外界环境温度影响，新生儿体温变化很大。新生儿皮下脂肪少，体表面积相对产热大，容易散热，要注意保暖。冬季室内温度宜保持在18～22℃，室温不能太低。

粪便 出生12小时后，新生儿开始排胎便。胎便呈深绿色、黑绿色或黑色黏稠糊状，这是胎儿在母体子宫内吞入羊水中的胎毛、胎脂、肠道分泌物而形成的大便。一般在出生三四天后，胎便就能排尽。喂奶后，新生儿的大便逐渐转成黄色。牛奶喂养的婴儿大便呈淡黄色或土灰色，并且呈固体，还常常会便秘。母乳喂养的婴儿大便多为金黄色糊状，次数多少不一，每天1～4次或者5~6次以上。

尿量 出生第一天尿量约10～30毫升，出生后36小时内排尿均属正常。随着哺乳摄入水分，宝宝的尿量逐渐增加，每天可排尿10次以上，每日总量可达到100～300毫升，满月前后可能达到250～450毫升。宝宝尿多是正常现象，不要因为尿多嫌换尿布麻烦，就减少喂水，尤其是夏季，喂水少，气温高，会让宝宝出现脱水热症。

2. 动作发育

新生儿一出生，就具备了运动和判断能力。父母亲温柔地和宝宝说话时，宝宝会随着声音有节律地运动。一开始，会转动头，上举手，伸直腿。继续谈话时，宝宝可能表演一些舞蹈样的动作，还可能会扬眉、伸足、举臂，有时候面部会有凝视或微笑的表情。

3. 感知发育

视觉 人类学习知识的积累过程，有85%是通过视觉而来，眼睛看东西的过程，能刺激大脑发育。新生儿一出生就具有视觉能力，34周以上的早产儿与足月儿的视力相同。父母和宝宝对视，是情感表达的最重要方式。宝宝睁开眼睛时，可让宝宝看你的脸，因为新生儿视焦距调节能力差，你的最佳距离应当是19厘米。还可以在离宝宝20厘米处放一个红色的圆形玩具引起宝宝的注意，然后上下左右移动，宝宝会慢慢移动头和眼睛追随玩具。健康的宝宝睡醒后，一般都有注视和眼睛及头随着目标移动的能力。

听觉 宝宝的听觉很敏感，如果宝宝醒着时，拿一个小塑料盒装些豆子，在离宝宝耳边约19厘米处轻摇，新生儿的头会转向小盒的方向，有的还能用眼睛找到盒子。如果在宝宝的耳边轻轻地说话，宝宝也会转向说话一侧，你转到另一侧，宝宝也会找到另一侧。新生儿很喜欢听母亲说话的声音，因为在母腹中习惯的声音，会使宝宝感到亲切。宝宝不喜欢过响的声音和噪声，太吵或者有噪声，宝宝会转头向相反的方向，甚至用哭声来表示抗议。

触觉 新生儿对不同温度、湿度、物体以及疼痛的触觉感受能力，喜欢接触质地柔软的物体，嘴唇和手是触觉最灵敏的部位。触觉是新生儿安慰自己，认识世界和外界交流的主要方式。宝宝从生命开始时，就有了触觉。习惯包裹在子宫内的胎儿，出生后自然喜欢紧贴母体的温暖环境。抱起宝宝时，宝宝会喜欢紧贴着、依偎着你。宝宝哭时，父母抱起来并轻轻地拍一拍，就能满足新生儿触觉安慰的需要。

嗅觉 新生儿能认识和区别不同的气味。闻到一种气味，宝宝有心率加快、活动量改变的反应，并且能转过头朝着气味发出的方向，这是宝宝对这种气味有兴趣的表现。

味觉 出生后，宝宝就能精细地辨别食品的滋味。给出生仅一天的新生儿喝不同浓度的糖水就会发现，宝宝对比较甜的水吸吮力强，吸吮快，喝得多；比较淡的糖水喝得少；对咸的、酸的或苦的液体会表现不愉快。喝酸桔子水时，会皱起眉头。

自己宝宝的健康聪明与否，是一个综合判断。这里列出的数据和现象是一般情况下新生儿的指标，不要因为自己的宝宝某一项或几项达不到而惊慌失措，怕自己的宝宝有什么不正常。既使是早产儿、低体重儿，按照正确科学的方法喂养，也能很快达到正常婴儿的水平，对此要有充分信心。

4. 睡眠

新生儿时期，是人在一生中睡眠最多的时期，一般来说，每天要睡到16～17个小时，约占一天的70%时间。总是在睡又总会睡睡醒醒，周期很短。睡眠周期约45分钟左右，随着成长，睡眠周期会越来越长，到婴儿期时，会达到90～120分钟。

睡眠周期包括浅睡和深睡。新生儿期浅睡要占到一半儿左右，伴随着成长，以后浅睡逐渐减少，到婴儿期时仅占总睡眠量的1/5～1/4。

深睡时，新生儿很少活动，平静安详、呼吸规则、眼球不转动。浅睡时则会伴有吸吮动作，面部有很多表情，有时似乎在做鬼脸，有时微笑，有时噘嘴，虽然闭着眼睛，但眼球会在眼睑下转动；四肢时时伴有舞蹈样动作，有时会伸伸懒腰或突然活动一下。浅睡时这些表现并不代表宝宝有什么不适，没必要用过多的喂养和呵护去打扰宝宝。

新生儿出生后，睡眠节律尚未养成，夜间要尽量少打扰，喂养间隔时间应当由2～3小时逐渐延长到4～5小时，让宝宝晚上多睡，白天少睡，尽快和成人生活节律同步。只有父母休息好了，才能更好地抚育宝宝成长。

5. 新生儿的哭

新生儿一开始是用哭声和成人交流，宝宝的哭，是生命的呼唤，是提醒不要忽视自己的存在。如果仔细观察新生儿的哭声，会发现其中有很多学问。

正常的新生儿哭声响亮、婉转，听起来很悦耳。正常情况下，宝宝的哭声有很多种原因，会用不同的哭声表达不同的需要。可能是诉说感觉到饥饿、口渴或是尿布湿了不舒服，等等。在入睡以前或刚醒时候，可能会出现不同原因的哭闹，但一般哭过后，宝宝都能安静入睡或进入觉醒状况。有病的新生儿哭声往往高尖、短促、沙哑或微弱，遇上类似情况应尽快看医生。

在新生儿哭的时候，抱起来竖靠在肩上，宝宝不仅会停止哭闹，而且会睁开眼睛。这时候父母亲在前面逗嬉，宝宝会注视你，用眼神与你交流。一般情况下，通过和宝宝面对面的说话，或者把你的手放在宝宝腹部，或按握住宝宝的小臂膊，大多数哭闹的宝宝会接受你的触觉安慰，停止哭闹。

新生儿健康参考

△降生后先啼哭数声后，开始用肺呼吸。前两周每分钟呼吸40~50次。

△脉搏每分钟120~140次。

△正常体重3000~4000克，低于2500克属未成熟儿。

△头两天大便呈黑绿色黏冻状，无气味。喂奶后逐渐转为金黄色或浅黄色。

△出生后24小时内开始排尿。

△出生体温在37~37.5℃为正常。

△出生后第2~3天皮肤轻微发黄，出生后2~3周黄疸不退或加深为病态。

△出生后有觅食、吸吮、伸舌、吞咽及拥抱等反射。

△照射光可引起眼的反应。自第二月开始视线会追随活动的玩具。

△出生后3~7天听觉逐渐增强，听见响声可引起眨眼等动作。

1. 养育建议

提倡年轻的妈妈只要自己有奶最好还是采用母乳喂养婴儿；

如果必须人工喂养，一定要注意卫生，奶具要消毒，不要吃剩奶，要现吃现配；

保证充足的水分供应，妈妈要多饮水，乳儿也要适当饮水，人工喂养的新生儿更应注意补充水分；

注意皮肤护理，新生儿的皮肤柔嫩，防御功能差，每天要用温水洗浴；

要预防尿布皮炎，最好不用尿布兜臀部，可在凉席上铺一层夹被，在臀部下面垫上尿布，不要使用塑料布；

新生儿不宜用枕头，如果将枕头垫在婴儿的头部，将会使得宝宝的前颈部弯曲度加大，呼吸感觉不舒畅，一般要过三四个月才开始用枕头。

新生儿在夏季易患眼炎、汗疱疹、痱子、皮肤皱褶处糜烂、臀红、肛周脓肿、腹泻、脱水热等疾病，应该提早预防。如果宝宝眼屎多，应滴眼药水；出汗后要用温水洗澡；皮肤皱褶处可用鞣酸软膏涂抹；发现臀红及时涂鞣酸软膏或红霉素软膏，并勤观察臀部，早期发现肛周感染；不要让腹部受凉，注意喂养卫生，防止腹泻。如果环境温度过高，水分补充不足，又给宝宝包裹得太紧，太严，就会出现脱水热，甚至引起新生儿惊厥。

2. 让宝宝吃得好

婴幼儿时期如果喂养不合理，就会阻碍宝宝的正常生长发育。比如：缺乏维生素D，小孩就会得佝偻病，四肢变形，膳食中蛋白质和热量不足，会引起发育迟缓，身体矮瘦，四肢短小；胎儿期或出生后前几个月碘的供给量极度缺乏，会因甲状腺素分泌不足而导致智力和体格发育的一系列异常，所以如何科学地喂养宝宝尤为重要！

母乳喂养　在可能的情况下，我们应坚持母乳喂养。母乳中所蕴涵的免疫物质能够帮助宝宝增强体质，减少生病的概率。

新生儿应在出生后半小时内吃上妈妈的初乳，这一点非常重要。

只要婴儿能够吸吮，分娩后你就应马上给宝宝母乳喂养以刺激乳汁的分泌。初乳是一种又黄又浓，含有大量的免疫物质和水、矿物质的珍贵乳汁，能够全面满足婴儿在这一阶段的营养需求。

所以即使妈妈的乳汁很少也没关系，最初的乳汁无论如何一定要给宝宝吃。

混合喂养　妈妈在分娩后，经过尝试与努力仍然无法保证充足的母乳喂养，或因妈妈的特殊情况不允许母乳喂养时，可以选择一些适当的代乳品加以补充，例如：母乳化奶粉等。这种仍然保留母乳喂养，同时附加一些代乳品的喂养方法，我们称为混合喂养。

在混合喂养中应当注意以下几点：

第一，每次哺乳时，先喂母乳，再添加其他乳品以补充不足部分，这样可以在一定程度上维持母乳分泌，让宝宝吃到尽可能多的母乳；

第二，严格按照奶粉包装上的说明为宝宝调制奶液，不要随意增减量浓度；

第三，1个月内的宝宝添加代乳品时，尽量选择母乳化奶粉，如果喂鲜牛奶的话，应根据浓度加适量水稀释，以

大便正常、无奶瓣为正常；

第四，混合喂养的宝宝，应该在两餐之间适当地补充水。

人工喂养 母乳分泌极少或没有母乳而完全以其他代乳品喂养的婴儿称为人工喂养儿。人工喂养以牛奶或奶粉喂养为多。人工喂养儿要注意喂水。

为什么人工喂养儿要注意喂水？因为牛奶中的蛋白质80%以上是酪蛋白，分子量大，不易消化，牛奶中的乳糖含量较人乳少，这些都是容易导致便秘的原因，给宝宝补充水分有利于缓解便秘。另外，牛奶中含钙磷等矿物盐较多，大约是人乳的2倍，过多的矿物盐和蛋白质的代谢产物从肾脏排出体外，需要水。

此外，婴儿期是身体生长最迅速的时期，组织细胞增长时要蓄积水分。婴儿期也是体内新陈代谢旺盛阶段，排出废物较多，而肾脏的浓缩能力差，所以尿量和排泄次数都多，需要的水分也多。

每天给宝宝喂多少水合适是一些年轻父母所关心的问题。这要根据宝宝的年龄、气候及饮食等情况而定。一般情况下，每次可给宝宝喂水100～150毫升，在发烧、呕吐及腹泻的情况下需要量多些。宝宝之间存在个体差异，喝水量多少每个宝宝不一样，他们知道自己喝多少，不喜欢喝水或喝得少也不要强迫。

喂水时间在两次喂奶之间较合适，否则影响奶量。喂水次数也要根据宝宝的需要来决定，一次或数次不等。夜间最好不要喂水，以免影响宝宝的睡眠。宝宝喝白开水为宜，也可喝煮菜水，煮果水，不要加糖。也可喂些鲜果汁，不要以饮料代替水，饮料中含糖量较多，有些还含有色素和防腐剂，对宝宝的健康不利。

新生儿呕奶

初为人母的新妈妈一定见过宝宝吐奶的情况，不用着急，对健康的婴儿而言，吐奶并非生病。倘若是生病而吐，那么呕吐的前后必然有痛苦的表情，因此只要每天都健康活泼，即使经常呕吐也不算生病。

3. 新生儿防疫

新生儿防疫，主要是接种卡介苗和乙肝疫苗。

宝宝出生第二天即可接种卡介苗。接种后，可获得抗结核菌的一定免疫能

力。卡介苗接种一般在左上臂腮三角肌处皮内注射，也有在皮肤上进行划痕接种，做"艹"字或"#"字形，长一厘米。划痕接种法虽然方便，但接种量不准，有效免疫力不如皮内注射法。因此现在一般不采用划痕法。

新生儿接种卡介苗后，无特殊情况一般不会引起发热等全身性反应。接种后2～8周，局部出现红肿硬结，逐渐形成小脓疮，以后自行消退。有的脓疮穿破，形成浅表溃疡，直径不超过0.5厘米，然后结痂，痂皮脱落后，局部可留下永久性疤痕，俗称卡疤。为了判断卡介苗接种是否成功，一般在接种后8～14周，应到所属地区结核病防治机构再作结核菌素（OT）试验，局部出现红肿0.5～1.0厘米为正常，如果超过1.5厘米，需排除结核菌自然感染。一般新生儿接种卡介苗后，2～3月就可以产生有效免疫力，大约3～5年后，或在小学一年级时，再做OT试验，如呈阴性，可再种卡介苗一次。早产儿、难产儿及有明显先天畸形、皮肤病等病症的新生儿，禁忌接种。

我国乙肝免疫接种已在新生儿中广泛应用。整个免疫注射要打三针。第一针由产科婴儿室医护人员注射，宝宝出生后24小时内，在上臂三角肌处注射，剂量10微克。第二针在出生后1个月注射，剂量15微克。第三针在出生后6个月注射，剂量为5微克。全部免疫疗程后，有效率可达90%～95%。婴幼儿接种疫苗后，可获得免疫力达3～5年之久。

免疫疫苗接种过程简单，一般不会有什么反应。个别宝宝可能出现低热，有的在接种部位出现小块的红晕和硬结，一般不用处理，1～2天会自行消失。

了解新生儿的免疫知识，对于宝宝应当在什么时候再打防疫针，做父母的可以心中有数，一般说来，医院给宝宝的健康卡上会介绍相关知识，如果没有健康卡的，一定要到当地儿童防疫部门多问一问，了解相关知识，为宝宝做好各种健康防疫接种，防患于未然。

4. 黄疸

新生儿降生后2～5天，宝宝会出现黄疸的体征，黄疸又称血胆红素过多症。症状有皮肤呈黄色(是由过量的胆红素引发的，胆红素是一种血细胞分解的产物），经常初见于面部，眼白也呈黄色。皮肤的黄色散布到身体其他部位，甚至是指甲床也会出现黄色；轻捏手指甲并放松以便检验有否黄色的脱色。一般医生会化验宝宝的血液来测定新生儿体内的胆红素水平的高低。另外，有一种“色配LTC胆红素检验法”，准确率达到95%，用一种手握的装置来测定婴儿皮肤的黄色的色调，几分钟之内就可得到结果。

轻的黄疸并不严重，请遵医嘱。可以用胆红素光线，也叫做光线疗法进行诊治。这种紫外线可分解胆红素，使之能够从新生儿血液中排出。如果宝宝喂得很好，也可改善此病症，因为胆红素可以从他的粪便中排出。

如果宝宝出现黄疸的情况比较严重，或者吃奶也吃得不好，就要及时看医生了。

5. 护理好新生宝宝的脐带

几乎每个宝宝从医院回家时仍带有一个脐带带，脐带未脱落前，要保持脐带及根部干燥，出院后不要用纱布或其他东西覆盖脐带，这样可促使脐带更快地干燥脱落，当然还要保证新生儿穿的衣服柔软、纯棉、透气，肚脐处不要有硬物。每天用75%酒精给脐带及根部皮肤消毒，方法是用医用棉球或棉签沾75%酒精沿一个方向轻擦，不要来回擦。

经常给新生儿换衣、洗澡，洗澡后用洁净的柔软纯棉毛巾轻轻将脐带周围皮肤蘸干，然后用酒精消毒，每天用1～2次酒精即可，不要过多使用。若护理得当脐带不会出现异常。

脐带脱落后，脐窝处可留一层痂皮，日后会自然脱落，正常情况下脐窝处是干燥的，不必再做任何处理。若脐窝部潮湿或有少许分泌物渗出，可用消毒棉签蘸75%的酒精轻轻擦净，再用75%的酒精涂在脐根部和周围皮肤上。有时发现脐部有白色肉芽长出，甚至有脓性分泌物或者周围的皮肤红肿等现象，不要随意用龙胆紫、碘酒等，以防掩盖病情，应找儿科医生处理。

6. 常给宝宝换尿布

给宝宝常用的尿布一般有两种：一次性纸尿裤和布制尿布。

一次性纸尿裤随处可见，品种繁

多，价钱和特性也各异。但是无论使用哪种纸尿裤，给宝宝换尿裤的基本方法几乎都是相同的。

传统的布制尿布已经不再受人们欢迎了，如今市面上的布制尿布都是多合一装（AIO），使用起来和一次性纸尿裤一样方便。另外，现在很多的布制尿布也可以只是一次性使用但需要多加一个防渗漏的尿垫。

步骤1：

准备好尿布，给宝宝换尿布的地方一定要方便、安全。

步骤2：

把宝宝放平，把旧尿布解开，但是不要立刻就拿出来，因为如果马上拿出来旧尿布，宝宝会因为感到凉而乱动。

步骤3：

拿出旧尿布后，抬起宝宝的膝盖处，轻轻把宝宝的臀部高抬，然后用温毛巾清洗臀部。如果宝宝排量过多，可以用旧尿布干净部分把部分排液擦掉。

步骤4：

将新的尿布垫在婴儿的臀部下，并把带子捆绑好。如果宝宝还很小，就需要将尿布上一部分折叠起来，腾出一些空间。

步骤5：

把旧尿布扔到垃圾筒里或尿布筒里。可以把一桶清洁水放到换尿布地方附近，然后清洗自己的手。

三、教养训练

1. 新生儿具备的反射能力

① 觅食反射 妈妈用手指头抚弄一下宝宝的面颊，宝宝会转头张嘴，开始吸吮动作，准备吸吮乳汁。这种反射出生后半小时就会出现。

② 抓握反射 碰到宝宝的手掌时，会握紧拳头。这种反应到1周岁后才消失，可以用来检查和判断宝宝的神经系统发育是否成熟。

③ 惊跳反射 这是一种全身动作，在新生儿躺着时最清楚。突如其来的刺激，例如较大的声音，宝宝的双臂会伸直，手指张开，背部伸展或弯曲，头朝后仰，双腿挺直。这种反射一般要到3～5个月时才会消失，如果不消失，则有可能神经系统发育不成熟。

④ 强直性颈部反射 新生儿躺着时，头会转向一侧，摆出击剑者式的姿势，伸出宝宝喜欢的一边手臂和腿，屈曲另一边手臂和腿。这种反射机能，在胎龄28周时就出现了。

⑤ 巴宾斯反射 碰到新生儿的小脚心，脚趾会张开成扇形，脚会朝里弯曲。6个月以后这种反射会消失。

⑥ 踏步反射 托住新生儿腋下，让脚板接触平面，宝宝就会做迈步的姿势，好像要向前走。这种反射会在8周左右消失。

⑦ 蜷缩反射 当新生儿缩起脚背碰到平面边缘时，会做出与小猫动作相似的蜷缩动作，这种反射在8周左右消失。

⑧ 视觉、颈部反射 眼前闪过亮光时，宝宝会扭转颈部，尽力避开亮光。

这些先天性反射机能，既是宝宝成长以后形成条件反射的重要基础，又可作为新生儿神经系统发育的检查标准。

2. 与生俱来的感知能力

人的智能培养，应当从出生之后就开始，从新生儿期就开始。世间的一切，对于新生儿来说都很新鲜，接受众多的复杂事物的刺激，大脑会形成条件反射。宝宝原先空白的大脑中，每一天都增添各种各样的声音和图像等感官知识，接触得越多，对大脑的刺激也就越多。

新生儿的条件反射功能有主动、被动之分。主动的条件反射是通过耳、眼、鼻、口和皮肤等器官感觉而形成。被动的生理条件反射功能是一种纯本能。用手指触摸宝宝的口角、面颊时，宝宝会认会有吃的，会顺着被触摸的方向张开小嘴做吸吮动作。这是寻找食物、用以维持生存的本能。了解了宝宝的这些反应，就可以进行训练，加快宝宝的发育和能力。

新生儿最敏感的是触觉，尤其是嘴唇、面颊部位，亲亲宝宝的小脸儿，宝宝会很安详地接受母亲的这份爱。宝宝的小手碰到东西就会握紧，同时，对冷、热的反应都很灵敏。嗅觉也很灵，能辨别不同气味，如果闻到某种刺鼻的味道，宝宝能作出不安的表情，会有不规则的深呼吸，脉搏也会加快跳动频率，还会尽力躲开臭味。

宝宝还会挑食，出生第一次吃到什么奶，就喜欢吃什么奶。如果初生吃母乳，改换牛奶或羊奶就很难，宁可饿着也不吃，甚至会哭着不吃。

味觉也是与生俱来的，新生儿对甜味的表现会很愉快，尝到苦味、酸味、咸味时，会皱眉头，闭眼睛，或者抽搐性地紧闭小嘴。

3. 四肢触抚促进宝宝的健康

对宝宝进行四肢的抚触，有助于新生儿的血液循环，促进皮肤的新陈代谢，增强宝宝皮肤抵抗疾病的能力，从而促进新生儿皮肤健康。

四肢抚触的方法是，母亲用双手抓住新生儿胳膊，交替从上臂向手腕方向轻轻捏动，好像挤牛奶一样，从上到下搓滚。对腿部的抚触方法与胳膊相同。

脚和手的触抚，同时也是对孩子自身功能的唤醒，有利于宝宝精细动作的发展。触抚的方法是，用两个拇指的指肚从婴儿脚跟向脚趾方向推进，推完后再逐个捏拉宝宝小脚趾的各个关节。

对宝宝小手的触抚方法与脚相同。

4. 视觉训练要循序渐进

在出生两周后，新生儿就有了模仿母亲面部表情的能力，母亲张嘴，宝宝也会张，母亲伸出舌头，宝宝也会伸出。

新生儿半个月后，就可以进行视觉训练。用一些色彩明快的图案给宝宝看，应当注意光线不要太强，包括室内光线都要很柔和，不要用强光直接照射到宝宝的眼睛。家里的电视机一定要离宝宝远，避免让新生儿看电视。

5. 用柔和悦耳的声音训练宝宝的听觉

新生儿能分辨声音，人们用仪器记录新生儿的肌肉活动、心跳速度和呼吸变化，发现宝宝对不同的声音有不同反

应，对人的语音反应较为强烈。听到人说话时，会有动作反应，可以做出符合讲话内容的动作。

在新生儿睡觉醒来状态下，母亲可以多用和蔼亲切的语音对宝宝说话，进行听觉训练。也可以轻声给宝宝唱一些歌，也可以听一些柔和悦耳的音乐，但音量一定要小。当然，一定要避免过强烈的声音刺激，避免让宝宝受到惊吓。宝宝睡觉时，室内和周边环境一定要安静。

四、这样教宝宝

1. 教宝宝“认妈妈”

宝宝出生一两周后，就可以在他醒着的时候把他抱起来，让他的脸对着妈妈的脸，距离20～30厘米。母子眼睛对视，轻轻地跟宝宝说话，同时轻抚小脸蛋，或者让宝宝握住妈妈的手指，慢慢地摆动。妈妈可以轻轻哼着儿歌，或说些亲昵的话，每天抱着宝宝玩一会儿。简单的交流过程中，可以促进母子间感情交往，宝宝感受到母亲怀抱中的安全、温馨和母爱，会令宝宝重温在母亲子宫内包裹时候的安祥与温暖，打消宝宝初到人世间对陌生环境中的孤独、恐惧感，有益于宝宝脑部情绪中心发育，既可以促进宝宝感知能力发育，又可熟悉妈妈的声音，认识妈妈。

2. 新生儿也会“行走”

别以为婴儿身体很软，连头都抬不起来，不会行走。宝宝天生就有行走的反射能力，这种反射一般会在出生56天左右消失。早期，可以充分利用宝宝的这种能力进行锻炼。

具体做法 妈妈双手托在宝宝腋下，扶好宝宝的头，不要给宝宝穿鞋袜，让宝宝光脚接触床的平面。这时你会惊奇地发现，宝宝竟然能协调地迈步。要当成游戏来做，一边逗宝宝做，一边可以喊节奏。行走训练可从出生后第8天开始，在吃奶半小时后或睡醒后，每天3～4次，每次2～3分钟。如果宝宝不喜欢走不要勉强；宝宝生病时不要做；早产儿不宜做这项训练。

3. 早期感知训练

抬头 妈妈竖着抱起宝宝，让宝宝的头靠在自己肩上，轻轻拍打宝宝的后背，让宝宝打几个嗝。然后不要扶宝宝的头部，让宝宝自然地把头立起片刻。每次喂奶后都这样做，训练宝宝颈部肌肉发育。还能防止吐奶。

俯卧 宝宝没吃奶前，妈妈仰卧床上，把宝宝放在妈妈胸腹部俯卧着，逗宝宝抬头。虽说抬头还很困难，但努力做就成。还可以让宝宝俯卧在床上，用玩具逗引宝宝的头向左右转动并稍抬起。

抓握 把宝宝平放在床上，宝宝会把左手放在右手里，把右手放在左手里，百玩不厌。同时，妈妈轻轻抚摸宝宝的手，宝宝会握住妈妈的手指不放。

逗笑 越早会笑的宝宝越聪明。新生儿一般在出生第10～20天时学会笑，如果一两个月后还不会笑，需要请医生检查。宝宝的笑需要学习，从出生第一天起，爸爸妈妈要向宝宝笑，并逗宝宝笑。妈妈要经常与宝宝面对面地说话、逗笑。新生儿视力差，要离宝宝近一点。

4. 给宝宝读儿歌

别看宝宝才刚刚出生不久，他已经能够从你的话音中捕捉到你的情绪，所以应该跟他多说话，你会帮助他了解，交谈是能够表达情感的。也可以给宝宝朗诵、读书、读文章或其他读过的东西。读的内容无关紧要，宝宝喜欢的只是你的嗓音。应该站在宝宝的床头躲开他的视线跟他说话，然后一边说话一边进入他的视野。这样他就能把你的话音与你的存在联系在一起。

5. 哄着宝宝“玩”

游戏和宝宝的交际、智力和身体发育是互相关联的。婴儿与其他人之间的互通对他是最有刺激性的经历，玩游戏就是最好的互通。

对于刚出生1个月的宝宝，我们可以做下面的游戏：

照电筒游戏 在不太亮的房间里，打开电筒，在宝宝面前来回地照(不要把光照到宝宝脸上）。观察他的眼睛是否跟踪光线。这个练习有助于跟踪移动物体所需的肌肉的发育。

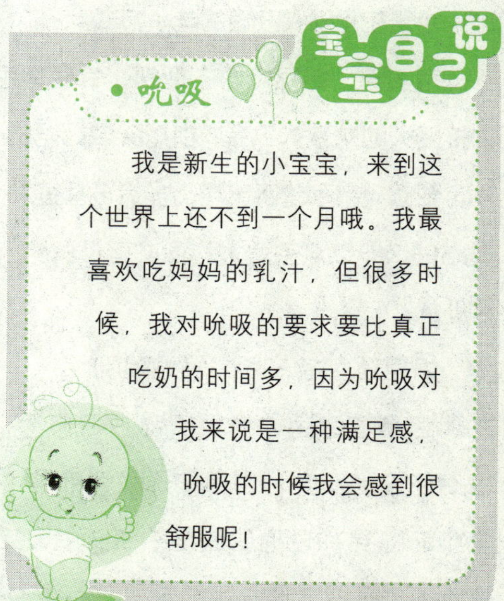

床边图画 从杂志上或其他东西上把醒目而简单的线条粗而色彩鲜明的图画剪下来，诸如太阳、人脸画等。把画靠在小床边上一会儿，再轻轻将它挪到另一边，这样他的头就跟过去看了(当你离开时，不要把画留在小床里）。特制的婴儿安全镜可以长久地挂在小床的一边，当宝宝在镜中看到自己时，也会令他兴奋不已。

做鬼脸 把你的脸靠近宝宝的脸，然后慢慢来回移动你的头部；发出声音，夸张性地张开并闭上眼睛，然后把宝宝的手靠近你的睫毛以便使他感觉到你的动作；轻轻对着他的脖子吹气，有助于宝宝集中注意力并且能指导他注意力的移动。

当与宝宝做游戏互相交流时需要注意的是，要密切注视着他，当他往旁处看，辗转不安，变得烦躁、踢腿、打呵欠或者表现有些不高兴的时候，就要结束游戏，让宝宝休息一下。

五、亲情交流，让宝宝健康成长

1. 安慰哭闹的宝宝

宝宝饿了、尿了、累了都要哭叫。他厌烦的时候哭叫，过度受刺激的时候也哭叫。这是他现在和别人互通的唯一方式。

宝宝哭，如果妈妈不理睬，会使宝宝失去接受大脑刺激的机会。所以，做妈妈的一定要回应宝宝的啼哭声，多给予宝宝安慰，这样做对宝宝大脑的发育是有好处的。

如何让宝宝不哭？慢慢地你会发现包裹着宝宝时他很安静，包裹会使他感到安全，也有助于使他精神集中。摇晃并轻拍他或是给他一个橡皮奶嘴，也是安慰他的不同方式。有些宝宝听到单调的声音，比如真空除尘器的开动声会安静下来。当你紧抱或哺喂宝宝时，与宝宝之间的皮肤接触会使他感到安全，这也能提供给他轻柔的刺激。要尽可能多的给他这种接触。这样会使妈妈和宝宝建立一种更强的情结。婴儿需要抚慰时要用不同的方法试试看。

2. 常叫宝宝的名字

常叫宝宝的名字非常重要。用双臂抱着宝宝，或者坐在地板上，把宝宝放在大腿上抱着，看着他的眼睛，叫宝宝的名字。改变说话的声调，用“父母的话儿”和宝宝交谈。

“父母的话儿”是一种高扬的、像唱歌一样的声调，宝宝会很喜欢听。用宝宝的名字编成摇篮曲。给宝宝轻轻唱一支有趣的歌曲时，可以用宝宝的名字代替歌儿中的名字。经常说起他的名字，这样他就会明白自己的名字了。

3. 抚摸皮肤传递亲子情

婴儿按摩是父母和宝宝之间感情互通的一个极好的方式，宝宝会渐渐感觉到对他的抚触是表示对他的爱和感情，抚触他会让他感到安全。

给婴儿找一个安静、暖和的地方进行按摩。在床上铺一块毛巾，保持光线暗，让婴儿躺在毛巾上，家长的双手涂些油，好让它们在宝宝身上平稳地滑来滑去。用你放平的手掌着实地但是轻轻地抚摸他的脚，再顺他的腿向上移动你的手，继续向上移动到躯干，然后抚摸他的手和胳膊。进行这种长长的而平滑的接触，你会发现宝宝很喜爱这种互通。

4. 不断和宝宝说话

宝宝不会说话，只会哭。但是哭的时候，爸爸妈妈可以学着宝宝的声音发声，宝宝一般对这种学他的声音反应会很敏感，会停下哭声来听，然后再接着哭。经常与宝宝对答声音，他会对爸爸妈妈的声音很注意。以后，宝宝会发出“啊”、“噢”的声音，这时，爸爸妈妈也发出与宝宝相类似的声音对答，这就是与宝宝谈话的开始。

妈妈可以与宝宝细声低语地说悄悄话。还可以在离宝宝20厘米的距离处，嘴巴做夸张动作，教宝宝嘴唇张合。这种早期语言训练，对将来学说话很有作用。

尽可能地经常跟宝宝说话，别在乎他懂不懂，宝宝听到你说话的声音就是

至关重要的。给他唱歌——即使你的声调不怎么样！唱着告诉他你在做什么或什么事正在进行；当他吵闹不安时给他奏安慰性的音乐，这会使他安静下来。

当你和宝宝说话时，他把注意力都集中在你身上。他会用眼跟踪你一会儿。当他处于这种状态时要和他交流感情，紧紧地抱着他，注视他的双眼；或者在他的小床上弯下身子，温柔地跟他说话。一边给他唱歌一边抚摸着他，轻拍他的后背同时摇晃他。这些活动有助于你们之间建立感情的交流。

爸爸妈妈来互动

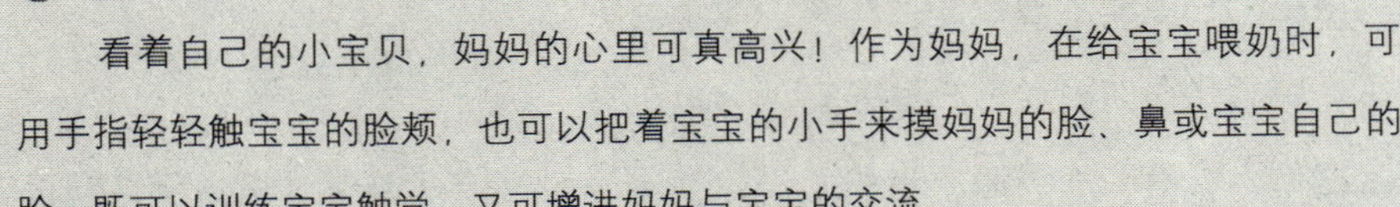

看着自己的小宝贝，妈妈的心里可真高兴！作为妈妈，在给宝宝喂奶时，可用手指轻轻触宝宝的脸颊，也可以把着宝宝的小手来摸妈妈的脸、鼻或宝宝自己的脸，既可以训练宝宝触觉，又可增进妈妈与宝宝的交流。

第二节

2个月的宝宝

做妈妈须知

坚持母乳喂养；
培养规律的生活习惯；
用妈妈的声音、微笑和抚摸，促进宝宝感觉发育；
练习俯卧，每天两次，每次30分钟；
坚持户外活动；
适度婴儿操；
引逗宝宝发音；
引逗宝宝追视物体；
抬头训练，每次30秒；
丰富表情，逗嬉出宝宝相应的反应；
表达自我，宝宝有了高兴与不高兴情绪；
听见熟悉的声音后，会停止哭闹；
吸吮小手；
注射第二次乙肝疫苗。

一、宝宝的成长

1. 身体发育

新生儿期结束以后，宝宝满月了。满月以后的这个月，是宝宝在整个婴儿时期发育最快的一个月。

各项参考生理指标如下：

体重	男婴 约5.03千克	女婴 约4.68千克
身长	男婴 约57.06厘米	女婴 约56.17厘米

头围	男婴 约38.43厘米	女婴 约37.56厘米
胸围	男婴 约37.88厘米	女婴 约37厘米
坐高	男婴 约37.94厘米	女婴 约37.35厘米

一个月月龄的婴儿，通常面部长得扁平阔鼻，双颊丰满，肩和臀部显得较狭小，脖子短，胸部、肚子呈现圆鼓形状，小胳膊、小腿也总是喜欢呈屈曲状态，两只小手握着拳。

2. 动作发育

宝宝发育8周，在俯卧时，下巴离开床的角度可以达到45°，但不能持久。要到3个月时，下巴和肩部才能都离开床面抬起来，胸部也能部分地离开床面，上肢支撑部分体重。宝宝在俯卧时，要注重看护，防止因呼吸不畅而引起窒息。

从出生到1个月的婴儿，动作发育处于活跃阶段，宝宝会做出许多不同的动作，特别精彩的是面部表情逐渐丰富。在睡眠中有时会做出哭相，撇着小嘴好像很委屈的样子，有时又会出现无意识的笑。这些动作都是吃饱后安详愉快的正常表现。

3. 感知发育

1个月的婴儿，皮肤感觉能力比成人敏感得多，有时父母不注意，把一丝头发或其他东西弄到宝宝的身上，刺激到皮肤，宝宝就会全身左右乱动或者哭闹表示很不舒服。这时的婴儿对冷、热都比较敏感，会以哭闹向大人表示自己的不满。宝宝的两只眼睛运动还不够协调，对亮光与黑暗环境都有反应。1个月的婴儿很不喜欢苦味与酸味的食品，如果喂给吃，宝宝会表示拒绝。

4. 心理发育

经过1个月的哺育，宝宝对妈妈说话的声音会很熟悉，满月后的宝宝最喜欢听母亲的声音。轻轻呼唤名字时，宝宝会转过脸来看妈妈，一见如故，因为宝宝在母腹内就听惯了妈妈的声音。如果突然听到陌生的声音宝宝会吃惊，如果声音很大时，会感到害怕而哭起来。因此要给宝宝听一些轻柔的音乐和歌曲，对宝宝说话、唱歌的声音都要悦耳。宝宝这时很喜欢周围的人和自己说话，没人理的时候会感到寂寞而哭闹。

5. 睡眠

这个月的宝宝，一天的绝大部分时间在睡眠中度过。每天能睡18～20个小时，其中约有3个小时睡得很香甜，处于深睡不醒状态。

二、育儿小知识

1. 养育建议

养成睡眠规律，宝宝睡眠时要保持室内及环境安静；

睡觉前设法让宝宝平静下来；

观察自己的宝宝究竟需要多长时间的睡眠，不要按书上说的时间来睡觉；

宝宝有自己的睡眠节律，夜间会醒，醒了还会再入睡，不要总是打扰宝宝；

婴儿床上可以放置一两件玩具、图书；

让宝宝感觉到在小床上很舒适；

婴儿床上方挂上能发出悦耳声音和有鲜艳色彩的玩具；

每天给宝宝放一段轻音乐；

育儿室天花板上可以挂上气球；

抱宝宝时，可以随着音乐轻轻晃动，发展宝宝的节奏感；

给宝宝能发出声音的玩具；

育儿室的墙壁上挂些画好。

2. 让宝宝吃得好

对2个多月的宝宝仍应继续坚持母乳喂养。无条件哺乳的，仍应每隔4小时喂奶1次，每天共喂6次，牛奶喂养的宝宝奶量每次约100毫升左右，即使吃得再多，全天总奶量也不能超过1000毫升。如果宝宝仍吃不饱，可以加健儿粉或糕干粉，每100毫升奶中加3～5克即可，放在奶中一起熬好。

2个多月婴儿的辅食仍是果汁，菜水，每次1～2匙，每天1～2次。

浓鱼肝油仍每天3次，每次2滴；钙片每天2～3次，每次2片。

3. 预防婴幼儿湿疹

婴儿湿疹是婴儿时期常见的一种皮肤病，属于变态反应性（或称为过敏性）疾病，至于确切的病因有时却很难找到。通常把婴儿湿疹称为“奶癣”，如果用治疗“癣”的药物来治疗婴儿湿疹，病情会加重。婴儿湿疹最早见于2～3个月婴儿，大多发生在面颊、额部、眉间和头部，严重时躯干四肢也有。初期为红斑，以后为小点状丘疹、疱疹，很痒，疱疹破损，有渗出液流出，干后形成痂皮。破损常常对称性分布。湿疹有时为干燥型，即在小丘疹上有少量灰白色糠皮状脱屑。也可为脂溢型，在小斑丘疹上渗出淡黄色脂性液体，以后结成痂皮，以头顶及眉际、鼻旁、耳后多见，但痒感不太明显。

婴儿湿疹预防很重要。平时婴儿内衣应穿松软宽大的棉织品或细软布料，不要穿化纤织物。内、外衣均忌羊毛织物，以及绒线衣衫。最好穿棉花料的夹袄、棉袄、绒布衫等。

要密切注意患儿的消化状态，是否对牛奶、鸡蛋、鱼、虾等食物过敏。母乳喂养的，母亲应避免进食这类容易引起过敏的食物。

患儿要避免碱性肥皂、化妆品或者香水等物的刺激。发病期间不要作卡介苗或其他预防接种。要避免与单纯疱疹（俗称“热疮”）的患者接触，以免发生疱疹性湿疹。

得了婴儿湿疹以后，应及时看儿科医生，听从医嘱。

4. 晒太阳，防“臀红”

宝宝满月之后，可以抱出去晒太阳了。晒太阳时，要尽量暴露宝宝的皮肤，才能让宝宝接受更多的紫外线。不要在室内晒太阳，因为玻璃窗挡住了大部分紫外线，隔着玻璃晒太阳，起不到应有的作用。在炎热的夏季，不要让宝宝受日光直射，强烈的日光照射皮肤对人体是有害的。可以选择在上午9：00～10：00和下午4：00～5：00，避开阳光最强烈的时刻。同时不要让阳光直晒宝宝的眼睛，初期晒太阳的时间也不宜过长。在寒冷的冬季，要选择天气好的中午时分，抱宝宝晒一晒太阳，但一定要注意保暖。

臀红，在医学上称为尿布湿疹或臀部红斑，是婴幼儿常见皮肤病。这种病的产生主要是因为尿布不够清洁，上面沾有大小便、汗水及未洗净的洗衣粉等，刺激宝宝娇嫩的皮肤引起发病。腹泻的婴儿常会得此病症。

发病开始，可见宝宝臀部红肿发炎，继而出现红色小皮疹，严重的会使

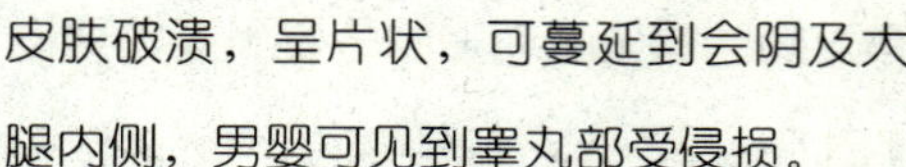

皮肤破溃，呈片状，可蔓延到会阴及大腿内侧，男婴可见到睾丸部受侵损。

预防臀红要注意：

❶ 经常更换尿布 及时更换已污染的尿布，让宝宝的小屁股清爽、干燥。

❷ 让宝宝的小屁股透透气 白天尽可能少用尿布，使宝宝多些光屁股的时间，也可以在换尿布之际和宝宝玩个小游戏，顺便把宝宝的小屁股晾一晾。

❸ 勤洗澡 为宝宝洗屁股是一件极为细致的事情，它是臀部护理的重要环节。在宝宝每次小便之后立刻换尿布，大便之后立即用清水冲洗。洗澡时室温以24～28℃为宜，水温控制在38～40℃，重点清洁小屁股及皮肤的皱褶处。给宝宝洗屁股可用棉花蘸上清水擦洗，先擦腹部，然后再用清洁棉花擦洗大腿根部和外阴部的皮肤皱褶，由内往外顺向擦洗。男孩清洁睾丸下面时，应用手轻轻托起再进行。而清洁阴茎时，则应顺着身体的方向擦拭，只需清洁阴茎本身而不要用力擦洗包皮。在清洁宝宝肛门时，可用手举起双腿清洗，然后可让宝宝的小屁股晾一会儿，再涂些防疹膏或润肤露等，以防臀红的发生。

❹ 别穿得太多 虽然保暖很重要，但穿得太多容易使体温太高而出汗。整天包着的纸尿裤，应选择能保持干爽透气、容易观察宝宝大小便的。如果是用传统的尿布，要确定使用前是全干的。

❺ 尿裤别包得太紧 不要为防侧漏而使用那些橡皮筋很紧的尿裤，把宝宝的屁股紧紧包裹起来，这样不仅会影响局部的血液循环，也容易引起臀红。如果发生了臀红，每次换尿布后，需在损伤的局部涂上紫草油或鞣酸软膏。

把宝宝带到室外，每天适当晒一晒小屁股，可以防止臀红的发生。但要注意防止感冒，晒屁股的时间，每次以3～5分钟为宜。

5. 防止“小胖墩儿”

宝宝胖，不一定是健康的标志。胖宝宝容易感冒，也爱长湿疹。肥胖宝宝到成年后，各种疾病的隐患高于正常体格的宝宝。

什么程度才叫肥胖？医学上通常把超过同龄、同身高、正常体重20%的儿童称为肥胖症。过多的脂肪对机体是沉重负担，日后对心理也会造成一定程度的损害。

肥胖的宝宝由于脂肪组织多，皮肤皱褶加深，护理不当容易因局部潮湿引起皮肤糜烂或产生疖肿。

母乳喂养的宝宝70%不胖，牛奶喂养的宝宝70%会胖。此外，肥胖与遗传有关，父母中有一人肥胖，宝宝出现肥胖率约为40%。若父母双方均肥胖者，婴幼儿肥胖可达70%。因此，预防肥胖症对有肥胖家族史的宝宝尤其重要。

肥胖婴儿动作缓慢，不爱活动。越不爱活动长得越胖。胖宝宝不要早站立，也不要早走路，因为太重影响到腿的发育。但要多运动，尤其是腿部运动。

预防“小胖墩儿”要坚持母乳喂养，至少4个月。最好6个月前不喂固体食物。合理喂养，营养品种多样化，均衡热量摄入。应按照月龄需要喂养，保证正常生长发育为好。1~3岁期饮食需要有规律，不要用哺喂法来制止宝宝的非饥饿性哭闹。换言之，不要对宝宝一哭就喂食物。宝宝生长发育阶段需要大量蛋白质供应，对肥胖宝宝要减少动物性脂肪和糖类食品的摄人，注意及早锻炼身体，多活动。

6. 哺乳母亲须知

母乳喂养固然优点很多，但也有少数母亲因为健康原因不宜哺乳，如生育时流血过或患上疾病及身体过度虚弱者。哺乳期乳头皲裂或乳腺炎也应当暂停哺乳，暂停哺乳期间，要用吸奶器把乳汁吸出，一方面消除乳房肿胀，另一方面可以在病愈后恢复哺乳。暂停哺乳期间，可用牛奶哺养宝宝。

有些药物会妨碍母乳分泌和影响到婴儿健康，包括生物碱类代谢药、止痛药、镇静药、含酒精和咖啡因的药、抗癌药等。

哺乳期的妈妈，要讲究食谱的科学性，不可单一只是吃素，因为宝宝发育时所必需的优质蛋白、不饱和脂酸、微量元素以及A、D、E、K等脂溶性维生素，皆以动物性食物中含量较多，如果单一吃素，势必导致乳汁的营养质量降低。哺乳期的妈妈也不宜大量摄人味精，味精对成年人是安全的，但其主要成分氨酸钠可渗人乳汁而进入宝宝体内，导致宝宝锌元素缺乏，妨碍体格和智能发育。

给宝宝哺乳要防止以下这些情况：

穿工作服哺乳　在医护、实验室工作的妈妈，穿着工作服喂奶会给宝宝招来麻烦，因为工作服上往往粘有很多肉眼难以看见的病毒、细菌和其他有害物质。所以，哺乳母亲无论怎么忙，也要先脱下工作服，最好也脱掉外套，洗净双手再给宝宝哺乳。

生气时哺乳　实验显示，人在生气

时体内会产生毒素，这类毒素能使水变成紫色，且有沉淀。因此哺乳妈妈切勿在生气时，或刚生完气就喂奶，以免宝宝吸入带有“毒素”的乳汁。

浓妆哺乳 妈妈身体的气味对宝宝有着特殊的吸引力，能激发宝宝产生愉悦的“进餐”情绪，即使宝宝刚出生，也能把头转向有妈妈气味的方向寻找奶头。妈妈的体味有助于婴儿吸奶，如果浓妆艳抹，陌生的化妆品气味会掩盖熟悉的母体气味，使宝宝难以适应，情绪低落，食量下降，从而妨碍发育。

穿化纤内衣哺乳 穿化纤内衣的最大危害，在于化纤内衣的纤维容易脱落而堵塞乳腺管，造成停止泌乳的恶果。哺乳期的妈妈不能穿化纤内衣，也不要佩带化纤类乳罩，应以棉类制品为佳。

哺乳时逗笑 宝宝吃奶时若被逗笑，吸入的奶汁可能误入气管，轻者呛奶，重者会诱发吸入性肺炎。

夜间哺乳 忙碌一天的妈妈，到了夜间，特别是后半夜宝宝要吃奶时，妈妈睡得正香，朦朦胧胧中给宝宝喂奶，很容易发生危险。尤其是躺着给宝宝喂奶，就更容易发生意外。哺乳妈妈无论多累，都应该像白天一样坐起来喂奶，喂奶时光线不要太暗，要能够清晰地看到宝宝的皮肤颜色。喂奶后仍要竖立抱并轻轻拍背，待宝宝打了“奶嗝”后再放下。观察一会儿，如安稳入睡，关掉亮灯，但一定要保留暗一些的光线，以便宝宝出现溢乳时可以及时发现，杜绝发生窒息的危险。

教养小帖士

左边抱宝宝

成为新妈妈的你会抱宝宝么？对两个月左右的宝宝，妈妈抱时应当尽可能怀抱在身体的左边。因为抱在左边，可以让宝宝感觉到妈妈心脏跳动的声音。这种轻微的跳动声，如同宝宝在母体内感受妈妈的心跳声音一样。因此，这样的氛围容易使得婴儿安静，不哭闹，不烦躁，表现出温和、宁静和愉悦的心情。

三、教养训练

1. 让宝宝的生活有规律

良好的睡眠习惯首先是按时睡觉，自然入眠。妈妈对宝宝“爱不释手”，吃饱以后还要把宝宝抱在怀里，摇着、晃着、拍着，或者是习惯于让宝宝叼着乳头或空奶嘴，这都是不良习惯。一定要注意在宝宝睡觉前不哄、不拍、不抱、不摇，更不要吃东西、叼奶头。

到了该睡觉的时候，把宝宝放到床上自己睡。婴儿小时候没有养成按时睡眠的习惯，可以放点轻柔的催眠曲，使宝宝建立起睡眠的条件反射。等到养成按时入睡的习惯后，就可以不再放音乐了。

2. 把尿习惯让宝宝不尿床

婴儿满月后，就可以训练把尿习惯。睡前睡后，饭前饭后，出去前和回来时，都可以把尿。给宝宝把尿时，可发出口哨声，使宝宝对排尿形成条件反射，以后一发出这种口哨声宝宝就会有尿意。训练一段时间后，白天就可以渐渐不用尿布，睡前尿一次，夜里把一次，夜里也不会尿床。

3. 培养宝宝按时排大便的习惯

从满月起，就应该训练良好的排大便习惯，让婴儿按时排便，排便时间最好在清晨或晚上临睡前。早晨排便最好，晚上大便可以使宝宝在夜里睡得踏实。餐前大便可以让宝宝吃得好，不要餐后马上就大便。要先观察宝宝排便情况，然后根据宝宝的具体情况，有意识地训练定时排便。

4. 训练宝宝的几种能力

早期训练对婴儿心理发育非常重要，早期缺乏训练会影响成长后的学习能力。在对婴儿进行感觉训练的关键时期，要注意对宝宝的六种感觉能力(即视、听、嗅、味、触、重力感）方面的训练。

1个月的宝宝可以训练以下几种能力。

运动能力 每次喂奶后，要把宝宝竖抱起来，轻拍背部直到听到宝宝打了“奶嗝”为止，防止吐奶。然后让头部直立几秒钟。婴儿空腹时，让宝宝趴在床上，逗引抬头，反复做几次。也可以把两手放在宝宝两侧，用大拇指卡在腋下，其余手指托住头部，把宝宝竖起来，让脚底接触桌面，宝宝会做出踏步的动作。把手指放到小手掌中，让宝宝紧握并轻轻地拉。还要经常适当地摇抱宝宝。总之，不能整天让宝宝在床上不动。

感觉能力 拿一个红球在婴儿眼睛上方20厘米处，上下左右慢慢移动，让宝宝的眼睛追随红球。用铃铛在距婴儿头部20厘米处上下左右慢慢移动，训练宝宝的听觉。也可给宝宝听轻音乐。用浸过乳汁的毛巾放在婴儿头部一侧，宝宝会转过头来闻。睡醒后，要抚摸婴儿的全身皮肤，并和宝宝说悄悄话。经常抱出户外去进行空气浴，可以在两顿奶之间喂一些煮熟的菜水，让宝宝品尝丰富的味道，刺激味觉。

言语能力 经常对婴儿说话，但不要声音太大，因为宝宝的听觉很脆弱，但也不能太安静，或整天不理宝宝。逗宝宝笑，经常给宝宝微笑的表情，注视宝宝的眼睛。如果宝宝发出咿呀的声音时，要给以积极地回应，还要经常让宝宝适当地哭一哭。

行为能力 在婴儿小床头上部，挂一些可以摇动和发出声音的玩具，让宝宝四肢随之舞动。经常在婴儿周围走动，让宝宝的眼睛追随你。定时给宝宝把大小便，并发出类似“嗯……” “嘘……”的声音，使宝宝形成条件反射。

5. 竖抱宝宝练习抬头

可以用竖抱的方法，让两个月左右的宝宝练习抬头。

用两只手分别托住宝宝的背部和臀部，把宝宝竖抱起来，带到室内或室外看看周围，还可以用手指指点点引起宝宝对各种事物的关注和兴趣。主要帮助婴儿练习抬头的动作，锻炼宝宝颈部的支撑力，也可以帮助宝宝认识周围的环境，培养视觉能力和观察事物的能力。

由于此时婴儿的骨骼发育还比较差，不可能长时间的竖抱，因此持续时间不宜过长，练习时间最好每次1～2分钟。每次锻炼后，要用手轻轻抚摸宝宝背部，放松背部肌肉，让宝宝舒适并感觉到父母的爱抚。

锻炼完后，还可以让宝宝仰卧在床上休息片刻。

四、这样教宝宝

1. 给宝宝多看美的东西

宝宝刚出生时，还不能区分相同光线条件下的颜色。但婴儿的视觉是逐渐发育成熟的，刚出生两周时，妈妈抱宝宝喂奶时，婴儿就喜欢盯着妈妈的脸。

一般在出生后10周左右，就能开始辨别颜色。年龄不同，能看清的距离不同，1～2个月能看清1米左右，3个月能看清5～7米远。到3～4个月时，宝宝就能跟成年人一样辨别不同的颜色。因此，早一点对宝宝进行色彩的训练，是有助于宝宝发育的。

婴儿虽说不能分辨颜色，但对视觉上的刺激反应却很强烈，能够看到明暗对比较强的地方，如果看妈妈的脸，会比较喜欢看物体的边缘和弯曲部位，当然，更喜欢看移动的物体。

对于宝宝出生后完全空白的大脑来说，各种刺激因素记录下来，逐渐形成脑部的沟壑，刺激因素越多，记录得也就越多，因此，对于满月以后的宝宝，用色彩鲜艳夺目、五光十色且能移动和发出响声的玩具，在吃饱和觉醒状态给予适度的逗嬉，是有利于智力发育的。

宝宝喜欢看美的东西，不仅能盯住进入视野的物体，还会追随物体移动的去向，东张西望寻找能刺激视觉的物体。逐步学会用眼睛涉猎周围环境的信息。

2. 练练宝宝的抓握能力

新生儿时期，宝宝的手呈拇指在手心的握拳状，还不会抓握。随着成长，宝宝会把手放进嘴里吸吮，满月后的宝宝会把手放在眼前细看，到2～3个月时会把两手握在一起放在眼前玩。但此时的小手还不能主动张开，可以有意识地放一些带有细柄的玩具在小手中，如花铃棒、拨浪鼓、塑料捏响玩具等。

刚开始，可先用玩具去轻轻地触碰宝宝小手的第一、二指关节，让宝宝感觉不同的物体。待小手完全展开后，把玩具柄放进小手中，使宝宝握紧，再慢慢抽出。也可以等宝宝抓住玩具后，握住小手帮助摇出响声，同时说“摇——摇——摇！”以引起宝宝的视听关注。除了让宝宝触摸和抓握带柄的玩具外，妈妈可以把自己的拇指或食指放进宝宝手心，宝宝碰到手指就会无意识地抓住，一会儿便放开。还可以把铅笔杆、水果糖或其他光滑的小玩具放进小手心，让宝宝抓住。

除了这些训练方法外，还可用宝宝的手去触碰某些物体，如吃奶时把婴儿的手放在母亲乳房上或脸上触摸。抱着婴儿时，前面放一些玩具让宝宝去触碰，以帮助进行早期的感知活动。训练一段时间后，宝宝就会主动地抓握玩具。

3. 给宝宝听柔和的音乐

大约在这个月的时候，宝宝开始认

识妈妈的面孔和关注一些声音了。他对人的说话声是敏感的。他在听人的说话声并会用他自己的声音应答。他能活动自己的双臂和双腿。无论什么时候有人和他说话时，许多脉冲刺激会经过他的神经细胞。这种相互作用的重复，有助于增强他大脑现存的传导联系，并会建立起新的传导联系。婴儿也愿意听许多其他的声音，例如：柔和的轻音乐。

所以这时不妨常给宝宝放点柔和的音乐听听。尽管他仍然对客观事物和声音不具有很多的记忆，但是这种情况将慢慢地会起变化。

4. 宝宝喜欢彩色的玩具

满月后，宝宝观看东西的能力，双耳的敏感程度都会有一个飞跃。这时的宝宝不会说话，父母亲却能从视觉、听觉、动作几个方面着手，与婴儿交流和培养，用彩色玩具训练宝宝目光集中能力和追视能力。

在宝宝的小床边悬挂一些五颜六色的玩具，比如汽球、小动物、彩带等，宝宝的最佳视距为20厘米左右。每天睡醒觉之后，用这些彩色玩具逗宝宝，每天2～3次，每次时间因人而异，一般在3～8分钟左右。宝宝能长时间地注视这些东西，两只小手会不停地挥动，好像是要抓，或者是跟着挥舞。他还会皱着眉头、没有笑意、双眼紧紧地盯着这些玩具，这是他正在认识和思索一件新鲜事物。

五、亲情交流，让宝宝健康成长

1. 解读宝宝的哭

婴儿不会说话，唯一的表达方式是啼哭。要掌握宝宝哭的规律，因为哭声，是宝宝表达意愿的主要方式。一般说来，宝宝的哭声会向父母亲表达这样一些信息：

需要爱抚 宝宝有时候哭闹，但一抱起来就不哭了，这是因为宝宝感到孤独，需要家人的爱抚。

饿了 饥饿是婴儿哭闹的最主要原因，吃饱就不会哭了。有时只差几口宝宝也会不答应，不吃饱就会使劲儿哭。

冷或热 婴儿的房间不宜过冷或者过热，宝宝盖的被子不要太多。室内如果冷，宝宝哭了要试一试看体温有无变化。

脱衣服 宝宝最不喜欢脱衣服，脱衣服会使宝宝感到紧张。因此，给宝宝换衣服时要尽量快一些。脱衣服时，要边跟宝宝说话，转移宝宝的注意力。

尿了 宝宝尿湿了或大便以后，就会使劲地哭，要求妈妈给自己换尿布，否则会感到不舒服。

累了 婴儿睡眠时间长，吃饱以后就要睡，不要总是逗弄、打扰宝宝。累了、烦了都会哭闹。

惊吓 宝宝受到光线、声音、物品的突然刺激，感到不安全时也会哭，应当抱起来安慰安慰。

疼痛 疼痛会使宝宝大哭不止。妈妈要紧紧地抱着宝宝，找到宝宝疼痛的原因。

生病 宝宝不舒服，除了哭还不爱吃奶。婴儿出现类似症状不可大意，要尽快带宝宝去医院看医生。

2. 抚摩宝宝传递爱意

触觉，是人与生俱来的感觉之一。婴儿一出生就有，以口唇最为敏感，遇到东西接触，就会做出吸吮动作。宝宝的小手、脚掌和脸颊部位皮肤都较敏感。

婴幼儿大脑发育与外界刺激密切相关，触觉感受是接受刺激的重要方式，但却往往被人们忽视。对于宝宝，应当通过搂抱、亲吻等抚爱动作，一方面表达自己的爱；另一方面刺激感受器官，让宝宝通过接触感受到母爱，表现出喜悦。从哺乳开始，母亲的接触不仅给宝宝营养物质维持生命需求，也给了宝宝抚爱的触觉刺激。听到母亲说话，感受到母亲的温暖怀抱和抚摩，看到母亲的笑脸，体味到无限的母爱，心理上得到满足。这样愉快的心情，为宝宝良好的性格发育，健康的人际交往，健全的适应行为奠定了基础。

每天给宝宝抚摩四肢和躯干。让宝宝仰卧床上，从双肩起，自上向下抚摩胳膊到手，不规则抚摩躯干，然后是双腿到脚，反复多次。结束前，可以轻轻地给宝宝抻一抻胳膊和腿脚。要一边抚摩一边和宝宝说话，时间长了，宝宝会习惯于和喜欢上这种活动，只要一平放仰卧，就会表现出愉快的情绪，静静地等待抚摩。

这种令宝宝愉快的抚摩，能多次传递爱意，形成良性刺激，满足早期情感需要，更有利于体力和智力的发育。

3. 抱着宝宝在屋里散步

抱着宝宝在屋内散步。观察他在看什么东西，对什么东西感兴趣。其实宝宝这时对很多东西都很好奇呢！看宝宝正在注意哪样东西，然后把这件东西指出来并告诉宝宝。例如看到洗衣机，就可以告诉宝宝："这是咱家的洗衣机，洗衣机是用来洗衣服的。"不要在乎宝宝懂不懂，只管讲给他听，日后慢慢他就会知道是怎么回事了。重要的是宝宝很喜欢妈妈抱着他在屋子里边散步和他说话，这是一种很好的传递爱意的方式。

爸爸妈妈来互动

呼唤宝宝

妈妈（或爸爸）俯身面对宝宝微笑，让宝宝看着自己的脸，然后妈妈把脸移向一侧，轻轻呼唤宝宝的名字，训练宝宝的视线随着妈妈的脸移动，注意唤宝宝名字的时候，声音一定要柔美，切勿尖高。

第三节

3个月的宝宝

做妈妈须知

哺乳期的母亲要合理增加营养；
坚持户外活动，预防佝偻病；
训练抓、握能力；
多与宝宝对话；
可以使用枕头；
增加与宝宝做游戏的时间；
头能挺立，俯卧时前臂支撑，挺胸，抬头；
喜欢亲人逗嬉，能笑出声；
能抓东西；
和宝宝一起玩玩具时，能发出高兴的声音；
能发出“咦”、“嗬”、“哎”等声音；
服用第一粒小儿麻痹症预防糖丸；
本月末到医院给宝宝进行健康检查。

一、宝宝的成长

1. 身体发育

	男婴	女婴
体重	约6.93千克	约6.24千克
身长	约63.35厘米	约61.53厘米
头围	约41.25厘米	约39.90厘米
胸围	约41.57厘米	约40.05厘米
坐高	约41.69厘米	约40.44厘米

2. 动作发育

3个月的宝宝，头能随着自己的意愿转动，眼睛随着头的转动而左顾右盼。家人扶着宝宝的腋下和髋部时，宝宝能坐着。让宝宝趴在床上时，宝宝的头可以稳稳当当地抬起，下颌和肩部能够抬起，前半身可以由两臂支撑起。当独自躺在床上时，会把双手放在眼前观看、玩耍。扶着腋下把宝宝立起来，就会举起一条腿迈出一步，再举另一条腿迈一步，这是一种原始反射。

3. 语言发育

3个月的宝宝在语言上有了一定的发展，逗他时，会非常高兴地发出欢快的笑声，当看到妈妈时，脸上会露出甜蜜的微笑，嘴里还会不断地发出咿呀的学语声，似乎在对妈妈说话交流感情。

4. 感知发育

3个月的宝宝视觉有了发展，开始对颜色产生了分辨能力，对黄色最为敏感，其次是红色，见到这两种颜色的玩具很快能产生反应，对其他颜色的反应要慢一些。这么大的宝宝已经认识奶瓶子了，一看到家人拿着它，就知道要给自己吃饭或喝水，会非常安静地等待着。在听觉上发展也较快，已具有一定的辨别方向的能力，听到声音后，头能顺着响声转动180°。

5. 心理发育

3个月的宝宝喜欢从不同角度玩自己的小手，喜欢用手触摸玩具，并且喜欢把玩具放在口里试探性地咬嚼。能够用咕咕哝哝的语言与父母交谈，有声有色地说得还挺热闹。会听自己的声音。对妈妈显出格外依赖，离不开。

6. 睡眠

3个月的宝宝每日睡眠时间是17～18小时，白天睡3次，每次2～2.5小时。夜里可睡10个小时左右。

二、育儿小知识

1. 养育建议

留心观察，对宝宝表达出来的意思，要努力弄懂，并尽快给予回答；

要理解宝宝，了解宝宝在想什么，想要什么，希望怎么样，帮助宝宝做到，消除焦虑感；

多爱抚宝宝；

所有家庭成员都要对宝宝友好，

真正爱宝宝，不要选择不喜欢宝宝的保姆；

给宝宝舒适的空间，让宝宝自由地展示自己；

给宝宝适度的刺激，但不要过度；

给宝宝鲜艳的、各种各样的玩具；

玩具要大一些，不能塞人嘴、鼻、耳内；

玩具要卫生，不含有害物质，不要有真皮毛；

玩具要不怕摔。

2. 让宝宝吃得好

这一时期仍提倡纯母乳喂养。婴儿在这一时期里生长发育是很迅速的，食量增加。当然每个宝宝因胃口、体重等差异，食量也有很大差别。做父母的，不但要注意到奶量多少，而且还要注意奶的质量高低。母乳喂养要注意提高奶的质量，有的母亲只注意在月子中吃得好，忽略哺乳期的饮食或因减肥而节食，这是错误的。宝宝要吃妈妈的奶，妈妈就必须保证营养的摄入量，否则，奶中营养不丰富，直接影响到婴儿的生长发育。

3～4个月的婴儿应该添加含铁较丰富、又能被婴儿消化吸收的食品，鸡蛋黄是最适合的食品之一。开始时将鸡蛋煮熟，取1／4蛋黄用开水或米汤调糊状，用小匙喂，以锻炼婴儿用匙进食的能力。婴儿食后无腹泻等不适后，再逐渐增加蛋黄的量，半岁后便可食用整个蛋黄了。人工喂养的婴儿，最好在第二个月开始加蛋黄，可将1／8个蛋黄加少许牛奶调为糊状，然后将一天的奶量倒人调好的糊中，搅拌均匀。煮沸后，再用文火煮5～10分钟，分几次给宝宝食用。如婴儿无不良反应，可逐渐增加一些蛋黄的量，直至加到1个蛋黄为止。应当注意的是，奶煮熟后放凉，要存人冰箱中，每次食用时都要煮开，以免宝宝食人变质的牛奶引起不良的后果，另外不要随意增加蛋黄的食用量。

3. 预防接种

白喉百日咳及破伤风的预防接种

一般是在婴儿出生后3～12个月之间进行接种。“百白破三联疫苗”初种时接种3次，每次间隔3～8周。为了使免疫时间持续，在婴儿12～18月内，再接种1次(一期复种）。然后，在孩子上小学6年级时再接种1次白喉与破伤风的混合制剂（二期复种）。

接种百日咳混合制剂的第2天，注射的地方会红肿，但数日后就会消失。有的婴儿身上的疙瘩可能持续几个月，最后也能自然消失。另外，3%～4%的婴儿在接种后24小时以内，会出现37.5℃以上的体温，这不必担心。超过6个月的婴儿接种疫苗时有可能引起高热惊厥，因此应尽早进行接种。

脊髓灰质炎的预防接种 脊髓灰质炎疫苗也是减毒的活病毒，在婴儿出生后3～18个月期间服用两次，每次间隔6周以上。婴儿服下疫苗后，有时因味苦会将药物吐出来(30分钟之内)，这时需再服1次。有的婴儿可能回家后才吐，但只要能保留1／10的量就不会影响接种效果。

4. 预防腹泻与便秘

这个月龄的婴儿出现大便次数增多，便中混有硬块，或多少带有黏液等情况，都不必过于担心。如果是母乳喂养的婴儿，一般不会发生消化不良。

喝母乳的婴儿如果进入2个月后出现"稀便"，首先应想到是，是否因母乳分泌量增加使婴儿喝奶量增多造成的。如果是，可以在喂奶前让婴儿先喝一些白开水，使婴儿的喝奶量减少，这样大便的次数也会随之减少。

牛奶喂养的婴儿一般不会出现腹泻。即使腹泻，如果婴儿没有发热的的迹象，精神又好，也爱喝牛奶，那么只要将牛奶的浓度调稀一些腹泻就会消除。

但牛奶喂养的婴儿一般容易出现便秘。如果从上个月开始一直便秘就不必太担心。有的婴儿从这个月开始能用勺喂了，可以试着喂些酸奶。当然喂果汁也会有效果。开始喂酸奶时，量可以少一些，然后再慢慢加量，直到婴儿能每天顺利地排1次便，之后照此量喂下去。在不灌肠的情况下，如果1周或10天也不排1次便，就属于病态，特别是腹部有异常、发育也不好时，应及时去医院检查。

如果母乳喂养的婴儿3个月后也出现了便秘，应考虑是否是母亲缺乳造成的。如果是，应添加牛奶喂养。但有时母乳很充足，但不知什么原因婴儿开始出现习惯性便秘。出现这种情况时也可试喂一些不同种类的果汁，或适当增加果汁的量。植物细胞膜中含有的纤维可刺激肠蠕动，起到帮助消化的作用。

如果3天只排便1次，而且婴儿排便时非常费劲，憋得直哭，就应每隔一天灌1次肠。如果大便不很硬，且每两天能排便1次，排便时也较轻松，就不用在意。大便即使达不到每天1次也没关系。

5. 请勿在婴儿旁边吸烟

研究表明，在婴儿周围吸烟会对宝宝产生许多危害。香烟点燃后所冒出的烟含有200多种有毒物质。这些有毒物质会让宝宝极其容易患上吸道感染、肺炎、支气管炎等呼吸道疾病，被动吸烟也可成为婴儿猝死综合征(SIDS）的一个因素。如果家中有患气喘病的宝宝，将会因父母的吸烟，而使病情恶化。同时也会增加宝宝感染中耳炎的机会。专家们认为香烟烟雾可使呼吸道的细胞数目和黏液分泌不正常增加。此外，在婴儿周围吸烟的人还可能偶而烫伤婴儿。

婴儿身上可以除去尼古丁的抗药屏障和肝脏都不如成人发达，因而尼古丁在婴儿体内停留的时间较长，活性较大，会严重影响到婴儿的身心健康。

我们可以采取若干措施来保护我们的这个小生命。如果你及家人或周围其他的人无法戒烟，那么一定不要在宝宝周围也就是宝宝所在的房间里的任何地方吸烟，应该到外面去吸烟。尽可能带着宝宝避开烟雾弥漫的场所，或者封闭的空间，如餐馆、车里或其他的公共场所。要确保在照看宝宝期间无人在他周围吸烟。

6. 让宠物远离婴儿

在你的宝宝出生之前，你也许还有另一个“宝宝”——宠物。你把宝宝从医院带回家便意味着你的宠物的生活方式要有所变化。

宠物对生活的常规很敏感，所以在宝宝出生之前，渐渐地改变一些作法对你的宠物来说也许比较容易做到。所以可试做下列事情：

◆ 在怀孕期间，减少与宠物相处的时间——宝宝出生后这种时间会更少。

◆ 在宝宝出生前的数周里，改变宠物的喂养、运动或玩耍的时间表，并使它适应。

◆ 更换宠物待的地方。如果宝宝将放在你的房间里，而且宠物在那儿睡过觉，要把宠物睡觉的地方换到另一处，以使宠物对更换的新位置不那么陌生。

◆ 如有可能，可以先让宠物先远距离接触宝宝。直接面对幼小的婴儿会引起宠物惊吓，而婴儿的啼哭及其他反应又会使宠物感到震惊或害怕。

◆ 把属于婴儿的东西挪开，如摇篮、童床及换尿布桌。让你的宠物闻闻这些东西。

◆ 不要让宠物靠近婴儿的东西，让它离开婴儿的房间。

◆ 给你的宠物留出它自己的空间，与婴儿隔离开。

7. 你会抱宝宝吗

你会抱宝宝吗？或者说，怎样正确地抱宝宝？

这个问题提得看似可笑，但是，正确地抱宝宝，对宝宝健康成长至关重要。

忌多抱 多抱宝宝，对宝宝的正常发育有很大危害。正常情况下，新生儿一天的睡眠时间是20～22个小时，满月后的宝宝一天睡眠平均不少于18个小时，6个月的宝宝一天要睡12～14个小时，1周岁时每天也要睡13个小时左右。抱得过多会影响到宝宝的睡眠质量，使宝宝不能够熟睡。婴儿不会说话，遇冷、热、渴、饿、痛、不适等，都以啼哭的方式表达。如果不去细细察明缘由，一哭就喂，一哭就抱，就会养成不良习惯。

另外，多抱宝宝走动，还容易使宝宝的大脑受到震动，加上强烈的光线、色彩和噪声的刺激，会使婴儿长时间处于兴奋状态，心肺负担加重，身体抵抗力下降，容易生病。

忌摇晃、忌高抛 婴儿头大身子小，头部体积和重量占全身的比例较成年人大得多，加上婴儿颈部肌肉娇嫩，对头部的支撑力很弱，难以承受较大幅度的摇晃和高抛的震动。强烈摇晃和高高地抛起，很容易使脑髓与较硬的脑壳互相撞击而引起脑震荡，还可能引起视网膜毛细血管充血，甚至导致视网膜脱落等。因此，千万不要摇晃和高抛宝宝。

亲吻宝宝

注视着宝宝大大的无邪的眼睛，妈妈总是情不自禁地抱紧并亲吻宝宝。亲吻宝宝不仅是让宝宝知道妈妈爱他有多深的最佳方式，而且可以让双方感觉平静和放松。不过，妈妈一定要在保证没有化妆、没有传染病的前提下，才能亲吻宝宝哦。

适量亲吻 成年人亲吻宝宝，会把自己口腔里带有的病菌、病毒——尤其是经呼吸道传播的病毒、病菌传染给婴儿，使宝宝患上肺结核、脑膜炎、感冒等传染病，乙型肝炎病毒也会通过亲吻传染。此外，经常亲吻宝宝的嘴，还会使宝宝的口水增多，影响消化功能。有的男士胡须很硬，在亲吻时，可能会刺伤宝宝细嫩的皮肤，引起宝宝皮肤感染。

三、教养训练

1. 简易健身训练

婴儿期是人体生长发育最快的时期，也是最关键的阶段。现代医学研究证明，不少成年疾病，如肥胖症、高血压、冠心病及智力发育的好坏，均与婴儿时期的活动锻炼直接关系。为此，婴儿时期的身体锻炼，被动运动的加强，作为预防医学已被人们所关注。

婴儿健身简便易行的有效方法是“抱、逗、按、捏”。

抱 是婴儿最轻微得体的活动。当宝宝在哭闹不止的时候，也正是需要通过抱而得到精神安慰的时候。为了培养好宝宝的感情思维，特别是在宝宝那种哭闹的“特殊语言”的要求下，不要挫伤幼小心灵的积极性，要适当地抱一抱宝宝。

逗 是婴儿期最好的一种娱乐形式。逗可以使小宝宝高兴得手舞足蹈，使全身的活动量进一步加强。所以，一定不能忽略这种在婴儿时期的智能培养和启蒙的方法。但逗嬉宝宝要自然大方，不要做挤眉、斜眼等怪异动作，以免宝宝模仿。

按 是指父母亲用手掌给宝宝轻轻地按摩。按能增加胸背腹肌的锻炼，减少脂肪细胞的沉积，促进全身血液循环，增强心肺活动量和肠胃的消化功能。

捏 是父母亲用手指捏宝宝。捏较按稍加用力，它可以使全身和四肢肌肉更加结实。一般从两上肢或两下肢开始，再从两肩至胸腹，每部位10～20次。在捏的过程中，宝宝的胃液分泌和小肠吸收功能都会有所改善。

另外，还可对宝宝进行体操锻炼。从第2个月开始，即可做被动体操，由家人协助进行。做四肢伸展屈曲运动。每次运动时间从2分钟开始，上下午各一次。这样的锻炼，可以增强肌肉的紧张度，促进血液循环，有利宝宝的健康成长。

2. 综合感官训练

2个月以上的婴儿，视觉和听觉都变得灵敏了许多。对周围的环境更有兴趣，喜欢用目光追随移动的、颜色鲜艳明亮的玩具，特别是红色。对暗淡的颜色不太感兴趣，更喜欢立体感强的物体。

此时除了在婴儿床上方25～50厘米处，悬挂色彩鲜艳的玩具，还可以在用玩具逗宝宝玩时，上下左右移动玩具，训练宝宝的目光追随玩具移动方向活动，左右可以在45°范围内。这样做可以促进宝宝视觉发育，做时，注意不要让强光直接照射宝宝的眼睛。

促进宝宝的听觉发育，可以给宝宝多听音乐。妈妈平时也可以给宝宝多哼一些歌曲，也可以用各种发声玩具逗引宝宝。但声音要柔和、欢快，不要离宝宝太近，也不要太响以免引起刺激性惊吓。剧烈的响声会对宝宝产生不良刺激，而轻快悦耳的音乐可以使宝宝精神愉快并得到心理安慰。每天给宝宝活动、做操或按摩时，可以给宝宝播放适宜的乐曲，优美的旋律对宝宝的智力发育十分有利。

3. 简单动作训练

宝宝的动作发育，包括粗大动作和精细动作。粗大动作包括头的控制、坐、翻身、爬、站、走、蹲、跑、跳等。精细动作包括手的初级动作，如抓握能力。手的动作发展是智慧的重要标志之一。动作发育有一定的规律，通过各种动作的发育水平，可以检查出大脑的成熟程度。

每个宝宝发育的情况不同，下面列举一个供参考的动作训练方案：

宝宝要某样东西时，妈妈用语言和动作鼓励宝宝自己去抓，并且把东西放在适合宝宝的距离内。

当宝宝随意碰到某件玩具时，示意他动手去抓。

用语言提示宝宝注意某件物品，并逗引他去抓。抓到后，要表扬和鼓励他。

反复教会宝宝使用手指抓东西的动作，鼓励宝宝使用双手。

帮助宝宝结合爬行练习抓握。

4. 训练宝宝抓东西

从3个月起，宝宝就会试着抓东西。这时，可以每天抱在怀里，用玩具或者食物引逗宝宝伸手抓。不要把物件放在宝宝抓不着的地方，只要能抓到手，就达到了游戏和训练的目的。

宝宝把东西抓到手后，要给他玩一会儿，然后再慢慢从他小手中拿出来，再让他伸手抓。如果不放手，可以让他多抓一会儿。

可以在婴儿床上方悬挂两三件玩具，让宝宝躺在床上伸手抓。但要注意玩具要经常变换，一是让宝宝觉得新鲜，二是防止斜视。还要注意吊挂玩具的绳子不可太长，以防缠绕住宝宝的手臂。

宝宝能俯卧或能挺胸坐在妈妈怀里时，可以用玩具放在他能伸手抓到的地方，让他主动抓来玩儿。然后，再把玩具换个地方，鼓励宝宝转头转身寻找。每当宝宝抓到玩具后，就会兴奋，妈妈要用语言、微笑和爱抚鼓励他。

训练宝宝抓东西，要注意给宝宝抓的东西一定要清洁卫生，因为宝宝抓到手后，放在手里玩一会儿，就可能放在嘴里咬。给宝宝抓的玩具和物品要安全，不能用小颗粒、小球，以免宝宝吞咽，同时不能锐利有尖，要无毒无害。给宝宝抓的东西要经常变换，多种多样，用以训练感知能力，如换上硬、软、光滑的可以增加触觉；颜色、形状、大小可以训练视觉；水果、点心可以训练嗅觉；有声音、有音乐的玩具可以训练听觉。

5. 宝宝的翻身训练

3个月的婴儿以仰卧为主，但已有了一些全身肌肉的运动能力，因此要在适当保暖的情况下使宝宝能够自由地活动。

3个月的婴儿一般能从仰卧翻到侧卧，这时就可以训练宝宝翻身，如果宝宝有侧睡的习惯，学翻身比较容易，只要在宝宝左侧放一个有意思的玩具或一面镜子，然后把宝宝的右腿放到左腿上，再把宝宝的一只手放在胸腹之间，轻托右边的肩膀，轻轻在背后向左推，孩子就会转向左侧，重点练习几次后，父母不必推动，只要把腿放好，用玩具逗引，宝宝就会自己翻过去。

然后光用玩具，不必放腿孩子就能够做90° 的侧翻。再往后可用同样的方法，可帮助婴儿从俯卧位翻成仰卧位。如果没有侧睡习惯，父母可让宝宝仰卧在床上，手拿婴儿感兴趣能发出响声的玩具分别在婴儿侧面逗引，对宝宝说："看多漂亮的玩具啊！"训练婴儿从仰卧位翻到侧卧位。婴儿完成动作后，可以把玩具给宝宝玩一会儿作为奖赏。宝宝一般先学会"仰——俯"翻身，再学会"俯——仰"翻身，一般每日训练2～3次，每次训练2～3分钟。

宝宝自己说

• 真高兴

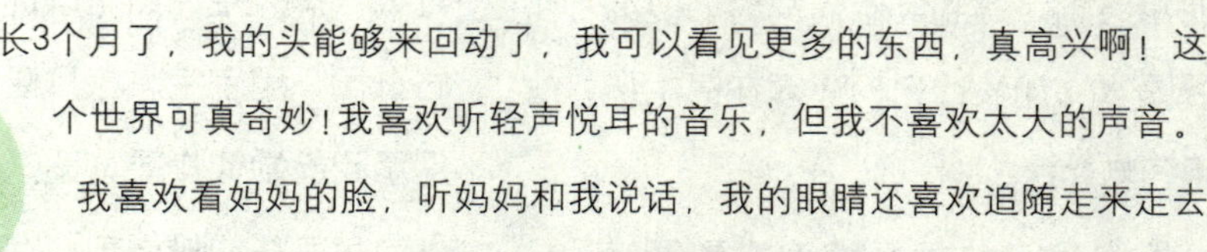

长3个月了，我的头能够来回动了，我可以看见更多的东西，真高兴啊！这个世界可真奇妙！我喜欢听轻声悦耳的音乐，但我不喜欢太大的声音。我喜欢看妈妈的脸，听妈妈和我说话，我的眼睛还喜欢追随走来走去的人。最让我高兴的是，我能看见颜色啦！先是黄色，再是红色！

四、这样教宝宝

1. 教宝宝不做"夜哭郎"

有一些宝宝会在白天睡觉，夜里却总是醒着要玩，否则就会大哭大闹。人称"睡颠倒了"。这种睡眠习惯时间颠倒的宝宝，俗称"夜哭郎"。

睡眠习惯时间颠倒造成"夜哭郎"，是新生儿神经反应系统发育尚不完善造成，需要反复培养，才能建立起白天活动、夜里睡觉的起居规律。白天，如果宝宝睡得太熟，要有意识地让宝宝多醒几次，少睡一会儿，多逗宝宝玩一些时间。必要时，可以看医生，服用适量的药物加以调整，建立起晚上睡觉的正常起居习惯。

要让宝宝晚上睡好觉，睡眠环境一定要安排妥当。睡前要给宝宝换好尿布，被褥要薄厚适宜，不要过暖。室内空气要新鲜，冷暖适当，不要有对流风，也不要有电扇和空调直接吹。夜间宝宝睡觉的室内不要高亮度照明，宜用可调光灯或地灯。

让宝宝单独睡婴儿床，最好不要和父母同床睡。

2. 教宝宝排尿与大便

婴儿排尿时，如果发生遇尿则哭，要怀疑是否有不正常情况发生。因为当肾和膀胱感染时，就会出现排尿时的啼哭现象。同时伴有食欲不振、脸色发青、时常哭闹。遇到类似情况时，要给宝宝多喝水，加快代谢，还须在医生指导下用药物治疗。

一般说来，让母亲常常感到烦恼的，是宝宝的排便次数。通常，在刚出生时，婴儿每天排便4～5次，满月后一天1～3次，到周岁以后，有的宝宝两三天才排一次大便。6个月以内的宝宝，一昼夜要排尿20次左右，每次约30毫升，半岁至1岁时减少到15次，每次约60毫升，到2～3岁时，每天仅10次左右。

3个月以上的宝宝，往往会在大便时，显出与平时不同的表情，小嘴用力、扭腿、憋气、眼神发直、四肢僵硬，表情异样等等。这些表现，往往会被细心的妈妈发现，以免拉弄脏衣物。

大小便习惯的形成，可以通过培养和训练，使宝宝在排便过程中建立起良好的条件反射。培养排尿习惯，可以从3～4个月开始，仔细观察宝宝排尿时的表情，记下间隔时间。把尿可以在宝宝睡醒后、喂奶后、喂水后10分钟、餐前、外出回家尿布未湿时进行。把尿时，可以发出声音信号，如"嘘嘘"声，逐渐形成宝宝的听声排尿的条件反射。如果把尿一两分钟宝宝不尿，可以过一会儿再把。把尿时间过长，婴儿感到不舒服，容易造成拒把，习惯也不易养成。排大便训练可以选择早、晚进食后进行，用宝宝憋气排便的"嗯嗯"声提示和鼓励他排便，逐渐养成习惯。另外，宝宝往往排便前会有臭屁排出，也是将要排便的预示。

3. 和咿呀学语的宝宝对话

3个月的婴儿会咯咯地发笑，高兴的时候还会自发地"咿"呀"啊"呀地"讲话"，这时作为妈妈要同样"咿"呀"啊"呀地去应答他，和他"对话"，可使其情绪得以充分地激发。也可以在宝宝情绪愉快时，用愉快的口气和表情，或玩具，让宝宝发出"呃、啊"声，或"咯、咯"的笑声，一逗引宝宝主动发声，你就要富有感情地称赞他，亲热地抚摩以示鼓励，并与他你一言、我一语地"对话"，诱导宝宝出声搭话。

这样不仅是对婴儿最初的发音训

练，而且也是母子情感交流的好方式。

在婴儿以后的成长过程中，父母应一直坚持与婴儿“对话”，积极应答他发出的各种声音。有条件的话，父母可以用普通话和外语交替着与婴儿说话。不过需要注意的是逗引婴儿发笑的时间不宜太长，婴儿会累的。

4. 教宝宝认识家人

随着头部运动自控能力的加强，婴儿的视觉注意力得到更大的发展，能够有目的地看某些物像，婴儿更喜欢看妈妈，也喜欢看玩具和食物，尤其喜欢奶瓶。对新鲜物像能够保持更长时间的注视。注视后进行辨别差异的能力不断增强。对看到的东西记忆比较清晰了，开始认识爸爸妈妈和周围亲人的脸，能够识别爸爸妈妈的表情好坏，能够认识玩具。如果爸爸妈妈从宝宝的视线中消失，宝宝会用眼睛去找，这就说明宝宝已经有了短时的、对看到物像的记忆能力。爸爸妈妈要抓住这个阶段，对婴儿的视觉潜能进行开发。可以告诉宝宝哪个是爸爸，哪个是妈妈，哪个是爷爷，哪个是奶奶……经过一段时间的教认，宝宝的脑海里就会留下每个家人的印象，时间长了自然就认识自己家的人了。

5. 教宝宝辨别颜色

这个月婴儿颜色视觉能力已经接近成人了，对某些颜色情有独钟，如最喜欢红色，其次是黄色、绿色、橙色和蓝色。在训练婴儿颜色辨别能力时，要以这几种颜色为首选，依次训练宝宝的色觉能力。

妈妈可以给婴儿看一些色彩鲜艳的卡通画片，通过这种方法来让宝宝接触不同的颜色，并且边看边给婴儿介绍。

这时的小宝宝虽然还不会说话，但他会高兴地咯咯笑起来，自己用小手指在画片上点来点去，嘴里咿咿呀呀的，模仿妈妈教的动作。当宝宝模仿妈妈的动作指点画片时，妈妈一定要对宝宝的“说话”作出反应，表扬他，称赞他，和他一起说。

这样不仅训练了宝宝对颜色最初的认识，同时也能增强婴儿对语言的理解能力。

6. 古典音乐对宝宝也是享受

据有关研究报告指出，大脑中有很多与学习相关的连接点，古典音乐就可以激发这些连接点，听古典音乐的婴儿长大后，会变得更聪明，而且数学也学得好。

研究人员认为，古典音乐的复杂性及其特有模式，有利于宝宝婴儿认知能力的培养，也有助于帮助他们随着年龄的增长而学习有关数学、科学和语言方面的知识。听古典音乐还可以让宝宝的语言能力得到锻炼，因为音乐的节奏、音调和反复性能增强宝宝的语言表达能力。

听古典名家的曲子能够激发人的创造性和理性思维能力，婴儿身处其中对时间和空间的感受也更强烈。但并不是所有的节奏都适合宝宝，应采用一些安宁的乐曲。

但是也有人认为，听古典音乐与大脑发育之间并不存在相互关系。不过，古典音乐演奏出来的柔和旋律可有助于使哭闹不止的宝宝平静下来。对于宝宝，听古典音乐同样是一种愉快的享受。

7. 爱笑的宝宝聪明

爱笑的宝宝，长大后大多比较聪明，聪明婴儿对外界事物发笑的年龄比一般婴儿要早，笑的次数也更多。

从宝宝的发育进程看，一般3个月左右时，只要醒着，一看到家人熟悉的面孔或新奇的画片与玩具时，就会高兴地笑起来，嘴里“啊啊”地直叫，又抡胳膊又蹬腿，可谓手舞足蹈。另外，当吃饱睡足、精神状态良好时，尽管无外界刺激，也会自动发出微笑。前一种笑称为“天真快乐效应”，后一种称“无人自笑”。

天真快乐效应，是婴儿与人交往的第一步，在精神发育方面是一次飞跃，对大脑发育是一种良性刺激，被誉为“智慧的一缕曙光”。至于无人自笑，则是婴儿在生理需要方面获得满足后的心理反应，这两种笑均有益于大脑的发育。由此，父母多与宝宝接触，并用欢乐的表情、语言以及玩具等激发宝宝的天真快乐效应，同时注重喂养，吃饱睡足，促使其早笑、多笑，乃是智力开发的一大妙招，值得父母们重视。

五、亲情交流，让宝宝健康成长

1. 亲亲我的宝贝

西方国家的父母，非常注重和宝宝的情感交流，父母出门、回家都要拥抱或亲吻自己的宝宝，与宝宝的对话中总能听到“请”、“谢谢”、“对不起”、“你真棒”、“我爱你”这一类直截了当表达亲情和文明礼貌词语。

中国是一个历来重视亲情的国家，阅读古代许多家书家训时，可以明显感到浓浓亲情不断地向人袭来。

但有的父母认为，和宝宝太亲热，不给点颜色看，会有失父母的威严，难以管教好宝宝。也有的父母认为同宝宝抚摸、拥抱、亲吻太西方化。其实，真正会疼爱宝宝的父母是随时都能够亲近的，不应当小看了经常亲亲自己宝宝这类举动。一次抚摸、一次鼓励性的握手、一次发自真诚的掌声、一次充满爱意的凝视，这些亲昵举动传递亲情的特殊语言，留给宝宝的是一份慰藉、一份温馨、一份力量、一份鼓舞。在爱的熏陶和滋润下，不仅能让宝宝心满意足，而且还有利于健全人格和良好心理素质的形成。在某种程度上，亲一亲宝宝的举动，会远远胜过苦口婆心的唠叨和打骂教育。

家庭教育专家倡导富有人情味的教育——赏识教育。赏识你的宝宝，让宝宝更自信些。 但愿在西方国家流行的“今天你亲宝宝了吗”这句话，也能够经常回荡在中国父母们的耳边，千万别忘了——经常亲一亲宝宝！

2. 抚摸与按摩

婴儿喜欢母亲的抚摸，抚摸使宝宝感到与母亲的亲密，体味到母亲的爱意。妈妈的抚摸可以让宝宝有安全感。在宝宝情绪不佳时，妈妈的温柔抚摸可以让宝宝安静。抚摸能解决宝宝的皮肤饥饿问题，能使宝宝运动肢体，促进血液循环。

在宝宝吃饱或睡醒以后，妈妈可以坐在婴儿床边，用手抚摸宝宝的胸、背、四肢，同时与宝宝说笑。宝宝哭闹时，可以抱起来，把宝宝的头贴在妈妈的左胸前，一边让宝宝听到妈妈的心跳声音，一边用手抚摸，按顺序抚摸头部、小手和小脚。抚摸前，一定

要洗手，不要从外边回来就抚摸宝宝。母亲的指甲不要留得太长太尖，不要戴指和手表时抚摸宝宝。平时，隔着衣服紧抱宝宝时，也可以轻拍和抚摸。通过抚摸可以让父母了解宝宝的身体，同时，也能使父母增强对宝宝的爱意，放松父母自己。

爸爸妈妈来互动

找声源

妈妈（或爸爸）拿一个拨浪鼓，在距离宝宝前方30厘米处摇动，对宝宝说："看拨浪鼓在这边儿。"当宝宝注意到鼓响时，让宝宝盯着鼓看一会。然后在把鼓移动到宝宝的后方，依照此法让宝宝听声音找鼓。同时注意观察宝宝对声源方向的反应。

第四节 4个月的宝宝

做妈妈须知

坚持4个月以上的母乳喂养；
为预防贫血，可以添加蛋黄、肝泥等辅食；
充分利用看、听、触、嗅、尝、运动等方式，促进宝宝的感觉发育；
多与宝宝对话；
头能竖直，并且能随意转动；
俯卧时能滚向一侧；
有的宝宝能从俯卧翻成仰卧，或从仰卧翻成俯卧；
能表示情感，放声大笑；
手能准确地抓握；
会对着镜子笑；
服用第二次小儿麻痹糖丸；
注射第一次白、百、破混合制剂；
做结核菌素试验，复查卡介苗接种情况。

一、宝宝的成长

1. 身体发育

体重	男婴 约7.52千克	女婴 约6.87千克
身长	男婴 约65.46厘米	女婴 约63.88厘米
头围	男婴 约42.30厘米	女婴 约41.20厘米
胸围	男婴 约42.68厘米	女婴 约41.60厘米
坐高	男婴 约42.72厘米	女婴 约41.56厘米
牙齿	有的宝宝已经长出1～2颗门牙。	

这一段时间里，体重增长最快，身高相对比体重增加速度要慢一些，因此，宝宝在这个时期看上去会显得很胖。如果头围过小或过大，都要请医生检查：小头畸形、大脑发育不全、脑萎缩等病症会头围过小；脑积水、脑瘤、巨脑症等头围会过大。

2. 动作发育

4个月的宝宝做动作的姿势会比以前熟练得多，而且能够展示出对称性。抱在怀里时，宝宝的头能稳稳地直立起来。俯卧位时，能把头抬起，并和肩胛成90°夹角。拿东西时，小手和拇指较以前灵活多了。在成人的扶持下站立时，两腿能支撑住身体。

3. 语言发育

这个时期的宝宝在语言发育和与成年人的感情交流方面进步较快。高兴时，会大声笑，声音清脆悦耳。当有人与他讲话时，他也会发出叽叽咕咕的声音，好像在和成人对话。此时的宝宝唾液腺正在发育，经常有口水流出嘴外，还会出现把手指放在嘴里吸吮的毛病。

4. 感知发育

4个月的宝宝对周围的事物有较大的兴趣，喜欢和周围人一起玩耍。能识别自己的妈妈和面庞熟悉的人，迅速认出经常玩的玩具。

5. 心理发育

4个月的宝宝喜欢父母逗他玩，高兴了会开怀大笑，会自言自语，似乎在背书，咿咿呀呀个不停。会听儿歌，知道自己叫什么名字。能够主动用小手拍打眼前的玩具，见到妈妈和他喜欢的人，知道主动伸手要抱。对周围的玩具、物品都会表示出浓厚的兴趣。

6. 睡眠

4个月的宝宝，睡眠时间每天在16～17小时左右，白天睡3觉，每次睡2～2.5小时；夜间睡眠10小时左右。

二、育儿小知识

1. 养育建议

父母不要对宝宝过于宠爱，不能事事都依着宝宝，只要对宝宝有足够关心就成；

不要买太多的玩具，宝宝喜欢的玩具有两三件就可以了；

阳光明媚的天气，要多抱宝宝到户外转转，让宝宝开眼界，舒适地看看世界；

在婴儿床上挂一件鲜艳的玩具，离宝宝约30厘米远；

婴儿喜欢看人脸，可以挂一幅美丽的人物面孔图片，让宝宝高兴时看到；

在妈妈的护理下，每天都让宝宝俯卧一会儿，但要注意保持呼吸顺畅。宝宝俯卧时要注意观察，不能离开人；

父母尽可能和婴儿多待在一起；

户外活动要选择时间和天气，一般安排在上午9：00～11：00，下午15：00～17：00；

婴儿户外活动时，衣服要宽松、舒适、保暖；

户外活动时间不要过长；

尽量少让阳光直晒婴儿。

2. 让宝宝吃得好

4个月的婴儿在行为上和生理上，会发出准备学习新进食技巧的讯号。在这个阶段可添加固体食物，这标志着宝宝的成长迈上一个新台阶。接触新的口感和味道之时，刺激宝宝学习在嘴里移动食物。另外在这一年龄时期添加食物的另一重要因素是，宝宝从母体内带来的铁含量已开始逐渐减少，需要从饮食中得到补充。单纯母乳喂养已经不能满足宝宝生长的需要了，如果你发觉宝宝体重不再增加，吃完奶后还意犹未尽，这可能就是该添加固体食物的时候了。不过你最好请医生指导一下。4个月多的宝宝食人量差别较大，除了吃奶以外，要逐渐增加半流质的食物，为以后吃固体食物作准备。婴儿随年龄增长，胃里分泌的消化酶类增多，可以食用一些淀粉类半流质食物，先从1～2匙开始，以后逐渐增加，宝宝不爱吃就不要喂，千万不能勉强。加大米粥等食物的那一餐，可以停喂一次婴儿米粉。

4个多月的宝宝容易出现贫血，这是因为从母体带来的微量元素铁，已经消耗掉，如果日常食物比较单一，便跟不上身体生长的需要。因此要在辅食中注意增补含铁量高的食物，例如蛋黄中铁的含量就较高，可以在牛奶中加上蛋黄搅拌均匀，煮沸以后食用。贫血较重的宝宝，可由医生指导，口服宝宝补血蜜果，千万不要自己乱给宝宝服用铁剂药物，以免产生不良反应。

为补充体内维生素C的需要，除了继续给宝宝吃水果汁和新鲜蔬菜水以外，还可以做一些菜泥和水果泥喂宝宝。在添加辅食的过程中，要注意宝宝的大便是否正常以及有没有不适应的情况，每次添加的量不宜过多，使宝宝的消化系统逐渐适应。

喂养时间安排在上午6：00、10：00，下午14：00、18：00，晚上22：00，夜间可以不喂，在两次喂食之间加喂一次鲜水果汁、水等。钙片一天可喂3次，每次2片。鱼肝油一天喂2次，每次2～3滴。

3. 智慧在指尖

人的大脑，在出生后的1岁以内发育最快，到第二年末基本上完成生长过程。由此可见，婴儿时期是人生智力发展的关键时期，父母要重视早期的智力教育。

人们常说“心灵手巧”十分有道理。从生理角度来讲，人的大脑皮层被比喻成为“智慧的海洋”。因为它是思维的物质基础，而这个物质基础还需要通过大脑的很大区域得到训练来实现。

手的第一个运动机能就是抓握。为顺利发展手的动作，在一岁内可以完成这些练习：

1～4个月 可以交替地把一个2～2.5厘米的小球放在宝宝的小手上，让他抓握，以锻炼手的皮肤感觉。球的重量要有区别，材料要有软有硬，如：塑料球、木球、皮球、绒布球等。球要用线绳吊起来，刚好能让宝宝握住。也可用帆布、毛巾布、花布缝制的小布包，也有助于手的抓握动作的训练，尤其对大拇指的训练很有好处，可以增强手掌触觉的灵敏度。

5～6个月 宝宝能看到的东西，能够着的东西，就会去拿，而且能拿着玩具玩上一阵子。从这时起就可以教给宝宝各种抓握的方法了。开始时，家人要把着宝宝的手比画——不接近物体的路线，然后宝宝再独立去做。这些动作要经过几个月的练习才能做好。

6～8个月 这个时期宝宝开始形成各种姿势的抓握技巧。这时就要选择一些练习，促进大拇指的运动。可以将一些有柄的玩具给宝宝玩，比如拨浪鼓。由于这类玩具品种不多，所以父母可以自制一些布偶玩具，不过要有手有脚，

带胳膊带腿儿的，便于宝宝抓握。

8～10个月 不仅要抓紧大拇指的练习，还要抓紧食指的练习。宝宝这时可以完成一些细小的动作，可以让宝宝把盖子打开，再让他练习盖上，用推拉方式打开的盒子也可以试试，类似空火柴盒。

10～15个月 宝宝会出现所谓机能动作，能够体现出物体的用途，比如用碗喝水、让汽车滚动、摆积木块等。先前练习过的动作，开始完善并向新机能转换。这时，宝宝手指的动作就比较灵活自如，紧握着的小拳头完全张开。

4. 观察宝宝囟门的发育

宝宝出生后，头上的颅骨不是一整块，而是由几块骨块组成，而且它们彼此间不相连。前面的两块叫额骨，头顶上的两块叫顶骨，后脑勺的那块叫枕骨。

宝宝头颅骨上，相邻的骨块之间的间隙叫骨缝，枕骨和顶骨边缘形成的三角形间隙叫后囟，额骨和顶骨边缘形成的菱形间隙叫前囟。宝宝头颅上的这些间隙——囟门，是“造物主”留给宝宝出生后大脑生长用的，它们各自有一定的闭合时间，过早和过晚都属异常。要注意观察，后囟闭合最早，宝宝出生后6～8周左右就闭合，有的宝宝出生时已闭合，也属正常。

骨缝一般在生后3～4个月闭合。

前囟关闭得最迟，一般在1～1岁半时闭合。这段时间内，除了观察宝宝前囟的大小和闭合时间外，还要观察宝宝前囟是否平坦。如果发现前囟凹陷和紧张隆起，均属异常情况，要及时找医生就诊。

5. 预防婴幼儿感冒

感冒是一种由许多病毒引起的上呼吸道感染(URI)，一般持续一周或两周，但间或能持续更长时间。感冒经常由咳嗽或打喷嚏的人散播到空气中的飞沫所传播，或是通过人与人的接触而传播。当宝宝患了感冒时，可以给他多喂

水。这时给宝宝喂奶或以瓶喂奶是一件很难的事，但也仍然要不厌其烦地多次喂奶。

不到6个月的婴儿很少有给服用非处方药的。除非医生下医嘱，否则不要使用这类药物。

当然，最好的办法还是预防宝宝感冒。注意生活中的一些细节，可以降低宝宝感染感冒病毒的机会。

1. 接触宝宝或抱他之前要先洗手，如果他人抱要让他人也洗手。

2. 避免把你的宝宝带到室外的拥挤场所，以防接触患感冒的病人。

3. 尽可能不要让宝宝的嘴接触他人碰过的物体上。

4. 尽可能保持室内空气流畅。

三、教养训练

1. 判断宝宝的智力发育

4个月的婴儿，会显得很懂事，喜欢让人抱，会把头转来转去地找人，如果没人在身边时，宝宝会显得很不高兴，会又哭又闹。这时，可以给宝宝买些有趣的自动玩具，如电动小熊、电动小花狗等，打开开关可以移动，并伴有音响，宝宝会认真地观察玩具。在宝宝仰卧位时，喜欢双手相握，拉在眼前玩耍，给宝宝一个哗啷棒，他就会两手一起拿在眼前玩弄，还会用力摇晃哗啷棒，这表明宝宝的眼、耳、手的协调功能发展，智力发育正常。

当有人逗宝宝时，宝宝会大声发笑；如果不高兴，会大哭大叫地来向成人发脾气。

父母要尽量多与宝宝说话，给宝宝播放优美的音乐，使宝宝头脑贮存更多的语言信息。虽然宝宝还不会说话，也不理解语言的意思，但是，反复地把一些语言输送到宝宝的大脑皮层，贮存起来，对于以后语言教育可以打下良好的基础。

2. 笨手笨脚的宝宝变灵活了

在婴儿时期，起初宝宝能看得见，抓不着东西。到了3～4个月，宝宝就能根据自己的视线，去抓住已经看见的东西。

起初，宝宝用小手摇晃着抓到的东西出自无意，以后，就能学会做出应答性的效果动作，例如，双手敲打玩具，听到发出的响声，越玩越高兴。

开始时，宝宝虽然有动作目标，但真正动起来会掺杂多余的动作，例如用手去拿玩具，脚也跟上来，甚至于小嘴也会张得很开，是因为宝宝还分不清哪个动作有用，哪个动作没用。而到4个月时，宝宝已经能够准确地拿到面前放的饼干，喂进自己的小嘴里的尝尝味道如何。

宝宝开始只会拿一样东西，虽然看到另一件新鲜东西，想拿却不会拿，只好把手里的放下再去拿另一件。到6个月时，逐渐双手能同时拿住一件物品。学会坐以后，宝宝的手眼动作才更加协调，与此同时，大拇指也就同其他4个手指头分工，互相配合协作，逐渐掌握拿取物件的方法，由笨手笨脚变得灵活起来——这是人作为高智慧生物，与一般智慧动物的最关键分界线。

3. 训练宝宝坐着

4个月时，可以训练宝宝坐着。仰卧时，握住宝宝双手腕部，慢慢地把宝宝从平卧拉到坐位，然后慢慢放下，连续几次，待5个月时，就可练靠坐或倚坐，靠沙发背坐或父母胸前坐，也可在床上用枕头垫住背部或两侧以防倾倒，进行坐的训练。开始靠坐时，婴儿常会向前倾或侧倾，5个月左右就能挺直腰背，并会慢慢离开依靠物，脱空稍坐片刻。6个月时，能在靠坐较稳的基础上练独坐，从靠稳到独立坐稳，前倾时可教会宝宝用上肢在前面支撑，慢慢就可以坐直。靠坐或独坐较稳时，可以在宝宝前面放置玩具，让宝宝自由抓取，拿在手中摆弄玩耍。开始训练每次几分钟，逐渐延长至15～20分钟。

4. 帮助宝宝翻滚

4个月时候的一个重大发现便是宝宝能不完全地翻滚。他会从后往前或从前往后翻滚。在随后的一段时间里，他可能会掌握朝一个方向翻滚的要领了，以后，他将会专心朝另一方向翻滚。眼下，他也许不能做到来回翻滚，但很快就能会的。

如果宝宝还不会自己翻滚，那么就玩一种游戏来帮助他学会。让他在地板上仰卧，把一个色彩鲜艳的玩具放在一侧，如果他转向玩具，轻轻推他以帮助他反复练习这一动作。相信宝宝是会喜欢这一游戏的。

我们也可以把宝宝放在地板上，轻轻地来回翻滚他。或者把一只大皮球放在他的腹部下。一边双手紧抱住宝宝一边晃动。这些都有助于锻炼宝宝自己翻滚的协调性。

5. 声音能够吸引宝宝

在婴儿还很小的时候，就会发现利用舌头、牙齿可以制造出各种“音响效果”，宝宝会对这种“新玩法”玩得津津有味，乐此不疲。

4个月时的宝宝，已会拼凑出类似说话的声音，有时还会出现一些奇特的、不会在母语中出现的声音和音调。各种声音对宝宝都会具有极大的吸引力。宝宝的兴趣会从单纯地玩自己的声音转向模仿来自外界听到的声音，宝宝会使用母语范围内的音素来表现，所以虽模仿动物的叫声或玩具所发出的声音，也不会模仿得一模一样。到这个阶段，宝宝很少会发出自己生活中不存在的语言或声音。

6. 训练宝宝养成规律睡眠

婴儿的睡眠时间一般要比成年人多1/3，而且，睡眠质量好，是健康成长的关键。

良好的睡眠习惯养成，首先要让宝宝按时睡觉，自然入睡。有些妈妈对宝宝爱不释手，让宝宝习惯于在母亲怀抱中摇晃着、拍打着入睡，或者让宝宝叼着乳头、空奶嘴睡觉，这都是不好的习惯。从小就要注意养成宝宝在睡前不

哄、不拍、不抱、不摇，更不要吃东西、叼奶嘴。到该睡觉的时候，把宝宝放到床上让他自己睡。起初对没有养成按时睡眠习惯的宝宝，可以放些轻柔的催眠曲，使宝宝建立起睡眠条件反射。

晒太阳的好处

妈妈（爸爸）把宝宝抱出来晒晒太阳吧。在人体皮肤中含有一种维生素D_3源，这种物质经日光中的紫外线照射后，才能转变为维生素D_3，这是人体维生素D的主要来源。维生素D的主要作用在于促使身体吸收钙，预防佝偻病，也可以增强人体免疫力，所以给宝宝晒太阳绝对是大有好处的。

等到宝宝养成按时入睡的习惯，就可以不用放音乐了。

婴儿小时候可以仰卧。大婴儿则最好是侧睡，长大一些最好“卧如弓”。

侧卧睡眠时，以右侧卧为最好，有利于胃中食物向十二指肠方向移动，同时减少对心脏的压迫。

不要让宝宝蒙头睡觉。注意不要让宝宝压住耳朵，以防习惯后变成“招风耳”。

宝宝仰卧睡觉时，要注意把小手放在身体两侧，不要放在胸口上。

婴儿喜欢朝光亮的方向睡觉，妈妈要注意帮助宝宝转换体位睡眠，以免总是朝一个方向睡觉，影响到头型发育不端正。

四、这样教宝宝

1. 给宝宝选择合适的玩具

给婴儿选择玩具，要注意：色彩要鲜艳，色块大，不乱。无毒无污染。玩具上尽量少有小装饰品，例如玩具娃娃和动物有眼睛，应当是不易摘下来的那种。易于清洗和消毒。

玩具是宝宝的玩具，一定要宝宝喜欢才行。宝宝的智力发育、性格、兴趣爱好不同，喜爱的玩具也不同。以下仅供做一般性参考：

新生儿 八音盒，会动、带响声的玩具；

3个月 颜色鲜艳，能发声的玩具；

4个月 用手捏时，便会发响声、会叫的塑胶玩具；

5个月 让宝宝能抓住的玩具；

6个月 长毛绒玩具，宝宝能拿住即可，不要太大；

8个月 图片，镜子；

10个月 积木，简单的插接玩具；

12个月 拖拉玩具；

13个月 汽车，球；

24个月 玩水和玩沙土的玩具，画画用的文具；

24～26个月 模仿玩具。

2. 解读婴儿形体语言

婴儿在学会说话以前，人虽小需求多，却没有足够的沟通、表达能力，尤其是无法顺利传递信息，让妈妈多了几分照顾不周的担忧。然而，宝宝却有着丰富的面部表情和形体变化，只要能够解读这些 “密码”，就能了解宝宝的感受和需要，给宝宝最好的呵护。

表情：懒洋洋。解读：我吃饱了！

当宝宝把奶头或奶瓶推开，头转一边，一副浑身松弛的样子，多半已经吃饱，不要再勉强宝宝吃。

动作：喊叫。解读：烦恼！

不到一岁的宝宝，在嘈杂的环境中很容易受到干扰，但苦于口不能言，只好用尖叫、哭闹表达自己的烦恼。

表情：严肃。解读：缺铁。

一般在出生后2~3个月便能在父母的逗引下露出微笑。有些宝宝笑得很少，小脸严肃，表情呆板，多半因体内缺铁造成。

表情：笑。解读：兴奋愉快。

当宝宝感觉舒适、安全的时候，就会露出笑容，同时还会双眼发光，兴奋卖力地舞动小手和小脚。这表示很开心，是妈妈最愿意看到的表情，也是最容易读懂的表情。

表情：爱理不理。解读：我想睡觉。

玩着玩着，宝宝的眼神变得发散，不像刚开始那么灵活而有神，对外界的反应也不太专注，还时不时打哈欠，头转向一边，不太理睬妈妈，这表示困了。

表情：瘪嘴。解读：有了需求。

宝宝瘪起小嘴，好像受了委屈，这是要开哭的先兆。有经验的父母会知道宝宝是用这种方式来表达要求，至于宝宝是饿了要吃奶，或尿布湿了要人换，或寂寞了要人逗，得根据具体情况来判断。

表情：小脸通红。解读：大便前兆。

判断宝宝大便的时机，可减少父母的工作量。如果看到宝宝先是眉筋突暴，然后脸部发红，而且目光发呆，是明显的内急反应，赶紧准备宝宝排大便。

表情：吮手指、吐气泡。解读：别理我。

多数宝宝在吃饱、穿暖、尿布干净而没有睡意的时候，会自得其乐地玩弄自己的嘴唇、舌头，比方说吮手指、吐气泡什么的。也许这时宝宝更愿意独自玩耍，不愿意别人打扰。

动作：乱咬东西。解读：长牙难受。

宝宝到了长牙期，会把乱七八糟的

东西塞进嘴巴，乱咬乱啃，不给就闹。长牙那种又痒又痛的感觉很难忍受，抓到什么咬什么，是宝宝逃避难受的方式。

表情：眼神无光。解读：疾病先兆。

健康的宝宝眼神总是明亮有神、转动自如的。若发现宝宝眼神黯然呆滞、无光少神，很可能是身体不适的征兆，也许已患病。最好带宝宝去医院看看，千万不要迟疑！

表情：噘嘴、咧嘴。解读：要排尿。

每次小便之前，宝宝通常会出现咧嘴或是上唇紧含下唇的表情。出现这种表情的时候，最好把一把小便，或检查尿布是不是应该换了。

动作：吮吸。解读：饿了。

喂哺过一段时间以后，宝宝小脸转向妈妈，小手抓住妈妈不放。用手指一碰面颊或嘴角，便马上把头转过来，张开小嘴做出寻找食物的样子，嘴里还做着吸吮的动作，这说明宝宝饿，赶急给宝宝喂吃的吧。

3. 教宝宝听音找物

婴儿想做、想玩时，是进步的最佳时机。只要时机成熟，每个婴儿都会踏上成长的这一步。和宝宝游戏时，最重要的是玩宝宝想玩的游戏，同一种游戏玩过几次后，视宝宝的能力提高游戏的难度。

呼喊名字 4个月时，宝宝能分辨不同声音，听得出身旁人的声音，分辨出父亲、母亲或录音机中自己的声音。对妈妈的声音尤其敏感，只要妈妈一出声，头就会转向声音的方向。这时候，可在宝宝看不到的地方喊宝宝的名字，通过玩寻找声音来源的游戏，训练听力。

看镜子 婴儿已经懂得镜子中人是自己。妈妈可以拉着宝宝的小手摸镜子，一边说："咦，什么都没有，这是镜子啊。"用镜子跟宝宝玩捉迷藏，或拉着小手、脚摇晃，可以增进宝宝的自我意识。

声音在哪里 让宝宝听闹钟、门铃、电话、电视机等声音，并且找声音的来源。妈妈要边找边说："咦，那是什么声音？"找到以后要告诉宝宝"这是电话"。

4. 带到室外看别的小朋友

宝宝4个月了，爸爸妈妈应经常把宝宝抱到室外，让宝宝观看其他小朋友玩耍，天气过冷或过热不宜外出时，可抱着宝宝到有婴儿的邻居家串门儿，或请邻居的小孩儿来家里玩儿。宝宝看其他小朋友玩耍时，父母应不断地和他说话：“看，这是小哥哥(小姐姐)，他们在踢球玩(跳皮筋)呢。”这样会尽早地让宝宝接触到与他年龄相近的小朋友，可促进发展其良好的同伴关系。

5. 读书和唱歌给宝宝听

读书 给你的宝宝读书可提高他的语言技能并促进他的感官发育。但读书时语速要放慢。对不同的字可用不同的嗓音。经常停顿下来以观察宝宝的反应。你会发现，他喜爱有节奏的韵律——大多数婴儿都是这样的。与你的宝宝一道唱韵律和谐的摇篮曲。你也会像宝宝一样享受这一美好时刻。

唱歌 宝宝也喜欢听歌和音乐。即使你的音调不准也要唱给他听。在磁带和CD上放那些专为婴幼儿写的歌。摇篮曲极适合用于哄宝宝。还可以放古典乐、爵士乐及流行曲调，但放的音量不要过大。把你的音乐库储藏的一切都让他听听。

6. 婴幼儿健身方法

抱、逗、按、捏是婴儿健身简便易行的有效方法，对婴儿身心健康有着良好的作用。

抱 抱是母子感情信息的传递，是对婴儿最轻微得体的活动。为了培养婴儿的感情思维，特别是在哭闹的特殊语言的要求下，不要挫伤幼儿心灵，要多抱一抱婴儿。

逗 逗可以活跃气氛，丰富感情。实验证明，常被逗戏的婴儿不仅比长期躺在床上很少有人过问的婴儿表现得活泼可爱，而且，对周围事物的反应也显得更加灵活敏锐，不难想像，这对婴儿今后的智商有着直接的影响。

按 按是父母用手掌对婴儿做轻微按摩。先取俯卧位，从背至臀部下肢。再取仰卧位，从胸至腹部下每行10～20次。按不仅能增加胸背腹肌的锻炼，减少脂肪细胞的沉积，促进全身血液循环，还可以增强心肺活动量和肠胃的消化功能。

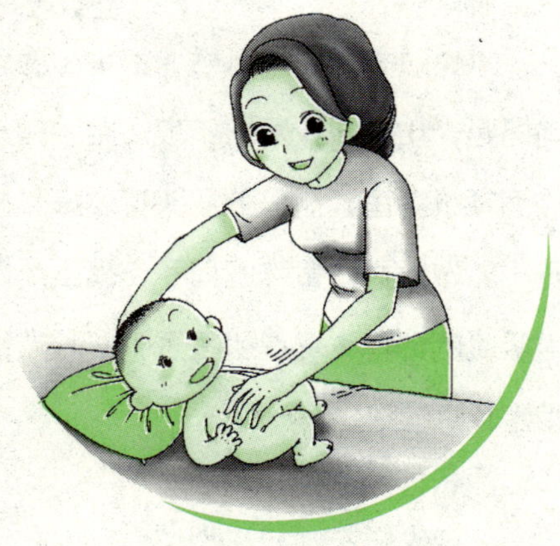

捏 捏是父母用手指对婴儿捏揉，捏较按稍加用力，可以使全身和四肢肌肉更加紧实。一般先从上肢至两下

肢，再从两肩至胸腹，每行10～20次。在捏揉过程中，婴儿胃泌素的分泌和小肠的吸收功能均有改变，特别是对脾胃虚弱，消化功能不良的婴儿效果更加显著。

除了抱以外，逗、按、捏均不宜在进食当中或食后不久进行，以免食物呛人气管，时间一般应选择进食后2小时进行。操作手法要轻揉，不要过度用力，以让婴儿感到舒适为宜，并且注意不要让婴儿受凉，以防感冒。在逗戏婴儿时，笑态表情自然大方，不要做过多的挤眉、斜眼、歪嘴等怪诞不堪的动作，以避免婴儿模仿形成不良的病态习惯，令将来不好纠正。

五、亲情交流，让宝宝健康成长

1. 给宝宝看全家照

把全家照拿给宝宝看，他很喜欢盯着看，特别是熟悉的人的面孔或全身，把放大的照片贴在或放在宝宝能看到的墙上或桌子上。在他看照片时，妈妈指着照片里的人说出其名字并告诉宝宝那是宝宝的什么人。这时宝宝会伸手去够照片，让他去碰吧，这有助于他辨别家人，也有助于早期亲情的培养。

2. 当宝宝的“坐骑”

如果你跟大多数父母一样，那么你将很快会成为你宝宝的“坐骑”，而且将在相当长的一段时间里充当这一角色。这类游戏有助于你的宝宝与你亲近并提高他的交际能力。此外，婴儿还能锻炼自己肌肉的协调性和平衡力。

爸爸妈妈来互动

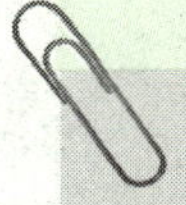

逗逗飞

妈妈来教宝宝做个游戏吧：让宝宝背靠在妈妈怀里，妈妈双手分别抓住宝宝的两只小手，教他把两个食指尖对拢在水平分开，同时嘴里一边说：“逗逗——飞”，如此反复数次。还可以分别对其余四指进行练习此游戏。

第五节

5个月的宝宝

做妈妈须知

逐渐添加辅食，注意循序渐进；
经常更换宝宝的食谱；
教宝宝模仿发音；
预防营养不良性贫血；
喜欢照镜子，能向着镜子中的自己笑；
从俯卧翻身成仰卧；
扶着宝宝的腰或者腋下，能在家人腿上做跳的动作；
可以把东西从一只手倒到另一只手上；
俯卧时，上臂能撑起，胸部抬起，昂头；
能用手抓到想要的东西；
表情丰富多彩，能用表情表达自己喜欢与不喜欢；
可以辨别出亲人；
托起时，腿能支撑身体；
第3次服用小儿麻痹糖丸；
注射第2针白、百、破混合制剂。

一、宝宝的成长

1. 身体发育

体重	男婴 约7.97千克	女婴 约7.53千克
身长	男婴 约66.76厘米	女婴 约65.90厘米
头围	男婴 约43.10厘米	女婴 约41.90厘米
胸围	男婴 约43.40厘米	女婴 约42.05厘米
坐高	男婴 约43.57厘米	女婴 约42.30厘米

2. 动作发育

5个月的婴儿显得要懂事得多了，体重已经是出生时的两倍。口水流得更多了，在微笑时会唾涎不断。如果仰卧在床上，可以自如地变为俯卧位。坐位时，背会挺得很直。当家人扶宝宝站立时，他能够直立。在床上翻身变俯卧位后，很想往前爬，但由于腹部还不能抬高，所以爬行受到一定限制。

5个月的婴儿会用一只手去够自己想要的玩具，并能抓住玩具，但准确度还不够，往往一个动作需要反复好几次。洗澡时，会很听话，还会打水玩儿。

5个月的宝宝还有一个特点，就是会不厌其烦地重复某一个动作，经常故意把手中的东西扔到地上，拣起来又扔，可以反复到20多次。也常常会把一件物体拉到身边，推开，再拉回，反复动作。这是宝宝在显示能力。

3. 语言发育

宝宝长到5个月时，他的发音都是无意识的，但常常是对大人的发音的反应，也就是说交流开始产生了。如果有人跟宝宝说话，宝宝会“咿咿呀呀”地回应。5～6个月的宝宝就已经具备了接收语言的能力。能听就是交流的基础，听是能说的基础，做父母的在这个阶段一定要多多跟宝宝交流，不要怕宝宝听不懂。5～6个月的宝宝已经在积极地准备开口说话了，父母一定要鼓励宝宝这种欲望，常常和宝宝交流，帮宝宝做好说话前的热身运动。

4. 感知发育

5个月的婴儿会用表情表达自己的想法，能区别亲人的声音，能识别熟人和陌生人，会对陌生人做出躲避的姿势。

5. 心理发育

5个月的婴儿睡眠明显减少，玩的时候多了。如果家人用手扶着宝宝的腋下，宝宝就能站直。5个月的宝宝可以用手去抓悬吊着的玩具，会用双手各握一个玩具。如果叫到他的名字，他会对着你笑。在仰卧的时候，双脚会不停地踢蹬。这时的宝宝喜欢和人玩捉迷藏、摇铃铛，还喜欢看电视、照镜子，对着镜子里的人笑。不会用东西对敲。宝宝的生活丰富了许多。

6. 睡眠

5个月的婴儿每昼夜睡15～16小时，夜间睡10小时，白天睡2～3觉，每

次睡2~2.5小时。白天活动持续时间延长到2~2.5小时。

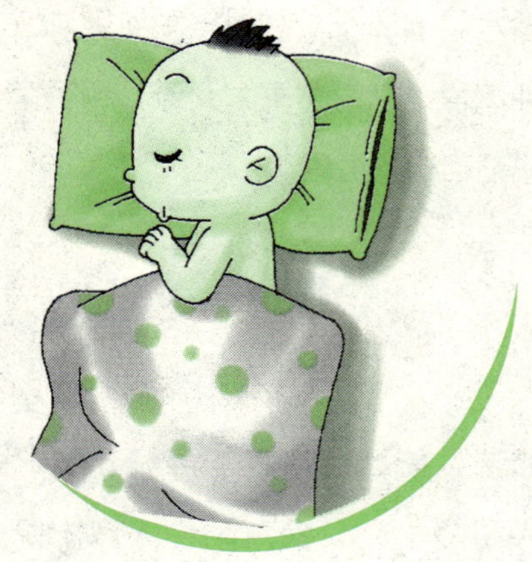

二、育儿小知识

1. 养育建议

仔细观察婴儿，理解宝宝，对宝宝的表情和动作准确解读，让宝宝知道妈妈能读懂他，让宝宝不会感到焦虑；

父母要多给予宝宝爱抚，宝宝从黑暗的母体子宫来到世界上，不亚于我们去了另外一个星球一样陌生，父母的爱抚可以减少宝宝的紧张感；

把明快的东西放在宝宝面前，让他看，让他摸；

宝宝很安静，但很明白；

多留意宝宝对什么感兴趣，让他多接触感兴趣的东西；

把镜子放在宝宝面前，让宝宝看自己的脸；

不要在婴儿床上挂很多玩具，有两件就行，多了会使宝宝疲劳、厌倦；

要注意宝宝的早期动作训练，可以请家庭医生设计专门的训练方案；

鼓励宝宝多活动；

宝宝的衣服要宽松舒适，留有活动空间；

给宝宝适合的玩具，让他增加活动的兴趣；

婴儿虽小，却也要尊重他。

2. 让宝宝吃得好

5个多月的宝宝，由于活动量增加，热量的要求也随之增加，以前认为只吃母乳或牛奶远不能满足宝宝生长发育的需要，现认为纯母乳喂养可以满足宝宝生长发育的需要。

如果必须人工喂养，5个月的宝宝主食喂养仍以乳类为主，牛奶每次可吃到200毫升，除了加些糕干粉，米粉，健儿粉类外，还可将蛋黄加到1个，在大便正常的情况下，粥和菜泥都可以增加一点，可以用水果泥来代替果汁。已经长牙的婴儿，可以试吃一点饼干，锻炼咀嚼能力，促进牙齿和颌骨的发育。

本月在辅食上还可以增加一些鱼类，如平鱼、黄鱼、巴鱼等，此类鱼肉多、刺少，便于加工成肉糜。鱼肉含磷脂、蛋白质很高，并且细嫩易消化，适合婴儿发育的营养需要。但一定要选购新鲜的鱼。

在喂养时间上，仍可按上月的安排进行。只是在辅食添加种类与量上略多一些。鱼肝油每次仍吃2滴，每天3次，钙片每次2片，每天2～3次。

3. 正确使用婴儿车

4～5个月的婴儿可以开始经常使用婴儿车，把宝宝放在婴儿车里，既能练坐，又可以给宝宝几件玩具任宝宝自己去玩，父母还可以放心地去做别的事儿，不需要寸步不离地守在宝宝旁边。婴儿坐在小车里，还可以由父母推着去户外晒太阳、呼吸新鲜空气，接触和观察大自然，促进宝宝身心健康发育。

婴儿车样式很多，有的小车可以坐，放斜了可以半卧，放平了可以躺下，使用起来很是方便。要注意的是，不能让宝宝坐在婴儿车里长时间保持同一种姿势，任何一种姿势时间长了都会使宝宝正在发育中的肌肉负荷过重。也不可以让宝宝成天都单独坐在小车里，那样会缺少与父母的交流，久而久之影响到宝宝正常的心理发育。应当让宝宝坐着玩一会儿，再抱一会儿交替。

带宝宝外出散步时，要注意尽量不要往高低不平的地方推婴儿车，上下颠簸、左右摇摆的路上不仅推来费劲，宝宝在里面更难受。此外还要注意，宝宝坐在车里，要比推车的人低，离地面近，容易呼吸到地面上的灰尘，于健康不利。因此，推着婴儿车带宝宝外出散步时，要到地面情况好，环境好，来往车辆行人少的地方，当然，公园和郊野的大自然是首选的理想环境。

4. 小儿饮水要科学

不喝冰水　婴儿喜动，活动量大，浑身是汗，十分口渴，总喜欢喝一杯冰汽水；尽管当时喝着舒服，但喝冰水易引起胃黏膜血管收缩，影响消化，还能刺激胃肠蠕动加快，出现肠痉挛，引起腹痛。

睡前不喝水　不少婴儿没有养成晚上自己控制排尿的习惯，在大量喝水后，很易遗尿；若是常因尿憋醒，会影响睡眠质量。

可适当喝饮料 最好是喝点果汁，如橘子汁、橙汁、西瓜汁、番茄汁等，这些饮料热量低，营养素多；此外，牛奶也可多喝，因为其营养价值高。

不要喝生水 婴儿性急，当口渴难忍而又没有开水、凉开水时，有的婴儿就要喝生水，尤其是农村的婴儿，这样易发生胃肠道疾病。

喝水不要过快 小宝宝不喝水则已，一喝水常一口气喝上一大碗，极易造成急性胃扩张，也不利于水的吸收。要给宝宝讲清不宜喝水快的道理，养成慢慢喝，一口一口喝的习惯。

5. 为什么婴儿流口水

口水是人体口腔内唾液腺分泌的一种液体，含有丰富的酶类，是促进食物消化吸收的一种重要物质。那么为什么很少见新生儿流口水，大人也不流，只有此时的婴儿才流呢？这与婴儿此阶段发育特点有关。

3个月以下的婴儿，中枢神经系统和唾液腺发育未成熟，唾液分泌量很少。而成人呢，口腔唾液分泌与吞咽功能协调，多余的口水在不知不觉中就咽下去了。

婴儿到3～4个月的时候，中枢神经系统与唾液腺均趋向于成熟，唾液分泌逐渐增多，再加上婴儿到三四个月有的已长出了牙，对口腔神经产生刺激，使唾液分泌增加了。婴儿的口腔较浅，吞咽功能又差，不能将分泌的口水吞咽下去或贮存在口腔中，口水就不断地顺嘴流出来。这是一种生理现象，不是病态。一般到2～3岁流口水的现象会自然消失。但有的宝宝有口腔溃疡等疾患时，也可引起流口水，常伴有不吃奶、哭闹等，这时就要请医生给宝宝看病了。

三、教养训练

1. 晚上不睡的宝宝

不容易入睡的宝宝，一般精神充足。必须在白天多活动，让宝宝玩得很疲劳了，就能睡得快、睡得好。入睡前，不要逗玩得过于兴奋。半夜醒来的宝宝，如果吃着母乳能睡着，就可以让宝宝吃一点，或喂一点牛奶。一边吸奶一边睡觉，是婴儿的特长。只要不养成半夜起来玩儿的习惯就成。

往往有一些宝宝白天睡足了，到了晚上，却怎么也不睡，弄得父母疲惫不堪。

睡眠既然是一种生活习惯，就可以

调节。需要妈妈有意识地来训练宝宝，养成宝宝良好的睡眠习惯。白天，要尽量让宝宝少睡觉，而夜间除了喂奶和换一两次尿布之外，不要打扰宝宝的睡眠。在后半夜，如果宝宝睡得很香，也没有哭闹，就可以不用喂奶。随着宝宝月龄的增长，逐渐过渡到夜间也不换尿布，不喂奶。如果母亲总是不分昼夜地呵护宝宝，反倒会让宝宝养成昼夜不分的生活习惯。

如果调整宝宝生活和睡眠习惯困难，采取措施不起作用，可以在医生指导下，服用一点镇静药，只要剂量适当，服用上两三天的镇静药，不会影响到宝宝大脑的发育，也不会引起什么不良后果。

2. 练习用匙子哺喂宝宝

宝宝开始品尝奶以外的食品时，首先遇到的问题就是使用匙子哺喂。

很多固体食物不能用奶瓶来喂，为了能使婴儿顺利地添加辅食，吃好固体食物，练习用匙子哺喂宝宝是很重要的，也是为日后能顺利断奶打下基础。

刚开始用匙子哺喂时，宝宝往往会不习惯，因为在此之前，只要唇舌一吸就到嘴，而现在要面对的是一匙硬梆梆的食物，且不说食物的味道和质地发生的变化之大，仅就是匙子本身，也足以令宝宝发生反感。因而，宝宝会流露出“拒绝”与“不合作”的态度。这不要紧，父母们可以在每次喂奶前，先试着用匙子喂养一点食品给宝宝，或是在吃饭时，顺便给宝宝喂点汤水，时间一久，就会慢慢习惯，宝宝逐渐会觉得匙子中的东西好吃，就会改变态度，对匙子采取接纳的态度。

3. 给宝宝一件安慰品

这个月龄的婴儿，已经开始对自身的独立有了模糊的认识。如果让宝宝认识到自己离开了父母，宝宝会在自己疲劳或不高兴的时候，使用一些方法来替代父母能给自身的安全感。例如，抚弄一个可以拥抱或抓在手里的玩具、毛巾、毯子、一块手帕、一只奶瓶或一只橡皮奶嘴，也可能吸吮手指头或橡皮奶嘴。通过这些安慰品，可以让宝宝在不放弃独立性的前提下获得快乐和安全感。吸吮手指头或橡皮奶嘴，或者在婴儿床上喝奶瓶，都会让宝宝感受到在父母怀抱里吸吮母乳或吃奶瓶的快乐。抚弄一个可以抱着或抓在手里的玩具、毯子、毛巾等，可以让宝宝勾起自己被包裹着喂奶时，轻轻抚弄妈妈的衣服或毯子时的美好感觉。

4. 培养宝宝独自玩

有些宝宝在5个月以后，只要妈妈一走开，马上就会哭闹起来，整天如果抱着、背着、哄着，会使宝宝变成溺爱型，不利于身心健康发育。因此，培养宝宝具有独处玩的习惯也很重要。如果妈妈一不在身边就哭，可以试着先让宝宝在能看到妈妈的地方自己玩，然后逐渐拉长拉远距离，慢慢地宝宝就能够在床上或者家中安全的地方单独自己玩上半小时左右。

溺爱过度的宝宝，任性、爱撒娇、很难自制，只要身旁一没有人就不高兴，大吵大闹，哭闹不止，这样对宝宝成人以后的心理和人格都不利。因此，培养宝宝的自制力和忍耐力，也是育儿过程中一大重点，及早培养宝宝单独自己玩的能力，是一项很重要的能力。

5. 宝宝的动作训练

抬胸、翻身 5个月的婴儿俯卧时，不仅能抬头90°，还可用前臂支撑着抬胸。用玩具吸引，促使宝宝向左或向右翻身为侧卧，开始时成人可用手托住宝宝背部或搬动下肢帮助翻身。从侧卧翻成俯卧，从俯卧翻成仰卧，反复几次。一面逗引一面用语言加以鼓励或用手稍加帮助。翻身成功了可用亲吻、拥抱加以鼓励。每次在哺乳前1.5～2小时空腹时进行，可训练10～15分钟，每天2～3次。

抓握训练 5～6个月时可训练拇指、食指试捏取较小物件，丢入大纸盒中，或从盆、碗中用手拿出小物件，可先示范让宝宝做，成功了用语言、亲吻等予以鼓励。进一步可与宝宝玩蒙面游戏，先用彩色手帕或布块引起宝宝注意，逗引他用手来抓，然后把布盖在他脸上，婴儿开始会手脚乱动或哭喊，可用语言引导宝宝自己拿去抓掉，多次训练后，宝宝就能学会用手主动去抓下蒙在脸上的手帕，成功后要和宝宝一起欢呼高兴。这个游戏可训练用手解决问题的能力，使动作与结果相联系。

训练翻身 5个月的婴儿如果还不能很好地翻身，就应该抓紧训练宝宝。在大床上或在地上铺好席子，让宝宝仰卧在上，拿一个有趣的新玩具逗嬉，在宝宝想抓时，把玩具向左侧或右侧移动，这时宝宝的头也会随着转，伸手时上肢和上身也跟着转，最后下身和下肢也转，全身就能翻过来。开始时可以助宝宝一臂之力，但主要还是鼓励宝宝自己翻身。如果翻过来了，就要表扬宝宝，抱一抱或亲一亲，然后把宝宝放回原位，让宝宝重新再翻。在宝宝能够自由地由仰卧位变俯卧位后，会大大开拓视野，开始认识世界的一个新阶段。

6. 训练宝宝的手眼协调

可以给宝宝准备一些色彩鲜艳、图较大的婴儿画报，给宝宝边看边讲，开始时先看一些简单的画，如一只猫、一个苹果，以后逐渐看其他的物品、景色、花草等。

5个月的宝宝能俯卧抬胸时，可把玩具放在宝宝伸手能够到的地方让宝宝抓，再把玩具换个地方，让宝宝转头或转身去找。宝宝找到后要鼓励。这样做是锻炼宝宝头、颈、上肢的活动能力及动作，训练手眼协调，另外也能促进触觉发育和记忆能力，让宝宝看过的东西还想再去看，再去找。

擤鼻涕

婴儿不会自己擤鼻涕，妈妈给宝宝擤鼻涕时动作要轻快。帮助宝宝擤鼻涕时，擤完一个鼻孔再擤另外一个。不要两个鼻孔一齐擤，因为宝宝不会正确用力，容易损伤到内鼓膜。不要随便给宝宝挖鼻孔、掏耳朵，这些都属于不卫生的不良习惯。

四、这样教宝宝

1. 助宝宝一臂之力

5个月的宝宝既可爱又淘气，同时具有很强的探索精神，只要助一臂之力就能学会更多的新本领，变得更加聪明活泼。比如，我们可以用相似的玩具教宝宝不同的玩法，示范的时候，可以让玩具发出不同以往的声响，宝宝便可以学习到新的东西，这可刺激宝宝用不同的方式去玩这个玩具。再比如，当宝宝自发地玩着手上的东西时，他会可能遇到一个难题，比如他的手眼协调能力不足，这时，我们就应该帮助引导宝宝如何去玩，不过也可以先给宝宝一点时间，让他自己琢磨，然后再帮助他。慢慢宝宝就会学会我们教他的动作了。

2. 逗宝宝“说话”

在宝宝情绪愉快的时候，不妨运用各种方法逗引宝宝发音，训练“说话”，与宝宝“交谈”。

说笑逗引 抱起宝宝，与宝宝面对面，用愉快的口吻和表情与宝宝说笑和逗乐，使宝宝发出满意的“呃——、啊——”声或笑声。

玩具逗引 用宝宝喜爱的玩具、图片逗引宝宝发声，一旦逗得高兴了，宝宝兴奋得手舞足蹈时，自然会发出各种不同的声音。

户外活动 在户外活动时，遇到让宝宝感兴趣的人或物体时，宝宝也会高兴地咿呀作语。

轮流逗引 家庭成员轮流逗乐宝宝，当然宝宝在妈妈的怀里更爱笑，更爱笑出声音来，快乐的亲情逗乐，会令四肢和全身松驰，身心愉快。家庭游戏适宜体现活泼的气氛，但要注意不要对宝宝有任何勉强。如果宝宝情绪不好时应当停止，而且要注意效果，不要乐极生悲，过分逗得宝宝哭闹。

3. 让宝宝接触丰富的环境和事物

父母应尽可能提供不同的物品、不同的景象，任宝宝看、任宝宝玩，要避免让宝宝一天超六七个小时自己玩或待在床上。如果经常抱起宝宝在室内走一走，看一看。一边看，一边告诉宝宝各种物体的名称——这是桌子、沙发、电视机……或者让宝宝坐在小车里，到户外散散步，看看飞过的小鸟，院子里的绿树鲜花等，逐渐帮助宝宝在语言和实物之间建立最初的联系，同时帮助宝宝开阔眼界，丰富知识。

4. 发展宝宝的感觉动作技能

感觉动作技能是感觉系统（视觉、听觉和触觉）与肌肉活动的联合，是宝宝智力发育的重要表现。

手在宝宝智力发展中扮演一个极其重要的角色。5~6个月的宝宝在拿东西的时候，会先用眼睛去看，然后很快地、很准确地伸手去拿。可以通过多种玩具和游戏，来促进宝宝手眼协调能力的发展。如布娃娃、小球等各种可抓握的玩具，开展抓、握、扔、拍等游戏。有意识地教宝宝自己用小手扶奶瓶，往嘴里送奶嘴，在生活中培养手眼协调能力。

宝宝的眼耳协调能力也是一项重要的感觉动作技能，是指宝宝听到附近的声音，转动眼睛和身体的能力。经常在不同的位置播放音乐，或者与宝宝说话，帮助宝宝自如、准确地找到声源，都可以锻炼宝宝的眼耳协调能力。

5.宝宝吃手指

婴儿喜欢自己的小手，这是人所共知的不争事实，出生后满2个月后，几乎所有的宝宝都会把手指入在小嘴里吸吮。最常发生吸吮手指头的时间是睡眠前，有统计证明，经常吸吮手指头的宝宝较少发生夜哭的情况。

其实，婴儿喜欢吃手指头、咬东西并不代表婴儿一定是想吃东西。吃手指头或咬东西，是婴儿想通过自己的能力，了解自己和对外部世界积极探索的表现，这种动作的出现，说明婴儿支配自己行动的能力有了很大的提高。

因此，要充分认识到宝宝吃手指头、咬东西的意义，不要强行制止宝宝的行为，只要宝宝不把手弄破，在不影响安全的情况下，尽管让宝宝去吃，否则，会妨碍宝宝手眼协调能力和抓握能力的发展，打击宝宝特有的自信心。

吃手指头和见什么都往嘴里喂的行为，在整个婴儿时期是一个过程性的阶段，一般到8～9个月以后，宝宝就不再吃手指或见什么咬什么了，如果宝宝长到这个月龄还爱吃手指，就要注意帮助宝宝纠正。此外，宝宝吃手指头或见什么咬什么的时候，要注意卫生，保持宝宝小手的清洁，玩具也要经常清洗和消毒，保持干净，注意过硬的、锐利的东西或小物件如纽扣、别针、豆粒之类的东西不能让宝宝有机会抓到喂进嘴里，防止发生意外。

6. 有计划地给宝宝读儿歌或故事

读儿歌和讲故事是父母与婴儿交流的最容易做到的方式之一。不管是读儿歌还是故事，对于5个月婴儿来说仍然很重要。

把你正在做的活动编成顺口的儿歌说给宝宝听，可以当作讲给宝宝听的故事。或者一边走一边朗读书中的内容或编故事给宝宝。也可以给宝宝看一些杂志上或书上简单的图画，也编个关于这些图画的故事。这些故事没有什么意义，尽管拙笨无聊但对宝宝来说也是很有趣的。

如果你从书中给宝宝读儿歌或讲故事，你可以一边翻书页一边讲解里面的图画。比如你有一本有关卡车的书，可把卡车指出来并帮他辨认每一种车。宝宝也许听不明白你的话，但你是在帮助他了解，所有卡车都属于一种车——一种东西可能有变化但还是这种东西。

7. 有计划地给宝宝听音乐

5个月的婴儿对音乐能表现出特殊的爱好，并能配合音乐节奏摆动四肢。也就是说，他已具有初步的音乐记忆力，并对音乐有了初步的感受能力。所以，从宝宝的这个月龄开始，你就要有目的、有步骤地让婴儿欣赏音乐。

1. 让婴儿反复听某一乐曲，增强婴儿的音乐记忆力。
2. 给婴儿听模仿动物的叫声和大自然中某些声响的音乐。你可用画有单个物体的彩色图片或实物配合，引起他的兴趣和舒畅的情绪，做到声——物——情融为一体。

五、亲情交流，让宝宝健康成长

1. 宝宝哭时抱一抱

婴儿哭泣的时候，最好要抱一抱，因为宝宝的哭泣就是在向母亲传达自己的需求。这个时候，如果因为喂奶的时间还没到，有的妈妈觉得让宝宝哭一下，可以培养宝宝的独立性，过一会儿宝宝就不哭了。这样一来，宝宝会不知道用什么方法来向外界传递自己的心情，也无法学习忍耐，容易形成自闭的倾向。

婴儿哭的时候抱一抱，具有非常的意义。婴儿会因为立刻被抱起来而感受到母亲的爱，同时享受心灵的滋润。婴儿会因为立刻被抱起来，而使得对于呼吸有帮助的特定反射神经进行作用，因此呼吸起来会更顺畅。这两项都与语言的发展有密不可分的关系。

婴幼儿大脑发育不够完善，当受到惊吓、委屈或不满意时，就会哭。

哭，可以使宝宝内心中的不良情绪发泄出去，通过哭，能调整人的情感，因此，哭对宝宝健康是有益的。

有的父母在宝宝哭的时候，强行制止宝宝哭，或者对宝宝进行恐吓，让宝宝楞生生地把哭憋回去，这样做会使宝宝的精神受到压抑，心胸憋闷。长期下去，会造成精神委靡不振，影响到宝宝健康。

宝宝哭时，最好顺其自然。宝宝哭过以后，情绪就能稳定，很快就能嬉笑如常。

2. 用吻回报宝宝的微笑

5个月的宝宝还不会说话，亲子之间如何沟通呢？不用担心，生命自有它的神奇之处。 一种神秘的母婴语言——“亲吻”，悄悄地为你与宝宝搭起了默契交流的桥梁。

◎对宝宝的作用：

发展感知觉 2岁之前，妈妈经常亲吻宝宝的腹部、手指和脚趾等，能刺激宝宝的触觉发育，也是让宝宝认识自己身体不同部位的好方法。

获得安全感 经常能享受到妈妈亲吻的宝宝比较有安全感，也会以相似的亲密行为去回馈妈妈乃至生命中重要的他人。

和妈妈对话 在亲吻时，妈妈是温柔的、细心的，同时，妈妈还会轻晃、抚摸和宝宝说话，宝宝则做出是否喜欢、舒适的反应。于是，还不会用语言沟通的宝宝，与妈妈建立起了一种新的对话方式。

◎对妈妈的作用：

“亲吻”不仅对宝宝好处多多，对妈妈们也必不可少，胜过良药：

“止痛剂” 亲吻诱发人体分泌一种名为安多芬的激素类物质，具有良好的止痛作用，有利于妈妈的产后恢复。

“安慰剂” 新手妈妈容易紧张不安，和宝宝的亲密接触可以催发减压的荷尔蒙，调整紧张、焦虑的情绪，让妈妈身体放松，心情愉快。

"保健品" 经常亲吻宝宝，妈妈不用吃补品。因为亲吻能促进血液循环，增加肺活量，让人精神焕发，充满旺盛的生命力。

所以，当宝宝开心微笑时，妈妈不妨适当亲吻一下宝宝，以增进母子间的情感交流。

3. 和宝宝一起玩

5个月的婴儿，醒着的时间要多了，醒着时，宝宝不会静静地躺着不动，宝宝会看着周围环境中感兴趣的物件，或者会玩自己的手，或者翻身。由于生理机能和手的活动能力还很差，独立玩的能力还不强，妈妈应教宝宝玩，带着宝宝一起玩。

可以先把玩具一个一个地示范给宝宝看，同时用愉快、亲切的口吻给宝宝说玩具的名称，教给宝宝玩，然后鼓励宝宝成功地自己玩响玩具。

婴儿喜欢模仿成年人，这个月龄宝宝的行为活动主要还是无意性的，注意力也是无意性的，而且极不稳定。在玩的过程中，通过看一看，听一听、摸一摸、摇一摇等动作，不仅可以培养宝宝的视听能力、触觉等感知能力和手的协调动作，也能让宝宝对客观事物产生浅表的认识和感觉。

爸爸妈妈来互动

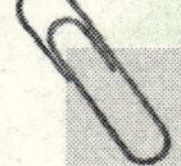

父母的爱

宝宝长到5个月，父母的爱是促进宝宝智力成长的动力。宝宝喜欢对人微笑，爸爸妈妈就应当以动人的微笑和亲吻回报和鼓励宝宝。宝宝还喜欢任何东西包括自己的脚趾头都放到嘴里"品尝"，爸爸妈妈千万不要严厉地训斥和制止。只要把那些"美味"清洗干净，保证安全。要用欣赏的眼光看待宝宝的这些行为，因为这是对环境和自身的探索。

第六节 半岁的宝宝

做妈妈须知

6个月以后的宝宝开始爱闹病，因为宝宝体内来自母体的抗体水平开始逐渐降低，此时宝宝特别容易患上各种传染性疾病和各类营养不良症；

保证宝宝的营养，加好辅食；

加强体育锻炼，多活动；

保证充足睡眠；

练习翻身和打滚；

注意出牙保健；

注射第3针白、百、破混合制剂；

月末做常规体检。

一、宝宝的成长

1. 身体发育

体重	男婴 约8.46千克	女婴 约7.82千克
身长	男婴 约68.88厘米	女婴 约67.18厘米
头围	男婴 约44.32厘米	女婴 约43.20厘米
胸围	男婴 约44.06厘米	女婴 约42.86厘米
坐高	男婴 约44.16厘米	女婴 约43.17厘米

2. 动作发育

6个月的婴儿已经会翻身了。如果扶着宝宝，宝宝能够站立，扶立时喜欢跳跃。把玩具等物品放在面前，宝宝会伸手去拿，并塞人自己口中。6个月的宝宝开始会坐了，但还坐不太好。

3. 语言发育

6个月的宝宝的听力比以前更加灵敏了，能分辨不同的声音，并学着发声。

4. 感知发育

6个月的婴儿已经能够区别亲人和陌生人，看见看护自己的亲人会高兴，从镜子里看见自己会微笑。如果和宝宝玩藏猫猫的游戏，宝宝会很感兴趣。这时的宝宝会用不同的方式表示自己的情绪，比如用哭、笑来表示喜欢和不喜欢。

5. 心理发育

6个月的宝宝，从运动量、运动方式、心理活动都有明显的发展。宝宝可以自由自在地翻滚运动；如果碰见了熟人，会有礼貌地逗人开心；向熟人表示微笑，这是很友好的表示。不高兴时会用撅嘴、扔摔东西来表达内心的不满。照镜子时，会用小手拍打镜中的自己。经常会用小手指向室外，表示自己内心向往户外活动，示意父母带自己到室外活动。

6个月的宝宝，心理活动已经比较复杂了。他的面部表情就像一幅多彩的图画，会表现出内心的活动。高兴时，会眉开眼笑、手舞足蹈、咿呀作语，不高兴时会怒气冲冲，又哭又叫。能听懂严厉或柔和的声音。当家人离开他时，会表现出害怕的情绪。

6. 睡眠

6个月的宝宝一昼夜需要睡15～16小时，白天黑夜一般要睡3次，每次1.5～2小时，夜间睡10小时左右。

二、育儿小知识

1. 养育建议

每天让宝宝在地毯上自由地玩一会儿，自由探索对宝宝很重要；

不论宝宝有什么表示，都要对他做出反应，“好”，“不好”，“行”，“不行”，不要不理睬宝宝；

与宝宝一起玩游戏；

宝宝要有几个结实的玩具；

照料宝宝时，妈妈要不断重复正在做着的事情的有关词汇；

每天要尽可能地交换生活场景，不要总是让宝宝待在小床里，要抱宝宝出来，或在童车里，或在户外，要使宝宝的生活充满活力；

婴儿对父母最感兴趣，宝宝一般醒着的时候就会观察父母，在学习和模仿父母。

2. 给宝宝添加辅食应该注意的问题

❶ 由少量开始，逐渐增多。当宝宝愿意吃并能正常消化时，再逐渐增多。如宝宝不肯吃，就不要勉强地喂，可以过2～3天再喂。

❷ 辅食要由稀到干，由细到粗，由软到硬，由淡到浓，循序渐进逐步增加，要使宝宝有一段逐渐适应的过程。

❸ 要根据季节和宝宝身体状态来添加辅食，并要一样一样地增加，逐渐到多种。如宝宝大便变稀不正常，要暂停增加，等恢复正常后再增加。另外，在炎热的夏季和身体不好的情况下，不要添加辅食，以免宝宝产生不适。

❹ 辅食宜在宝宝吃奶前饥饿时添加，这样宝宝容易接受。随着辅食的逐渐增加，可由每天代替半顿奶逐步过渡到代替一顿奶。

❺ 要注意卫生，婴儿餐具要固定专用，除注意认真洗刷外，还要每日消毒。喂饭时，父母不要用嘴边吹边喂，更不要先在自己嘴里咀嚼后再吐喂给婴儿。这种做法极不卫生，很容易把疾病传染给宝宝。

❻ 喂辅食时，要锻炼宝宝逐步适应使用餐具，为以后独立用餐具做好准备。

❼ 父母在喂辅食时，要有耐心，还要想办法让宝宝对食物产生兴趣。

3. 预防幼儿急疹

幼儿急疹又称婴儿玫瑰疹。临床特点是持续高烧3～5天，热退疹出，疹出后病情很快恢复，无明显并发症。发病年龄多见于6～18个月的小儿，3岁以后少见。春、秋季节发病较多，感染后有终身免疫力。

本症特点如下：

❶ **潜伏期** 7～14天，平均10天。

❷ **发热期** 突起高热，体温达39～40℃，持续3～5天而骤降，发热期间精神尚好，食欲略减，可有烦急、恶心、呕吐、腹泻等症状，但程度轻；常

有咽峡部充血，偶有前囟膨隆，可出现高热惊厥。

❸ **出疹期** 3~5天体温骤然退至正常，同时出现皮疹。皮疹散在，为玫瑰红色斑疹或斑丘疹，压之褪色。首现于驱干，然后迅速波及颈、上肢、脸和下肢，面部及肘、膝关节等处较少。几小时内皮疹开始消退，一般在2~3天内消失，无色素沉着及脱屑。

预防与调护

❶ 应保持室内空气新鲜、流通。

❷ 密切观察病情变化，防止小儿高热时出现惊厥。

❸ 在冬春季节或疾病流行期间，应避免或少去公共场所。

❹ 卧床休息，注意避风寒；饮食给予易消化食物，多饮水。

❺ 高热时及时降温，亦可用物理方法降温，如冷敷额头、枕冰袋、温水浴等，如果小儿有汗，切忌再使用以上方法。

4.怎样对待宝宝的“痒痒”

宝宝“痒痒”了怎么办？是蚊虫叮咬还是皮肤病？做为妈妈应该及时发现宝宝“痒痒”原因，并判断是否是染上了皮肤病。一般婴儿常见的“痒痒”病有痱子、小儿湿疹和婴儿苔藓等。

小儿痱子

又名“汗疹”，原因是大量且持久的出汗，造成汗孔阻塞而引起。多发于高温多湿的夏季。大人、小孩皆会发生，不过，由于宝宝皮肤细嫩，且汗腺功能尚未发育完全，所以发生痱子的机会较多。

一般痱子分为三种类型：

红痱（红色栗粒疹） 是因汗液在表皮内稍深处溢出而成。临床上最常见，任何年龄均可发生。好发于手背、肘窝、颈、胸、背、腹部、妇女乳房下以及小儿头面部、臀部，为圆而尖形的针头大小密集的丘疹或丘疱疹，有轻度红晕。皮疹常成批出现，自觉轻微烧灼及刺痒感。皮疹消退后有轻度脱屑。

白痱（晶形栗粒疹） 是汗液在角质层内或角质层下溢出而成。常见于高温环境中大量出汗、长期卧床、过度衰弱的患者。在颈、躯干部发生多数针尖至针头大浅表性小水疱，壁极薄，微亮，内容清，无红晕。无自觉症状，轻擦之后易破，干后有极薄的细小鳞唇。

脓痱（脓疱性粟粒疹） 是痱子顶端有针头大浅表性小脓疱。临床上较为少见，常发生于皱襞部位，如四肢屈

侧和阴部，小儿头颈部也常见。脓疱内常无菌，或为非致病性球菌，但溃破后可继发感染。

痱子大部分为自限性，一两周内即会消失，轻微的痱子，只要让宝宝处于通风好的环境，保持凉快，衣服能吸汗，或帮宝宝泡个温水澡，在水中放入少许宝宝痱子露，再擦上适量痱子粉保持干爽即可。

防治痱子的关键是做好家庭预防，以下几方面可供参考：

1. 夏季应昼降室温，保持通风、冰爽。湿而闷的环境势必对痱子消退不利，不宜让宝宝在炎日下进行剧烈活动。
2. 夏季婴幼儿宜穿宽大的棉布内衣，有利于吸汗。平时尽量不要让小儿大声哭叫，弄得满身是汗。经常躺着的婴儿要勤翻身，床上垫草席。
3. 夏季应勤洗澡，洗澡时的水温适中，不宜太热或过凉。用婴儿浴皂，对皮肤刺激性小一些。洗澡后立即擦拭皮肤并涂上痱子粉，有利于痱子的消散。根据气温及出汗情况，决定每天洗澡的次数，洗毕要换上清洁的内衣。
4. 不要在烈日下嬉戏，饮食不要过饱，少吃糖和高脂肪的食物。
5. 平时勤剪指甲，防止搔抓，避免皮肤继发感染。夏季头发可剪得短一些。每日让小儿吃一些清凉的饮品，如金银花露、绿豆汤等，以解暑热。

小儿湿疹

小儿湿疹是一种变态反应性皮肤病，就是平常说的过敏性皮肤病。主要原因是对食入物、吸入物或接触物不耐受或过敏所致。患有湿疹的宝宝起初皮肤发红、出现皮疹、继之皮肤发糙、脱屑，抚摩宝宝的皮肤如同触摸在砂纸上一样。遇热、遇湿都可使湿疹表现显著。

小儿湿疹好发于额部眉毛、两颊、头皮、耳廓周围等头面部位，以后逐渐蔓延至颈、肩、背、四肢、肛门周围、外阴部位等皮肤皱褶处，甚至可以波及全身。病儿常因极度瘙痒而烦躁不安，夜间哭闹以至影响睡眠，又

由于小儿用手抓痒常可致皮肤细菌感染而使病情进一步加重。

根据湿疹表现不同可分为三型：

❶ 渗出型又称湿型，以渗出为主，发生糜烂；

❷ 干型，以糠皮样脱屑为主；

❸ 脂溢型，渗出物为淡黄色脂性液体，痒感不大重。

预防小儿湿疹和预防痱子差不多，可以通过以下几个方面预防：

❶ **保持皮肤清洁干爽** 给宝宝洗澡的时候，宜用温水和不含碱性的沐浴剂来清洁宝宝的身体，要特别注意清洗皮肤的皱褶间。洗澡时，沐浴剂必须冲净。洗完后，抹干宝宝身上的水分，再涂上非油性的润肤膏，以免妨碍皮肤的正常呼吸。宝宝的头发亦要每天清洗，若已经患上脂溢性皮炎，仔细清洗头部便可除去疮痂。如果疮痂已变硬粘住头部，则可先在患处涂上橄榄油，过一会再洗。

❷ **避免受外界刺激** 父母要经常留意宝宝周围的冷热温度及湿度的变化。患接触性皮炎的宝宝，尤其要避免皮肤暴露在冷风或强烈日晒下。夏天，宝宝运动流汗后，应仔细为他抹干汗水；天冷干燥时，应替宝宝搽上防过敏的非油性润肤霜。除了注意天气变化外，父母不要让宝宝穿易刺激皮肤的衣服，如羊毛、丝、尼龙等。

❸ **修短指甲** 若患上剧痒的异位性皮炎或接触性皮炎，父母要经常修短宝宝的指甲，减少抓伤的机会。

❹ **戒口** 除异位性皮炎外，其他湿疹都无须戒口。让宝宝少吃动物蛋白质，如牛奶、蛋，必须在医生或营养师的监督下进行。在没有明显证状时，最好不要随便禁食某类食品。不提倡为了避免过敏，而使宝宝得不到应有的营养。

婴儿苔藓

婴儿苔藓又称丘疹状荨麻疹、荨麻疹性苔藓或小儿荨麻疹性苔藓，是婴幼儿常见的过敏性皮肤病，临床特点为散在性，性质稍坚硬，顶端有小疱的丘疹。周缘有纺锤形红晕，自觉瘙痒。

为预防丘疹性荨麻疹，应少领宝宝到草丛中玩耍，也不要让宝宝和宠物过于亲密地接触，以避免被昆虫叮咬。如果发现宝宝身上出现黄豆大小的红疙瘩，切记不要乱抓，以免引起继发性感染。同时，要搞好环境卫生和居室卫生，以杜绝跳蚤、臭虫、蚊蝇滋生。宝宝患病后不要吃鱼、虾等，应多吃新鲜蔬菜和水果。

5. 出牙的症状

在你看到宝宝的第一颗牙之前的数周，甚至是数月里，他都会出现出牙体征。由于婴儿的牙齿移动于牙龈组织和骨骼中，出牙症状会若隐若现。

当婴儿开始出牙时，他会拒不接受固体食物。吃东西可对其牙龈施加压力，这样会增加他的不适感。宝宝会要求多吃配方奶或母乳，但这同样给他的牙龈带来压力，所以他在吃完奶之后便不想再继续吃了。如果你发现宝宝在最初吸吮奶头或奶嘴之后便推开它们，原因就在于他嘴里感觉某种不适。

学语言

研究人员认为，儿童在出生后到10周岁之间学语言是最容易的。爸爸妈妈可以让你们宝宝在这一特殊阶段接触许多不同的语言，宝宝学别国语言跟学母语一样毫不费力气。如果父母能讲几种不同的语言，那么在用这几种语言跟宝宝说话时，天长日久，宝宝就能够学会这些语言。

三、教养训练

1. 训练宝宝爬行

宝宝6个月以后可以训练爬行。把宝宝放在地毯上，收拾好周围的用品，收起地上的电源插座等危险品。把宝宝喜欢的玩具放在让他够不着的地方，但不要太远，宝宝想要拿，往前移动就能拿到。宝宝必须先翻身俯卧，然后伸手够。开始时，宝宝肚皮贴地往前移，前肢后肢都用不上力。妈妈可以在此时推动宝宝的脚，鼓励宝宝用力向前。渐渐地，宝宝就能学会用上肢支撑身体，用下肢使劲儿蹬，协调地向前爬行。

宝宝会爬以后，就扩大了活动的范围，不会再放在哪儿就待在哪儿了。妈妈可以把宝宝的玩具藏在身后，逗引宝宝来找。当宝宝把玩具找出来后，会很高兴。爬行的游戏也可以由易到难，从近到远，变换玩具和方法，给宝宝带来愉悦。

爬行游戏对宝宝的训练，比学会坐更能扩大宝宝的视野和认识世界的范围，因此爬是宝宝独立行走前，助长脑发育十分重要的阶段，父母要充分重视。

爬行可以训练身体和四肢的动作，并通过大脑的指挥，协调向前爬行、后退和移动。爬着去寻找玩具，会使宝宝认识到，看不到的东西但可以找到，这也是宝宝认识世界的一个新起点。

2. 让宝宝远离危险的器具

这个月龄的宝宝，玩具一般都是哗啦棒、小鼓、不倒翁、布艺动物、塑胶玩具等。

但是，比较麻烦的事情是，宝宝如果一旦在这个阶段学会了爬，能在房间里到处爬行时，对父母准备的玩具就不感兴趣了。相反，宝宝会喜欢玩日常用的工具，会很高兴地玩茶杯、匙子、台灯、电源开关、门把手、抽屉的拉手、电视机开关、收音机等，因为活动的范围广了，会更加促使宝宝认识周围更多的事物。

这时候，正是利用玩具来诱使宝宝爬行和站立的好机会，应当充分利用宝宝感兴趣的一切东西。

但不要把易产生危险的器具当成玩具让宝宝玩，不管宝宝有多好奇、多想玩，也不能让宝宝玩打火机、笔、水壶、药瓶、热水瓶、加热器、电源开关等，类似的器件要作为禁止宝宝碰到的物品收拾起来，放在宝宝不可能拿到的地方。

如果宝宝想去摸热水器、水壶时，即使里面的水凉了，也要制止，告诉宝宝："不许碰！"同时拿走。电视机、收录音机之类并非玩具，更要收好不能让宝宝碰。

如果育儿室很宽畅，可以在这个月给宝宝买学步车或室内滑梯，但一定要把房间每一个角落都收拾得干干净净，使宝宝即使摔着头部也不会撞伤。

大约从这个月龄开始，宝宝会对电视渐渐感兴趣。但是，认为把电视开着，让宝宝学习语言的想法却是误区。语言是人与人之间的交流工具，宝宝只要在和母亲的联系之中才可能学会语言，让宝宝听电视学语言是无济于事的。

3. 教宝宝自己睡觉

许多父母愿让宝宝学会自己睡觉。医学博士理查德·费尔伯认为，许多不良的睡眠习惯是后天养成的，也是可以学来的。他研究出一种方法，可适用于6个月以上的婴儿，以便帮助他们克服睡眠障碍。

下面所列出的就是该计划的每个步骤：

❶ 婴儿不睡觉时，把他放在自己的小床里，告诉他该睡觉了，然后离开屋子。如果宝宝没哭，就不必做任何事情；如果他哭了，让他独自哭上5分钟再回到他的房间。

❷ 不要开婴儿房间里的灯。保持最低限度的身体接触，然后再轻柔细语地告诉他，他是一个已长大的宝宝了，这时他便可能自己入睡，接着再离开房间。

❸ 如果婴儿仍啼哭不止，可等上10分钟再进入他的房间，然后再次跟他说话。停留时间不要过长，一两分钟后便可离开屋子。

❹ 如果婴儿继续哭下去，要在每次进入他房间之前等上15分钟，直到他睡着为止。

❺ 在第二天晚上，可等婴儿哭10分之后再进入他的房间。

❻ 逐渐延长离开房间的时间。在第一天晚上，如果特别难以让宝宝哭上5分钟，可等两三分钟后再进去。你认为怎么合适就怎么去做。

4. 帮助宝宝坐起来

宝宝到了6个月大时，脊部、背部、腰部已渐渐发育强壮，从翻身到坐起连贯动作会自然发展；通常宝宝会先靠着呈现半躺坐的姿势，接下来身体会微微向前倾，并且会用双手在两侧辅助支撑。

一般来说，6个月至6个半月的婴儿时期，宝宝会开始学会独立的坐姿，但如果倒了，还无法自己恢复坐姿，一直要到8～9个月大时，才能不要任何扶助自己坐得很好。

宝宝能坐得稳，表示骨骼发育神经系统、肌肉协调能力等发育渐渐趋于成熟，此时颈部发育也开始稳定。在宝宝学会坐的时候，应该特别注意坐的时间不宜太久，因为宝宝脊椎骨尚未发育完全，如果长时间让宝宝坐着，脊椎侧弯，形成生长发育损伤。

不要让宝宝采取跪姿，使两腿形成“W”状，或者把两腿压在屁股下，容易影响到将来腿部的发展，最好的姿势是采用双腿交叉向前盘坐。

辅助方式 一般说来，在宝宝4个月左右，可用手支撑宝宝的背部、腰部，维持短暂的坐姿。到了6个月开始学习坐稳时，可以在宝宝的面前摆放一些玩具，引诱宝宝抓握玩具，逐渐练习放手之后也能坐稳。

床对刚学会翻身的宝宝而言，无疑是最危险的。从床上滚下、坠落容易使宝宝的头部受到严重的伤害，切不可轻忽。建议在小床边安装护栏，避免宝宝在享受翻身乐趣的同时遭到意外。

宝宝会坐时，切不可让宝宝单独坐在床上，如果把宝宝置于床上，床面最好与宝宝身体呈垂直的角度，以防动作过大而摔下床的危险。

5. 培养良好的生活习惯

半岁的宝宝，要从良好的睡眠规律和适度运动方面，培养良好的生活起居习惯。

规律正常的生活是基本要点。睡眠教育，要从培养宝宝早睡早起的生活规律开始。刚出生不久的小婴儿，一天中的大部分时间都是在睡眠中度过的，不必拘泥于生活规律的培养，但是从4个月以后开始，就要一点一点地培养宝宝的生活规律。

早晨睡懒觉，和晚上熬夜是因果关系的恶性循环，所以，早上要尽可能让宝宝早起。婴儿如果无法区分昼夜，在这时候决定起床时间，是一件很勉强的事。并不是要把熟睡中的宝宝强行唤起，而是在每天早晨定时地把窗帘打开，在这个时间段里，即使不叫醒宝宝，也营造了早晨起床的气氛。相反，到了晚上，就要把窗帘拉上，使房间暗下来，营造睡眠气氛。

早晨到了9点钟唤醒宝宝，晚上到了8点钟就哄宝宝睡觉，根据宝宝的身体状况，调整正常的生活节律。这样多次重复，慢慢地宝宝的生活规律就会被培养起来。

白天适度运动。像散步这类户外运动，如果适度，宝宝到了晚上会睡得很熟很香。但是，如果带宝宝去人多混杂的超市逛，则会产生副作用，在人多、热闹的地方，宝宝只会兴奋而过于疲劳，回家后会因为兴奋而毫无睡意，这会导致宝宝到了晚上睡觉时间哭泣。因此，尽量要少带宝宝去人太多的场所。公共场所人多，也容易感染各种传染病病毒，对健康不利。而有绿地、花草和水面的地方，空气清新，是带宝宝去散步和做运动的好地方。

6. 学步车学站立

运动能力发达的宝宝，可以在步行车内，宝宝就会高兴地朝自己愿意去的方向前进。开始时，可能宝宝只会坐在里面，慢慢地就会前后移动。等到宝宝掌握到一些要领后，就能很快地坐在学步车里，朝着自己想去的方向移动。

有些人认为，婴儿坐学步车会变成罗圈腿，将来学走路会延迟等。其实，宝宝是不是罗圈腿，跟学步车毫无关系。但是，也不要整天把宝宝放在学步车里不管，那样，宝宝会不愿意再在床上爬，将来走路也会迟一些。因此，还是要经常让宝宝趴着练一练爬行，牵着宝宝的手练一练走路。

7. 活动性游戏

取米花 在桌上放一堆细小物品，妈妈抱宝宝坐好，教宝宝用手去取小物品，如小软糖、小饼干、玉米花等，这样可以训练宝宝的小肌肉运动和手、眼协调动作。手指动作的发展，能较好地促进大脑的活动功能。所谓“心灵手巧”说的就是这个道理。要及时训练宝宝做精细动作的能力。要注意别给宝宝硬的、带尖的和脏污的小物品，以防宝宝吞入口中。

叫名字 用相同的语调，叫宝宝的名字和其他人的名字。看看是否叫到宝宝的名字时，宝宝能够转过头来，现出笑容，表示领会。宝宝如果能够准确地听出自己的名字来，要鼓励和夸奖他：“你就是××！真聪明！”抱一抱他，亲一亲他。如果宝宝对叫声没有反应，就要反复耐心地告诉他：“××，你就是××！”这样做即让宝宝知道自己的名字，又训练了对特定语言的反应。

模仿发叠音：在宝宝无意中发出“啊——妈——”、“啊——爸——”、“唔——嗯——”等声音时，要及时地用正确的语音语调教宝宝，让宝宝看清成年人的口型，让宝宝多练习、多模仿，不久，宝宝就能清晰地发出“爸——爸”、“妈——妈”的重叠音。

四、这样教宝宝

1. 学说话和发音

言语是人们运用语言的过程，是交往中学会的。学外语困难，是因为

不常听，更不常用。宝宝学说话是先听懂才会说，先模仿才发音，早会说话早聪明。

乳儿期的宝宝已经有学语言的心愿，开始积极努力与人交流。但学说话却有一个过程：

出生时的哭声不是语言。成长到两三个月时，吃饱睡醒后，宝宝会快活地发出“啊——啊，咿——咿，姆——姆”的声音，这是宝宝的需要得到满足以后的表现，也不是语言。

四五个月开始，宝宝学会用声音招引成人的注意，但是还不能理解词汇。这时候的宝宝在听到父母说话时，会转过头来，但却还听不懂说的是什么。

六七个月时，宝宝能逐渐理解一些简单的词义，例如拿、烫、吃、香等一些与自身利益有直接利害关系的单音节词。此时，成年人说话时，宝宝会努力看着面容和口形动作，并且会随着做一些口腔模仿动作，但只是唇舌动，还发不好音，模仿得多了，听得多了，就会“冒话”，猛不丁地说出一句什么话来。

因此，对这个月龄的宝宝说话时，要尽量让宝宝看清口形，有意引导宝宝模仿说话。宝宝在模仿父母的语音时，情绪会很好，模仿得很高兴，应当尽量保护宝宝的这种积极性，尽早开发语言潜力。

2. 教宝宝玩水

夏天，给宝宝洗澡时，可以在水盆里放一些软木塞、塑料玩具、小皮球之类的玩具，让宝宝坐在水里边洗边玩。

戏水，可以让宝宝获得关于流动、漂浮等感性知觉，对宝宝的智力发展有利。但玩具一定要干净、无锐角、不会伤着宝宝。这类玩具因为与宝宝洗澡时的皮肤接触，一定要保持清洁和消毒。

3. 给宝宝照照镜子

妈妈抱宝宝坐在膝上，拿镜子让宝宝照一会儿，然后拿走镜子，反复几次，逗引宝宝对镜子发生兴趣。同时可以对宝宝说：“你看，镜子里是谁，是××啊！”妈妈可以对着镜子微笑，让宝宝也对着镜子笑笑，使宝宝感到快乐。这样做可能进一步训练宝宝寻找物体和认识物体的能力。

4. 多带宝宝到户外活动

这个月龄的宝宝很喜欢到户外玩。天气好的时候，应当尽量多带宝宝去户外玩一玩，即使是让宝宝坐在婴儿车里，推到户外转一圈也好。如果有绿地，可以就地铺上一块浴巾，让宝宝在上面晒日光浴。如果宝宝从小就习惯了日光浴，冬天也可以在向阳背风的地方进行裸体日光浴。

5. 让宝宝在玩中学东西

0～6个月是宝宝大脑发育的关键期，在此期间对宝宝进行大运动、精细动作、适应能力、语言和社交行为训练是很有必要的，也是进行早期智力开发的重要手段。这些训练大都能借助宝宝喜爱的玩具来完成。

拨浪鼓类玩具 宝宝的听觉系统在孕5个月时就基本发育完善，6个月的宝宝对声音最敏感，会发出声音的玩具对此阶段宝宝最具吸引力。应该借此加强对宝宝听力的训练。玩具若能再加上可以啃咬的功能就更好，如小龟牙胶等。

大卡片 0～6岁阶段，宝宝对色彩也是比较敏感的，大都喜欢颜色鲜艳的物品，而0岁大卡片就是把宝宝最早、最容易接触的物品，如水果、蔬菜类用鲜艳的色彩画在卡片上，作为玩具放在周围。这类卡片有助于视觉的发育，也有助于宝宝认识和辨别这些物体。

发光发声和活动玩具 4～6个月的宝宝，更加喜欢新奇的带点刺激性的玩具，不仅是颜色、声音，对玩具的形象、动作也有要求，这时候能爬行的上发条的或电动的大青虫就可以满足宝宝的好奇心，同时也可以更好地促进宝宝的大脑发育。

积木类玩具 这种玩具通常能在宝宝用手抓和把玩的过程中，训练宝宝手指的灵敏度和身体的协调性，也是进行精细运动训练的好方法，有助于促进宝宝小脑的发育。

6. 跟宝宝一起读书

跟宝宝一起读书是一种把学东西同亲近结合起来的极好的方式。你让宝宝接触语言的韵律和音调，在你们俩共享这一体验时，你也与他建立了亲密的情结。

当你读书给宝宝听时，你是在向他展示一个新的世界。给他读不同的书可培养他未来的读书习惯。由于你们分享的互相交流，他会成为一个终生读者。

为了给你的宝宝灌输爱读书的好习惯，应该选择那些适合婴幼儿年龄的书和故事。

在读一篇故事给宝宝听时，你的嗓音会充分表达故事内容的情感，要以欢快的音调来读故事，自始至终要表现出热情。根据书中不同的人物来改变音调，要使宝宝听得入迷，他会感受到你的愉快并更亲密地注意你。

应随时牢记，无论是哪个宝宝，他们都会对这种活动感到厌倦，要注意观察他是否出现不耐烦的迹象。当宝宝感到厌烦时，应该把读书停下来，改天再接着读。

6个月的我已经会到处乱爬了，不再喜欢总老老实实地躺在那里，真不舒服！还是到处看看的好，看看这个世界到底有多么奇妙。还有哪些好玩的玩具，妈妈怎么就不给我放在手边呢，还要我到处乱找。可是妈妈总是不让我乱动，她不知道我想要什么呀，我得好好学说话，学会了就能告诉妈妈我想要什么了。

五、亲情交流，让宝宝健康成长

1. 建立信任

亲近你的宝宝有助于使他对你产生信任，而且还能给他一种安全感和对他人的信任。

你对宝宝的基本需求作出反应——给他哺乳、换尿布以及照料他，通过这种方式，你已经与他结成了亲密的情结；你也通过其他方式结成了这种情结。比如跟你的宝宝交谈，一起唱歌和玩游戏等。把宝宝引入一些常规做法也可增强他的安全感。

2. 抱着宝宝接近生人

来客人时，妈妈抱宝宝去迎接客人，暂时不让客人接近宝宝，让宝宝有机会观察客人的说话和举止。适应一会儿后，妈妈再抱宝宝接近客人，这时只让客人同母亲对话，偶尔看宝宝笑笑，不接触宝宝，使宝宝放松。告别时只要求宝宝表示“再见”，客人并不接触宝宝。第二或第三次再见面时，客人可拿个小玩具递给宝宝，如果宝宝表示高兴，客人把手伸向宝宝，看宝宝是否愿意让客人抱一会儿。客人抱宝宝时，母亲一定不要离开，使宝宝感到可以随时回到母亲怀抱。有过这种经历，宝宝慢慢就会从躲避到接受生人，而且还会把妈妈当成依靠，和妈妈更加亲近。

3. 和宝宝一起观雨看雪

夏天下雨时，可抱(扶)宝宝在窗前或阳台上，引导宝宝观看下雨的情景，听下雨的声音同时反复说：“嘀嗒嘀嗒，下小雨了，沙沙沙沙，小雨沙沙。”若下大雨，则说：“吧嗒吧嗒，下大雨啦，哗哗哗哗，大雨哗哗。”然后再唱一曲《下雨》给宝宝听，加深印象。

冬天白雪飘飘的时候，父母可带宝宝外出欣赏美丽的雪景，让宝宝看一看漫天飞舞的雪花，摸一摸堆积在一起的雪团，让宝宝领略一下这银白色苍茫大地的气派。

当欣赏雪景的时候，父母可用语言与宝宝交流：“下雪了，雪花飘下来了，房顶上变白了，地上变成白色的了，真漂亮。”

和宝宝一起欣赏雨雪，不但能让婴儿熟悉雨或雪的声音、感觉，还可以增加母（父）子间的亲情交流。当然，观雨或赏雪景的时间不可过长，不要让婴儿淋到雨，要注意保暖，小心宝宝着凉。

第七节

7个月的宝宝

做妈妈须知

添加肉末、动物血、肝泥等食物，预防贫血；
添加面包干、馒头干等干硬食物，锻炼咀嚼能力；
练习发音；
继续练爬；
训练抓握和对击能力；
训练听命令做事情，懂得禁止的意思；
能够抬头，能坐，会翻身，手扶着床栏杆能站立，视野开阔；
好奇心增强，眼前能看到的东西都想要抓；
自己手里的东西，不让别人拿走；
能认识人，对熟悉的人会表示好感；
能记忆，但很短；
注射第3支乙肝疫苗；
预防各种传染病。

一、宝宝的成长

1. 身体发育

体重 男婴 约8.8千克 女婴 约8千克

身长 男婴 约70厘米 女婴 约68厘米

胸围 男婴 约44.7厘米
女婴 约43.8厘米

头围 男婴 约44.6厘米
女婴约43.5厘米

坐高 男婴 约45厘米
女婴 约43.7厘米

牙齿 如果下面中间的两个门牙还未长出，这个月也许会长出来。如果已经长出来，上面当中的两个门牙也会很快萌出。

2. 动作发育

7个月的宝宝各种动作开始有了意向性，会用一只手去拿东西。会把玩具拿起来，在手中来回转动。还会把玩具从一只手递到另一手，或用玩具在桌子上敲着玩儿。仰卧时，会把自己的脚放在嘴里啃。7个月的宝宝不用人扶能独立坐几分钟。

3. 语言发育

7个月的宝宝能够以发出各种单音节的音，会对玩具说话。宝宝不仅常常模仿大人发出的双连复音，而且有50%～70%的宝宝会自动发出“爸爸”、“妈妈”等音节。开始他并不知道是什么意思，但见到父母听到叫爸爸时爸爸会亲亲他，叫妈妈时，妈妈会亲亲他，宝宝就会渐渐地从无意识发音，发展到有意识地叫爸爸、妈妈，这标志着宝宝已经步入了学习语言的敏感期。

4. 心理发育

7个月的宝宝已经习惯于坐着玩了。尤其是在浴盆里洗澡时，总是喜欢戏水，用小手拍打水面，溅出许多水花。如果扶他站立，他会不停地蹦。嘴里咿咿呀呀地像叫爸爸、妈妈，脸上经常会露出幸福的微笑。如果当着他的面把玩具藏起来，他会很快找出来。喜欢模仿大人动作，也喜欢让大人陪他看书、看画、听“哗哗”的翻书声。

5. 睡眠

和6个月的宝宝差不多，宝宝每天需要睡上15～16小时，白天睡2～3次。如果宝宝睡得不好，父母要找一找原因，要想到宝宝是否病了，给他量一量体温。观察一下面色和精神状态。

二、育儿小知识

1. 养育建议

想要让宝宝长高，应当从营养、锻炼、睡眠、情绪等诸方面努力，长期坚持不懈；

过胖过瘦都会损害宝宝的健康，应当给宝宝养成良好的习惯，控制体重；

从小预防近视，养成良好的用眼习惯，及时矫正视力异常情况；

不要忽视宝宝的口腔卫生，及时治疗牙病，矫治牙列不齐；

养成良好的睡眠习惯。

2. 逗嬉婴儿要适度

逗嬉宝宝，是家庭乐趣之一。但过分逗嬉婴儿是有害无益的，轻者会妨碍宝宝饮食、睡眠，重者可能伤害宝宝身体，甚至适得其反。因此，家庭逗嬉宝宝时要注意：

进食的时候不宜逗乐 婴儿咀嚼与吞咽功能发育还不完善，如果在宝宝进食的时候逗乐，不仅会妨碍宝宝良好饮食习惯的形成，还可能造成食物误入气管，引起窒息或发生意外。婴儿在吃奶时把奶水呛人气管，有可能发生吸入性肺炎。

临睡前不要逗乐 睡眠是大脑皮层抑制的过程，宝宝的神经系统尚未发育完全，兴奋后不容易抑制。睡觉前过于兴奋，往往会迟迟不肯睡觉，即使睡了也睡不安宁，甚至出现夜惊现象。

不要抛举宝宝 有些父母为逗宝宝高兴，经常把宝宝向上抛起，然后再接住，婴儿一般都爱玩这种游戏，往往会反复要求父母抛举。如果稍有不慎或疲劳，就有可能失手，摔坏宝宝，造成不可挽回的遗憾。因此，最好不要用抛举方式逗嬉宝宝。

不要用手掌托举宝宝站立 婴儿会扶站以后，有些父母喜欢用一只手托住宝宝双脚，让宝宝站在自己的手掌上。这种做法也极不安全，虽说另一只手可以做保护，但一旦宝宝突然失去平衡，往往就会措手不及，后果非常严重。

不要逗宝宝笑声不绝 有的父母喜欢把宝宝逗得笑声不绝，这样做会影响到宝宝的健康。过分逗笑，会造成宝宝瞬间窒息、缺氧，引起暂时性脑贫血，时间长了，还会使宝宝形成口吃和痴笑，容易发生下颌关节脱臼，久而久之会形成习惯性脱臼。因此，不宜过分逗笑宝宝，更不要逗得宝宝笑声不绝。

3. 亲吻宝宝的讲究

亲吻宝宝，是妈妈口唇同宝宝脸蛋儿或口唇的亲密接触。宝宝免疫力和抗病力低下，如果成年人患病，亲吻宝宝时，可能把病源播散给宝宝。一般来说，有下列情况时不要吻宝宝：

感冒 不论是哪种类型感冒，病人鼻咽部都寄生有细菌或病毒，会通过亲吻传染。

流行性腮腺炎 病人唾液中存在腮腺炎病毒，会通过唾液传给宝宝。

扁桃体炎 人的咽喉区平时寄生有多种细菌，当咽喉遭遇葡萄球菌、链球菌等病菌的感染时，吻宝宝可造成宝宝发病。

病毒性肝炎或乙型肝炎表面抗原阳性 患者的唾液或汗液等会存在病毒，亲吻宝宝会使宝宝受感染。

流行性眼结膜炎 病人的眼分泌物或泪液等均存在病毒或病菌，会传染给宝宝。

口腔疾病 牙龈炎、牙髓炎、龋齿等常见口腔病，大都因口腔不洁，病原微生物在口腔中繁殖，亲吻会传染给宝宝。

嗜烟酒 嗜烟又酗酒者，“口气”中存在大量的一氧化碳、二氧化碳、氰氢酸、烟焦油、尼古丁等有害物质。烟酒气息会损害宝宝的心肺及神经系统。

有一些亲友出于对宝宝的喜爱，愿在宝宝脸上亲上几下。由于对来客健康状况不明，父母不妨巧妙地谢绝生人亲吻宝宝。

4. 宝宝咬人是正常情况

宝宝在长牙以后，总会喜欢咬硬一点的东西，拿到玩具也会放在嘴里啃。有的宝宝会出现喜欢咬人的情况，咬人不一定是表示恨，而也许是高兴，往往会咬住就不松口。

对宝宝咬人的习惯不必要大惊小怪，越是当成一回事，宝宝会越发得意。可以给宝宝一点较硬的食物去啃咬，例如馒头干、饼干等。尽量要把宝宝的情绪调整好，使宝宝愉快。因为几个月大的宝宝还不懂得道理，总是咬人，就把他冷落一下，放在一边不理他，让宝宝自己认识到这样做不对。

5. 检查宝宝的眼睛和耳朵

检查眼睛 你怎样断定宝宝是否有视力方面的问题呢？可能有视力方面问题的体征有：

- 瞳孔不聚集
- 瞳孔发白
- 眨眼
- 当你给宝宝东西时，他摸索着去接
- 他似乎没有注意到你
- 他将头转向一个不正确的角度去看物体
- 一只眼睛斜视
- 眼睛转动异常
- 他似乎没有看到身边发生的事情

如果你发现了任何这些体征，应和医生取得联系。儿科医生会给宝宝进行检查来确定宝宝是否需要戴矫正镜，还是接受其他治疗方法。

检查耳朵　当你的宝宝抓挠耳朵或举止反常，他是在出牙呢？还是耳朵有炎症呢？这时，在带宝宝看医生之前你应先亲自检查一下，看宝宝是否有以下症状。

- 耳朵疼
- 自己拽或挠耳朵
- 碰或拽宝宝耳朵时，他会觉得疼
- 发烧
- 耳中流出分泌物或液体(脓)
- 听力减退或丧失
- 出现流感样的症状
- 躁闹加剧
- 喂食困难

如果宝宝有以上症状，宝宝的耳部可能已经受到感染了，或者已经得了中耳炎，应该及时带宝宝看医生，听从医生的建议。

教育启蒙

7个月宝宝已经知道控制自己的行为。这时，凡是他的合理要求，爸爸妈妈都应该满足他，而对于他的不合理要求，不论他如何哭闹，也不能答应他。此外，爸爸妈妈还要注意培养宝宝的观察能力，除了引导他观察说话时的不同口型外，还要让他观察成人的面部表情，家长在与宝宝说话的时候，一定要脸对着宝宝，使他注意到大人的面部表情。要经常为宝宝播放优美的音乐盒儿童歌曲，让他感受音乐艺术语言，感受音乐的美，用音乐启发宝宝的智力。

三、教养训练

1. 多给婴儿抓捏的机会

在婴儿发育进程中，手的探索动作的发育是一个重要方面，婴儿会不断地寻找、抓握周围的物体。一般4～5个月的宝宝会抓住衣服往自己的脸上拽，6～7个月的宝宝会比较准确地抓住玩具，8～9个月的宝宝已经学会用手抓捏物体，但因为伸肌发育不完善，所以一旦抓住后不会随意放开。所以，当妈妈抱着宝宝时，宝宝的手刚好能够到妈妈的头发、衣领，这细长的物体正好适合宝宝抓捏的需求，因此，一旦抓住了，愈是想让宝宝松开，宝宝抓得越紧，并且会摇来拽去。在这个阶段里，多给宝宝一些各种形状和软硬度合适的玩具，多给宝宝一些抓捏的机会，让宝宝的探索活动顺利进行。

2. 训练全身活动

训练全身活动，利用翻身运动，锻炼宝宝的头、颈、身体及四肢肌肉的活动能力。在宝宝仰卧位时，可以拿一个宝宝喜欢的玩具，引逗宝宝做翻身运动，从仰卧到侧卧，再变俯卧，注意做好保护。

传递积木可以训练手与上肢肌肉动作，培养宝宝使用过去的经验解决新问题的能力。让宝宝坐在床上，妈妈递给宝宝一块积木，等到宝宝拿住后，再向同一只手递第二块积木，看宝宝是否把原来的积木传递到另一只手里，再来拿这块积木。如果说宝宝把手上的扔掉后再来接，就要诱导宝宝学会先换手，再接新的积木。

3. 宝宝的动作训练

6个多月以上的宝宝已经能够从仰卧位翻转成俯卧位。但也有些宝宝还翻不好，父母在此时应当助宝宝一臂之力，使宝宝学会翻身。

宝宝会熟练翻身后，就可以诱导他往前爬行，可以用手掌抵住宝宝脚掌，帮助他用力蹬。

为了锻炼宝宝手指的灵活性，可以给宝宝一些

纸，尽管让宝宝去撕，用来训练手指头的活动能力。

扶着宝宝腋下，让宝宝站在成年人腿上跳跃，或者扶着宝宝双手，让宝随着站起来试着做踏步的动作，可以锻炼宝宝的骨骼和肌肉，加快动作发育。

4. 宝宝手的协调能力

6个月后，宝宝可以用双手抓住物体，或是将物体夹在手指与手掌之间，但灵活控制能力还不强。这时宝宝能够区分出物体的大小，并能根据物体的大小张开手。宝宝特别喜欢感受物体，所以尽量给宝宝不同质地、不同形状的东西。在宝宝躺着的时候，宝宝可能会抓住自己的脚，再放在嘴里。但宝宝不理解物体有什么用途，所以如果给宝宝一个方块，就会抓住它，如果再给宝宝一个方块，便会丢掉第块，去接第二块。这时，宝宝开始用自己的手学习吃东西。宝宝的手眼协调能力有了很大的发展，能够抓起小食品，放在自己的嘴里，但放得还不太准。

到了8～10个月时，宝宝开始学习操作能力，可以在物体上进行挤、拍、滑动、捅、擦、敲和打。宝宝用手探索所有的东西，包括食物等，并混合在一起，可以涂抹或倒出流质物质。宝宝还可以准确地把大多数固体物件放入嘴里，例如脚、手指、塑料玩具或盖子等。

随着宝宝操作能力的提高，宝宝不再喜欢把东西放进嘴内，转而开始玩一些像拍手一类的游戏。同时宝宝也学会了一些社会交际能力，可以用手向人做再见挥手手势。

5. 训练宝宝坐便盆

从宝宝学会坐以后，就可以培养和训练宝宝坐盆大便的习惯。

训练宝宝坐盆大便，最好定时、定点让宝宝坐盆，并教会宝宝用力。在宝宝有大小便的表示，比如说，正在玩着突然坐卧不安，或者用力“吭吭”的时候，就要迅速让宝宝坐盆，逐渐形成习惯，不要造成宝宝在床上、在玩的时候随处大小便的习惯。

一开始宝宝还不一定能坐稳，一定要扶着。从培养习惯入手，如果宝宝不习惯，一坐就打挺就不要太勉强，但每天都坚持让宝宝坐，多训练几次就形成习惯了。

6. 训练宝宝的小便控制

训练宝宝小便比大便要困难得多，因此需要的时间也要久得多。因为宝宝小便的生理信号没有肠蠕动那么明显，训练宝宝小便时，必须学会抑制小便信号，即膀胱紧张的反射性反应。训练宝宝控制小便，包括清醒时和睡眠中两种状态。一般清醒时的控制较容易，刚开始时，宝宝知道自己尿湿了，继而知道正在尿湿自己，渐渐地会表达出自己尿湿了，然后，才会预知到自己要撒尿了。

在训练宝宝之前，可以帮助宝宝把这几层意思表达出来，教宝宝一些相关的语句如“宝宝尿尿了”，或“宝宝要小便了”等，让宝宝了解表达生理功能的这些简易词汇。等到开始进行膀胱控制时，让宝宝注意到自己已经可以在便盆上小便，让宝宝顺其自然地排出小便。

宝宝坐便习惯培养，最好用塑料的小便盆，盆边要光滑。这样的便盆不管是夏天还是冬天都适用，如果用搪瓷便盆，到了冬天因为凉，宝宝会不愿意坐。

四、这样教宝宝

1. 教宝宝认识身上的部位

妈妈（或爸爸）和宝宝对坐，先指着自己的鼻子说“鼻子”，然后把住小儿的小手指他的鼻子说 “鼻子”。每天重复1～2次，而后抱宝宝对着镜子，把住宝宝的小手指他的鼻子，又指自己的鼻子，重复说“鼻子”，持续7～10天的训练，当父母再说鼻子时，宝宝就会用小手指自己的鼻子。这时一定要对宝宝表示赞许和鼓励。

依照此法，同样教宝宝认识身体其他的部位。经过一段时间的训练，宝宝就会记住身体每个部位的名称。

2. 教宝宝用杯子喝水

随着宝宝的长大，应当逐渐引导宝宝开始使用杯子和碗。一方面可以训练宝宝手的协调能力，另一方面可以诱导宝宝从吃奶向吃饭转变。

开始时可以在杯子里或碗里少放些水和食物，让宝宝下手抓碗里的食物吃。等到宝宝使用得熟练后，就可以完全用杯子喝水。

为了让宝宝学习用杯子，可以常给宝宝换一换不同颜色、不同样式的杯子，让宝宝感到有趣，愿意去试做。

3. 教宝宝学习手势

宝宝很喜欢模仿。刚出生的宝宝，就会模仿，7～8个月的婴儿，已经会

模仿简单的发声和动作，例如听到小猫叫，会学着“喵喵”；看见电视中有人拍手，宝宝也会拍拍小手。

7个月的宝宝已经会看得懂成年人的表情，明白父母的喜怒，也能逐渐明白成年人的话语。虽然宝宝自己还不能用语言来表达自己的意愿，但是与人交往的愿望却很强烈。这时可以适当地教宝宝做一些动作，如用摇头表示“不要”，拱手表示“谢谢”，招手表示“再见”，等等。父母经常示范，多鼓励宝宝，宝宝很快就能学会。宝宝能用语言之外的肢体方式表达时，自然也就能理解语言之外的用意，从而增加对语言的理解能力。

4. 培养宝宝不“怕生”

这个月龄的宝宝开始有了“怕生”反应。

怕生，又称“陌生反应”阶段。这种反应在正常宝宝的发育过程中，并非是必须经历的过程。宝宝是否害怕陌生人，或者说过早地产生恐惧感，是受宝宝天生的性情影响。

有些宝宝有独特的喜欢接近新鲜事物，并且可以很快地适应新变化的性情。这类的宝宝很可能就不会显示出“陌生反应”。但是，有些宝宝要做到这一点却很难。这当然并不是宝宝的过错或者说宝宝有什么问题。因为这些宝宝天生对新事物有畏惧，必须要经过一段时间去适应变化。这些宝宝可能对陌生人有很强烈的反应，并且会以哭喊来表达。多数宝宝会对陌生人流露出小心谨慎的表情。

陌生反应阶段的出现，是宝宝自我意识增加的表现，可以通过训练让宝宝逐渐形成与人沟通、适应新事物、新环境的能力。

5. 对着镜子做游戏

宝宝从很小的时候起，就爱照镜子，对镜子里的自己感兴趣，妈妈可以利用镜子和宝宝玩不少游戏：

① 首先是从镜子里让宝宝认识自己，唤起自我意识。宝宝4～5个月时妈妈就可以给宝宝照镜子，一边指点着宝宝本人和镜子里的宝宝说“这是宝

宝”，也让宝宝认识妈妈和镜子里的妈妈，反复教宝宝这样玩，就能逐渐认识自己。

❷ 从镜子里认识自己身体各部分。7～8个月起可以做这个游戏，妈妈抱着宝宝坐在大镜子前，点点宝宝的鼻子，再指指镜中的小鼻子说“这是宝宝的鼻子”，还可以把着小手去摸自己的鼻子，再摸妈妈的鼻子。通过游戏反复这样做，宝宝就能认识自己的鼻子和别人的鼻子，听到“鼻子在哪里”的问话，就会去指自己的鼻子。这样下去再认识眼睛、耳朵、嘴巴、头发、小手、小脚等，慢慢地就能认识身体各部分，玩的时候可以编一个简短儿歌配合着念，又可在做不同的动作如眨一眨眼睛，拉一拉小耳朵，张一张小嘴巴，拍拍小手等。

❸ 宝宝会爬、会坐后，就可与宝宝玩爬过枕头和被子搭成的小山，爬到镜子前。可以在镜子前玩拍气球、塑料球，看它上下飘动，会十分有趣。穿了新衣服、戴了顶新帽子也可抱到镜前玩一会儿，做脱、穿、戴的动作。

对镜游戏既能帮助宝宝增强自我意识，区分他人、他物，进一步认识周围事物，又锻炼身躯、四肢活动和协调能力。

6. 对宝宝说“不”

7个月宝宝已经能够知道控制自己的行为。这时，凡是合理的要求，都应该满足宝宝，而对于不合理要求，不论如何哭闹，也不能答应。比如，宝宝要扭动电视机的按钮，玩电灯的开关等，父母就要拉下脸来，板起面孔，向宝宝摆手，严肃地告诉他“不行”！这样做的关键，不是怕电视机损坏或者电开关坏掉，而是要使宝宝节制自己的行为，知道有些事可以去做，另一些事不可以去做。

从这个月龄起，父母就要使宝宝从小养成讲道理的习惯，以免长大以后变成“小霸王”。

五、亲情交流，让宝宝健康成长

1. 给宝宝心理“营养”

父母热烈的拥抱，是宝宝心理发育最佳的“营养”。研究发现，紧紧的、长时间（持续8秒钟以上）拥抱，才能使宝宝真正感到被爱、被信任、被肯定。一天拥抱一次，

连续两三天，间隔两三天，然后再重复进行。这样的拥抱法，对宝宝心理发育最有益。

父母亲切的话语，是宝宝心理发育的重要“营养”。宝宝虽然不会用语言与父母交流，但宝宝却能接受父母亲切的话语中传递爱的信息，并由此感到满足。因此，父母千万不要忽视与宝宝的“交谈”。

父母的笑容，是宝宝心理发育的又一重要“营养”。父母忧愁、焦虑的面容会扰乱宝宝心里的宁静，使宝宝感到恐惧和不安全感。为此，做父母的应当努力学会保持开朗乐观的生活态度，让宝宝总是看到你的笑容。

2. 多夸赞宝宝

多夸赞宝宝，对他的性格和进步是非常好的，他绝对不会因此骄傲。因为你会不自觉地夸赞他，让他更有信心做得更好，更加进步。他了解妈妈是多么爱他，并且乐于分享他的成长以及进步！宝宝做有意义的事情，妈妈多夸赞夸赞，让宝宝在自信、乐观的环境和氛围中成长，这是很好的教子之道，也是情感交流的最佳方式之一。

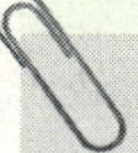

爸爸妈妈来互动

教宝宝挥手、拱手

妈妈（爸爸）经常将宝宝右手举起，并不断挥动，让宝宝学习“再见”动作。大人离家时要对宝宝挥手，并说“再见”，反复练习。在宝宝情绪好时，帮助宝宝将两手握拳对起，然后不断摇动，学做谢谢动作。一般每次给宝宝食品或玩具时，先让他拱手表示谢谢，然后再给他。学习这两个动作可以提高宝宝对语言理解的能力。

第八节

8个月的宝宝

做妈妈须知

花样添加辅食，逐渐增加品种，预防消化不良；

培养社会交往能力；

注意安全；

给宝宝创造运动的空间；

学会拿勺子和用杯子喝水；

学会拍手欢迎，招手再见，拱手谢谢；

会摇头“不”和点头“是”；

满8个月时接种麻疹疫苗。

一、宝宝的成长

1. 身体发育

体重	男婴 约9.12千克	女婴 约8.49千克
身长	男婴 约71.51厘米	女婴 约69.99厘米
胸围	男婴 约45.28厘米	女婴 约44. 40厘米
头围	男婴 约44.16厘米	女婴 约43.17厘米
坐高	男婴 约45.74厘米	女婴 约44.65厘米

牙齿 大部分婴儿已经开始出牙，有些宝宝已经出了2～4颗牙齿，即上门齿和下门齿。

2. 动作发育

8个月的宝宝不仅会独坐，而且能从坐姿变成躺下，扶着床栏杆站立，并能由立位坐下，俯卧时，用手和膝趴着能挺起身来；会拍手，会用手挑选自己喜欢的玩具玩，但经常咬玩具，会独自吃饼干。

8个月的宝宝一般都能爬行，爬行过程中能自如变换方向。坐着玩时，会用双手传递玩具。

3. 语言发育

能模仿大人发出的单音节词，有的宝宝已经能清晰地发出双音节的词“妈妈”了。

4. 感知发育

8个月的宝宝见到熟人会用笑来表示认识他们，看见亲人或者看护自己的人会要求抱，如果把他喜欢的玩具拿走，他会哭闹。新鲜的事情会引起宝宝惊奇和兴奋，从镜子里看见自己，会到镜子后边去寻找。

8个月的宝宝知道寻找掉的玩具，知道观察大人的行为，有时会对着镜子亲吻自己的笑脸。

5. 心理发育

8个月的宝宝常有怯生感，怕与父母尤其是妈妈分开，这是宝宝正常心理的表现，说明宝宝对亲人、熟人与生人能准确、敏锐地分辨清楚。因而，怯生标志着父母与宝宝之间的依恋的开始，也说明宝宝需要在依恋的基础上，建立起复杂的情感、性格和能力。

宝宝如果见到生人，往往用眼睛盯着他，怕抱走自己，感到不安和恐惧。对8个月的宝宝来说，这是一种正常的心理应激反应。关心宝宝的心理健康发展，请不要让陌生人突然靠近宝宝，抱走宝宝。也不要在生人面前随便离开宝宝，以免使宝宝不安。

6. 睡眠

8个月的宝宝大约每天需睡14～16个小时，白天可以深睡两次，每次2小时左右。

二、育儿小知识

1. 养育建议

初为父母，要准备改变你的生活方式，对生活进行调整。父亲需要戒烟；需要把更多的时间和精力放在家庭；家庭花销加大需要节省；宝宝的东西占据空间，你要能够容忍宝宝把房间搞得一塌糊涂。

夫妻两人需要更融洽，只有欢乐的家庭才最有利于宝宝心理健康。夫妻双方在教育宝宝的问题上不一致，对宝宝是最有害的，会使宝宝感到迷惑，令宝宝焦虑。

父母的争论，不论是不是因为宝宝，都不要让宝宝听到。

当父母做错了时，要坦率地承认。

2. 断奶的准备

随着宝宝逐渐长大，母乳所供给的各种营养成分已不能满足婴儿生长发育的需要，一般在9～12个月时可以断奶，在奶制品或其他代乳品缺乏的地区，断奶可适当延迟至1岁半左右。但断奶的月龄没有硬性规定，如果母亲奶多可多喂一段时间，一般到1岁左右断奶。

断奶需慢慢来，宝宝的健康成长需要各种营养物质的补充，因此，逐步添加辅食直至顺利过渡到正常哺食是一个必然的过程。但在断奶时机的把握上，年轻的妈妈们常常操之过急，仓猝断奶，反而造成宝宝食欲的锐减。我们知道：婴儿的味觉是很敏锐而且对饮食是非常挑剔的，尤其是习惯于母乳喂养的宝宝，常常拒绝其他奶类的诱惑。因此，宝宝的断奶，应尽可能顺其自然逐步减少，即便是到了断奶的年龄，也应为他创造一个慢慢适应的过程，千万不可强其所难。正确的方法是：适当延长断奶的时间，酌情减少喂奶的次数，并逐步增加辅食的品种和数量，只要年轻的妈妈们对宝宝的喂养调整得当，相信宝宝们都能顺利通过“断奶”这一难关的。

3. 身高与体重增加的规律

体重是验证体格发育的一项重要指标，宝宝过轻过重都不是健康状态。

体重增加速度与年龄相关。出生后3个月内的宝宝如果喂养合理，体重迅速增长，约每周增加200～250克，3～6个月时，每周平均体重增加150～180克，此后，每周可增加60～90克体重。

婴儿体重可分为3个年龄阶段计算。

1～6个月时宝宝的体重等于：

[出生体重（克）+月龄×700]克；

7～12个月时宝宝的体重：

（6000+月龄×250）克；

1岁以后的体重：

[（年龄×2）+7或8]千克。平均

每年递增2千克，男孩与女孩相比，10岁以前男孩一般比女孩重，10～16岁时，女孩一般比男孩重。

如果体重不按常规计算方法增加或减少，除患病因素外，大都是由于护理不周或营养质量不高造成，应当及时纠正。有些宝宝发育迟缓，有可能与父母体质瘦小有关。

婴儿身高增长最快的时期在出生后的1～6个月内，平均每个月长2.5厘米左右。宝宝两岁时，全年约增长10厘米，以后每年递增4～7.5厘米。

如果与出生时身高相比，一岁时的身长为出生时的1.5倍，4岁时为出生时的2倍，13～14岁时为出生时的3倍。

身高增长的计算公式：

[（年龄×5）＋80]厘米（青春期例外）

影响到身高的因素很多，如生病、生活条件差、喂养不妥、体力运动不适当、精神压力、各种内分泌激素变化以及骨骼发育异常。此外，还有个体差异等因素。

4. 注意预防佝偻病

当宝宝体内缺乏维生素D时，会产生钙、磷代谢失常、骨样组织钙化障碍，引起一系列症状。患佝偻病的宝宝夜间睡眠不稳，容易惊醒，并且多汗。由于酸性汗液刺激皮肤，造成宝宝头部来回摆动摩擦枕部，使头后形成一圈脱发，医学上叫枕秃。较严重的佝偻病，颅骨出现软化，用手按上去，似乒乓球一样；逐渐出现方颅，胸廓下部肋骨呈现外翻。当宝宝学走路时，由于骨骼软而吃力，致使腿部弯曲，形成“O”型或“×”型腿。有的还可出现脊柱弯曲等症状。患有佝偻病的宝宝，走路、说话、长牙齿都比正常宝宝要晚。

预防佝偻病的方法，首先是多给宝宝晒太阳，6个月以后的宝宝每天在户外活动的时间应越来越长，即使在冬天也要注意户外锻炼，让宝宝接触阳光，同时还应坚持继续服用钙片和鱼肝油。已经患有佝偻病的宝宝应根据医嘱使用维生素D制剂。

5. 早学走路不一定好

新生儿的骨骼，早在胚胎时期就有了基础，但主要是由软骨组织组成。婴幼儿骨骼的成分中，含无机盐少，有机盐多，因而比较柔韧有弹性，易于变形。

宝宝长到6个月时，下肢才能较好地支持身体，8个月左右能扶站片刻，11个月时能扶床站起或被扶着向前走。组成婴儿骨盆的髋骨不够成熟，关节韧带松弛，关节囊较浅，故易发生脱臼。如果过早让宝宝行走，使婴儿较软的骨骼过早地承担身体重量，会影响骨盆及肢骨正常形状的形成，不利于婴儿脊柱正常生理弯曲的发育，也不利于正常步态的养成。婴儿的肌纤维较细，蛋白质和无机盐少，水分多，易疲劳，而学走步时需要一定的肌群处于紧张状态，更易疲劳。1岁左右，才到宝宝学走路的时期，是人生中重要的转折点。

6. 乱叫“爸爸”“妈妈”

这个月龄的宝宝，小嘴总不会闲着，会经常大声地叫“爸——爸”、“妈——妈”，做父母的听了心里别提有多高兴，认为宝宝会叫爸爸或妈妈了。其实，仔细观察时会发现，宝宝见到别人也照样会叫“爸爸”“妈妈”的。

原来，这个时期的宝宝发出的爸爸、妈妈声，仍然不完全有意识，嘴里的爸爸、妈妈声，是在练习发音，还不完全能够把真的爸爸和妈妈与自己联系起来，因此，如果发现宝宝见谁都叫“爸爸”、“妈妈”时，正宗的爸爸和妈妈们要晓得：不要因此而不愉快，不要错怪宝宝不懂事，因为这是一个必然要经历的过程。

怯生

怯生是儿童心理发展的自然阶段，一般在短时间内可自然消失。对宝宝的怯生，可以在教育方式上加以注意，如经常带宝宝逛逛大街，上上公园，还可以听收音机，看看电视等，这样可以使宝宝怯生的程度减轻。总之，扩大宝宝的接触面，尊重他的个性，不要过度呵护。这样可以培养宝宝勇敢、自信、开朗、友善、富有同情心等良好心理素质。

三、教养训练

1. 养成良好的饮食习惯

吃饭是一种饮食行为，需要在宝宝饮食的过程中进行正确的示范和引

导，让宝宝从小养成正确的饮食习惯和行为。

定时定量，少吃零食。养成宝宝定时定量吃东西的习惯十分重要。如果给宝宝太多的零食，一会吃糖，一会吃饼干，胃里不空，到正常吃饭的时间，宝宝就会没有饥饿的感觉。

父母可以通过固定时间、固定地点、特定餐具和语言来让宝宝意识到要吃饭了。通过条件反射的方式来使宝宝有吃饭的意识，当热气腾腾的饭菜放在桌上时，宝宝就会意识到“吃饭的时间到了”。另外，不要让宝宝养成吃零食的坏习惯。

专心吃饭，培养宝宝对吃饭的兴趣。许多宝宝喜欢边吃饭边看电视或者边玩玩具，其实这对宝宝的饮食是不利的。吃饭需要专心，父母必须让宝宝养成专心吃饭的习惯。如果宝宝不喜欢吃饭，父母就要培养宝宝对于吃饭的兴趣。在吃饭时可让幼儿自己参与，捧饭碗、拿小勺，挑选自己爱吃的食物，这样宝宝既学会了吃饭，又培养了对吃饭的兴趣。

营造吃饭的愉快氛围。有的宝宝吃不下饭或不想吃饭，父母因此大动肝火，甚至辱骂批评宝宝，造成宝宝每次吃饭都泪水涟涟。这样宝宝就会在潜意识里讨厌吃饭，害怕吃饭。吃饭成了一件不开心的事情，难免会导致厌食。

建议父母一方面要营造愉快的吃饭氛围，让宝宝开开心心地吃饭，尽量不要在饭桌上斥责宝宝，影响宝宝就餐的情绪；另一方面，如果宝宝不愿意吃或不想吃，不要勉强，就让宝宝饿一饿也并不是什么坏事。

2. 训练宝宝手指动作

五指分工 半岁以前，宝宝抓东西总是用大拇指和其余四个指头伴在一起。到这个月龄，宝宝已经掌握了人类拿东西的典型动作，可以学会使用工具，会做简单的劳动。

双手配合 半岁以前宝宝的两只小手总是单干，现在，能够互相配合，协调活动，把这只手上的东西换到另一只手里，将两手上的玩具对敲，会令宝宝感到有趣和快乐。

重复动作 这个时期的宝宝很喜欢做重复动作，而且往往会是同时运用两种物体的动作。比如，把小盖子盖在瓶子上，拿下来，再盖上，再拿下来，再盖。把球扔到地上，捡起来，再扔，再捡再扔……这种类似单调无味的动作，宝宝竟然能重复做20次、40次，非但不会觉得无聊，反倒觉得很好玩——这样的重复动作，正是宝宝在思考。宝宝在头脑里已经产生了概括能力，从而弄懂了两件物体之间的关系，自身与物体的关系，对动作的效应产生乐趣。从此，宝宝的小手变得更勤快，特别喜欢动。

试用工具 这个月龄的宝宝，手的动作灵活复杂，开始要试用工具，想自己拿勺子吃饭，拿杯子自己喝水，伸手要自己穿衣戴帽……这时候如果父母不理解宝宝的心愿，伸手阻拦，会伤害婴儿的自信心。应当在宝宝试的时候助一臂之力，让宝宝感受到自己做事的喜悦。宝宝的双手越练越巧，父母应当多创造条件，多给宝宝练习机会，让宝宝得到满足。如果妈妈一切都要替宝宝包办代替，将会压抑宝宝的智慧发展。

3. 试试走的方向

宝宝会爬会坐，接着就能在妈妈的扶助下站立起来，然后就能自己独自站立。

首先让宝宝扶着牢固的小桌子、床栏杆站立，以后可逐渐让宝宝独自站立片刻，跌倒后赶快把宝宝扶住，这样每天都练习几次，等到宝宝独立站得好时，就鼓掌和鼓励宝宝。可以试着让宝宝扶着床栏去拿稍远一引起的玩具，告诉宝宝：“来，这边走！”多次训练后，宝宝就可以慢慢地扶着向前迈步了。

最初宝宝走不稳，腿一软就摔倒，但会自己爬起来。以后逐渐能扶着走稳，速度也加快。到这时候，可以牵着宝宝的一只手，拉着宝宝慢慢走。但要知道，妈妈的手臂是软的，比扶着床栏和家具走的难度要大。

通过学走游戏，可以锻炼下肢肌肉和全身协调动作，使宝宝从坐、爬到站、扶走再到独立行走。在宝宝能够站立和行走后，活动范围就大得多了，动作范围就发生了一个较大的飞跃。行走的训练，有时候要延续好几个月，妈妈可以每天和宝宝玩一会儿，不要操之过急。

4. 尝试使用学步车

婴儿学会扶站以后，开始学习迈步，学步车是让宝宝练习迈步，锻炼下肢肌肉力量比较理想的工具。把宝宝放进学步车里以后，宝宝能够自由地活动，视野和活动范围都大了，有利于宝宝认识能力的发展。

学步车使用很方便，上面的圆形框架，正好能让宝宝站立时双臂支撑在上面，起到父母扶着宝宝双腋学步的效果，可以减轻不小的育儿负担。圆形的框架上，还可以悬挂几件玩具，让宝宝自己玩。学步车下面是几个活动自如的万向轮，中间用带子吊成小小坐椅，宝宝跨坐在椅子上，随时随地可以坐下来休息，站立时不影响迈步。

一般8～9个月的婴儿能独坐和扶站后，就可以使用学步车。最初坐学步车的时间不宜太长，以免让宝宝疲劳。每天使用一两次，每次10～15分钟为宜。随着宝宝练习的进展情况，可以逐渐延长每天练习的时间，适当增加次数。

5. 开发宝宝的右脑

人脑的右半球则主管人的想象、颜色、音乐、节奏等。开发宝宝的右脑，可以令宝宝具有神奇的创造能力。通过手指精细动作的训练、语言学习、借助音乐和运动锻炼，都能达到开发右脑的效果。

刺激指尖 手指的动作，越复杂、越精巧、越娴熟，就越能在大脑皮层建立更多的神经联系，使大脑变得更聪明。玩沙子，玩石子，玩豆子等，可以锻炼宝宝手的神经反射，促进大脑的发育；伸、屈手指，闭上眼睛扣衣服，练习写字绘画，可以增强手指的柔韧性，提高大脑的活动效率；摆弄智力玩具、拍球投篮、学打算盘、做手指操等精细的活动，可以锻炼手指的灵活性，增强大脑和手指间的信息传递；玩积木、橡皮泥有利于动手能力的培养；经常让宝宝交替使用左、右手，可以更好地开发大脑两半球的智力。

语言学习 人们经过长期研究得出一个结论，儿童学会两三种语言跟学会一种语言一样容易，因为当宝宝只学会一种语言时，仅需大脑左半球，如果培养同时学习几种语言，右脑就会参与其中。

爬行 要刺激右脑，最好的方式就是从小就训练爬行，对未来的平衡感和运动细胞都有帮助。

借助音乐 大脑的右半球负责完成

音乐、情感等功能，称“音乐脑”。如果宝宝在幼儿期能够经常学音乐、听音乐，可以开发“音乐脑”，提高宝宝的智能，学习弹琴是一种很好的指尖运动。还可以在宝宝做其他事情的时候，创造音乐环境。因为音乐由右脑感知，左脑不因音乐受影响而继续工作，在不知不觉中锻炼宝宝右脑。

运动锻炼 有意识地让左手、右手多重复几个动作，可以刺激右脑，激发灵感。右脑在运动中对鲜明形象和细胞的激发比静止时快得多。由于右脑的开发，人的思维才会摆脱逻辑思维，创造性灵感常常会脱颖而出。

6. 养成母婴分床睡的习惯

跟小孩分床睡，这问题看似很小，但确实让不少父母伤透脑筋。宝宝跟大人睡，能使妈妈与宝宝更亲近，方便喂奶，减轻妈妈夜间育儿的麻烦和宝宝的恐惧，但母婴同床睡眠也存在不少弊端。

例如，夜间同呼吸、共吸氧，成人的肺活量要比宝宝大得多，大量的氧气被大人夺去；相反，大人呼出的二氧化碳等废气却被宝宝回收了，宝宝可能整夜处于供氧不足、二氧化碳弥留的小环境里，使脑组织的新陈代谢受到影响，对发育极为不利。

另外，无论是成人还是宝宝，夜里都会翻身数次，同床睡势必互相影响，宝宝甚至有被大人压到的危险。

对此，儿童医学专家认为，一般而言，在宝宝3岁之前最好与父母分床睡眠。

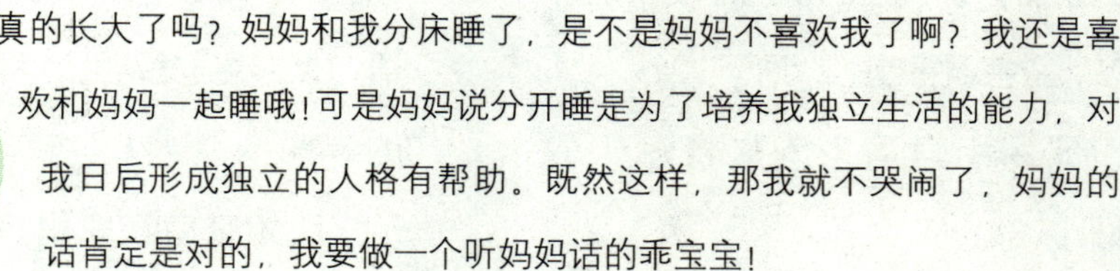

• 不喜欢分床睡

我真的长大了吗？妈妈和我分床睡了，是不是妈妈不喜欢我了啊？我还是喜欢和妈妈一起睡哦！可是妈妈说分开睡是为了培养我独立生活的能力，对我日后形成独立的人格有帮助。既然这样，那我就不哭闹了，妈妈的话肯定是对的，我要做一个听妈妈话的乖宝宝！

四、这样教宝宝

1. 给宝宝挑选他们喜欢的玩具

给宝宝选择玩具时，要注意玩具本身应当适合宝宝的发育特点，比如宝宝在发展抓握能力时，给宝宝花铃铛，到宝宝学走路时候，就不用这一类玩具了。.

玩具要适合宝宝的能力。妈妈要了解自己的宝宝，太难和太容易的玩具都不会引起宝宝的兴趣。

选择宝宝有兴趣的玩具。玩具是给宝宝玩的，妈妈不可以根据自己的喜好来给宝宝购买玩具。

不要总买一类玩具。比如男宝宝喜欢车，家里玩具就总是各种各样的车。要买各类玩具，使宝宝有较广泛的认识。

不要买劣质玩具，要注意玩具的安全。玩具不要有尖锐的边角，不要有有害的物质，玩具上的小配件要不易脱落，以防宝宝误吞咽。

不要买用有污染的材料制作的玩具。

宝宝会爬会坐以后，活动范围扩大，认识的东西多了，可以让宝宝从自己认识的玩具中，挑选喜欢的，来训练宝宝做出决定的能力。比如妈妈拿起两个大小不同的勺子，让宝宝选择要哪一个，宝宝伸手拿到了就夸赞和表扬他挑得好。每次可以让宝宝挑不同的物品，如食物，不同颜色的手帕、毛巾、画片等，这样经常让宝宝按自己的喜爱决定自己的选择。

通过这种方式，可以训练宝宝对物品形状、颜色进行观察和识别。也能训练宝宝注视大小物品，并使用手指取东西的能力。选择，是培养宝宝独立自主能力的开始，让宝宝自己有决定自己行动的主动权，养成独立的人格。为将来独立思考问题、独立解决问题打下基础。

2. 教育宝宝“不行”和“不准”

做为全家的宠爱中心，宝宝无论做什么都会被父母欣然接受。到了这个月龄，只有通过妈妈严厉的表情和坚决地说出“不行”、“不准”等表示禁止的语句，才能了解到，世界上还有不能做的事情。

比如宝宝在家里兴奋地到处爬，发现火炉稀奇就想摸一摸……突然听到妈妈一声断喝：“不行，很烫！”吓得

一哆嗦，慌忙地缩回正要靠近炉火的小手，然后会很诧异地看着妈妈。

制止了宝宝的手上动作不至于被烫伤的，并不是“不行”这句话，而是语调一反常态的气氛。因为宝宝并不能理解“不行”这句话的意思，但妈妈的语气却传达了制止宝宝行为的喝阻力。

要制止宝宝做的事，必须严厉，如果不是非做不可，当然妈妈们不会说。临到出危险之前一声喝止，吓得宝宝哭起来。此时，妈妈可以抱起宝宝，等到宝宝平静下来以后，拉着小手靠近火炉感受热度，对宝宝说：“看，很烫吧？不小心被烫到会很痛！”

虽然有时候危险要实际经历才了解到可怕性，但及时用语言传达出禁止的信息，也会让宝宝了解到世界上存在着各种被禁止的危险事物。

随着宝宝的逐步成长，以社会的各种规范为基础的被禁止行为越来越多，这个时期，应当开始让宝宝认识到一些被禁止做的事。

3. 教宝宝“欢迎”和“再见”

这个月龄的宝宝越来越可爱，要注意培养宝宝的观察能力，引导宝宝观察说话时候的不同口形，为以后学习说话打基础。同时要注意培养宝宝观察成年人说话时的面部表情，懂得分辨喜、怒、哀、乐。跟宝宝说话的时候，一定要把脸对着宝宝，让宝宝注意到自己的面部表情。

8个月的宝宝已经能够使用肢体动作，可以从宝宝无意识的动作中，教给宝宝表达不同的意愿，例如，宝宝双手无意间的拍打时，可以给予鼓励和引导，一边教宝宝重复做拍手动作的同时，一边说“欢迎、欢迎”。以此类推，宝宝单手抬起招手的动作可以说“再见，再见”，小手合抱成拳上下摆动，可以当作拱手，说“谢谢，谢谢”。起初，宝宝做这些动作出于无意，经过父母诱导几次，每当再说到这几个词时，宝宝就会做出相应的动作。

4. 探索的过程

8个月到一岁半的幼儿，身体与智能发展迅速。

8个月时，宝宝能自己坐，能爬，会试着站立，可能会靠着墙壁或沙发边缘移动步子。从此时开始手眼的协调、手指的灵活运用，能用拇指与食指夹起一件小东西。刺激了宝宝对新东西的兴趣。

宝宝用眼睛观察的时候，会学到许多事情。不妨为宝宝创造一个视觉环

境。比如在婴儿床上可吊一些动的玩具，但是要注意保持安全的距离。对形状突出的东西、颜色鲜明的人像画等，宝宝有较大的兴趣。所以，在宝宝卧室的四周，也不要贴太多的图片，以免妨碍睡眠。

宝宝会对周围事物不断地尝试探索，从中学习。妈妈对宝宝有期待，如准备喂奶时，期待宝宝会张开嘴，这就是一个学习信号。宝宝对妈妈的神态以及嘴巴的注意，更是学习的信号之一。妈妈对宝宝行为的回应，是宝宝接受外界影响的第一收获，宝宝会立刻朝着妈妈的方向靠拢。

8个月的宝宝，开始学着解决一些简单的问题："怎么做，才会让爸爸妈妈来？""该怎么做，才能拿到吊着的小玩意儿？""怎么做，才能将那件东西放进嘴里？"小脑瓜里，这样的念头开始不断地萌生出来。

妈妈尽可能多回应宝宝的行为，因为每过一周，宝宝都有惊人变化，更能适应周围的环境。身体的发育使宝宝能够移动体位，去得到自己想要的东西的能力，也令宝宝感到非常满足和高兴。

不光能发现外界的学习线索，宝宝也会凭借自己的能力，从外界对自我表现的反应中去学习。一旦发现自己的行为能够顺利进行时，宝宝会很高兴。

5. 培养宝宝的勇敢精神

对宝宝的溺爱、娇宠，只会造成宝宝怯懦、胆小的性格。父母要注意及时纠正宝宝的不良习惯，培养宝宝的勇敢精神，促进宝宝身心健康发展。

胆小，怕与父母特别是与母亲分离，是8个月婴儿的正常心理现象，它说明婴儿已经能够敏锐地辨认熟人和生人。因而，怯生意味着母(父)子依恋的开始。同时，它也说明婴儿需要在依恋你的基础上建立更为复杂的社会性情感、性格和能力。

胆小是婴儿心理发展的一个正常过程，通常会在短期内自然消失。研究表明，胆小的程度和持续时间与教养方式有关。在这以前的几个月里，经常让婴儿看电视、逛大街、上公园，到客人家去，和自己的洋娃娃玩，听收音机里的人讲话，经常在他面前摆弄新奇的玩具；或者说，婴儿熟悉的大人越多，而且习惯于体验新奇的视听刺激，那么，胆小和怯生的程度就越轻，时间也就越短。

要注意，今后的几个月，是婴儿与父母形成巩固的亲子关系的重要时期。大人不要长期离开自己的婴儿，同时要拓宽他的接触面，特别是让他及早步入“同龄小社会”，鼓励他与年龄相仿的宝宝接触、玩耍。对新生儿的个性，不要过度保护。这样，勇敢、自信、豁朗、友爱、善于与人相处、富有同情心和竞争心等现代素质，就会在婴儿的心里扎下根，就能使婴儿在未来社会中健康和快乐地成长！

6. 鼓励宝宝交朋友

户外活动时，可鼓励宝宝去交朋友。抱着婴儿和别的母亲抱着的婴儿相互接触，看一看或摸一摸别的婴儿，或在别人面前表演一下婴儿的本领，或观看别的婴儿的本领。也可让婴儿和其他同龄婴儿在铺有席子的地上互相追随爬着玩，或抓推滚着的小皮球玩，或和大一些的婴儿在一起玩。看他是否更喜欢和较大的婴儿在一起玩。这样可以为宝宝日后的社会交往能力打下基础。但是，如果婴儿出现抓别人脸或抢别人的玩具等行为时，一定要制止他的行为。

五、亲情交流，让宝宝健康成长

1. 建立亲密关系

6～8个月的宝宝，经历了从翻身到开始匍匐前进，再到坐起来的过程。这个阶段的宝宝，只是给身边放一些玩具显然不够。父母要多抱一抱宝宝，多和宝宝说一些话，多陪伴宝宝玩一会儿，解除宝宝情感上被关怀的需求。

这个阶段的宝宝对声音也最感兴趣，把宝宝的笑声和父母的声音录下来，再放给宝宝听，效果会很好。

宝宝虽然自己在玩，看到父母来以后，会停下自己正在玩的东西——这是宝宝在表达想和父母一起玩的意图。此时，要尽可能地放下手中的事情，休息一会儿，陪宝宝玩一会儿。

这个月龄的宝宝，会对上发条或电动的自动玩具极感兴趣。

为了增强宝宝的记忆力和自我意识，可以把宝宝喜欢玩的玩具藏起来，跟宝宝一起玩找玩具的游戏，对宝宝感知能力很好。

陪宝宝做一些需要说话的游戏，对语言能力发育有益。总之，在家庭日常生活中，多多亲近宝宝，多多陪伴宝宝，既加深亲情，又能促进宝宝的智力发育。

2.“黏人”不是坏习惯

有一些家庭把宝宝“黏人”视为缺点，专家为此特别指出，低幼龄儿童的“黏人”现象不仅不是坏习惯，适当黏人的宝宝还直接有利于将来的沟通和交流。

6个月龄至1岁半的宝宝多数会对父母产生依恋感。如果到了这个年龄的宝宝，还没有对家人产生依恋感的话，给宝宝未来的生活会打上阴影。因此，这段时间的宝宝最好自己带。

当今社会生活节奏加快，多数父母已经没有办法全天候养育和照顾宝宝，只能请保姆或者是祖父母来照料宝宝的生活起居，这样一来，宝宝和父母之间的关系就会疏远。

有些父母还引以为自豪，认为自己生了个不会“黏人”、大大方方的好宝宝。殊不知，家庭才是最能够给每个宝宝温暖和自信心的地方，而提供这些力量的就是宝宝和母亲之间温暖、密切、持续不断的亲情——适度的依恋，也就是“黏人”现象，不仅可以促使宝宝得到情感满足，还可让宝宝享受愉悦。适度的依恋，有助于建立个人的信赖度和自我信任感，成年后能够成功地与伴侣、后代和睦相处。

如果在婴幼儿时期，宝宝没有产生适度的“黏人性”，成年后就可能很难与别人沟通，影响以后的社会生活和家庭生活。

3. 使用手语和宝宝交流

婴儿还不会说话之前，父母应该主动用手语同他交流。在婴儿8个月大小的时候，父母可以借助手势与宝宝进行交流，有相当一部分宝宝可很快接受这种方法，个别宝宝则需要一定时间的适应期。

千万不要小看这些平常而又非常简单的手势，它同语言一样，同样是一种交流方式。它可以告诉父母，婴儿是否受到了伤害或感到不舒服。可以教会宝宝通过手势将信息传达给父母，而不必没完没了地哭闹。

研究发现，会使用手语来表达自己需要的宝宝，不容易有挫折感，学会说话的年龄也早，以后的智商也要高一些。宝宝一旦提前学会了说话，往往会有更多的话要说，因为在应用手语的过程中，不知不觉地学到了语言的结构。

爸爸妈妈来互动

全家出游

8个月的宝宝带起来已经省了很多事，爸爸妈妈经常带上宝宝出去走走吧。宝宝非常喜欢户外行动，因为到大自然中去的感觉，与在家里截然不同，户外开朗明快的环境，对宝宝的身心发育都非常好，因此，在天气晴好的假日，全家一起出游是一件令人愉快的事。带宝宝外出，最重要的一点就是衣着问题，外出活动为宝宝选择衣物，应当以宝宝舒适并且能自由活动为原则。

第九节

9个月的宝宝

做妈妈须知

即使母乳充足，也要让宝宝吃辅食，喝点鲜牛奶；

双手扶着可以迈步向前；

看书和看图片；

能听懂常用词的意思；

训练与人合作的游戏；

扩大宝宝活动的空间，多走，多爬，多到户外；

月末做常规体检；

乙脑疫苗第一次注射；

间隔7～10天注射第二次乙脑疫苗。

一、宝宝的成长

1. 身体发育

体重	男婴 约9.4千克	女婴 约8.8千克
身长	男婴 约73厘米	女婴 约72厘米
头围	男婴 约45.6厘米	女婴 约44.5厘米
胸围	男婴 约45.6厘米	女婴 约44.6厘米
坐高	男婴 约46厘米	女婴 约44.2米

牙齿 宝宝的乳牙开始萌出时间，大部分在6～8个月时，最早可在4个月时，晚的可能在10个月时。婴儿乳牙萌出的数目可用公式计算：月龄减去4～6，例如9个月的宝宝，9－（4～6）=5～3。应该出牙3～5颗。

身高 7～12个月的婴儿身高平均每月增长1～2厘米左右。宝宝们的身体高低与营养状况有密切的关系，但同时也受到遗传、性别、妈妈健康状况、生活环境等多种因素影

响。所以，身高不够正常标准的宝宝不一定都有病，很可能是由于父母亲身材矮，宝宝个头也不高。

2. 动作发育

9个月的宝宝能够坐得很稳，能由卧位坐起而后再躺下，能够灵活地前、后爬，能扶着床栏杆行走。

宝宝学会了抱娃娃、拍娃娃，模仿成年人的动作。双手会灵活地敲积木，会把一块积木搭在另一块上，或者用瓶盖去盖瓶子口。

3. 语言发育

9个月的宝宝能模仿发出双音节如“爸爸”、妈妈”等词。

4. 感知发育

9个月的宝宝知道自己的名字，叫到名字时，会答应。如果想拿某种东西，父母严厉地说：“不行！”会立即缩回手来，停止行动。这表明，9个月的宝宝已经开始懂得简单的语义了，这时，让他说再见，你会向你摆摆手；给他不喜欢的东西，他会摇头；玩得高兴时，他会咯咯地笑，并且手舞足蹈，表现得非常欢快活泼。

5. 心理发育

9个月的宝宝在心理要求上丰富了许多，喜欢翻转起身，能爬行走动，扶着床边栏杆站得很稳。喜欢和小朋友或大人做一些合作性的游戏，喜欢照镜子观察自己，喜欢观察物体的不同形态和构造。喜欢父母对他的语言及动作技能给予表扬和称赞。喜欢用拍手欢迎、招手再见的方式与周围的人交往。

9个月的宝宝最喜欢别人称赞他，这是因为宝宝的语言行为和情绪都有进展，能听懂你经常说的表扬类词句，因而能作出相应的反应。

6. 睡眠

9个月的宝宝睡眠与8个月差不多，每天需睡14～16小时，白天睡两次。正常健康的婴儿在睡着之后，应该是嘴和眼睛都闭好，睡得很甜。若不是这样，就该找找原因。

二、育儿小知识

1. 养育建议

果汁菜泥可以换成水果；

可以给糕点但不要糖块；

训练要适时，训练行走应当在能够自然爬行之后；

不要强迫宝宝训练，应当随着宝宝兴趣而定；

训练要在成人的保护下进行；

做体操动作要准确；

仔细检查与宝宝相关的生活环境，注意安全，杜绝意外伤害；

父母要学习基本的医疗常识和急救知识；

父母要有科学护理患病儿童的基本知识。

2. 断奶的方法

给宝宝断奶一定要掌握正确的断奶方法，不要走进断奶的误区。

错误的断奶方法

❶ 往奶头上涂墨汁、辣椒水、万金油之类的刺激物。对宝宝而言，这简直是残忍的“酷刑”。妈妈以为宝宝会因此对母乳产生反感而放弃母乳，效果却适得其反，宝宝不吓坏才怪呢，而且还会因恐惧而拒绝吃东西，从而影响了身体的健康。

❷ 突然断奶，把宝宝送到娘家或婆家，几天甚至好久不见宝宝。断奶不需要母子分离，对宝宝的情感来说，妈妈的奶没有了，可不能没有妈妈呀！长时间的母子分离，会让宝宝缺乏安全感，特别是对母乳依赖较强的宝宝，因看不到妈妈而产生焦虑情绪，不愿吃东西，哭闹剧烈，甚至还会生病。

❸ 有的妈妈不喝汤水，还用毛巾勒住胸部，用胶布封住乳头，想将奶水憋回去。这些所谓的“速效断奶法”，显然违背了生理规律，而且很容易引起乳房胀痛。如果妈妈的奶太多，一时退不掉，可以口服些回奶药，断奶后妈妈若有不同程度的奶胀，可用吸奶器或人工将奶吸出，同时用生麦芽60克、生山楂30克水煎当茶饮，3~4天即可回奶，切忌热敷或按摩。

正确的奶断方法

断奶不仅仅是妈妈和宝宝的事，在这个过程中，爸爸也将起着关键的作用。以下的建议供你参考：

❶ 循序渐进，自然过渡。断奶的时间和方式取决于很多因素，每个妈妈和宝宝对断奶的感受各不相同，选择的方式也因人而异。

快速断奶 如果你已经做好了充分的准备，你和宝宝也都可以适应，断奶的时机便已成熟，你可以很快给宝宝断掉母乳。特别是加上客观因素，如果妈

妈一定要出差一段时间，那么很可能几天就完全断奶了。如果妈妈上班后不再吸奶，那么白天的奶也很快就会断掉。

逐渐断奶 如果宝宝对母乳依赖很强，快速断奶可能会让宝宝不适，如果你非常重视哺乳，又天天和宝宝在一起，突然断奶可能有失落感，因此你可以采取逐渐断奶的方法。从每天喂母乳6次，先减少到每天5次，等妈妈和宝宝都适应后，再逐渐减少，直到完全断掉母乳。

❷ 少吃母乳，多吃牛奶。开始断奶时，可以每天都给宝宝喝一些配方奶，也可以喝新鲜的全脂牛奶。需要注意的是，尽量鼓励宝宝多喝牛奶，但只要他想吃母乳，妈妈不该拒绝他。

❸ 断掉临睡前和夜里的奶。大多数的宝宝都有半夜里吃奶和晚上睡觉前吃奶的习惯。可以先断掉夜里的奶，再断临睡前的奶。这时需要爸爸或家人的积极配合，宝宝睡觉时，可以改由爸爸或家人哄宝宝睡觉，妈妈避开一会儿。宝宝见不到妈妈，刚开始肯定要哭闹一番，但是没有了想头，稍微哄一哄也就睡了。断奶刚开始会折腾几天，直到宝宝一次比一次闹的程度轻，直到有一天，宝宝睡觉前没怎么闹就乖乖躺下睡了，半夜里也不醒了，好了，恭喜你，断奶初战告捷。

❹ 减少对妈妈的依赖，爸爸的作用不容忽视。断奶前，要有意识地减少妈妈与宝宝相处的时间，增加爸爸照料宝宝的时间，给宝宝一个心理上的适应过程。刚断奶的一段时间里，宝宝会对妈妈比较黏，这个时候，爸爸可以多陪宝宝玩一玩。刚开始宝宝可能会不满，后来就习以为常了。让宝宝明白爸爸一样会照顾他，而妈妈也一定会回来的。对爸爸的信任，会使宝宝减少对妈妈的依赖。

❺ 培养宝宝良好的行为习惯。断奶前后，妈妈因为心理上的内疚，容易对宝宝纵容，要抱就抱，要啥给啥，不管宝宝的要求是否合理。但要知道越纵容，宝宝的脾气越大。在断奶前后，妈妈适当多抱一抱宝宝，多给他一些爱抚是必要的，但是对于宝宝的无理要求，却不要轻易迁就，不能因为断奶而养成了宝宝的坏习惯。这时，需要爸爸的理智对妈妈的情感感起一点平衡作用，当宝宝大哭大闹时，由爸爸出面来协调，宝宝比较容易听从。

注意 断奶期间宝宝不良的饮食习惯是断奶方式不当造成的，可不是宝宝的过错。断奶期间依然要让宝宝学习用杯子喝水和饮果汁，学习自己用小勺吃东西，这能锻炼宝宝独立生活的能力。

3. 宝宝断奶后的饮食

断奶与辅食添加平行进行。不是因为断奶才开始吃辅食，而是在断奶前辅食已经吃得很好了，所以断奶前后辅食添加并没有明显变化，断奶也不该影响宝宝正常的辅食。

断奶后宝宝喝什么

和平时一样，白天除了给宝宝喝奶外，可以给宝宝喝少量1：1的稀释鲜果汁和白开水。如果是在1岁以前断奶，应当喝婴儿配方奶粉，1岁以后的宝宝喝母乳的量逐渐减少，要逐渐增加喝牛奶的量，但每天的总量基本不变（1～2岁幼儿应当每日喝600毫升左右）

断奶后宝宝吃什么

1岁宝宝全天的饮食安排：一日五餐，早、中、晚三顿正餐，两顿点心，强调平衡膳食和粗细、米面、荤素搭配，以碎、软、烂为原则。 完全断奶（母乳）了，饮食也大部分固定为早、中、晚三餐，并由稀饭过渡到稠粥、软饭，由肉泥过渡到碎肉，由菜泥过渡到碎菜，到快1岁时，可训练宝宝自己吃饭，并必须断奶（母乳），如果还继续用母乳喂宝宝，宝宝可能既不喝牛奶，食欲也差，而且各方面的营养都跟不上宝宝生长的需要，但同时不得不遵循循序渐进的方法给宝宝添加辅食，从少到多，由稀到稠，从细到粗，习惯一种再加另一种，在宝宝健康、消化功能正常时添加，出现反应暂停两天，恢复健康再进行。8个月的宝宝一定慢慢适应从奶到食物的过渡，也相信宝宝一定会适应的。

断奶后饮食中的误区

只吃饭少吃菜或只吃菜少吃饭 给宝宝添加辅食，有的父母只注重主食，烂饭、面条、各种米粥、面点变着花样给宝宝吃，但副食（鱼肉、蔬菜、豆制品）吃得少，或是相反。这都违反了膳食平衡的科学原则，不利于宝宝的健康发育。

用汤泡饭 有的父母觉得汤水的营养丰富，还能使饭变软一点，因此总给宝宝吃汤泡饭。这显然是个误区，首先汤里的营养只有5%～10%，更多的营养还是在肉里，事实是宝宝并没有吃到更多的营养。而且长期用汤炮饭，还会造成胃的负担，可能害得宝宝从小得胃病。

用水果代替蔬菜 有的父母发现宝宝不爱吃蔬菜，大便干燥，于是就用水果代替蔬菜，以为这样可以缓解宝宝的便秘，但是效果并不理想。这种做法是错误的，水果是不能代替蔬菜的。蔬菜中，特别是绿叶状蔬菜中含有丰富的纤维，可以保证大便的通畅，保证矿物质、维生素的摄入。

断奶后饮食正常，但仍在吃奶糕 奶糕是从母乳到稀饭的过渡食品，而且营养成分和稀饭没什么区别，都是碳水化合物。如果断奶后，宝宝可以吃稀粥、稀饭了，就不需要再吃奶糕了。长期给宝宝吃奶糕，不利于宝宝牙齿的发育和咀嚼能力的培养。

4. 预防蚊虫叮咬

当外出时，要给宝宝穿上适当的衣服。在不过多的给宝宝穿衣服的情况下，尽量不要让宝宝的皮肤暴露在外。要注意下列事项：

如有可能，避免去昆虫很多的地方，如浓密的树林。

在外出之前，不要在宝宝身上，当然也不要在你自己身上使用香味很浓的香脂、面霜、脂粉等。因为强烈的气味会吸引昆虫。

家里如果有1岁以下的婴儿，请不要使用驱虫剂。不要让婴儿接触化学化合物。

如果宝宝被昆虫叮咬，你可以在被叮咬的地方涂些缓解蚊虫叮咬的药水。在不确定应该给婴儿使用哪些药物时，要听从医嘱。

如果宝宝被蜜蜂蜇了，要仔细认真地将蜂刺拔出。用镊子夹住后，将蜂刺拽出，然后再用冰敷在被蜇处，以解除疼痛。

如果宝宝呼吸困难，叮咬处周围持续红肿，请及时看医生。如果宝宝出现严重的变态反应，应入院进一步治疗。

5. 宝宝成了探险家

正如我们所提到的，9个月的宝宝比以前更多地去探索了。宝宝常常一只手扶着什么东西，爬行和站立。这就使得他空着另外一只手伸出去，抓住任何他身边的东西。如果你不想让宝宝拿到贵重的东西，那么你要不厌其烦地把这些东西拿开。

如有机会，宝宝可能去探索任何东西。当你要离开家时，要特别注意宝宝身边的东西。例如，宝宝会对遗弃在地板上的香烟非常感兴趣。当宝宝在床底下爬、在椅子后爬时，他会找出使你非常惊讶的东西来。

我们建议你每次将宝宝放在地上时要很快地检查一下这块地方。因为我们总是遗漏或忽略小的东西。往往这不会出什么事，但对好多事的宝宝来说，就会酿成大事了。

宝宝不会爬

单纯的不会爬，不能算做是宝宝有异常情况。近些年里，不会爬行，直接学走的宝宝似乎很多。宝宝最好是能够按照顺序先学会翻身、能坐，然后学爬，再学扶站，再到直立行走，这是一般规律。如果把其中哪一阶段丢了，对以后的发育都会有影响。如果宝宝到了1岁还不会爬，甚至连其他动作都做不了，就得找医生检查是否有问题。

三、教养训练

1. 训练宝宝站立和迈步

这个月龄，训练的目标是让宝宝学站立。已经能站立的宝宝，学会迈步。如果宝宝体重过沉，运动的发展会迟缓一些。9个月时宝宝的体重在10千克以上、每天体重平均增加15克多的婴儿，可以通过调节食物，使宝宝的体重每天增加到12~13克。牛奶的饮用量每天超过1000毫升以上的，应当减少到1000毫升以下。可以试用酸奶代替一次牛奶，饭前喂一些苹果之类的新鲜水果，还可以减少粥或米饭的食用量。

为了便于宝宝学站和学迈步，可以用两个木制或塑料制的圆环来做辅助器具。圆环粗细以成人手指相近，径为10厘米，也可用投圈用的抛圈替代。

宝宝和父母两手分别握住圆环两侧，让宝宝握紧圆环后坐好，然后让宝宝站起来，如果直接握住宝宝的手，稍一用力，宝宝就会借力站起来。使用圆环既可以锻炼握力，又可以学站立。站得很好时，可以向前拉圆环，宝宝就会向前迈步。

这种站立动作训练每天可以做两次，每次5分钟。体重过沉的宝宝时间可

以减少到一半。有可能让家里的老人担心：过早地让宝宝学站，会不会长成罗圈腿啊？其实，每天只做5分钟的训练是不碍事的。无论哪个宝宝，在这个月龄里，胫部都向外侧弓曲，不必多虑。

2. 感知能力训练

钻洞 用一只大纸箱放在地毯上，开几个口子，让宝宝在里面钻来钻去，爬进爬出。旨在训练宝宝身体的柔韧性。

开抽屉取物 把宝宝的玩具放在一个有滑道的抽屉里，关好抽屉，让宝宝取出来。有滑道的抽屉较轻，容易拉开。用于训练手臂能力。但要注意安全，不要夹着宝宝。

爬楼梯 把台阶或楼梯擦干净，让宝宝往上爬，可以锻炼宝宝四肢力量和协调能力。

放东西 和宝宝一起玩各种玩具，训练有意识地把玩具放在指定地方，妈妈先示范，让宝宝模仿，并反复地用语言示意宝宝“把××放下，放在××上”，由握紧到放手使手的动作受意志控制，锻炼宝宝的手——眼——脑协调能力。

投入 在宝宝能有意识地把手中玩具放下的基础上，训练宝宝玩大小不同的玩具，教宝宝把一个小的玩具投进大的容器中，比如把积木放入盒子内，反复练习。

滚筒 把圆柱体的滚筒或饮料瓶放在地上，让宝宝用两只手推动它向前滚动，待宝宝熟练后，再用一只手推动滚筒，滚到指定地点。做对了，给予鼓励。旨在逐渐建立起圆柱体物体能滚动的概念。

3. 语言训练

对这个月龄的宝宝语言训练，已经进入了其乐融融的佳境。

开始冒话 宝宝出生后半年内开始“打——打”、“爸——爸”地冒话。在双手的活动中，多次感知后，逐渐把事物和动作与相应的词语建立起了联系。特别明显的是连续重复音节，喜欢发出各种声音，音节也比较清楚。

模仿发音 7～9个月模仿发音，正如鹦鹉学舌，一会儿爸爸，一会儿妈妈，帽帽、哥哥……无所指地乱说一气。有时候会连续几天发同一个音，不管什么东西，都会用这一个音来替代，如说出“舅舅”，指代所有想要的东西，包括玩具、杯子都只发这一个音。宝宝的发音器官还不够协调，较难发出的语音还模仿不出来。

理解词义 在成人的教育下，婴儿逐渐学会把一定的语音和某个具体物体联系起来，比如问宝宝“灯呢？”会用手指着灯，问鼻子、眼睛、嘴巴、耳朵在哪儿，都能指得很准确。实验证明，5个月的宝宝听到“再见”会做摆手动作，9个月的宝宝说“欢迎”会做鼓掌动作，问宝宝甜不甜，会咂咂小嘴表示很甜。

学说话 半岁以后，开始用不同声音招呼别人和对待自己。招呼人时，会用“吾——吾”、“哎——哎”，周岁前可以清楚地叫妈妈。

先懂后说 宝宝说话的规律，是先听懂，然后才会说。周岁以前，能听懂的词很多，会说的很少，想说说不出来。这时，正是需要掌握语言的阶段，尤其是需要有人多多地和宝宝交谈，培养词汇理解力和逐步形成表达能力。

4. 上桌吃饭

许多宝宝到了这个月龄，爱吃饭不再爱吃奶，对于上桌子坐着与父母同吃饭有极大的兴趣。妈妈可以把宝宝抱上桌前，在宝宝面前放一份饭菜。宝宝的饭菜要单独做，比成人的要软一些、烂一些。

让宝宝自己吃饭，能用勺子就好，不能就用手抓着吃。尽管吃到一点，撒掉多半，但对宝宝的训练是十分重要的。虽说妈妈喂宝宝吃，比让宝宝自己吃简单得多，而且带来很多麻烦，还是要给宝宝训练的机会。

宝宝上饭桌吃饭，除了吃自己的，还会要尝尝爸爸妈妈的饭菜。可以给宝宝一点尝尝，告诉他什么是酸、甜、苦、辣。但不可以大家都来你一勺我一勺地无节制地喂宝宝，一是不卫生，二是因为宝宝还没有这份消化能力。

5. 锻炼宝宝的生活自理能力

大小便坐盆 训练宝宝养成大小便坐盆的习惯。此时宝宝尚不能完全主动表示，可在宝宝有便意时定地点、定时协助他坐盆。

配合穿衣 给宝宝穿衣服时要告诉他“伸手”、“举手”、“抬腿”等，让他用动作配合穿衣、穿裤。如果他还未听懂就用手去示范协助。经常表扬他的合作，以后他就会主动伸臂入袖，伸腿穿裤。

6. 训练宝宝听爸爸妈妈的话

爸爸、妈妈可事先准备一些宝宝熟悉的物品，比如几样玩具：汽车、布娃娃、皮球、摇铃等；准备几样日用品：小板凳、勺子、小塑料碗等；几样食物：香蕉、苹果、煮熟的鸡蛋等一些东西。游戏进行前，妈妈可和宝宝坐在一起，爸爸拿起一样东西，比如说玩具汽车，妈妈就说“玩具汽车”，加深宝宝的认识。再拿起一个香蕉，妈妈对宝宝说：“香蕉，这是香蕉。”这样，让宝宝明白每一样物体分别都是什么。然后进入游戏的第二步，爸爸挑几样东西分散放在屋内的各个地方。妈妈问宝宝：“宝宝找一找，宝宝的玩具汽车在哪里?”宝宝就会用眼睛去寻找妈妈问的东西。如此进行，妈妈把每样物品都问一遍。然后进入游戏第三步，爸爸把所有的玩具、用品都放在一起，妈妈对宝宝说：“宝宝，去把玩具汽车拿过来。”妈妈可协助宝宝进行第一次寻找，然后妈妈接着再说：“宝宝，去把香蕉拿过来。”游戏继续进行。

训练宝宝听从爸爸妈妈的话，完成父母的要求可以达到训练宝宝的观察力和认知力的目的。

四、这样教宝宝

1. 鼓励宝宝独自站立

周岁前后的宝宝就会独自站立，要让宝宝站在安全、平整、清洁的地毯或草地上，周围要收拾好，不能有会损伤着宝宝的东西。要把药瓶、化妆品、清洗剂之类的东西放在高处，让宝宝拿不到。在给宝宝穿衣、洗澡、说话时，可以让宝宝站着，把宝宝的注意力集中到活动上，可以延长站立的时间。

宝宝能站稳后，就鼓励宝宝走。在前方摇动玩具让宝宝走上前来拿，宝宝就会努力摇摇摆摆地往妈妈身边走。在独自站立和独自行走的游戏中，妈妈一定要在宝宝身边，随时随地帮助宝宝，鼓励他，给他保护的同时又给宝宝勇气。同时注意不能让宝宝跌痛了，对行走产生恐惧感，要尽可能让宝宝自信、勇敢。在户外，要给宝宝穿上厚底鞋，

在室内的地毯上，可以不穿鞋，但要注意，软床上不适合宝宝学爬和行走。

通过这项训练，可以锻炼宝宝下肢的站和走的能力，使宝宝能在没有依靠的情况下，自己逐渐掌握身体与四肢的平衡和协调。要鼓励宝宝有信心和勇气，不怕摔倒，要让宝宝感到自由行走的愉悦和快乐。

2. 陪宝宝做几种游戏

根据9～10个月婴儿心智发育特点，可以和宝宝做这几种游戏：

爬到妈妈身上 妈妈对着宝宝躺好，对宝宝说："过来到这边来，妈妈给你好东西。"用玩具吸引让宝宝过妈妈的身体。刚开始时妈妈要平躺，这样比较低，宝宝容易爬过。

娃娃多可爱 开始，妈妈当着宝宝的面爱抚娃娃、小花猫之类的小玩具，然后说："宝宝也来抱抱，看娃娃多可爱，多听话！"培养宝宝的爱心。

看妈妈怎样做 妈妈同宝宝面对面坐着，妈妈双手举起，口喊"万岁"或"高高"，让宝宝看，然后妈妈抓着宝宝的手让宝宝模仿，宝宝一定会很高兴。如果有模仿的举动，一定要鼓励宝宝说："宝宝做得真好，宝宝真聪明。"

给你、谢谢 对婴儿来说，把自己的东西给别人，就好像被抢一样，很不高兴。妈妈可以做拿东西给宝宝，或向宝宝要东西的游戏。婴儿知道别人接到他的东西会很高兴，而交出去的东西还能回到自己手里，会很乐意玩。

丢进去 准备一只纸箱子，让宝宝把各种玩具丢到箱子里去。从箱子里拿东西比较容易，把东西丢到箱子里需要智力发展到一定时候才能做到。

3. 给宝宝看书讲故事

宝宝到了7～9个月时，不仅能听妈妈讲故事，还能跟着妈妈指着书的手看图画，听到高兴的地方，还会用小手开心地拍打书上的画面。

可是，有时候宝宝会一把把书撕坏了，令妈妈很生气。所以，在给这个月龄的宝宝讲书上的故事时，要选择较大的、色彩鲜艳、纸张质地较好或用厚纸装订的书，这样，宝宝既不容易撕坏书，又可以练习翻动书页，锻炼手指精细动作和综合感知能力，一举两得。

对不愿意听妈妈讲故事的宝宝，不要勉强，应当仔细观察宝宝的兴趣，因势利导才有好的效果。

4. 培养宝宝的良好品质

现在的独生子女都是父母的掌上明珠，但如果宝宝有不合理要求时，父母应该拒绝他，绝不能看到他一哭一闹，心软了就对他让步而迁就他。要知道迁就会使宝宝养成任性的习惯，越迁就，宝宝越任性，长大之后就难以纠正了。比如，他玩玩具烦了，想要玩大人的眼镜，就要明确地告诉他："这不是玩具，不能给你玩。"不管他如何哭闹，都不要去理睬他，等他闹过了，再和他讲道理。如果父母因为他哭闹而妥协的话，以后凡是没有达到宝宝要求的，他就会以更加拼命的哭闹来达到目的。这样放任的结果是害了宝宝。

5. 让宝宝接触现代媒体

9个月的宝宝有很强的好奇心，父母可以让宝宝接触一些现代媒体，如电视、广播、电脑等。让宝宝初步接触这些现代媒体，能够发展宝宝的感知能力，刺激宝宝的视听觉；培养宝宝的注意力，加强宝宝注意时间长短的培养；培养宝宝一定的专注力，使宝宝对图像、声音感兴趣。

例如让宝宝看电视。妈妈可以把宝宝抱到电视前，对宝宝说："宝宝，今天妈妈让你看一个很好玩的东西。这是我们家的电视机。"揭开电视机罩子，让宝宝看到整个的电视机。妈妈说："我们来打开电视机，看看电视机里都有些什么？"妈妈打开电视机开关，出现丰富多彩的电视画面和悦耳的声音，会引起宝宝极大的兴趣。妈妈把宝宝抱到距离电视约2米远的地方，让宝宝看上4～5分钟电视，看的同时，妈妈可用简单的语言对宝宝解释电视画面内容。

有选择性地让宝宝看一些电视节目，比如《七巧板》、《动画城》、《动物世界》等。宝宝也许对这些内容不理解，但是丰富的色彩、活泼的形象却极易吸引宝宝的注意。有的宝宝则很容易表现出极强的专注力。

应该注意的是，要选择一些形式新颖的宝宝节目，不能让宝宝看战斗、恐怖电视；宝宝每次看电视时间不应超过

10分钟，而且，每天在固定的时间内让宝宝看电视；另外，距离电视应在2米以外，以保护宝宝视力。

6. 让宝宝自己奏乐

让宝宝用锅、木匙自己奏乐。妈妈可以在铝盘上系几个铃，这也会成为宝宝的好乐器。当妈妈和宝宝在一起时，让他用这个乐器玩，但不要让他独自玩，因为妈妈不在宝宝身边时，宝宝可能会用木匙砸到自己的脑袋上，或叼着铃铛吃。

宝宝自己说

• 不断求新

我这个月已经能坐得很稳了，但我并不喜欢安静地坐在那里一动不动，我很想站起来跟着妈妈走几步，更喜欢让妈妈领着走呢！我喜欢不断求新。妈妈以前教我的那些老一套：什么教识字、教儿歌、教学说话……我早就厌烦了。我其实更喜欢在玩中学，在游戏中练，在实践中认识，我喜欢新奇的世界。

五、亲情交流，让宝宝健康成长

1. 陪宝宝看夜空

天气晴朗的夜晚，爸爸妈妈可以抱着宝宝来到院子里看夜空，如果没有遮挡物，在屋子里隔着窗子看夜空也可以。边看夜空，边指给宝宝，哪些是星星，哪个是月亮。还可以边看边给宝宝讲关于银河、夜空的故事。如果在外面看，一定要注意保暖，不要让宝宝着凉，夏天还要注意避免蚊虫的叮咬。

陪宝宝看夜空，能够培养宝宝的认知能力，能够勾起他的好奇心，也能够沟通情感，让宝宝更加喜欢爸爸妈妈。

2. 陪宝宝玩“过家家”

宝宝9个月之后，爸爸妈妈就可以和宝宝玩“过家家”游戏了。

怎样陪宝宝玩“过家家”的游戏？这样的游戏是没有什么规矩的，你不需要干涉宝宝应该怎么做。你只要把你变回小时候，很兴奋地参与就可以。爸爸妈妈可以先示范动作教宝宝玩，也可以适当地给予宝宝一些赞赏或提议，引导宝宝去学会解决问题。只要时间容许，你就尽情地陪宝宝玩。

宝宝通过这样的游戏增强了对生活过程的了解，再现了宝宝自己的生活经验。不但能够培养宝宝的听力、注意力、观察力、动手能力，还能够增进父母与宝宝之间的距离。

3. 带宝宝去公园

从宝宝9个月开始，爸爸妈妈有时间就可以带宝宝去公园逛逛了，这样可以让宝宝呼吸新鲜空气，看看新鲜事物开开眼界、接触接触更多的人群、事物，让宝宝更多地认识这个世界。

自然景观给婴儿以良好的感官刺激，使婴儿得到心理的安宁与美的享受，培养婴儿稳定的情绪、美好的情感，为以后良好的性格形成奠定基础。

公园各种颜色鲜艳的花朵、各种动物、小桥流水。具有色彩的或处于动态的自然景色，特别能引起宝宝的注意，如飞舞的彩蝶、蜻蜓，在水中游动的各种色彩斑斓的金鱼，宝宝常常看得目不转睛，呈现出愉悦的表情。这些可以促进宝宝感知觉的发展，有益于婴儿的身心健康与智能发育。

公园里有很多游乐设施，例如溜滑梯、摇椅、翘翘版、弹簧木马、沙堆等，这些在公园里常见的宝宝游乐设施，对宝宝都很具有吸引力，很适合宝宝玩。这些运动可以训练宝宝的平衡感，有些公园有幼儿游乐区，可以让宝宝试着爬上去，训练手脚协调及手眼协调能力。最好是父母和宝宝一起玩，这样能够更加促进与宝宝间的融洽情感。

第十节

10个月的宝宝

做妈妈须知

逐步断奶，以主食为主；

由稀粥、烂面条、肉末、菜泥过渡到软米饭、馒头、碎肉、碎菜；

独自站立，鼓励迈步；

自我服务和独立性培养，处理大小便，自己拿玩具；

早一点开始学走路，给宝宝选择会发声的拖拉玩具好；

训练宝宝有意识地叫“爸爸”、“妈妈”；

训练配合穿衣、脱衣；

安排宝宝规律性生活；

培养良好的饮食习惯。

一、宝宝的成长

1. 身体发育

	男婴	女婴
体重	约9.66千克	约9.08千克
身长	约74.27厘米	约72.67厘米
头围	约46.09厘米	约44.89厘米
胸围	约45.99厘米	约44.89厘米
坐高	约46.92厘米	约46.03厘米

牙齿 10个月的宝宝一般萌出了4～6颗牙齿，上边4颗和下边2颗切牙。但也有些正常宝宝从10个月才开始出牙。

饮食 10个月的宝宝在体格生长上，比以往会慢一点，因此食欲也会稍下降一些，这是正常生理过程，不必担心。吃饭时千万不要强喂硬塞，如硬逼宝宝吃会造成逆反心理，产生厌食。

2. 动作发育

10个月的宝宝大部分的运动仍是爬，能自由地爬到想去的地方，但也能稳坐较长的时间，能扶着东西站得很稳。拇指和食指能协调地拿起小的东西。会招手、摆手等动作。

身体好的宝宝，往往有独自站立的要求，扶着栏杆站立起来之后，会稍稍松手，以显示一下自己站立的能力，有时能够站得很稳，甚至还会不扶任何东西自己站起来。这时，父母不要去阻止，随宝宝去站好了。为了训练独自站立，父母可以先训练宝宝从蹲位站起来，再蹲下再站起来。开始可以拉拉宝宝的一只手，使他借助一点力。独自站立，是宝宝学走的前奏。

3. 语言发育

10个月的婴儿能模仿成人的声音说话，说一些简单的词。10个月的宝宝已经能够理解常用词语的意思。并会一些表示词义的动作。10个月的宝宝喜欢和成人交往，并模仿成人的举动。当他不愉快时，会表现出很不满意的表情。

4. 心理发育

10个月的宝宝喜欢模仿着叫妈妈，也开始学迈步学走路了。宝宝喜欢东瞧瞧，西看看，探索周围的环境。在玩的过程中，还喜欢把小手放进带孔的玩具中，并会把一件玩具装进另一件玩具中。

5. 睡眠

10个月的宝宝大约每天需睡眠12～16小时。白天睡两次，夜间睡10～12小时。父母应该了解，睡眠是有个体差异的，有的婴儿需要的睡眠比较多，有的婴儿需要睡眠就少一些。所以，有的宝宝到了10个月，每天还需要睡16小时，有的只需要睡12小时就足够了。只要宝宝睡醒之后表现非常愉快，精神很足，就不必勉强他多睡。

二、育儿小知识

1. 养育建议

抓住10个月到1岁这3个月宝宝模仿能力增强的特点，做好语言训练；

对宝宝说话、说话、再说话，不怕重复，不怕没有内容，多说话；

用普通话教宝宝；

不要说单音节叠字型“儿语”，用规范的词汇教宝宝；

宝宝打手势表达要求时，不要满足他，要让宝宝开口说；

在宝宝高兴时多教他说话；

让宝宝先认识日常使用的物品，宝宝往往是先懂得，然后才会说。

2. 预防上呼吸道感染

上呼吸道感染几乎包括鼻腔、咽喉与鼻腔间的通道、以及两条通向肺脏的主要通道(支气管)所受到感染的任何传染性疾病。

任何年龄都可能感染。3个月以下的婴儿感染率较低。3~6个月之间比率上升。开始学步的宝宝、学龄前的宝宝发病率较高。

与大些的宝宝相比，婴幼儿对呼吸道感染的反应更强烈。症状包括有：

- 发烧，可能在39.4~40.5℃，这常常被看做是感染的第一体症，感染较轻也这样
- 倦怠并烦躁，或者是欣快并活动过强
- 呕吐
- 腹泻，通常不厉害，但也可能变得严重
- 鼻内肿胀引起鼻塞，会影响呼吸和进食
- 流清鼻涕或浓鼻涕
- 咳嗽
- 咽喉疼痛

如果宝宝有了上呼吸道感染症状，应当及时就诊。此外，当宝宝睡觉时，在他的卧室里，可使用一个冷雾加湿器。多给他喝些水，防止脱水。把宝宝的小床床头抬高，这样以便适合宝宝呼吸。用药要听从医嘱。

3. 哪些婴儿不宜做免疫接种

有些婴儿有特殊的健康问题，不能做一些免疫接种。其中包括正患病的婴儿、免疫有问题的婴儿和患神经性疾病的婴儿，有些接种安全，有些则不安全。

如果宝宝对疫苗的某一成分(如蛋类、酵母等)有过敏性，建议不要做接

种。如果宝宝对食物有变应性或对药物敏感，在接受每种免疫接种前都要同儿科医生进行商讨。

有些父母基于某种个人的原因可能选择不让宝宝做免疫接种，但是每个未接受免疫接种的婴儿对别的婴儿都是一种危险，特别是对那些由于前边所述原因没有进行免疫接种的婴儿。婴儿做免疫接种是一种保护措施，每位父母决定不做免疫接种时，都要慎重加以考虑。

4. 让宝宝远离毒性物品

大多数人时常不自觉地累积很多具有危险性的东西。例如：脱毛剂、染发剂、烫发液、直发剂、喷发剂、刮须用品刮须霜、刮须后乳液、指甲油、指甲油去除剂、含铁质的维他命铁质补充剂、喷鼻液、眼药水、镇静剂、安定剂、防晕药、假牙洗洁剂，等等，这些用品都是高毒性产品，伤害力极强，具有致命的毒性。有些产品是低毒性产品，例如：化妆品、美容产品、洗面霜、滋润乳液、口红、皮肤保养品、休浴油、香水、香精、男用香水、泡沫浴乳、非药用的洗发精等，以及各种日常药物，都有微毒。这些日常用品一旦被宝宝弄进嘴里，后果不堪设想。

所以，要想保留经常使用的用品，一定要存放于宝宝拿不到的位置。其他不想要的东西，要丢到屋外的垃圾桶内。对待这些用品，务必细读每件产品的标签，以期了解制造厂商指示的警告事项。

5. 不要让宝宝吃带籽的水果

吸入水果籽是很危险的。即使你的宝宝现在还没有吃苹果、西瓜或葡萄及其他带籽的水果——但他不久就会吃的。5岁以下的宝宝吃水果时很容易把籽吸入气管，所吸入的籽能阻塞呼吸并引起窒息，留在肺里的籽也可以引发感染。

宝宝的饮料

这个月宝宝开始喜欢自己吃东西，要多给宝宝喝凉白开水，瓶装或是罐装的矿泉水可能含有高含量的矿物盐，对宝宝身体不利。尽量给宝宝喝鲜榨的果汁，因为瓶装出售的果汁里含有的糖分和酸性物质会损害宝宝的牙齿。稀释所有的果汁，因为对于这个年龄的宝宝来说，天然糖分可以导致龋齿，稀释时的比例应为1份果汁对5份水。

所以作为父母在喂宝宝水果前一定要注意，先要拿掉里面所有的籽。至少5岁大时，才能给他吃葵花籽或南瓜籽。

如果你的宝宝吃完水果后，开始咳嗽或喘息异常，他可能吸人籽了。这时要给宝宝看儿科医生。

三、教养训练

1. 开发宝宝手上的智慧

人类的手指与大脑之间，存在着非常广泛的联系，如果把大脑皮层管辖躯体的范围用拟人形的图形绘出，就可以发现，无论是在感觉方面还是在运动方面，手在画面上占的面积都很大。与伸展开来的 “手”相比，大腿和胳膊就显得十分“纤细”。仅仅管辖大拇指运动的区域，就相当于大腿运动区的10倍！所以，人的十指会那么灵巧，怪不得人们说双手创造了世界。如果宝宝的手指更加灵活，触觉更加敏感，就一定会更聪明、更富于创造性。

10个月时，可以训练宝宝捡拾物体。可以学做“你拍一，我拍一，两个小孩坐飞机……”的拍手游戏。在宝宝1岁左右，可以让宝宝做旋瓶盖、解纽扣等动作，拿起小积木，将两块叠在一起。1岁半时，让宝宝拿勺吃饭并训练宝宝自己端碗、端小杯子。宝宝2岁之后，就要训练自己穿衣服、收拾玩具。

妈妈做事时，可以让宝宝“帮忙”，妈妈理床，宝宝拉床单；妈妈摆碗，宝宝放筷子；妈妈剥豆、择菜，宝宝去倒豆荚；妈妈包饺子，给宝宝一小块面，让宝宝自己包出面疙瘩。每一个宝宝都会兴致勃勃地“参加劳动”的，在活动中，宝宝会感受成功，得到乐趣。

一般的智力玩具，都具有训练手的精巧运动、手眼协调能力和激发宝宝想象力的作用。最传统的搭积木、捏橡皮泥和新开发的各种变形玩具、插拼玩具都有类似功能，可以先给宝宝示范一下，然后就让宝宝尽情去想象，不必完全按说明书的要求去玩。

2. 继续训练走路

这个时期的宝宝，已经学会独坐和爬行，可以利用一些玩具来诱使宝宝学习站立和行走，这样不仅有利于动作发育，还有利于智力开发。

在10个月时，在生活区安置小栏杆，让宝宝学习扶站，父母在不同的位置用有趣的玩具逗诱宝宝，鼓励宝宝扶着栏杆迈步。还可以坐在沙发上，手拿

玩具逗引站在沙发另一端的宝宝，鼓励宝宝扶着沙发走过来拿玩具。也可让宝宝推着椅子或小车练习迈步行走。还可以为宝宝专门准备一根小木棒来练习走路，在平坦的地面上，父母双手分别握住宝宝的手，或者父母双手分开拿着小木棒，让宝宝的双手抓住木棒的中部位，父母一步步后退，使宝宝练习迈步行走，要边退边说：“宝宝，走走。”

宝宝能够稳定迈步，手也能够灵活地抓取东西，为了使宝宝全身更加灵活协调，可以训练宝宝踢球。开始扶着宝宝练习抬脚踢，球最好是比较软的，父母可以先做示范，一边做一边说：“踢，踢。”使宝宝清楚地看到，是父母的动作使球滚动起来，宝宝就会好奇地模仿，多次练习可以使宝宝达到主动、准确，逐渐不用人扶着独自抬脚踢球。

会走以后，还可和宝宝一起玩小滚筒，可以借抛扔球诱使宝宝追逐和拾扔小球，也可以让宝宝跟在上了发条的玩具后面跑。为保护宝宝对这类游戏的兴趣，要注意时常变换玩具，防止过度劳累，注意适当保护，避免摔伤和磕碰。

3. 唱儿歌和听音乐

一般来说，智力发育比同龄的宝宝健全，领悟力强，知识面宽的宝宝，多数是因为当还在襁褓期的时候，父母就尽可能多地跟宝宝讲话，多为宝宝讲故事或朗读幼儿读物。

宝宝要学会或听懂某个单词或词组，就得要反复地听，反复地模仿。所以，对这个月龄的宝宝，父母要有意识地和宝宝多说话，并逐渐过渡到讲故事或朗读，即使宝宝暂时听不懂也没关系，要持之以恒。父母抑扬顿挫、悦耳动听的朗读声，会有助于宝宝集中注意力，扩大词汇量，积累知识，丰富想象力，对宝宝智力的开发、性格的塑造、爱好的养成、感情的丰富、情操的陶冶，都具有潜移默化的影响。

听音乐的时间，可以安排在宝宝吃饱或睡醒以后，情绪稳定的时候。每次听音乐的时间不要过长，以十几分钟为宜。乐曲以选择一些旋律优美、节奏舒缓的，或节奏明快的轻音乐为宜。最好不要让宝宝听摇滚音乐，那样宝宝会变成“摇滚宝宝”。此外，在

每天晚上临睡前放音乐陪伴宝宝入眠，也是一个很好的做法。

4. 球类游戏

如果10个月的宝宝感到无聊，情绪不好，正在哭闹，试试拿一只乒乓球，让宝宝扔出去，扔到墙上再弹回来，再让他扔出去；或者用拍子颠球表演给宝宝看，宝宝一定会被游戏所吸引，最终破涕为笑。很多宝宝都喜欢玩球，小一些的宝宝可以玩乒乓球、小皮球，大一点的宝宝可以玩小篮球、小足球。

球类游戏有很多，其中的变化会让宝宝入迷，宝宝参与到这个游戏中去，可以用自己的力量对球施加影响，产生作用，球也会作出各种各样的反应。玩熟练了，宝宝就会知道自己怎样做，球会产生什么样的反应。在这个过程中，既锻炼了宝宝的操作动手能力、手眼配合能力，也要求宝宝动动脑筋，这些游戏对宝宝来说很有趣、也很有益。

各种球中，乒乓球是最适合1岁以前宝宝的玩具。乒乓球体积小，分量轻，适合宝宝小手抓握，乒乓球接触地面或碰上墙壁，会发出清脆而有规律的声音，“乒乒乓乓”的响声会让宝宝很开心，宝宝会一次又一次地把球扔到地上，故意制造这种声音效果，乐此不疲。即使宝宝把球随意乱扔，也不会砸坏东西，声音不会太大，不会影响邻居，也比较安全，还能锻炼宝宝手臂的力量。

宝宝会走路后，可以选择一个稍一大些的小皮球，让宝宝踢着玩，球滚远后让宝宝走过去捡起来，提高练走路的兴趣，下蹲动作又可锻炼腿部力量。

5. “左撇子”没关系

“你怎么又用左手了？”父母往往会高声斥责喜欢用左手做事情的宝宝。

“为什么就不能用左手呢？”宝宝会这样想。父母的斥责和纠正，会令宝宝对用左手做事有罪恶感，每逢受到指责时，就像是做什么错事被人发现，心惊胆寒。这样持续下去，会使挫折感、罪恶感，甚至劣等感郁积在胸，总有一天会在行动上发生不良后果。对于这种天然的、不可抗拒的因素挑剔指责，会给儿童带来绝望感，造成极大心理负担甚至疾患。

做父母亲的必须抛弃蔑视左撇子的成见。人的能力发挥，左手也好，右手也好无关紧要。应当允许宝宝们自由使用左手。当今，左手剪刀、左手用机器以至于用电脑已经司空见惯。

不妨设法取得宝宝合作，让他们也愿练习使用右手，从而达到左右两只手都能使用用具，让宝宝感到“两只手都可以用，真方便”而产生喜悦。

要善待使用左手的宝宝，发展宝宝利用左手的特长；不要强制宝宝用右手或左右手交替地使用；左手在音乐、体育、直觉、创造思绪方面都有优势；左手的优势在婴幼儿时期要得到挖掘和培养；要注意训练左手的宝宝语文、数学和推理能力。

四、这样教宝宝

1. 了解宝宝的个性并为宝宝做好榜样

宝宝10个月之后，越来越开始懂事，所以父母应该尽早对宝宝进行有系统的教育。父母是宝宝的第一任教师。作为宝宝最早的启蒙终身的教育者对宝宝的教育影响也最深远。父母若想成功地教育自己的子女，必须以身垂范，做宝宝的榜样。

❶ 教育好宝宝，父母要以身作则

父母不仅是一种权威，而且是宝宝言行举止标准的提供者，父母的表现在很多情况下成为宝宝的参照。父母要使宝宝的言行有所遵循，切不可言行不一。言行相悖比对宝宝放任自流效果更坏。

❷ 教育好宝宝，父母要以身示教

在家庭教育中，父母经常会对宝宝说应该这样做，不应该那样做来规范宝宝的言行。可是这种空洞的说教所起的作用往往微乎其微。在某些方面的教育中，说教几乎起不到什么作用。你的一言一行，一举一动，宝宝都会看在眼里对父母产生崇敬，并以父母为榜样模仿效法。在日常生活中，谨言慎行，以身示教，凡是要求宝宝做到的，自己首先必须做到。

❸ 教育好宝宝，父母要说话算数

父母一旦答应了宝宝的事一定要兑现，兑现有困难的事不要轻易许诺。如果你随便承诺宝宝一件事，但由于种种原因给忘记了，对宝宝的情绪不仅会是一个较大的打击，在某种程度上也会对宝宝内心带来伤害。如果父母经常言出不行，说话不算话，就会降低在宝宝心目中的可信度。再者，如果作为父母经常说话不算话，宝宝也会下意识地效仿，对自己说出的话不负责任，便会成为他的一种不良习惯。

2. 教宝宝要冷静

当事情不按照人的意愿进行时，人往往就会生气或不满，其实宝宝也会这样。宝宝就像一块海绵，能够吸收他周围的一切，包括大人所做的一切。我们可能认为宝宝不知道他周围所进行的一切，其实他什么都知道。如果我们做的事正确，宝宝就会向我们学习。比如当宝宝弄洒了果汁时，妈妈要心平气和地将果汁擦干净，并告诉宝宝下次小心。这样就能教会宝宝怎样成熟地处理一些问题。如果妈妈首先大声喊叫，那么教会宝宝的将是在事情不顺利时烦恼和发怒。

3. 教宝宝普通话

这个时期宝宝所能接受的，还仅限于名字和人身体、食物，玩具等和生活有密切关系的词汇，教宝宝说某物体的名称时，一定要让宝宝同时感受到这物体，如告诉宝宝“灯”时，一定要指着灯，让宝宝看着灯。这样宝宝在大脑里才会建立起灯这个物体的形象和它相应词之间的联系，感性地认识灯，逐渐能说出灯这个词。

这个时期的宝宝对抽象的语言是不能理解的，训练宝宝说话时，一定要把语言和动作或形象结合起来，这样才会对语言发展有所帮助。宝宝模仿大人发音时，一定不要打断他，要表示出很感兴趣地、微笑地看着宝宝，及时给予相应的回答。这个月龄婴儿的发音还不准确，不清楚很正常，但教宝宝说话一定要口齿清楚，语速要慢，要不断地重复——而且，一定要说普通话。

要鼓励宝宝多说，当宝宝表示想要某样东西时，不要马上给宝宝。要让宝宝一边指东西一边发出声音来，找机会让宝宝说话，抓住学说话的好时机，慢慢地教会宝宝用语言要东西。

4. 替换说“不”的方法

既然到处转转对宝宝来说现在更容易了，但你现在也不得不更多地对他说“不”了。这个苛刻的“不”，既能很快地说出口，又很容易说出口，但是你总是要避免使用这个消极的办法。你不能把家里弄得精光或每一样东西都放在他够不着的地方，但不这样你还能做些什么呢?

为他做示范　用另外的办法给婴儿做示范来对待一件事物。他可能想撕你的杂志。为了不让他撕坏杂志，你就应该和他一起坐下来，边翻页边指给他看，指出动物和人，和他一起分享看杂志的乐趣，然后把杂志放到他够不着的地方。

转移婴儿的注意力　在你告诉宝宝不要触摸某种东西之前，要尽力转移他的注意力。他可能正在够一个玻璃制品，因为它非常奇巧，而且他已注意到了。取而代之的是，可给宝宝一件既闪光又安全的东西，如金属匙儿或者是婴儿用起来安全的镜子。

给他“脸色”看　宝宝做某种事情之前，他可能会瞥你一眼。当他要做你不想让他做的事情时，你就严厉地看着他。你的脸色便足以会使他转移方向。

有必要制止他　当宝宝做一些与体罚有关的事情时，他也可以做，但不要以同样的办法。如果他拉扯猫尾巴或打狗，就制止他，拉着他的手并轻轻地告诉他，“不要拉扯猫尾巴”，或“你打狗，狗会疼的”。

当你不得不说“不”的时候　有时你不得不对宝宝说“不”。当他陷入危险状况时，你会来不及分散他的注意力或给他以严厉的眼色了。很多时候，便可更快、更容易地说出“不”来!但是，要尽量把“不”字留到你真正需要说的时候。当宝宝们一次又一次地听到“不”字时，他们就不再在意了。

5. 教宝宝与别人分享好东西

美国一些儿童教育专家做过一个实验：送苹果给幼儿园的小朋友吃，大部分宝宝都是捡大苹果、好苹果吃；一部分宝宝等人家拿了后，再去拿，只能吃小苹果；还有几个宝宝吃不到苹果（因苹果不是每人一只，不够分），他们不吵不闹，并不在意没有吃到苹果。作为幼儿园的小宝宝，具有这种谦让品质已经是很了不起的了，这是父母教育的好。等这批小宝宝长大后，教育家跟踪研究，他们惊奇地发现：没有吃到苹果的宝宝成了政府官员；吃小苹果的宝宝基本上是厂长、经理；抢苹果吃的宝宝一般是平平淡淡，无所作为。

由此可见，从小培养宝宝的谦让精神多么重要！训练宝宝与别人分享好东西的品质，对宝宝日后的成长有着重要的意义。即使是宝宝非常喜欢的东西或者食物，也要让宝宝学会与别人分享。要让宝宝一点一点地明白什么事情该做，什么事情不该做，从宝

宝懂事时就开始教他，以后长大就养成了优良品质。

6. 教宝宝数手指

这个数手指玩法能帮助宝宝培育一些简单的数学概念。触摸宝宝每只手的手指，同时背诵下面的顺口溜：

1、2、3、4、5
一只飞鸟我抓住
为什么让它走
因为它咬了我的手——哎哟哟！

重复这个顺口溜，再触摸他两只脚的脚趾，把最后一行的“手”指换成“脚”。

爸爸妈妈来互动

当一把“指挥家”

宝宝对音乐越来越感兴趣了，这回就让爸爸妈妈来教宝宝当一把“指挥家”吧！先选择一首节奏鲜明、有强弱变化的音乐播放，再把宝宝抱在腿上，从他的背后握住他的手臂，说：“指挥！”然后随着音乐变化的强弱挥舞手臂，也可以和着节拍来拍手。经过这样的练习，说不定宝宝日后能当上真正的“指挥家”呢！

五、亲情交流，让宝宝健康成长

1. 让宝宝将水果递给亲人或者客人

让宝宝从盘子内拿一个橘子给爸爸，拿一个给妈妈。自己再拿一个。有时宝宝舍不得把第一个分给别人，可以把次序倒过来，先自己拿一个，然后再分给别人。有过多次练习后，可以递一个给爷爷，再递一个给奶奶，最后让宝宝递东西给客人；经常让宝宝给客人递食物就会养成与人分享东西的好习惯。

练习递水果给别人，一来能让宝宝学会与人分享，养成不自私的习惯；二来学会给人递东西是当助手的基本功，以后大人做事时能与大人配合，学会当助手；三还可以营造全家人其乐融融的气氛。

2. 教宝宝说“请”“谢谢”等礼貌用语

10个月的宝宝或许还不能说多少话，但他能理解一些事情。他能知道十几种东西的名称(或更多)。能照父母的指示和引导去做。

当你要求他做什么时，或许你想开始说“请”和“谢谢”。或许你正在这么做，如果他现在听到了，这些将成为他词汇的一部分。当然，父母更应该有意去教宝宝学说这些礼貌用语，天长日久宝宝自然就养成了说礼貌用语的习惯。不管是对父母还是对其他人，都会显出彬彬有礼的一面。

3. 陪宝宝一起看连环画

10个月的宝宝喜欢书，尤其是连环画。因为他喜欢看着图画听妈妈读给他的内容。你会注意到他在指着书中的图，说出名称。

所以妈妈应该陪宝宝一起看连环画，选些有关他知道的物体的图画和字的书。例如一页有一幅球的画，另一页有一双鞋的画，这种简单的书就是一本好书。这些能使他认识更多的东西。

如果他已能翻书就让他翻，如果他想翻但不会翻，那就帮助他。他愿在一页停留多久就由他停留多久，他可能是在研究这一幅和他知道的别的东西的关系。

宝宝喜欢父母陪着他一起看连环画，这会让他感觉到亲情的温暖。

第十一节 11个月的宝宝

做妈妈须知

语言、图画册训练多起来；
训练走路；
让宝宝与外界接触，克服怕生；
判断该做与不该做的事，训练独立能力；
培养良好的进餐习惯；
调理宝宝的饮食，预防营养不良和消化道疾病；
念歌谣、讲故事，训练发音；
增强户外活动，注意体育锻炼；
每天三餐外加两次奶，两次点心；
自己脱鞋；
防止便秘；
接种流脑多糖菌苗（1岁以内，秋季接种）。

一、宝宝的成长

1. 身体发育

体重	男婴 约9.8千克	女婴 约9.3千克
身长	男婴 约75.5厘米	女婴 约74厘米
头围	男婴 约46.3厘米	女婴 约45.3厘米
胸围	男婴 约46.3厘米	女婴 约45.3厘米
坐高	男婴 约47.8厘米	女婴约45.3厘米

牙齿 按照公式计算，应出5～7颗牙齿，有些宝宝刚刚开始出牙，但乳牙的萌出最

晚不应该超过1周岁。婴儿正常出牙顺序应当是这样的，先出下面一对正中的切牙，再出上面的正中切牙，然后是上面的紧贴中切齿的侧切牙，而后是下面的侧切牙。婴儿到1岁时一般能出这8颗乳牙。1岁之后，再出下面的第一对磨牙，紧接着是上面的一对第一乳磨牙，而后出下面的侧切牙与第一乳磨牙之间的尖牙，再出上面的尖牙，最后是下面的第二对乳磨牙和上面的第一对第二乳磨牙，共20颗牙，全部出齐大约在2～2.5岁。如果宝宝出牙过晚或牙萌出顺序颠倒，可能会是佝偻病的一种表现。严重感染或甲状腺功能低下时也会出现牙齿萌出迟缓。

2. 动作发育

坐着时自由地左右转动身体，能独立站立，扶着一只手能走，推着小车向前走。能用手捏起扣子、花生米等小东西，并会试探地往瓶子里装，能从杯子里拿出东西，然后再放回去。双手摆弄玩具很灵活

会模仿成人擦鼻涕、用梳子往自己头上梳等动作，会打开瓶盖，剥开糖纸，不熟练地用杯子喝水。

3. 语言发育

11个月的宝宝喜欢嘟嘟囔囔地说话，听上去像是在交谈。喜欢模仿动物的叫声，如小狗“汪汪”、小猫“喵喵”等。能把语言和表情结合起来，他不想要的东西，会一边摇头一边说“不”。

4. 心理发育

11个月的宝宝喜欢和爸爸妈妈依偎在一起游戏、看书画，听大人给他讲故事，喜欢玩藏东西的游戏。喜欢认真仔细地摆弄玩具和观赏实物，边玩边咿咿呀呀地说着什么。有时发出的音节让人莫名其妙。这个时期的宝宝喜欢活动的多，除了翻图书、讲图书外，还喜欢搭积木、滚皮球，会用棍子够玩具。如果听到喜欢的歌谣就会做出相应的动作来。

11个月的宝宝，每天活动是丰富多彩的，在动作上从爬、站立到学行走技

能日益增加，好奇心随之增强，宛如一位侦探，喜欢把房子里每个角落都了解清楚，什么都要用手摸一摸。

为了宝宝心理健康发展，在安全的情况下，尽量满足他的好奇心，要鼓励他的探索精神不断发展，千万不要随意恐吓宝宝，以免伤害他正在萌芽状态下的自尊心和自信心。

5. 睡眠

11个月的婴儿每天需睡眠12～16小时，白天要睡两次，每次1.5～2小时。有规律地安排宝宝睡和醒的时间，这是保证良好睡眠的基本方法。所以必须让宝宝按时睡觉，按时起床。睡前不要让宝宝吃得过饱，不要玩得太兴奋，睡觉时不要蒙头睡，也不要抱着摇晃着人睡，要让宝宝养成良好的、自然人睡的习惯。

给宝宝喂药

宝宝生病了需要喂药怎么办？这可不是说服或者哄骗就能奏效的，宝宝最不喜欢吃药了。如果是液体药物还比较好办，直接给宝宝灌进去，再用点甜的水给宝宝漱漱口就可以了。如果是固体药片，则需要将片剂碾碎，并捣成散粉状，可以加些糖粉来掩盖药的苦味，然后给宝宝喂下去。给宝宝喂药时可以轻轻往宝宝脸上吹风，这样能引起他的吞咽反射。

二、育儿小知识

1. 养育建议

要鼓励宝宝走路，有些宝宝胆小，有些宝宝懒得走，可以用多种办法激励宝宝走；

开始时要扶着宝宝走，直到能独立行走为止；

这个时期的安全最重要；

让宝宝信任亲人和其他人；

多给宝宝自由活动空间，按宝宝自己的意思去做，尽量不要限制；

继续全面的动作训练，精细动作的训练可以提高思维能力；

对于宝宝来说，动作的创新和思维创新一样可贵。

2. 选择玩具

10个多月的宝宝已经开始学走路，可以给宝宝选购能拉着走，并且能发出声响的玩具，如拖拉小动物等，用玩具提高宝宝学走路的兴趣。

不要给宝宝选择容易破碎，或有尖锐棱角的玩具，也不要选择太重太大的玩具，以免让宝宝受到意外伤害。更不要给宝宝玩玻璃瓶、铅笔、火柴、体温表一类的东西当玩具，以免发生事故。

3. 说话“咬舌”

有些宝宝说话发音时，一些音和字咬不清，在1岁以前的宝宝中这很常见。但要注意这个时期的宝宝是否有发音不准的“咬舌”现象，这是因为舌系带过短而造成的，需要检查和治疗。

舌系带，是舌尖下方一条纵行的薄薄的黏膜。如果舌系带过短，舌头伸展受限制，发音吐字就会受到影响。

检查舌系带是否过短的方法很简单，让宝宝做伸舌头的动作，如果舌尖是尖形或者圆形时，就是正常的。如果舌尖显出W形，中间有一条明显的凹陷，就是舌系带过短。

舌系带过短是先天性的，也有少数因为后天创伤引起。如果确诊为舌系带过短，可以进行手术矫治。

4. 少看电视

婴幼儿的视觉能力，处在一个正在发育的过程中，看电视是看不清楚的，必须在一定的距离外。电视机图像不清晰，有颤动，这么大的宝宝也看不懂，不如让宝宝看图画片。不要以为宝宝偶尔“冒话”，学说了一两句电视广告词，就误认为让宝宝看电视有益于学说话，宝宝学习语言，最主要的要靠和父母日益渐进的语言交流活动，与掌握日常生活中所需要的词汇量相比，偶尔学的那一两句话，真是太少。

让婴儿看电视，会使宝宝眼睛疲劳，视力发育受损，降低视力，最好不要看。即使让宝宝看，也只能看几分钟。

5. 环境与益智

宝宝的智商高低除与遗传、营养以及早期智力开发等因素有关外，与后天成长环境有关。

❶ **宁静益智** 试验显示噪声在55分

贝时，宝宝理解错误率为4.3%，噪声在60分贝以上时，理解错误率则上升到15%。因此，应让宝宝所处的环境尽量避免各种噪声的干扰，以利智力发育。

❷ **和睦益智** 家庭和睦、气氛融洽、充满亲情可以增进宝宝的智力。恶劣的家庭环境会使宝宝心情压抑、孤独，生长激素减少，导致宝宝身材矮小、智商降低，因此，父母亲保持和睦，给予宝宝足够的亲情很重要。

❸ **交往益智** 有人追踪观察一组儿童10年之久发现，从小即喜欢和成年人打交道的宝宝，学习成绩普遍较好。因此，应鼓励宝宝走出家庭，与同龄和大龄宝宝甚至成年人交朋友。

❹ **芳香益智** 与一般环境比较，生活在有淡淡的芳香环境中的儿童，无论是在视觉、知觉方面，还是在接受与模仿能力等方面，都有明显的优势。奥妙在于，芳香能给人一种良性刺激，使人心情松弛、情绪高涨，增强听觉与嗅'觉及思维的灵敏度，提高智力。

❺ **颜色益智** 淡蓝色、黄绿色以及橙黄色能振奋精神，提高学习注意力。黑色、褐色、白色不利于智力。在宝宝居室的墙壁上挂一些淡蓝色背景的画，有助宝宝智力发育。

三、教养训练

1. 教宝宝认图片

先让宝宝看图片，告诉他这是小狗，父母边模仿小狗叫声边说："小狗有尾巴，有腿，有尖耳朵，也有眼睛和嘴巴，它的鼻子最灵，用鼻子去找肉骨头吃。"还可带宝宝到街上观察小狗，帮助宝宝指出狗的基本特征。教宝宝念儿歌：小花狗，带铃铛，爱吃骨头汪汪汪。

通过图片与实物结合的方法教宝宝，可以训练宝宝的语言与认知的能力和记忆的能力。

2. 宝宝学走路

11个月的宝宝多数自己能够独立行走，宝宝一心想到外面走，几乎一刻也不想停下来。为此，父母会担心宝宝骨头发育不完善，走得多了会不会腿变弯呢？尤其是看到一些因为患上佝偻病而下肢出现罗圈腿，即O形腿或X形腿的宝宝时，就会更加忧虑，其实这种担心是完全多余的。

宝宝能走路以后，就想要多走，这十分正常，宝宝的肌肉已经发育到能走路的程度。学会走路和站立以后，下肢

承受身体的重量，只要骨骼能正常钙化，就不会变得弯曲。要使宝宝骨骼正常钙化，需要及时补充维生素D和钙质，预防佝偻病。除了有意识地调整宝宝的的饮食结构，增加牛奶、肉、蛋、鱼、豆制品类食物外，还要多晒太阳，利用阳光中紫外线照射皮肤而产生维生素D。另外，还要适量给宝宝喂食维生素D和钙片，只要及时补充维生素D和钙质，宝宝身体里有足够的钙能满足骨骼钙化的需要，下肢骨骼就能有效地承受身体的重量，多走路也不会使下肢弯曲变形。

正常情况下，宝宝在这个月龄就会蹒跚学迈步，当然，因为个体的差异，有一些宝宝到1岁半还不会走，父母不必因此着急。要知道，宝宝学走路与各自身体、神经、精神状态的发育都有关系，如果具备了身体基础，精神状态又好，宝宝就会主动地学走路，自然就会很快学会走。对于宝宝迟迟不愿意学走或者不会走，大可不必着急，训练宝宝走路是一个循序渐进、润物无声的过程，功到自然成。

3. 尝试教宝宝踢球、爬楼梯

11个月的宝宝已经能够扶着床栏、凳子、沙发等由蹲着到站稳，可以在距宝宝的脚3～5厘米处放个球，让宝宝踢。在踢来踢去的过程中宝宝会十分开心，既锻炼了大脑的平衡能力，促进了眼——足——脑的协调发展，还建立起“球形物体”能滚动的形象思维。一般说来，婴儿在7～8个月就会用脚做踢球动作。

11个月的宝宝具有熟练的爬行技能和极强的攀高欲望，一刻不停地“攀上爬下” 是这个阶段宝宝的特点，这是宝宝自我探索、自寻其乐、增强才干的动力。应创造条件和宝宝开展爬“大山”“越障碍”的游戏，爬一爬楼梯，攀一攀攀登架，对于手脚共用的协调能力发展有益。

4. 语言训练

这个月龄的宝宝已经能听懂成年人的话，应当教宝宝学着模仿正确的发音。

模仿语言是一个复杂的过程，宝宝要看成年人的嘴，模仿口形，还要听发音，注意发音过程中的的口形变化，协调发音器官，包括唇、舌、喉、声带的活动，控制发声时的气流，等等。

发音要调动这么多的环节，需要听觉、视觉、语音、运动系统协调，任何一个环节发育不好，都会给发音带来困难。因此，学习语言过程，是宝宝智力综合发育的关键。

要保证宝宝正确学习语言，父母在教宝宝说话时，一定要表情丰富，让宝宝看清成年人说话时的口形、嘴巴的动作，加深对语言、语调的感受，区别复杂的音调，逐渐模仿成年人发音。

此时，可以让宝宝多听一些儿歌，让宝宝感受音乐艺术语言。

5. 陪宝宝做几种游戏

❶ 荡来荡去 爸爸妈妈面对面坐着，妈妈扶着宝宝的两腋，面向爸爸，并对宝宝说："快，到爸爸那里。"并松开手。爸爸在没等宝宝坐下的时候就赶紧接住。再让宝宝面向妈妈，反复地做这个动作。可以练习宝宝的平衡感，减少宝宝学习走路摔跤的机会。

❷ 打开看看 在纸袋里放进能发出声音的东西，摇一摇，然后让宝宝猜："有哗啦啦的声音响，是什么呢？"诱导宝宝把袋中的东西拿出来以后说："原来是铃铛啊！"然后再摇一次。让宝宝认识物品与行动之间的因果关系，这类思考游戏可开发智能。

❸ 摇摆舞 让宝宝坐在床上，放一段平时宝宝爱听的、节奏明快的幼儿音乐，用手扶着宝宝的两只胳膊，左右摇身摆动，多次重复后，逐渐让宝宝自己随着音乐左右摆动。再让宝宝扶站立，待站稳后松开手。如果能独自站立20秒以上，就可以学习随着音乐的节奏左右摇晃身体而不跌倒。可以训练大动作与平衡能力，培养节奏感。

❹ 学翻书 在宝宝情绪愉快时，坐在父母怀里，打开一本适合宝宝读的图书。先打开书中宝宝认识的一种小动物图画，引起宝宝的兴趣，再当着宝宝面合上，对宝宝说："小猫藏起来了，我们把小猫找出来吧！"对宝宝示范一页一页翻书，一旦翻到，立刻显出兴奋的样子："找到了！"然后再合上书，让宝宝模仿这个动作，打开书，找小猫。起初宝宝只能打开、合上，渐渐地会一次翻好几页，只要有兴趣就行。这个游戏可以培养对图书的兴趣，训练精细动作能力。

6. 培养宝宝自己洗手的习惯

这个月龄的宝宝，应当让宝宝知道饭前要洗手，同时可以训练宝宝自己饭前洗手。

让宝宝洗手，宝宝是会很感兴趣的，因为宝宝们一般都天生爱玩水。当然，刚开始学自己洗手时，会弄湿衣服袖子，这不要紧，不要责骂宝宝，要更加耐心地教宝宝怎么样正确洗手，怎么样把手洗干净。

教宝宝洗手的时候，可以配合语言训练，比如一边教宝宝洗手，一边说："一二三、搓手心，三二一，搓手背。"让宝宝把洗手当做游戏，很高兴地学会自己洗手的动作。

7. 撕纸训练手

准备一只小凳子，和宝宝一起坐下来，准备一些旧画报和旧报纸，让宝宝随意撕纸玩，这个月龄的宝宝很喜欢撕东西，父母可以跟着宝宝一起撕，当然不能跟着乱撕。可以撕成不同的形状。用绿纸撕成树叶，用红纸撕成花，用彩纸撕成人形。撕好以后，给宝宝看，一边用语言告诉宝宝撕了个什么，一边教宝宝也学着撕。不论宝宝撕得像不像，只要不再乱撕，而是在模仿教他的撕法，就要多鼓励，多表扬。

注意给宝宝撕的纸张不要太厚，也不要太脆太光滑，因为太厚宝宝撕不破，太脆的纸边缘锋利，可能割破宝宝的小手，太光滑的纸不好拿，起不到训练的作用。

• 假哭

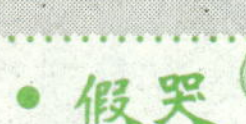

不知从哪天起，我学会了假哭。因为我一哭妈妈就过来抱我、哄我、亲我，所以有时候我想妈妈抱了就假哭几声，妈妈很快就会过来看我，她还以为我饿了或者尿了呢！有时候我不想听从妈妈的安排，也假哭几声，妈妈就不再强迫我了。看来用假哭这招对付妈妈还真管用呢！

四、这样教宝宝

1. 教宝宝学押韵

选一首最常教婴儿念的儿歌，而且每句最后一个押韵的词要容易发音，如"小娃娃，甜嘴巴，喊妈妈，喊爸爸，喊得奶奶笑掉牙……"念时，故意加重每句最后一个字的语气，并将前面

的字拉长，念成“小娃——娃”，以强调最后那个押韵的字。然后紧接着说：“宝宝，说‘娃’！”然后你再念一遍“小娃——”故意不说出“娃”字，等着他说出。这样反复进行，使他逐渐能跟着你把最后一个押韵的词都说出来。

通过这种训练来提高宝宝语言表达能力。要注意教宝宝时发音要准确、到位。

2. 教宝宝熟悉灯

教宝宝认识各种各样的灯。它们的大小、形状、颜色、所在位置都是不同的，如台灯、吊灯、壁灯、红灯、绿灯、日光灯等。不论你指哪盏灯，都应该说“这是××灯”，并将灯打开再关上，使他认识灯的共同特点。

训练一段时间后，可以问宝宝：“××灯呢？”启发宝宝指出所有的灯。以此类推，逐渐推及教宝宝理解“球”、“鞋子”等词的意义。旨在运用词的概括作用发展思维，提高对言语的理解力。

3. 听数数

抱着宝宝上下楼梯或扶着他学走路时，妈妈要有意识教宝宝数数，有节奏地从1数到10给宝宝听；也可在他玩积木时，你帮他给积木排队数数。每天至少3次，让他慢慢掌握数目的顺序。刚开始时只数10以内的数字就可以。

这种训练是为了让宝宝熟悉数字大小的顺序，为发展数学概念奠定基础。

4. 指引宝宝使用工具

宝宝伸手拿东西却拿不到时，不要简单地帮助宝宝拿，而要引导宝宝使用工具去拿。例如，离宝宝远一点的桌上有一块糖，宝宝看到了想拿，却够不着，为此很着急，这时候不要替宝宝拿，而是给宝宝一根筷子或一个长勺子，教会宝宝用勺子把糖块拨得近前一些，然后拿到手里。如果宝宝不明白，可以教宝宝怎么去做。

电动小汽车跑到沙发下面去了，宝宝想要拿出来，可以通过暗示，让宝宝找到自己的长枪或木刀来，把汽车从沙发下面拨出来，一次不成功，就要鼓励宝宝另想办法。

帮助宝宝利用工具，来做自身直接做不到的事情，会使宝宝思路开阔，养成动脑筋思考的习惯。

5. 早学“涂鸦”好处多

早一点涂抹学画，让宝宝“涂鸦”——拿着彩笔乱涂乱抹，可以练习手、腕部的诸多关节与小肌肉群协调动作，顺利完成执笔训练。也有助于学习使用筷子、勺子或其他小工具、小玩具。

早一些涂抹学画，能让宝宝对画的对象加深观察和了解程度，可以进入观察力训练的自觉阶段。例如画一条小鱼，有眼睛，有尾巴……可以有意识地指导宝宝看一次，再看一次，然后再画一次。当然，不要要求过高。

涂抹可以锻炼脑力活动。这种在成年人眼里看似简单的“涂鸦”，对宝宝来说是多种能力的综合表现。

人们头脑中的信息，有85%以上是通过眼睛观察得到的。从某种意义上讲，“看法”、“观察”、“比较”等能力都离不开眼睛的获取。涂画活动既丰富了大脑中的信息，又能成为指导各种行为的依据，可以奠定眼、脑、手配合活动的习惯，养成形象思维的习惯，它也是人们在社会生活中的一种特别宝贵的能力。

6. 满足爱敲打的宝宝

宝宝快到1岁时，多数喜欢拿东西当鼓乱敲一气。父母专为宝宝买来的电动玩具，没想到宝宝拿起来就往桌上敲，几下就敲坏。有些妈妈无法忍受宝宝成天敲打的这种声音刺激，抱怨说：“真是太吵了，呯呯呯的，一天到晚都像做木匠活。”

其实妈妈应该理解宝宝的行为，这是婴儿在成长过程中的一种探索。11个月左右的宝宝，想了解各种各样的物体，了解物体与物体之间的相互关系，了解自身的动作能产生的效果，方式就是通过敲打不同的物体。宝宝知道，这样会产生不同的声响，而且用力强弱不同，产生音响的效果也不同。比如，用木块敲打桌子，会发出啪啪的声音；敲打铁锅则发出当当声；两手各拿一块木块对着敲，声音似乎更为奇妙。宝宝很快就能学会选择敲打物，学会控制敲打的力量，随即发展了自身动作的协调性。

如果父母能理解宝宝爱敲打东西的原因，积极地帮助宝宝发展这项探索性活动。建议你给这个年龄的宝宝不必购

买高档新玩具，只需找一些带把的勺子、玩具锤子、玩具小铁锅、纸盒之类的东西就足够。在与宝宝的游戏交往中关心、理解宝宝，同时帮助宝宝找到发展各种技能的方法。

五、亲情交流，让宝宝健康成长

1. “逗你玩儿”

这个阶段的宝宝，有强烈的与人交往的需要，喜欢同成年人玩。爸爸妈妈要求宝宝做什么，都会乖乖地去做，甚至能把自己手里喜爱的玩具，或者吃得正香的东西按爸爸妈妈的要求送给别人，但是，如果真去接时，宝宝又会把手缩回来，藏到背后不给。

宝宝还喜欢把布蒙在脸上，把自己遮起来和爸爸妈妈捉迷藏玩。也喜欢面对镜子里的自己笑，更喜欢和同龄的宝宝交往，咕咕哝哝地表示想接近，去拉别人的衣服，抓别人的玩具，也会把自己的玩具给别人玩。这时的宝宝，自我意识开始萌发，不再会搬着自己的小脚丫往嘴里送，知道这双脚是自己身体的一部分而不是玩具。所以爸爸妈妈要尽可能地抽出时间来逗逗宝宝玩，来交流情感。

2. 心理发育的“营养”

11个月的乖宝宝，看着妈妈上班去了，不哭也不闹。妈妈回家后，宝宝高兴地笑一笑又自己玩，从来不缠人。人们都认为这宝宝乖，但医生听了却说不好，宝宝没有建立安全型亲子依恋。

亲子依恋，是婴儿寻求在躯体上和心理上，与抚养人保持亲密联系的一种倾向，常表现为微笑、啼哭、咿咿呀呀、依偎、追随等。依恋是逐渐发展的，生长到6～7个月时开始明显，3岁以后才能逐渐耐受与依恋对象的分离，并习惯与同伴或陌生人交往。

亲子依恋分为3种不同的类型。

① **安全型** 这类宝宝跟母亲在一起时，能在陌生的环境中进行积极的探索和玩耍，对陌生人的反应也比较积极；当母亲离开时，表现出明显的苦恼和不安；当母亲回来后，立即寻求与母亲的亲密接触，继而能平静地离开，只要母亲在视野内就能安心地游戏。

② **回避型** 母亲在场或不在场影响不大，母亲离开时，无忧虑表现；母亲回来了，往往不予理睬，虽然有时也会欢迎，但很短暂。这类宝宝实际上未形成对母亲的依恋。

③ **反抗型** 当母亲要离开时，表现出惊恐不安，大哭大叫；一见到母亲回来就寻求与母亲的接触，但母亲去抱起时，却又挣扎、反抗着要离开，还显得有点发怒，这类宝宝对母亲的态度是矛盾的，即使在母亲身旁，也不感到安全，不能放心大胆地去玩耍。

良好的亲子依恋，是一种积极的感情联系。依恋的人出现，会使宝宝有安全感，有了这种安全感，宝宝就能在陌生的环境中克服焦虑或恐惧，从而去探索周围的新鲜事物，并尝试与陌生人接近，这样能使宝宝视野扩大，认知能力得到快速发展。

3. 多鼓励，少批评

将近1周岁的宝宝正是学习、成长的年龄，好奇心、探索性非常强，所以爸爸妈妈要掌握正确的教育方法来引导宝宝成长，如果方法不得当反而会扼杀了宝宝的天性。

对宝宝多鼓励少批评有助于宝宝健康成长，这会让宝宝明白：做对了继续努力，做错了也没关系，可以从头再来。对宝宝多鼓励少批评还会让宝宝对父母非常信任，听从爸爸妈妈的话，不会产生逆反心理，有助于家庭的和谐气氛，这是对宝宝情商的一种锻炼。

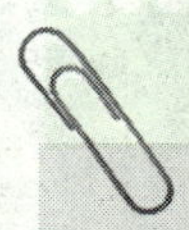

爸爸妈妈来互动

认手指

妈妈（或爸爸）坐在宝宝旁边和宝宝一起玩游戏。让宝宝伸出手，五指分开，先交给宝宝每个手指的名称，然后让他的五个手指逐个伸屈。妈妈（爸爸）可以伸出手来示范让宝宝模仿，比如，当嘴里说："伸拇指"时，就把拇指伸开，说："屈拇指"时，就把拇指屈回。如此反复练习，训练宝宝的手眼协调能力和反应能力。

第十二节

宝宝满岁了

做妈妈须知

能扶栏行走，牵手能迈步，能站立、下蹲、弯腰；

会握着小勺子吃东西，虽然还吃不好；

能涂画和撕纸；

健康的宝宝最晚也该断奶了；

断奶后的大便干燥，加食蔬菜和水果，调整饮食结构；

能用语言训练来表达自身愿望，能说出一两个字的单词；

个性形成，要制止不良行为，鼓励好的行为；

多与人接触，适应能力锻炼；

加强家庭和睦交流；

每天户外活动三小时以上；

月末到医院做常规体检。

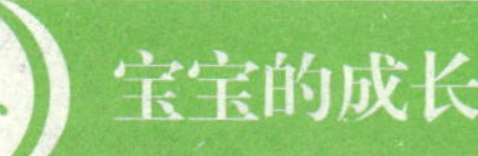

一、宝宝的成长

1. 身体发育

体重	男婴 约9.58千克	女婴 约10.14千克
身长	男婴 约75.69厘米	女婴 约77.14厘米
头围	男婴 约45.45厘米	女婴 约46.47厘米
胸围	男婴 约45.61厘米	女婴 约46.54厘米
坐高	男婴 约47.41厘米	女婴 约48.46厘米
牙齿	已长出6～8颗牙	

2. 动作发育

满周岁的宝宝已经能够直立行走了。这一变化使宝宝的眼界豁然开朗。满周岁的宝宝开始厌烦妈妈喂饭了，虽然自己拿着食物能吃得很好，但还用不好勺子。这时候的宝宝对别人的帮助很不满意，有时还会大哭大闹以示反抗。宝宝会试着自己穿衣服，拿起袜子知道往脚上套，拿起手表往自己手上戴，给一只香蕉，要拿着自己剥皮。这些都充分说明了宝宝的独立意识在增强。

3. 语言发育

满周岁的宝宝不但会说妈妈、爸爸、奶奶、娃娃等，还会使用一些单音节动词，如拿、给、掉、打、抱等。发音还不太准确，常常说一些让人莫名其妙的语言，或打一些手势和姿态来表示。

4. 心理发育

12个月的宝宝，虽然刚刚能独自走几步，但是总想蹒跚地往外跑。喜欢户外活动，观察外边的世界，他对人群、车辆、动物都会产生极大兴趣。喜欢模仿大人做一些家务事。如果父母让他帮助拿一些东西，他会很高兴地尽力拿给你，并想得到大人的夸奖。

这时的宝宝更喜欢看图画、学儿歌、听故事，并且能模仿大人的动作，搭1～2块积木，会盖上瓶子盖儿。有偏于使用某一只手的习惯，喜欢用摇头表达自己的意思。如果你问喜欢这个玩具吗？他会点头或摇头来回答。如果你问他几岁了，他会用眼睛注视你，竖起食指表示1岁了。

对于这时的宝宝，虽然对学习很有兴趣，但教他知识时，只能教一种，记住后，要巩固一段时间，再教第二种。在日常生活中，如果给他苹果、香蕉、饼干，要从1开始，竖起1个手指表示1，还可能反过来问他“是几个？”让他学习用语言表示，并竖起食指表示1。这种方法，可以发展数字概念思维。

12个月的宝宝在语言上、动作上进步很大，能够表情丰富地和妈妈爸爸交谈。喜欢牵着他的拖拉玩具到处走。喜欢参与家庭生活小事。如果冬天到室外玩，知道把帽子放在自己的头顶上。穿衣、脱衣时双臂可随大人上下运动。知道拿东西给爸爸、妈妈。喜欢自己洗脸、洗手、洗脚。父母要抓住这一阶段儿童的心理特点，不失时机地培养宝宝的独立生活能力。

这一年龄段的宝宝，虽然会说几个常用的词汇，但是，语言能力还处在萌芽发展期，内心世界需要和愿望不会用关键的词来表达，还会经常用哭、闹、发脾气来表达内心的挫折。这时，父母该怎么办呢？千万不要也用发脾气的方法对付宝宝。应当尽量用经验和智慧来理解他的愿望，猜测宝宝需要什么，尝试用不同方法来满足宝宝，或者转移他的注意力，让他高兴起来，忘掉自己原来的要求。

5. 睡眠

满岁的宝宝每天需要睡14～15小时，白天睡1～2次。

二、育儿小知识

1. 养育建议

给予宝宝足够的关注，让宝宝相信生活在信任和安全之中；

给宝宝适度的环境刺激，但要把握好分寸，以免影响到健康发展；

让宝宝知道挫折，但要注意保护宝宝的自信心；

让宝宝表现能力，用强度较大的活动发泄宝宝的充沛体力和精力，同时受到锻炼；

让宝宝做想做的事情；

给宝宝更多的自由空间，尽量少加以限制；

大动作训练和精细动作训练可以大幅度提高宝宝的思维能力；

自己的宝宝要自己带。

2. 宝宝的零食

宝宝喜欢吃零食是很正常的，但给宝宝吃零食的时候要遵循一下五大原则：

❶ **新鲜的、天然的才是最好的** 奶类、蔬果类、坚果类零食既好吃又有营养，少年儿童可以多吃。

❷ **吃零食不能影响正餐** 孩子吃零食不要距离正餐太近，中间至少相隔

1.5～2小时，每天食用零食的次数应该控制在3次以内，且量不宜过多，睡前也不应吃零食，否则不利于消化吸收及睡眠，还增加了患龋齿的危险。

③ 避免无意识吃零食过量 一般，在聚会聊天时、上网时、看电视时，孩子们都会摄入过多的零食，影响正餐的食用。因此建议最好养成有计划食用零食的习惯，预先准备少量或者小包装的零食，避免无意识吃过了头。

④ 少吃油炸、过甜、过咸的食物 油炸食品含有较多的脂肪，会增加肥胖的危险；过甜的食物残留口中会增加患龋齿的危险；咸味过重的零食会增加成年后患高血压的危险。

⑤ 少喝含糖饮料，不喝含酒精饮料 含糖饮料营养含量低，能量及糖分高，不仅易引起儿童超重和肥胖，还会腐蚀孩子的牙齿。而酒或含酒精饮料对孩子的心、脑、肾、肺等器官都会造成一定程度的损害，还会影响记忆力和学习成绩，因此，还是鼓励孩子多喝些白开水吧。

3. 让大脑更健康

睡足睡好 每晚睡眠10小时的宝宝成绩优于每晚睡眠小于8小时的宝宝。大脑充分休息，才能提高智力水平。所以培养宝宝良好的睡眠习惯，保证睡眠质量是很重要的。

重视早餐 不吃早餐会令机体和大脑得不到正常的血糖供给，大脑的营养供应不足，时间久了对大脑有害。

多听音乐 音乐所含的一些适宜音频的刺激，能促进相关的大脑锥体细胞增长树突和树突棘，以建立更多的联系，促进大脑更好发育。适量地选择一些柔和的音乐给宝宝听有益于智力发展。

防止肥胖 人的智力与大脑沟回皱褶多少有关，大脑的沟回越明显、皱褶越多，智力水平越高。而摄入脂肪过多，会使沟回紧紧靠在一起，皱褶消失，大脑皮层呈平滑样，神经网络的发育也差，智力水平就会降低。

避免噪声 嘈杂的家庭环境有害儿童的大脑发育。持续的嘈杂声会对婴幼儿的大脑造成压力，影响婴幼儿的听力和语言能力的发育

防治便秘 便秘时，代谢产物久积于消化道，经肠道细菌作用后产生大量有害物质，这些有害物质容易经肠吸收，进入血液循环，刺激大脑，使脑神经细胞慢性中毒，影响脑的正常发育，妨碍大脑正常功能，影响宝宝的记忆力、逻辑思维和创造思维能力。

多吃鱼虾 鱼虾中有丰富的蛋白质、锌、铁等微量元素，也有“脑黄金”之称的DHA。鳝鱼、鳗鱼、鳟鱼、沙丁鱼等都是DHA的“富矿”，不妨多食。

运动手指 人的大脑中与手指相连的神经所占的面积较大，平时如果经常刺激这部分神经细胞，大脑会日益发达，达到心灵手巧。

芳香居室 生活在芳香环境的人，其视觉、知觉、接受与学习能力等方面有明显的优势。柠檬、茉莉和桉树香味能消除无精打采状态，使用脑效率提高。巧克力香味可使人的记忆力增强。

赤足行走 赤足行走不仅能刺激足底穴位，还能驱除体内积存过多的静电，是一种很好的健脑方法。

4. 找到满岁还不会说话的原因

满岁的宝宝已经能够理解简单的语言，能够有意识地喊爸爸、妈妈，能够说一个字的音，如“拿”、“好”、“坏”等。

如果宝宝满岁了还不说话，可能会发生以下几种情况：

◆**天性内向** 有的宝宝性格内向，不爱说话，喜欢安静，不愿表达自己的想法不等于没想法。

◆**不被关注** 有的父母忙于自己的事或少言寡语，与宝宝缺乏交流，使宝宝表达能力差。

◆**家庭不和** 在不和睦的家庭环境中成长起来的宝宝，由于缺乏安全感，话语很少。

◆**限制过多** 父母对宝宝要求过严，经常限制其行为，这样的宝宝往往言语很少自己做主。

◆**生病** 智能落后、脑性瘫痪、听力障碍、儿童孤独症、中枢神经受损可导致说话障碍。

父母可以根据以上几种情况，判断宝宝满岁不说话的原因，然后“对症下药”，让宝宝健康成长。

三、教养训练

1. 语言训练

近1岁的宝宝，父母要尽量创造让宝宝说话的条件。如果宝宝仍然使用手势和动作提出要求，就不要理睬，要拒绝宝宝，使宝宝不得不用语言来表达自己的意图。

如果宝宝发音不准，要及时纠正，帮助宝宝学着说清楚，不可以嘲笑宝宝，否则，宝宝说话的尝试的热情会受到打击，会变得不愿意或者不敢再说话。

这个月龄的宝宝模仿能力很强，听见骂人的话也会模仿。这么大的宝宝大脑中还没有是非观念，并不知道骂人和讲粗口不对。在宝宝第一次骂人或学粗话时，就必须严肃地制止和纠正，让宝宝知道骂人和说粗话是错误的，是不应该的。千万不可以因为宝宝可爱，认为宝宝说出骂人的话也挺好玩儿，一笑了之，这会对宝宝起到怂恿作用。宝宝会把骂人、讲粗口当做好玩的事来做，养成不良习惯。

2. 科学训练用手

婴儿期手的动作发展至关重要。宝宝的小手比嘴先“说话”，是认识世界的重要器官，能表达出极其微妙的心理变化。“心灵”与“手巧”相辅相成，手的动作熟能生巧，在相当程度上促进宝宝智能的发展。

了解婴儿手的动作发展规律后，然后可以参考着逐步训练。

刚出生的宝宝紧紧攥着两只拳头，一副好斗的小模样。当家人用手指去“干扰”时，立即产生抓握反射，这是与生俱来的本领，不用教。

在第一个月里，可以轻轻地抚摸宝宝的手指，刺激手部皮肤的感觉，以此开始训练计划。

到了2个月，可以在上个月的基础上，继续按摩宝宝的小手，从指尖到手腕，然后轻柔地屈伸每个手指。还可以训练宝宝用小手张开握住家人的食指，抽出来再放进去，如此重复。

3～4个月时，宝宝小手大有长进，喜欢抚摸一切摸得到的东西。无论把什么东西放在手边，都要用手摸一摸，常常饶有兴致地玩弄自己的手。这个时期，可以准备一些简单的玩具，诱使宝宝伸手拿，刺激养成“见到东西就伸手”的精神。

进入5～6个月，宝宝眼和手的动作已基本协调，能随意抓取周围的东西，

虽然还不会手指的动作，毕竟是大拇指和四指分开来抓。这时可以训练有目的地抓桌上的玩具并摇晃、敲打。可以准备一些有弹性的橡皮玩具让宝宝随意抓捏，喂水时，可以训练双手扶握奶瓶。

7～8个月的宝宝更能干，能把一只手中的玩具换到另一只手，来回玩个不停，喜欢不厌其烦地用手里的玩具敲打桌面，很令父母头疼，还能同时拿两件东西。在抓握技巧上，已经初步掌握人手的抓握特点，拇指能与其他四指相对，像把小钳子似的，并学会用指尖拿取物品。这两个月中要因势利导，教宝宝学会撕纸、滚球、拍手、招手、握手以及用手指取小糖球等动作。

9～10个月时，宝宝会用拇指和食指捏取小件物品，尤其喜欢把小的颗粒放入瓶子里，倒出，再放入。这时应当严加看护，防止宝宝把纽扣和一些豆类小物件塞进嘴、鼻子或耳朵里。宝宝还学会用手势代替语言，当问到“妈妈在哪”一类问题时，不仅会用眼睛看，还会用手去指。这时的宝宝更加淘气，学会了开抽屉，常常扰得“家无宁日”。根据这些特点，可以引导宝宝学习剥糖纸，逐渐增强对事物的感知能力。

到了11～12个月，临近“结业”，宝宝的两只手活动自如。能同时做不同的动作，如一只手拿存钱罐，另一只手把硬币放进去。指尖的灵巧程度也进一步提高，能把盒盖打开，喜欢把手指伸入瓶子里探索，会用铅笔到处乱画。这时，就可以训练宝宝搭积木、用蜡笔“涂鸦作画”、翻图画书等。

经过一年的渐进训练，宝宝手的动作发展跃上一个新台阶，为活动和生活奠定了坚实基础。也促进了感知能力和思维能力的发展，在宝宝的心智发展中起到极大作用。

3. 叫醒“小懒虫”

清晨，叫醒梦中的宝宝是父母每天的必修课。但宝宝却总是不肯乖乖起床，又哭又闹。特别是天冷时，让宝宝一早爬出暖暖的被窝，真不是件容易的事。

要宝宝乖乖起床要做到三点：

第一，晚上按时睡觉，是早上按时起床的基础。只有这样，才能养成定时入睡、定时起床的生物钟条件反射。

第二，提早十分钟准备起床。起床前10～15分钟做一些有轻声响动的工作。如拉开窗帘，打开收音机放点轻音乐或新闻广播，轻轻收拾屋子，让室外新鲜空气和光线透进室内，然后再唤

醒宝宝起床。还可以唱一首自编的起床歌，使宝宝对这首歌建立起条件反射，听见这支歌就知道起床的时间到了。

第三，用亲切的声音呼唤宝宝起床，用手轻抚宝宝的背腰部，再抚摸手和脸，触动听觉和触觉器官，在舒适的刺激中，让宝宝逐渐从浅睡状态自然地转换到静态觉醒状态，再转换到动态觉醒状态，宝宝就会睁开眼睛，活动身体。

4. 晚上不睡的宝宝

让宝宝拥有良好而充足的睡眠，是保证宝宝健康的一项重要内容。然而哄宝宝入睡是头痛事，几乎所有的家庭都曾为让小家伙按时睡觉伤脑筋。而这个年龄的宝宝，已经具备了基本独立意识，小家伙会以怕黑、怕一个人待着、想跟父母多待一会儿等种种理由，到时间不睡觉。

宝宝喜欢预先知道下一步要做什么，所以，定时做睡觉准备，就会使宝宝想到上床睡觉的时间要到了。一般可以按以下原则去做：

让宝宝从睡觉准备活动中获得安全感 例如：和宝宝聊聊白天发生的事情，和明天的打算，告诉宝宝把第二天要穿的衣服取出来，也可以在睡觉前，给宝宝讲故事或吃点小点心，如果每天睡觉都这样，宝宝就会知道该睡觉了。

使用“信号” 对宝宝讲清睡觉的具体时间，比如对宝宝说：“电视剧结束了，就应该上床睡觉了。”也可以在彩纸上画一个钟，大表盘上分别标上游戏，睡觉和讲故事的时间。用指针告诉宝宝下面做什么事情。或者，把纸钟放在闹钟旁边，指针指向睡觉时间，当两个钟的时间同样时，宝宝就知道应该睡觉了。

睡觉前，不要做剧烈活动 打闹嬉戏和有剧烈活动的游戏，会影响宝宝入睡。要提前半小时让宝宝安静，这样才能放松。不要让宝宝睡觉前用枕头打仗或打球玩，可以给宝宝读书、讲故事或者听音乐。也不要让宝宝白天玩得很累，这样也不容易入睡。

让睡觉前的时间过得有风味 例如营造家庭环境、温馨、舒适的气氛，让宝宝感到宁静安全。许多宝宝睡觉前喜欢听父母讲同一个故事，或者是父母编的故事，或者是童话歌谣。

5. 让宝宝学会自己管理玩具

宝宝越小，注意力集中的时间越短。不论玩什么，往往玩一会儿就烦

了，实际上，宝宝是累了，需要休息更换一个兴奋点。

此时，父母一定要坚持一点，就是让宝宝不论做什么，都一定要有始有终。在宝宝玩得开始显出厌倦时，妈妈要请宝宝来一起收拾玩具。家里要给宝宝准备一个较大的筐来专门装宝宝的玩具，收拾玩具时，就让宝宝把玩具放进筐里。如果宝宝不肯做，就耐心地告诉宝宝："小猫要回家，小狗要回家，我们把它们送回家去吧。"宝宝会乐意地抱起玩具小狗或小猫放进筐里。还可以哄着宝宝说："妈妈放一个，宝宝也放一个，比一比好不好？"这样，把收拾玩具的过程也变成游戏过程，宝宝就会愉快地参加。开始，可能宝宝只收拾一两样就不干了，也可能会放进这样，又拿出那样来。但只要宝宝参与收拾，就要表扬和鼓励。做不好没关系，只要宝宝做，做完后，帮助宝宝把玩具收拾得整整齐齐，放在一个固定的地方。

收拢玩具，可以培养宝宝从小爱护物品和管理自己东西的能力，使宝宝习惯于在整洁的环境中，有秩序地生活和工作，处理好自己的事情，这是孩子一生都十分有用的好习惯。

收拢玩具的过程，可以培养宝宝手和全身的协调动作，增强体力和提高行动的效率。和妈妈一起收拢玩具，宝宝会渐渐地动脑子想先拿哪个，后拿哪个，怎么能比妈妈收拾得更好。逐渐培养宝宝独立思考和独立工作的能力，慢慢地学会由近及远，有条有理地处理事情。

教养小帖士

宝宝玩具的清洁和保养

玩具是宝宝最亲密的伴侣，在宝宝的成长过程中，扮演着非常重要的角色。小宝宝的手、身体经常接触玩具，正处1岁左右口腔发育期的宝宝，还容易把玩具放到口中，若是玩具充满细菌，就会很容易让宝宝感染生病，因此玩具的清洁与保养万万不可忽略。

6. 对于撒娇不听话的宝宝

对撒娇的婴儿，父母可以试试以下方法：

❶ **抓首次** 在婴儿第一次用哭闹表达自己的愿意时，父母不要惊慌，让他自己哭闹一阵罢休后，再给他讲这样不好，妈妈不喜欢，有什么应该好好地说。

❷ **抓苗头** 当发现婴儿有撒娇的行为时，父母用摇头或眼神暗示，将此举动制止在初期。

❸ **冷处理** 婴儿撒娇不听话时，父母应冷静，不哄不劝，耐心等待.当他发现自己的哭闹不能让父母“动心”，则会自行停止。

❹ **转移法** 婴儿撒娇时，父母可以用新颖玩具，外出去玩，讲故事等去吸引他，转移他的注意力。

四、这样教宝宝

1. 满岁的宝宝要看书

“1岁的宝宝刚学说话，怎么会看书呢？”父母可能会这样想，所以，只给宝宝买玩具，忽略了书对宝宝的重要性。

其实，1岁的宝宝已经具备看书的能力，可以认识图画、颜色、指出图中所要找的动物、人物。当然，这需要妈妈的指导和协助。妈妈问宝宝：“小花猫在哪儿？”宝宝就可以从画中指出。可以说，1岁的宝宝不仅能看书，而且太需要学习，因为这个年龄段正是幼儿语言飞速发育的时期，宝宝能从图画中知道许多的动物、植物、工具及日用品的名称，从而积累大量词汇，为以后顺利说话打下基础。另外，看书识图也能培养宝宝较强的注意力、观察力和辨别力，促进智力发育。

如何教1岁的宝宝看书呢？首先，父母要学会买书。12个月左右的宝宝，可买一些画有动物、水果、日用品等方面的图画书，每页最好不要超过4幅画，带宝宝认图。到宝宝快一岁半时，可以买一本硬纸壳做的书，或找一本刊物，教宝宝学习自己翻书页或找喜欢的画。以后，可以买几本色彩鲜艳、内容简单，带有一定故事性的图

画书，每天带宝宝看书讲故事。通过循序渐进的诱导，宝宝一定会喜欢看书并受益终身。

2. 教宝宝认识圆形

教宝宝认识物体的基本形状。可以先从教宝宝认识圆形开始，先让宝宝指出日常生活中常见的圆形物体，如气球、车轱辘、镜子、碗等。等宝宝熟悉了圆形物体之后，在此基础上再增加认识其他形状物体。

3. 涂颜色讲故事

教宝宝给画片涂颜色，再根据画片讲一个相关的故事，这是一个很好的训练方法，能够增强宝宝的认知能力，动手能力和对事物的理解能力。

我们可以拿大象作为例子：

画图片

大象：皮肤——粉红色

眼珠——黑色

舌头——红色

脚——灰色(或黑色)

领结——蓝色

树丛：绿色

讲故事

在动物园里，有个游客拿一只苹果逗引大象，当大象用长鼻子来取苹果的时候，他用针猛刺了大象鼻子，大象连忙缩回长鼻，走开了。当这个游客到别处兜了一圈儿，又回到看大象的地方，这时大象突然伸出长鼻子，把这游客头上的凉帽卷走了，而且撕得粉碎，抛出圈外，把那游客吓坏了，大象却高兴地欢叫了一声。

4. 用水画画

为了使宝宝的室外活动更有趣，可让宝宝做一回艺术家。把水装在提桶里，给他几支真正的图画笔，不要太大以便他能拿得住。让宝宝坐在草坪或门廊的阴凉处，在他前面放一大张暗色的绘图纸，让宝宝在上边涂抹。下一步你可以给宝宝一件家具，让他涂抹，给他展示如何用刷子蘸水在东西上涂抹。

当宝宝处于凉爽的状态——水会弄得到处都是，他会觉得非常有趣。不过需要注意的是，绝不能让宝宝单独玩水，留意看着他，这不是让他单独玩的活动。

5. 培养宝宝动手能力

由于现在大多数是独生子女，很多人对宝宝溺爱过度，把所有的事情全都包下来，不让宝宝学着自己动手，长此以往，宝宝的依赖性就会越来越重。自己不会做事将来就很难立足于社会。其实，生活中的许多事都是宝宝们力所能及的。如：拿东西、发筷子、整理玩具、扣扣子等。因此，宝宝满岁之后，在宝宝的日常生活中，只要宝宝能吃的、能做的、能讲的、能想的，我们总是积极鼓励宝宝自己吃、自己做、自己讲、自己想。一些较难的我们就教宝宝一些方法、技能后再具体指导宝宝反复练习，不断实践。

另外，可以根据宝宝掌握的程度在游戏中增加一些生活方面的操作游戏。如：叠衣服、钉扣子、编辫子、绣花、编织、自制玩具等游戏。这样，宝宝既参加了劳动又发展了能力，还为将来做人成才走向社会做好准备。真是一举多得。

6. 在“扔”中长见识

1岁左右的宝宝，不约而同地喜欢“扔东西”，让爸爸妈妈非常生气，往往会是给什么东西，都只玩一会儿就往地上扔。

宝宝喜欢扔东西，不是存心调皮捣乱，更不是件坏事，而是这个时期宝宝的特点。宝宝在反复扔东西的过程中，不仅得到情绪上极大满足和快乐，还能增长见识和经验。

宝宝在不断的、反复的扔东西的活动中，能慢慢意识到自己的动作（扔）和动作对象（物体）的区别，探索自己动作的后果——会出现什么效果和变化。

由此宝宝逐渐认识到，扔不同的东西会产生不同的效果，发现物体更多属性，对各种事物获得更多认识。

有时宝宝扔东西，是想要父母和自己玩，以扔东西来引起父母的注意。在宝宝扔下和父母拾起的过程中，建立了“授受关系”，发展了人与人之间的社会交际关系，在动作与语言的交往中，使宝宝的认识能力不断地发展。

1. 如果父母不能花许多时间，专门为宝宝拾东西，可以让宝宝坐在铺有席子或垫子的地板上，让宝宝自己扔东西玩；教会宝宝先扔出东西，自己爬过去或走过去拾起来。

2. 逐步教导宝宝什么东西可以扔，什么不能扔。可以做沙袋、豆袋，准备一些带响铃的橡塑玩具等给宝宝扔。

3. 要制止宝宝乱扔食物、扔某些玩具和易损坏的东西，但不要用训斥方式，以免强化了宝宝这种不良动作。

宝宝喜欢扔东西，父母不必紧张、烦心，这个过程只是一个很短暂的时期，宝宝慢慢学会了正确地玩玩具和使用工具后，兴趣及注意力会逐渐转移到其他更有趣的活动上，“扔东西”的现象会自然消失。

4. 给宝宝创造一个游戏场所

当宝宝满1岁时，能够站起来了，也勤于动手了。宝宝会更加喜欢玩，父母如果想让宝宝玩得更愉快，就需要给宝宝提供一个宽阔的游戏场所。

如果不能让宝宝拥有自己的房间，就留出一定的空间给他放玩具。他不会在那儿待太多的时间，但是他会知道那是他的空间。如果你还有其他的宝宝，这样做更加是个好主意，特别是对刚学步的宝宝，宝宝需要知道他有一个自己的空间。

通常一个人玩的宝宝能学会很多东西，他学会如何自己娱乐。对一件事情集中注意力，他就能不断取得进展。让你的宝宝享受独立玩耍的快乐吧，但一定要注意他的安全。

宝宝自己玩时要让他处于你能听到的范围内。确保在这个范围内没有其他宝宝。为保证你的宝宝绝对安全，你可以利用下面列出的某些安全措施。

- 当宝宝能用手和膝支撑身体时，要把他小床上能移动的东西都挪走，他够到这些东西是很危险的。
- 检查所有的玩具，把松动的绳、标签什么的都拿掉。
- 宝宝玩的围栏中不要有东西，免得宝宝借助这些东西爬到外边去。
- 用门或栅栏等把宝宝关在一个范围内，或与别的地方隔开。
- 只给宝宝玩适合他年龄的玩具。超过他年龄的复杂玩具很可能有些零部件对他有害。

五、亲情交流，让宝宝健康成长

1. 不惩罚宝宝

宝宝满岁了，懂得事情也多了，渐渐开始有些不听话了。在日常生活和对宝宝的教育中，为了使宝宝朝着父母期望的方向发展，很多父母会采用惩罚的手段来规范宝宝行为，这是不科学的教育方式。

惩罚是最坏的教育方法。宝宝犯了错误，即便打了他，那也只能在表面上制止错误行为，并不等于宝宝的心理也相应地发生了变化，认识到了错误。如果没有明确认识到自己的行为到底错在哪里，那只会让宝宝产生逆反心理，不能从心底里认识到要改变自己的错误。惩罚宝宝只会适得其反，所以教育宝宝一定要选对方法。

不惩罚宝宝不等于不拒绝宝宝。如果想让宝宝品行端正，就需要用宝宝能理解的语言来解释他的行为所带来的不良后果。对稍大些的宝宝可以用讲道理的方式；而对待小宝宝，可以在没有危险的情况下，让宝宝体验坏行为所带来的坏结果。比如说吃饭的时候，如果宝宝挑三拣四不愿意吃，不要用打骂的方法来强迫宝宝吃，大人可以吃完以后就直接把饭菜收拾干净，这样宝宝可能就会认识到自己的拒绝行为不起作用，最后只好主动要求吃饭。

不惩罚式教育，对宝宝日后的心理发育十分重要，可能会影响到宝宝日后性格的形成。同时也会影响到母（父）子间情感交流，因为惩罚让宝宝产生的逆反心理，很容易让他在幼小的心灵上埋上报复的种子，进而讨厌父母，与父母不和。

2. 不吓唬宝宝

很多人对这样一些话都不陌生，“你不乖，爸爸妈妈就不要你了”！“你妈妈生小弟弟了，不要你了”！“你再不睡觉，大灰狼就把你抱走”！……许多时候，大人们总会习惯性地选择一些有影响力的语言去教育宝宝，希望令他们做得更好。殊不知有些话会对宝宝造成很大的影响。由于宝宝还没有辨别真假的能力，他们会把大人们说的话当成是真的，记在心里，然后整天忧心忡忡，缺乏安全感。这些话也许会影响宝

宝一整天、一个月、一年，甚至是一生。因此请不要吓唬宝宝！用宝宝般的心，去跟宝宝交流，这样会让宝宝和你更加亲近。

3. 给宝宝过个生日吧

离宝宝的第一个生日越来越近了。当你为宝宝计划小小的生日庆典时当然也要做一些相应的准备。

首先要记住自己宝宝的性格。他对各种不同情况是如何反应的？有些宝宝喜欢许多刺激，而另一些宝宝害羞而不喜欢活动。

举行这项活动的时间是在宝宝休息后和活跃的时候。如果宝宝午睡刚醒，那么午后晚些时候和晚上早些时候的庆祝会可能是最适宜的。集会时间要短，两个小时是最长的了，如果集会在很短时间内结束，就要考虑少请客人。

除了大人外，你想邀请其他的婴儿和儿童吗？一些父母在他们的宝宝的第一次生日晚会上只请大人。如果你一定要请小孩参加，你就需要给他们提供一些活动。如果有其他婴儿参加，给他们准备一个安全活动的地方和一些与他们年龄适合的玩具，不要请小丑或其他化妆打扮的人，他们可能会吓着你的宝宝。

祝宝宝生日快乐！不管怎样庆祝，要让1周岁的宝宝度过这快乐的一天。

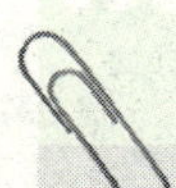

爸爸妈妈来互动

坐飞机

让宝宝骑到爸爸的肩上，抓住宝宝的双手说：“飞机马上就要起飞了，请乘客准备坐好。”爸爸慢慢站起，在地上转一两圈，然后说：“飞机到站了，请乘客下机。”让宝宝下来。游戏的时候要选择上空没有任何障碍物的空地上进行。坐上“飞机”的宝宝肯定会乐得合不拢嘴，在旁边观看的妈妈也会其乐融融。

感受幸福的模式，在家庭中可以代代相传。有调查发现，爸妈自己感觉到家庭环境和谐的，宝宝自我延迟满足能力绝大多数会发育得更好，证明爸爸妈妈和谐的家庭环境，为宝宝感受幸福的能力奠定了坚实的基础。

第一节

13～15个月的宝宝

做妈妈须知

多引导宝宝说话，少纠正语病，多表扬说话。帮助宝宝反复使用已经学会说的词汇；
可与家人同桌吃饭，但饭菜要单独做；
萌出乳牙6～8颗；
能准确认人和物品；
要放开手行走；
学会使用工具；
学习看书；
培养良好生活习惯；
注意营养，平衡膳食结构；
培养独立生活的能力；
预防意外事故。

一、宝宝的成长

1. 身体发育

体重	男童 约10.14千克	女童 约9.58千克
身长	男童 约77.14厘米	女童 约75.69厘米
头围	男童 约46.47厘米	女童 约45.45厘米
胸围	男童 约46.54厘米	女童 约45.61厘米
坐高	男童 约48.46厘米	女童 约47.41厘米
牙齿	已长出6～8颗牙	
睡眠	每天需要睡14～15小时，白天睡1～2次。	

2. 动作发育

如果宝宝满1周岁时还没有开始走路，那么1岁半以前应该学会。事实上，1～2岁期间的主要成就，是掌握完美的走路技能。如果宝宝已经开始走路，可能还会需要1～2个月的时间，才能不需要何帮助地站立和顺利行走。然而，不要期望宝宝按照想象的方法去做。通常小家伙的做法是：把手放在地上，伸直胳膊，高高地撅起屁股，然后把腿拉到身子下面。最后，直起腰离开地面，把腿伸直。

刚开始，不要指望宝宝在行走期间能够使用手。过一段时间后，他就使用手臂保持平衡，他会弯曲手臂并保持和肩膀一样高的水平——“高度防卫”体位，毫无问题地用手拿、玩耍或者拣起玩具。再过上2～3个月以后，宝宝就能够完全控制自己，不仅能弯下身子捡东西、拿着玩具到另一个房间，而且还能够推拉玩具车、横着行走或者后退、甚至在行走时扔球。

迈出第一步的6个月以后，宝宝的行走方式就更加成熟。走路时，他的双脚会靠得更近，步态更加稳定。在大人的帮助下，甚至可以上、下楼梯。但在宝宝尝试自己爬楼梯时，只能手膝并用地匍匐前进，一级一级地上和下。虽然在3岁以前，宝宝总是跑得不太好，但过不了多久，他就会以碎步的方式，僵直地向前跑了。到2岁时，宝宝就可以走得很好了。要知道，一年前他才刚刚学走路啊！

3. 语言发育

1岁的宝宝们，掌握的词汇量逐步增多，开始会说“谢谢”、“你好”、“我们”、“再见”等双音节词汇了。这时候的宝宝，对学习语言有一种特殊的热情，特别喜欢与别人说话，也特别喜欢听别人说话，相同的话往往会喜欢听上好几遍。

一般说来，宝宝首先要理解语言，然后才能表达语言。因此，在这个年龄阶段的宝宝，应当多让他听，并且要帮助他听懂，为表达语言的发展打下基础。平时，父母可以给宝宝发一些简

单指令，如“把球给我”，“给妈妈拿鞋子”，“把玩具放到桌子上”等，多让宝宝执行命令，提高宝宝的语言理解力。

除了让宝宝理解语言外，还要尽可能让宝宝用简单的词语来表达意愿。发现宝宝想要表达某种要求时，要耐心等待，让宝宝用适当的方式表示，如宝宝不停地用手指在桌上的东西，父母可说：“你要什么？”让宝宝说出“糖”，然后再拿给他。这个年龄宝宝的语言发展还处于“单词句”阶段，即用一个词表示一句话，如说“糖”表示“要吃糖”，因此父母要结合情景，理解宝宝的语言，作出正确解释，并在单词句的基础上鼓励宝宝说出双词句。

4. 稳定发育期

在宝宝快满1周岁时，生长速度开始减慢。

从现在开始，直到下一个生长高峰——少年期之前，宝宝们的身高和体重会稳定增加，但不如新生儿阶段的几个月那么快。在第4个月左右时，体重增加1.8千克的婴儿，到第二年的体重增加总量可能会只增加1.4～2.3千克。继续每个月都坚持测量宝宝，并绘制宝宝的生长图表，判断发育是否遵循正常的生长曲线，就会发现与婴儿早期相比，宝宝正常发育的范围更大。

到15个月时，女孩的平均体重大约为10千克，身高大约77.5厘米；男宝宝的平均体重大约为10.4千克，身高78厘米。以后每3个月，宝宝的体重增加大约0.7千克，身高增加大约2.5厘米左右。到2岁时，女孩的身高大约为88厘米，体重为12.2千克；男孩的身高能达到88厘米，体重大约为12.6千克。

在第二年期间，宝宝的头部生长也会特别慢。尽管在一年内，头围有可能只增加2.5厘米，但到2岁时，宝宝的头围将会达到成年时的90%。

初学走路的宝宝容貌的改变，要比身高体重变化大得多。满周岁以后，虽然学会了走路或者会说几句话，但看起来仍像一个婴儿。头部和腹部仍然是整个身体上看起来最为硕大的部位，站直以后，宝宝的腹部仍然显得很突出，相比较而言，宝宝的臀部仍然很小——至少在不用尿布时仍然如此。宝宝的腿和胳膊既短又软，好像没有肌肉，面部显得软而圆。

在宝宝的活动量增加以后，上述情况都会发生变化，肌肉逐步发育，婴儿时期的脂肪逐渐减少。腿和胳膊逐渐加长，脚不再扭向一边，而是走路时朝前了。脸变得比以前更有棱角，下巴也显露了出来。

到了两周岁生日时，宝宝们的外貌很少会再残留有婴儿的痕迹。

5. 迈出人生第一步

人生能有多少个第一次呢？

父母们惊喜地看到宝宝第一次自己站了起来，惊喜地看着宝宝第一次绕着家具慢慢地前行，宝宝在尝试着迈出人生的第一步呢！

宝宝要挣脱父母的双手，独自行走了。不到1周岁，宝宝就会开始“巡游”——喜欢绕着家具走来走去——这是他迈出自己人生坚实第一步的最后冲刺阶段。宝宝会不断增强自我满足感和肢体灵活能力，去探索新鲜的世界。

宝宝开始“巡游”的时候，要注意保证家庭环境中家具的安全性。为了帮助宝宝练习，可以在房间里放置一些比较牢靠的家具，家具边和角等尖锐的地方最好能包起来以防止宝宝跌倒后磕碰受伤。这样就可以放心地让他围着房间转了。最好让宝宝光着脚练习，在避免滑倒的同时，锻炼足弓和脚踝的力量。如果天气比较冷，可以给宝宝穿上底部有防滑胶粒的袜子或者有防滑底的鞋子。

迈出第一步，可不是那么容易实现的。宝宝的头和躯干相比，他的腿和脚太小了，但却要承受全身的重量。在前进的过程中，他必须要学会如何调整臂部、膝盖和脚踝的协调性，以免摔倒。这也是宝宝们在摇摇晃晃走路的时候，还需要伸出双臂来保持平衡的原因。

不要强行推宝宝走路，看到宝宝独立行走进程较慢，也不要着急。在宝宝们生长过程中不同的发育阶段，都会有这种近乎发育停滞的现象，也许宝宝是在专注于其他方面的发展，这一阶段，也会有语言方面和物体认知方面的发展，或者只是在凝聚勇气。一旦真正鼓起勇气站起来，宝宝们一定会勇敢地迈出人生的第一步！

宝宝运动发育的经历过程

宝宝的运动发育要经历的过程是：单独行走——行走时拉着玩具——行走时拿一个大的玩具或几个玩具——开始跑——用脚尖站立——踢球——独自在家具上爬上爬下——扶着栏杆上下楼梯——跳。

二、育儿小知识

1. 养育建议

为宝宝制订好平衡的膳食食谱，按季节变化合理安排饮食；

要特别注意让宝宝愉快地进餐；

每次教宝宝掌握3～5个新词；

对宝宝反复讲话，不怕重复，不断地说，随时随地说，注意句子完整，发音清晰；

常常向宝宝提问，答不上来的可以自问自答；

尽量不要努力去教宝宝什么东西，而是尽量和宝宝一起玩，尽量多玩一些时间；

懂得烫的东西不能用手摸；

为宝宝选择合适的鞋子；

培养良好的卫生习惯；

第4次接种白、百、破制剂。

2. 学走路的要素

一般说来，宝宝学走的动作发展，可以分为五个阶段。

第一阶段为10～11个月 此阶段是宝宝开始学习行走的初始阶段，发现宝宝在放手后能稳定站立时，就可以开始尝试走路。可以利用小推车或学步车，协助宝宝打消对走路的恐惧感，学习行走。

第二阶段为12个月 蹲是这个阶段重要的发展过程，应注重宝宝站——蹲——站连贯动作的训练，这样做能增进宝宝腿部的肌力，训练身体的协调度。父母可以训练宝宝学习蹲——站的方式，把玩具丢在地上，让宝宝自己捡起来。

第三阶段为12个月以上 这个阶段宝宝扶着东西能够行走，接下来必须让宝宝学习放开手也能走上两三步，此阶段需要加强宝宝平衡的训练。父母可以各自站在两边，让宝宝慢慢从爸爸的这一头走到妈妈的那一头。

第四阶段为13个月左右 此时除了继续训练宝宝腿部的肌力，及身体与眼睛的协调度之外，也要着重训练宝宝对

不同地面的适应能力。让宝宝练习爬楼梯，家中没有楼梯可以利用小椅子，让宝宝一上一下、一下一上地练习。

第五个阶段是13～15个月 宝宝已经能行走良好，对四周事物的探索逐渐增强，应该在此时满足宝宝的好奇心，使其朝正确方向发展。利用木板放置成一边高、一边低的斜坡，但倾斜度不要太大，让宝宝从高处走向低处，或由低处走向高处，父母须在一旁牵扶，防止宝宝跌下来。

宝宝开始走路，代表着具备以下三项条件：能自主性的握拳，能随宝宝的意志使用手指和脚趾；腿部肌肉的力量已经足以支撑本身的重量；宝宝已经能灵活地转移身体各部位的重心，并懂得运用四肢，上下肢各动作的发展也已经能协调得好。

宝宝学习走路时，有时会出现踮脚尖走路的行为，有时又恢复正常状态，无需担忧。一般来说，宝宝大约在3岁之后运动协调才发展成熟，在此之前走路不稳、踮脚尖都不用担心。

刚学会走路的宝宝，最容易发生的意外是扭伤，再加上宝宝通常不能清楚表达，要细致观察宝宝走路是否一拐一拐的，或是躺在床上踢一踢，看看是否能踢得好，除此之外，也可压一压宝宝腿部各部位，看看宝宝是否感到疼痛。

在使用学步车时，必须注意：最好等宝宝7个月大以后，能够支撑颈部并平稳坐立时再使用。学步车的高度须适合宝宝的身高，不宜过高或过低。每次使用的时间不宜过长，以不超过20分钟为原则。使用学步车应在家人的视线范围内。

学会走路的宝宝所碰到的危险越来越多，在环境安全的注意上，要费更多的心思。除了居家环境的安全外，可以帮宝宝穿上防滑的鞋袜，以防止跌倒。

阳台 宝宝一旦学会行走，“到处乱走”是必然的情景，届时父母就特别要留意宝宝走到阳台上。没有围栏或栏杆高在85厘米以下，栏杆间隔过大（超过10厘米以上），或者阳台上摆小凳子等情况，都容易使宝宝误爬而导致危险。

家具 家庭中家具的摆设，尽量避免妨碍宝宝学习行走，要把所有具备危险性的物品放置到高处或移走，须留意所有家具中尖锐的角和边，以防碰撞宝宝。

门、窗 宝宝容易在开关门时发生夹伤，可以使用门防夹软垫来避免危险。家庭最怕宝宝走到窗边玩窗帘绳，容易发生被绳子缠绕造成窒息的威胁。

3. 有益身高的因素

如果可以，父母都希望宝宝长得更高一些。

一个人的最终身高，是遗传和环境相互作用的结果。遗传决定了身高的生长潜力，后天的环境因素如营养、疾病、运动和合理的生活制度等，决定生长的潜力是否能得到充分的发挥。

下面的公式，可粗略计算出遗传潜力所确定的最终成年时的身高：

男孩成年身高＝（父亲身高＋（母亲身高＋13））÷2±7.5厘米

女孩成年身高＝（（父亲身高－13）＋母亲身高）÷2±6厘米

这个公式能看出，预计的宝宝身高在一个范围内变化，不是固定的数字。遗传确定生长的可能范围，但遗传潜力的发挥更多地取决于后天的环境因素。

因此，父母的责任是为宝宝创造更加良好的生长环境，把先天赋予的生长潜能充分发挥出来，达到理想身高。

不要错过快速生长期 在宝宝生长发育过程中，有两个生长高峰时期，一是婴儿期，另一个就是青春发育期。婴儿期是指0～1岁，这个阶段生长速度最快，也是最容易受外界因素干扰的时期。婴儿期生长的好坏直接影响到幼儿期、儿童期的生长，儿童期生长又为青春发育期奠定基础。宝宝2岁时的身高与成年身高的相关性为80%，因此，别让宝宝在生长的快速期掉队，否则追赶起来会相当困难。

注重营养 充足和合理的营养，是宝宝生长发育的物质基础。充足的营养，是指每天要摄入足够的热能和各种营养素，包括蛋白质、脂肪、碳水化合物、膳食纤维、维生素、无机盐和水。这些营养素均存在于粮食、蛋类、肉类、奶类、豆类以及蔬菜和水果等食品中。一般家庭都有能力为宝宝提供充足的食品，但需要科学喂养和合理搭配。在有荤有素的饮食中，营养应该全面和足量。多数生长不足的宝宝都与营养缺乏有密切的关系。

重视运动锻炼 在保证营养供给充足的前提下，体育活动是促进身体发育和增强体质的最有效方法。运动能刺激生长激素分泌，促进新陈代谢，增强食欲。宝宝经常从事体育运动，能促进骨的生长，使骨骼变长、变粗、骨质密度增大。经常运动，也能使肌纤维变粗，提高肌肉的力量、速度和耐受力。运动还可以消耗多余脂肪，在快速生长期预防肥胖。

保证充足睡眠 促进人体长高的激素——生长激素，在睡眠状态下的分泌量是清醒状态下的3倍，保证充足的睡眠，有利于宝宝长高。睡眠时肌肉放松，有利于关节和骨骼伸展。睡眠时间的长短因年龄而不同，个体差别也很大，一昼夜所需睡眠时间：新生儿为16～20小时，1～3岁为12～14小时，4～6岁约为11～12小时。

预防和治疗疾病 各种引起生理功能紊乱的急、慢性疾病，对宝宝的生长发育都会产生直接影响，影响程度取决于病变发生部位、病程长短和病情严重程度。一般急性疾病对生长的影响是暂时的，在身体营养状况良好的情况下，很快可以恢复；反复的呼吸道感染和腹泻会明显阻碍宝宝的生长发育；长期性疾病如慢性感染、慢性肝炎、慢性肾炎、哮喘、心脏病、贫血等均会影响身高增长。此外，染色体异常、内分泌疾病、骨和软骨发育障碍等重大疾病，会引起身高明显低于同龄儿，医学上称为病理性矮小。

因此，积极防治疾病，对生长期的宝宝有十分重要的意义，通过早期及时诊断和治疗，一些疾病造成的生长损害可以得到恢复。

3. 哭与心理健康

随着宝宝年龄的增长，表达自我需要和体验的能力也增强了，哭就不再是表达需要和体验的主要手段，而会更多地依靠语言、动作等方式，并学习自己去解决遇上的问题。

宝宝会有各种各样的情感表现，有时候会用哭声，来表达自己的消极情绪。但如果把哭当做解决问题的唯一手段，遇到困难就哭，在心理上对哭闹产生依赖，会对宝宝心理健康产生不良影响。

经常处于消极情绪状态的宝宝，身体各器官都会受到抑制，影响正常发育。

哭，不利于宝宝形成积极有效的人际交往方式。如果和小朋友在玩游戏时不知道怎么和别人协作，遇到困难就哭，长大以后也很难学会与人交往、与人友好相处。这种交往方式会发展成为退缩性个性倾向，或以极端的行为解决生活中的冲突，无法适应现代生活的节奏。

宝宝如果经常处在消极情绪状态，会影响到父母的情绪，使父母产生自责和无力感，“人家的宝宝都好好的，我怎么就带出了这么爱哭的宝宝？”从而影响父母对待宝宝的方式，缺乏足够的耐心，形成宝宝与父母之间消极情绪的不良循环。

宝宝的成长，离不开舒展的眉眼和绽开的笑脸。健康、快乐的宝宝常会有积极、愉快的情绪，要注意从小培养宝宝积极、开朗的情绪、情感，培养独立性，让宝宝成为身心健康的一代。

三、智能开发从训练开始

1. 让宝宝自己吃饭

常见到有的家庭中，妈妈到处追着宝宝喂饭吃。这是许多家庭的头痛事：宝宝一口饭含上十几分钟、或是慢腾腾地不爱吃饭，怎么办?

其实，让宝宝养成自己吃饭的习惯并不困难，只要能以爱心和耐心对待，再加上一些小技巧，一定能培养出爱吃饭的宝宝。

前置准备 从宝宝5~6个月开始学习抓握，就是为培养其自己吃饭练习的前置准备时期。宝宝由这个时期到满9个月之间，是手部抓握能力的发展期，正是开始让宝宝学习正确的餐具握法的最佳时机。且恰好宝宝刚接触辅食，对乳汁以外的食物有着相当的好奇。在一边喂食辅食时，一边让宝宝学习餐具的抓握，对奠定宝宝日后自己吃饭基础，有相当的效果。

实际诱导 宝宝满周岁后，是让宝宝自己吃饭的实际诱导期，从满1岁到1岁3个月之间，可视之为“黄金诱导期”。在这段时间里，宝宝的手、眼协调能力迅速发展，若给予以适当的诱导，会有事半功倍的成效。

了解诱导的最佳时机之后，接下来就是准备实际应战。大致上应该做的准备有：

食物准备 准备一份色、香、味俱全的食物，是促使宝宝喜爱自己吃饭的法宝，除了香气、口感及营养的考虑外，“色”的应用是相当重要的。例如分别用胡萝卜、绿色蔬菜、番茄等搅成泥后拌饭，就做成橙色饭、绿色饭及红色饭。

一次给予的食物量不要太多，因为容易吃完会增加宝宝吃饭的成就感，并

再加上言语的鼓励，如“哈！爸爸才吃两碗，可是你吃了三碗！好棒喔！”宝宝容易产生成就感，就会喜欢吃饭了。

餐具准备 准备一份宝宝喜欢的餐具，也可以增加宝宝对吃饭的好感觉。假如能带宝宝亲自去选购宝宝喜欢的餐具，会有更好的效果。在宝宝餐具的选择上，目前市面上的种类非常多，基本上以“平底宽口”为佳。

假如宝宝正兴致冲冲地在玩游戏或是看卡通时，强制他中断了来吃饭，自然对于吃饭的印象就大打折扣。应该在开饭前十分钟提醒宝宝，有时间准备。

有了万全的准备之后，让宝宝自己练习吃饭，就不会再乱了。不过。需要注意的是：

❶ 要告诉宝宝，吃饭就是吃饭，要规规矩矩地坐在饭桌前，定时定量，不要养成一边吃饭一边看电视或玩玩具的习惯。

❷ 正确对待宝宝吃饭的问题，既不要批评打骂，也不必过于心急。

❸ 就餐气氛要轻松愉悦，吃饭时父母可以和宝宝一起谈论哪些食物好吃，哪些有营养，唤起宝宝对吃饭的兴趣。

❹ 不要强迫宝宝吃饭。如果一时不想吃，过了吃饭时间后可以先把饭菜撤下去，等宝宝饿了，有了迫切想吃的欲望时，再热热吃。几次过后，宝宝就建立了一种新认识：不好好吃饭就意味着挨饿，自然就会按时吃饭。这个方法听似简单，做起来却不容易，因为首先要硬下心来，不能总担心宝宝饿，如果再给零食吃，会适得其反。

❺ 饭桌教育只是一部分，平时也要有意识地多给宝宝灌输“好好吃饭，长得更快，变得更聪明”之类的观点。

❻ 如果宝宝成功地自己吃饭，饭后父母可以陪着一起玩作为奖赏，让宝宝产生关于吃饭的快乐的记忆，以后就不会排斥吃饭。

2. 教宝宝认识危险

家庭安全护理婴幼儿，除了尽可能改善生活环境中的安全性，还能做的，就是要教宝宝认识危险。

（1）通过游戏认识危险

❶ **认识“高”** 把宝宝放在高约10～15厘米的平台上，看宝宝的反应。大部分会爬

的宝宝会马上翻下来，没有特别害怕的表情；然后再把宝宝放到90厘米高的桌子上，在一旁注意保护宝宝，看宝宝爬在桌子上的时候是什么表情，宝宝是否会爬到桌子的边缘就停止动作。游戏结束以后，告诉宝宝这很“高”，很危险，宝宝不能爬到上面来玩，如果下不来就要喊妈妈。

❷ 认识“烫” 用两个一模一样的杯子，在杯子里倒入冷、热两种水，让宝宝感受不同触觉感受，并告诉宝宝“烫”。然后把水壶打开，拉宝宝的手放在水壶口上方，让宝宝感受热水气，并再次强调“烫”。还可以用两块毛巾分别浸过冷、热两种水，当把毛巾给宝宝的时候，告诉宝宝“烫”。

用类似的方式，还可以教宝宝认识“扎手”、“夹手”、“咬人”、“摔跤”等危险信号。

(2) 通过练习帮助自己

❶ 学倒水 给宝宝准备一把小茶壶，提前在里面装上宝宝要喝的水，把它放在宝宝方便拿的地方。宝宝玩累了、渴了，需要做的就是提醒宝宝自己去倒水喝。当然，刚开始的时候，可以适当地帮助宝宝完成，以后就放手让宝宝自己来吧，别怕宝宝把水洒得到处都是。这种游戏能提高宝宝的自理能力，训练宝宝的手眼协调性。

❷ 骑马翻跟斗 当宝宝在摇马上骑得高兴的时候，突然从后面轻推，让宝宝身体猛地朝前方倾斜并翻倒，观察宝宝的反应。这个动作需要在旁边做好保护，父母的手始终要拉住宝宝的后背衣服。刚开始宝宝会有些害怕，不要强迫宝宝，要教会宝宝用手支撑地，并慢慢地爬下来。采用同样的形式，还可以教会宝宝练习如何从箱子里爬出来、如何从床上爬下来。可以提高宝宝的身体协调性，促进宝宝自我意识发展。

❸ 学用剪刀 很多危险行为的产生，与宝宝探索新事物是分不开的。与其限制宝宝的探索，不如放手让宝宝尝试，虽然有一定的危险性，但有了练习，以后就安全多了。给宝宝安全用剪刀，教宝宝用剪刀剪开纸。可以用同样的方式，让宝宝学会用玩具螺丝刀、夹子等。当然，要注意生活中的这些东西，还是尽可能不给宝宝接触到。学会使用工具，能提高宝宝使用手指技巧，防止宝宝在使用工具时的伤害行为，促进宝宝的自我意识领域的发展。

(3) 相关提示

❶ 随时随地给宝宝灌输安全意

识：比如坐车的时候要带上安全带，过马路的时候要等候红灯，什么情况下找警察叔叔、怎样拨打110电话等。尽管宝宝自己可能还不会做，但需要及早帮助宝宝建立安全意识。

❷ 结合场景或正在发生的情况状态，告诉宝宝什么是安全的，什么是不安全的，应该怎么做的正确方法。

❸ 父母要养成定期检查环境安全的习惯。

❹ 帮助宝宝认识安全的时候，要用积极的方式。比如，宝宝非常喜欢玩剪刀，与其把剪刀藏得远远的，不如拿出来指导宝宝怎么用。否则，万一不小心让宝宝拿到剪刀，不会用就剪伤自己。

❺ 当宝宝从某种危险环境中脱离以后，在以后的教养过程中遇到同样的危险场景，不要用消极的口气吓唬宝宝：“还记得××××吗？”“不准碰！”这样会让宝宝变得特别胆小。要正面提示宝宝，给宝宝正确的信息，让宝宝懂得远离危险。

3. 训练宝宝开口说话

现代多数父母对宝宝的语言发展赋予极大的关注，尤其是那些开口迟、说话少的宝宝，更是令父母忧心忡忡、焦灼不安。对此不必急躁，宝宝说话需要有一个较长的学习过程，没有捷径可走。要耐心地观察，促进这个过程的发展，哪怕一段时间内有看不到宝宝在语言上的丝毫进步，也不要气馁。

实际上，宝宝语言的进展，在开口说话之前是悄然进行的。要用游戏开发宝宝的语言能力，预防语言发展缓慢。为使这种寓教于乐的语言教学更有效，要掌握几个方面的策略：

❶ **让宝宝感到快乐和有趣** 教给宝宝语言，并不是一味地枯燥模仿。仅靠父母说，宝宝学的单调模式不容易奏效。如果发现宝宝对什么感兴趣，如冰淇淋、糖果或饮料等。当宝宝学会了有些较难理解或较难发音的词语时，就可以奖励给他这些东西。以便提高宝宝的学话积极性。更多的时候是要用语言、用父母快乐的表情、用拥抱或亲吻的动作对宝宝表示鼓励。还要根据宝宝的年龄特点安排游戏时间的长短，同时要不断变换游戏内容，以吸引宝宝的注意。

❷ **控制教学情境** 如果教宝宝学习新的语言，首先要会控制宝宝学习的情境，使宝宝能够配合，注意力集中并感兴趣。

年幼的宝宝在学习时分心很常见，关键是如何把握住节奏，切忌硬逼或训

斥。如果宝宝在学习中不合作或表现不好，可以不予理睬，最好什么也不说，只管自己继续游戏。如果宝宝把玩具乱扔在周围，可以拿走他手中的玩具，离开房间几分钟后再继续。如果宝宝仍调皮，就收拾好全部玩具，结束游戏。这样，宝宝很快会懂得自己做错了，不等玩具收拾好，就会回到父母身边并安静下来。

❸ **注意语言内容** 在教宝宝学说话时，不要自顾自地说，这会使宝宝只听而无机会说。同时不要提问题太多，宝宝在“这是什么”一类提问中不能学到语言，反而会紧张。此外，不要使用复杂的语言教宝宝，要使用短句，突出所教的单词，把它放在每一个句子中，不要只说不演示。教宝宝说话时，要充分调动视、听、嗅、触等各种感觉器官。还要辅以相应的动作，让宝宝懂得表达出的意思。

❹ **每天定时教** 每天抽出一定的时间和宝宝游戏，在游戏中教宝宝说话。固定的时间因人而异。开始可以定得短一些时间，大约2～3分钟，然后逐步延长，形成常规。

❺ **选择最佳学习时机** 最佳学习时机，是宝宝精力最充沛、注意力较集中的时候，这样效果会好一些，宝宝学的东西也更多一些。在宝宝疲乏困倦的时候教语言，往往事倍功半。

❻ **重点突出，反复练习** 在一段时间内只教宝宝学习一个特定的词语，让宝宝有足够的练习时间，要一步一个脚印地扎实学习。

❼ **小步快进** 学习语言时，要把目标化整为零，每一步都要分得较细致，使宝宝在学习中容易获得成功，成功的喜悦能激发学习热情和兴趣。如果一步与下一步之间跨度较大，宝宝遇到困难，会挫伤学习语言的积极性。例如，宝宝不会发“渴”音时，父母可以训练宝宝的口舌运动，先发“啊”或“哦”的音，逐渐过渡到“渴”音等。

❽ **不轻易放弃** 一段时间内尚未看到明显的效果不要急躁。因为宝宝的开口，是需要“千呼万唤始出来”的，有一个厚积博发，润物无声的积累过程。

❾ **记录进步** 在宝宝开口之前，很难看到进步，常常会影响父母教宝宝的积极性。为避免这点，建议你经常记录宝宝的行为表现。对于能说话的宝宝，要记录使用词汇的

性质，是名词还是动词，是一个字还是两个字的词语，是短语还是句子……由此，可以得到宝宝语言学习的准确信息，循序渐进地安排计划。

4. 语言交流能力训练

训练宝宝语言交流能力，即是要从对话能力做起。宝宝连句子都说不清楚，怎么能“对话”呢？——你可能因此觉得和宝宝“对话”太难。其实，只要把“对话”看成交流，无论宝宝说话的能力怎样，只要亲子之间能有交流，就实现了互相之间的思想表达。

那么，如何促进宝宝的言语交流能力呢？

❶ 促进言语交流能力最有效的方法，是和宝宝多说话。学习语言也和学习其他东西一样，最好在宝宝有所注意、有兴趣时进行。

❷ 可以利用多种形式来训练宝宝的言语交流能力，但一定要灵活多变、讲究趣味、生动活泼，应当把这种训练贯穿到日常生活和游戏中。

❸ 结合生活事件和具体活动教宝宝说话。例如，早上边起床穿衣边聊天，也是一种很好的交流形式。

❹ 短小、内容浅显的儿歌容易引发宝宝的兴趣。可以多给宝宝读儿歌，然后逐渐教宝宝跟着学念。

❺ 睡觉前给宝宝多讲讲故事、看图画书，在看一看和讲一讲中，与宝宝对话、提问，让宝宝模仿、复述。

❻ 创设宝宝之间的游戏环境，让宝宝在做游戏的过程中对话，这种形式是学习讲话、提高语言交流能力最自然、最有效的方法。

一旦能够走进宝宝的言语世界里，你会发现宝宝是多么的可爱。

5. 训练宝宝的方位感

通过做游戏的方法教训练宝宝的方位感。

（1）整理物品

应该让宝宝自己把玩具放回原来的位置。完成这个任务，需要爸爸妈妈正确的语言提示，比如“记住动物园里小动物的家在门边衣橱最下边的一层”。只有当宝宝听到规范的、细致的描述时，才能理解这些词汇的意义。

可以和宝宝玩一个游戏，叫做“我是一个侦察兵”，这个游戏可以让宝宝熟悉周围物体的位置和名称。

（2）修建“公路”

找一块空地，和宝宝一起在几个点之间修建一条“公路”，比如为一个小

木偶修房子，在房子和超级市场之间修公路，可以用木块或塑料作为铺路的材料。

修好公路后，让宝宝描述小木偶从房子里到超市需要走过的路线。

然后，可以再增加一些停止地点，比如红绿灯或斑马线，增加宝宝的词汇量，使任务更复杂些。使用短句如“走斑马线穿过马路”和“在红绿灯处向左拐”等，使任务多样化，可以要求宝宝描述使用不同的“交通工具”走上“公路”时的不同路线。

（3）描述房间布置

通过画地图，宝宝可以学会大量的方位知识。在一张大纸上，让宝宝画出房间的墙，并标出窗和门的位置。让宝宝剪出不同颜色，形状的粘贴纸片，代表房间的不同区域，比如书柜和玩具抽屉，并把这些小纸片贴到大纸上。

鼓励宝宝做一张比较精确的室内地图。这将会是宝宝理解绘制一个区域的良好开端。然后宝宝就能用相似的方法，来介绍自己小卧室的内部陈设。

（4）绘制地图

用讲故事的方法，能激发宝宝绘制过程地图。可以读一则著名的安徒生童话故事，如《一个小姜饼人》：他的生命开始于一个老婆婆阁楼上的煎锅里。他从煎锅上跳到地板上，溜出厨房，跑出门去，然后沿着小路逃跑。他穿过花园，看见一个园丁正在干活。然后他跑到田野里，看到一头牛和一匹马。因为所有的动物和人都在追他，他就跳进了一条很深的河，一只狐狸救起了他。

讲故事时，鼓励宝宝参与到故事的想象场景中，可以不断地重复那句有名的对白：“跑啊，跑啊，你能跑多快就跑多快，但你追不到我，我就是小姜饼人。”

让宝宝画一幅图，表现事件的顺序。当宝宝描述每个事件发生的过程时，要向宝宝强调正确的词汇用法。

6. 为宝宝选择图书

早慧的宝宝都有一个共同的特点：爱书。

书同电视比起来，虽然少了动感和声音，但可以反复读，可以在任何时候读，听故事同时还可认识字。

所有的宝宝都具有很强的求知欲，一本书到手，宝宝常会翻看数遍，即使能背了下来也仍不释手。教给了宝宝爱书，就交给了宝宝一把打开智慧之门的金钥匙。

为宝宝选择适合的图书，要从适合

的年龄特征、内容的多样性和知识性趣味性几个方面考虑。

❶ 首先要考虑宝宝的年龄 宝宝在1岁左右，应选色彩鲜艳、图多字少、绘图准确的书。书不必太厚，最好一本一个简单而有趣的小故事。

1～2岁左右，仍以图为主，画面可以复杂一些，但绘图一定要准确，有些幼儿读物类图书中的小动物非牛非马，成年人也许看着可爱，但对宝宝来说，却会起误导作用。

2～3岁宝宝的书内容可以更丰富，画面可更复杂，文字也可相应增加。画面可以抽象一些，只要抓住特点，变形也不要紧。此时宝宝已基本上能掌握小动物的主要特征，抽象可以增强想象力。

近3岁时，选书的重点就要从以画为主，向以文字为主偏移。故事的内容要生动有趣，有寓意、有知识的讲解，应输入正确的道德观，不要一味打打杀杀。有一些幼儿类图书的画面不美，主人公要么丑陋不堪，要么凶狠怪异，这类读物会对宝宝的心理造成不良影响。

❷ 不一定要选特定的“幼儿读物” 两岁以后，书的范围、书的内容都可以多样化。比如，结合宝宝喜爱的玩具选书，不仅提高看书的兴趣，也深化某方面的知识，使宝宝在玩中学到有益的知识。

有一些宝宝偏爱某些玩具，对和这种玩具相关的知识都表现出极大的兴趣。就不妨从“专业”书中挑一些书让宝宝看，做一些深入浅出的讲解。一些原本宝宝学不了的知识，在这种玩中学，却能很快掌握，有些宝宝俨然像一位小专家，让成年人也自叹弗如，并不是“神童”，而是教育的必然受益者。

❸ 注意内容准确 父母认为宝宝反正是瞎看，买书往往只注意趣味性。宝宝就书中内容提问时，往往敷衍一句，糊弄过去。看似小事，却为宝宝不求甚解的读书习惯埋下了伏笔。3岁是宝宝记忆的关键时期，此时如果给宝宝的错误知识，宝宝可能因“先入为主”而始终当做正确的来掌握。

好的幼儿读物要有趣味性，形式和内容都要多样化。小故事、小知识、小测验、儿歌、歌风、动手填图、手工制作……都能大大调动宝宝读书的兴趣。

7. 创造能力激发

一个发育正常的宝宝，大脑存在着无限潜能，在宝宝出生的两年之内，要开发宝宝的灵感、直觉、创造性、感性等右脑的能力，对于宝宝成人后的创造能力极其重要。

人的左脑又称“自身脑”、“理性脑”，主要功能是进行以语言和计算为主的抽象思维，有极强的数学概念和逻辑分析能力，善于把复杂的事情条理化。

人的右脑又称“祖先脑”、“直观脑”、“映像脑”，主要进行形象思维，是想象力、创造力的原动力。右脑具有映象认识力、图形认识力、空间识别能力和绘画感觉能力，而这些能力则是个体的人创造力的关键要素。

右脑映象的认识力，又称类型识别能力。新生儿能认识母亲的脸，宝宝记忆大部分是以映象作为概念被识别出来的。这种概念就是在瞬间能捕捉到的东西，也称为类型识别能力。在婴儿半睡眠状态下给宝宝讲故事，就是运用宝宝映象记忆力。

图形的认识力，即形象认识能力。与婴儿说话时，指给宝宝看相对应的物品，则婴儿的右脑就会反映出这个物品的形象来。日常生活中养成用图形记事的习惯，就能刺激右脑，使其逐步激活强化。

空间识别能力也是右脑的一种重要功能，从小让宝宝拍吊在空中的球，开始会拍不到，练习一段时间以后，宝宝就能够准确地抓住球，这就是宝宝以自身协调的动作完成了空间识别。还可以训练让宝宝在自己家里黑暗中来回走，直到能行走自如，提高空间识别能力。

最后是绘画感觉能力，有人认为自然风景是右脑型的，要激活强化右脑能力，就应该经常带宝宝欣赏美的工艺品、建筑、塑像、邮票以及自然风景等。培养宝宝对绘画的兴趣，对右脑的刺激会更明显。

宝宝的大脑不是一个要被填满的容器，而是一支需要点燃的火把。教育宝宝的过程中，多和宝宝一起游戏，给宝宝快乐、自由、富于想象的空间，使宝宝在轻松玩乐中开发右脑的潜力，训练左脑的技能，使大脑的综合能力获得最大程度的发挥，宝宝就会成长为智慧潜能开发的佼佼者。

四、这样教宝宝

1. 做一个普通的宝宝

天下父母有哪一个不是望子成龙，望女成凤？但具体到教育宝宝时，不能有虚荣心，不能赶时髦，更不能给孩子制造框框，让宝宝按照定格好的“模式”去发展，这样，不但不能使宝宝有所发展，还会起到适得其反的效果。

西方国家的父母对于宝宝个性的发展重视程度，并不亚于我国的任何一个家庭，但最重要的一点，是从小尊重宝宝的选择，尊重宝宝的个性培养和发展，不对宝宝做过多限制。

固然，成才是育儿的最佳的终极目的。但是，让宝宝从小处在有利于身心健康的环境里，愉快生长，比起逼迫宝宝从小做这做那、苦不堪言的境地来说，为什么不想着让宝宝做一个普通人，享受每一个普通人所能拥有的一切乐趣，把育儿的过程，变成亲子间其乐融融的赏心乐事，共享天伦呢？

我国一代文学宗师老舍的教子方法值得借鉴，老舍先生的教子方法有四：一是不必非考一百分不可，特别是不必门门都考一百分；二是不必非上大学不可；三是应多玩，不失宝宝的天真烂漫；四是要有个健壮的体魄。老舍先生的这种顺其自然的教育方法，好就好在能打破传统教育方式，给孩子营造一种宽松的发展空间，使宝宝的个性得到充分的伸展，对培养宝宝的自信心和适应社会能力方面有很大的帮助。

自然的才是最美的。假如宝宝不能成长为参天大树，那就让他做一棵默默无闻的小草，同样可以带来春天的美丽；假如宝宝不能成为一片汪洋，那就让他做一朵最小的浪花，同样可以带来跳动的喜悦；假如宝宝不能成为一位名人，就让他做一个平凡的人，无论做一名地地道道的市民，普普通通的百姓……只要培养宝宝拥有诚实、正直、善良、上进的普通人的人格，最要紧的是活得开心，过得愉快，做为父母都应当为宝宝而骄傲，因为培养出来的宝宝是一个对社会有用的人，因为能让宝宝成年以后觉得自己过得好，这就足够了。

2. 攻击性强的宝宝

1岁左右的宝宝出现攻击性的行为很正常，应该辩证地看待这种行为。一方面，这是宝宝发育的年龄标志，每个宝宝都会经过这个时期，不必担心。另一方面，虽然这是宝宝必经的过程，如

果对宝宝的错误行为不做正确的指导，很可能会养成打人的坏习惯。

对宝宝的“暴力”行为，应当知道他为什么会这么做，才能找到解决问题的办法。

宝宝也和成年人一样，不会无缘无故发脾气，如果宝宝咬了小朋友，肯定有自己的原因。1岁左右的宝宝还不会为自己解释“为什么要咬人”？父母不妨站在宝宝的角度，看看究竟是什么原因让宝宝动用“武力”。

看到宝宝急切表达意图，但又弄不明白时，要好好安慰，肯定地告诉宝宝“别着急，妈妈会帮助你的”，宝宝就不会把怒气发到小朋友身上了。

有时候宝宝打人是出于一种自卫，可能因为小朋友抢了玩具，或先打了自己，或被小朋友抓了头发。宝宝不容忍被欺负，会全力维护自己的利益，出自一种本能。

还有一种原因就是，1岁左右的宝宝，口腔内牙齿、肌肉都不同程度地发育，很喜欢把东西放到嘴里咬，用以帮助缓解口腔发育带来的不适感。在学习说话时，宝宝很喜欢把能抓到的一切东西放到口中咬一咬，包括小朋友的胳膊或手，仅属于宝宝感知事物的一种方式。

宝宝在心情不好的时候，会选择自己的方式发泄不满情绪。比如在饿了、累了、尿布湿了时心情会很糟糕，这时候最容易出现宝宝之间打闹。另外，宝宝正在学习各项技能的时候，遭遇失败后心情会跟着变坏，打人的行为就很容易出现了。

宝宝在发育过程中，会遇到很多挫折，如走路、说话等。这时需要父母提供一些温柔、积极的安慰，以防止宝宝变得暴躁。

当宝宝行为可能发生危险时，父母应当及时制止。用最简单的语言清楚、严肃（但不是威胁）地告诉宝宝：“不可以打人，不可以咬人。会受伤的。”然后把宝宝的注意吸引到别的有趣事情上。

除此之外，在宝宝烦躁想攻击别人的时候，可以为宝宝提供其他选择，比如可以教宝宝，如果下次生气了可以到父母身边寻求帮助。

在宝宝没有攻击时，就应该鼓励正确的行为，表扬宝宝：“你把玩具让给小朋友玩，你是个好宝宝。”父母和宝宝玩的时候，不要咬宝宝，更不要打宝宝。如果说“我要吃了你”，并把小家伙的脚趾或手指放到自己的嘴里，那么宝宝会很自然地尝试对别人这样做。

对待宝宝的攻击行为要注意：

不要训斥打人的宝宝，宝宝并没意识到自己的行为是错误的，突如其来的训斥只会让宝宝感到莫名其妙。

不要因为宝宝打人而揍宝宝。宝宝不会理解父母用意，只会觉得受伤害，会让宝宝不再信任父母。

不要鼓励宝宝报复打小朋友，如果“受害人”反过来报复，最终结果只会是“受害者”越来越多。

3. 自言自语的宝宝

有些宝宝一边做游戏一边嘀嘀咕咕，自言自语。父母看见这种现象感到很奇怪，甚至认为宝宝得了病。其实这是一种正常的心理现象，是幼儿学习语言时的必经过程，不必担心。

人类的语言，有内部语言和外部语言之分。1～3岁幼儿，是以学习外部语言为主的。到了4～6岁时，其内部语言才开始形成。幼儿的自言自语正是从外部语言向内部语言的一种过渡阶段的表现。

幼儿的思维是具体形象思维，单独地思考问题。但由于幼儿的语言动作调节功能的发展尚不完善，还不能控制发音器官的活动，便出现了既有说出声音的特点，又有自己对自己说话不发出声音的特点。也就是既有外部语言，又有内部语言。宝宝到了6岁以后，这种自言自语的现象会逐渐消失。但如果到了八九岁还常常自言自语，那就可能是病态，要带宝宝到医院去检查治疗。

4. 不爱刷牙的宝宝

洗头、洗澡和刷牙是照顾宝宝的三大难题。其中以刷牙最为困难，因为把牙刷伸入小嘴里，又要刷得干净，的确让人伤透脑筋。

让宝宝自然而然接受刷牙：大部分的宝宝刚开始都会排斥把牙刷放入口内，尤其是刚满1岁的婴儿，敏感的宝宝可能会还有呕吐感。

开始教宝宝刷牙时，可以先选一支大小适中、软毛的儿童牙刷，市面上的牙刷颜色非常鲜艳，有些还有卡通图案，可以吸引宝宝的注意力，也有分龄（0～2岁，3～5岁，6～9岁），因为刚长出乳牙的婴儿正处于口腔发育期，先让小孩当做玩具放入口内，让宝宝不会排斥牙刷在口腔中感觉，不必马上要宝宝学会自己刷牙。父母每天刷牙时，让宝宝也拿着小牙刷在旁边观摩，听任宝宝自己伸入口中比画。

慢慢地，父母在宝宝学习刷牙的动作之后，开始教宝宝正确的刷牙方式，“左刷刷，右刷刷，上下刷”，宝

宝自己刷完之后，称赞之外，可以让宝宝躺下，头向后仰再检查一下，看刷干净没有。

每次宝宝刷完牙，可以让幼儿躺在自己的大腿上，用小刷头、软刷毛的牙刷轻刷宝宝牙齿（无须使用牙膏），顺便检查牙齿是否刷干净。每次临睡前帮宝宝刷和使用牙线，也是一项很好的亲子活动。如果要使用牙膏，只需少量，而且要多漱几次，以免吞下太多的氟化物。

各阶段牙齿保健方法 除了刷牙之外，还要帮宝宝使用牙线，至少每天睡前一次清除牙缝间及牙龈下的牙菌斑和食物残渣。因为乳牙的缝隙比较大，食物容易塞在牙缝中，如果没有清除出来，会造成相临两颗牙齿间的蛀牙，肉屑、菜渣更容易塞人，恶性循环导致蛀牙速度就越来越快。

提高刷牙乐趣 儿童用牙刷刷头通常比较短，宝宝手腕不够灵活，所以可以选用刷柄较粗的牙刷，方便小手抓握。此外，色彩鲜艳的牙刷比较能够提高刷牙的兴趣。从小让宝宝看着父母亲刷牙，2～3岁起就可以让宝宝在游戏中学习刷牙，熟悉刷牙的动作，必要时可选用电动牙刷作为辅助，以免宝宝刷牙劲力不足而刷不干净。

5. 任性时期的宝宝

宝宝长大了，开始有了自己的主见，不再是那个特别听话的小天使，会变成让父母无可奈何的淘气鬼。倔犟的小家伙往往不肯听招呼，让东偏西，母子间一次又一次的过招，会使喜欢把一切事物都控制得有条不紊的父母没有办法，开始会产生莫名的失落感。

要知道，在这个年龄段，宝宝必然会经历一个个性发展的阶段，属于正常现象，父母可以通过下面的方法应对任性的宝宝。

（1）疏导宝宝的情绪

当宝宝因任性而哭闹时，如果父母用平静轻柔的声调承认宝宝的感情，并帮助他们

消除顾虑，宝宝就可以重新获得控制。因此，一旦发现宝宝表现出任性行为，父母可以平静地对宝宝说："我知道你现在很生气。但是尖叫乱踢不管用，如果你尖叫，乱踢，我没法帮助你。现在我们不闹了，我们来想想办法，看怎样让你感觉舒服点。"

（2）消除宝宝任性的苗头

父母要学会客观地评估宝宝的要求是否合理，如果合理，就要及时满足宝宝的需求，并且不附带任何条件，千万不要拖延到宝宝哭闹后才满足他。这样就会助长宝宝靠哭闹来控制父母的习惯。如果宝宝的要求不合理，父母一定要语气和缓、坚定且简明扼要地告诉宝宝这个要求不对，不能满足。对宝宝的要求只需拒绝1次，说理也只说1次，决不重复、唠叨。这样可以让宝宝感觉到父母态度很坚决，没有回旋的余地。

（3）忽略宝宝的要求

如果宝宝按他惯常的策略哭闹，父母可以在保证其安全的情况下，故意忽略他，既不要试图分散他的注意力，也无须给他讲道理、或训斥宝宝，更不要心疼地劝说宝宝。事实上，宝宝哭闹的时候根本听不进任何劝解，相反，父母对宝宝的任何形式的注意只会变相地鼓励宝宝的任性行为。

（4）不要迁就宝宝

当宝宝逐渐趋于平静时，父母可为刚刚哭闹过的宝宝进行简单的清洗，然后温和地引导他做他该做的事情。这时宝宝尚未完全平静，因此父母不要急于给宝宝讲道理，更不要急于向宝宝表达心疼之意，更不要流露出歉疚的情绪或者因为心疼宝宝而迁就宝宝的行为，否则父母的努力就会前功尽弃。

（5）掌握讲道理的时机

等宝宝完全平静后，父母可以心平气和地和宝宝讨论所发生的事，明确地告诉宝宝为什么不能答应他的要求，并且让宝宝明白，无论如何，父母都不会答应他的不合理要求，也不喜欢宝宝的任性。如果宝宝有什么要求一定要好好地说，需要引起父母注意时要采取合适的方式。

（6）转移宝宝注意力

当宝宝正在任性地吵闹时，大声责骂或者讲道理都无济于事。此时，父母可以采取转移注意力的方法，用别的有趣的事情或者玩具来吸引宝宝，终止宝宝的任性行为。

（7）防止宝宝产生挫折感

为了防止宝宝的任性行为，父母可以为宝宝提供一些有趣的玩具或组织一些很有意思的游戏与活动，让宝宝在游戏与活动中获得一些愉快的情绪体验，防止宝宝产生不必要的挫折感。

需要注意的是，宝宝任性行为的纠正不是一天两天的事情，更不可能一次见效，因此，父母一定要有足够的思想准备，持之以恒地坚持自己的原则，帮助宝宝逐渐克服他的任性行为。

6. 爱搞“破坏”的宝宝

1岁的宝宝，对世间万物充满好奇，在认识世界上万事万物的同时，什么样的东西都要动一动，碰一碰，试一试，加上这时的宝宝已经具有独立性，能走，会灵活运用双手，因而，也往往是一个令父母头痛之极的“淘气包”和“破坏大王”。

在这个年龄段的宝宝，往往会把家里能拿到手的一切东西都来摆弄上一番——当然，最终会毁坏掉不少东西，父母为此又爱又恨。一旦急了，难免让宝宝饱尝一顿揍，给宝宝一点教训。然而，对待宝宝这种无知的探索行为的苛责和管教，则会损坏宝宝正在萌发中的好奇心，同时毁掉了宝宝的创造性能力。

给宝宝适度的“破坏”空间，满足和培养宝宝的好奇心，在家庭教育中是一个极其重要的方面。其实，宝宝如果对某种物件产生兴趣，不妨加以正确诱导，使宝宝在破坏的过程中认识到更多的知识。比如说，可以当着宝宝的面，把一只汽球从空瘪的原状吹胀，再把气放掉，甚至拍破，还可以让宝宝自己试试。再比如说，做父亲的可以和宝宝一起动手，把机械玩具拆开来，看一看玩具为什么会动，然后，再当着宝宝的面一一装好。当然，最好能让宝宝自己动手装，装不上时再帮助他。这样一来，既满足了宝宝的探索心理，又培养了宝宝的动手能力，一举两得，何乐而不为呢？

关于宝宝的破坏能力，有一则老故事对教育和培养宝宝来说，极其发人深省：

一位母亲，因为宝宝把自己刚买的一块金表当新鲜玩具摆弄坏了，狠狠地揍了宝宝一顿，并把这件事告诉了宝宝的老师。这位老师却幽默地回答说：“恐怕一个中国的‘爱迪生’被你毁掉了。”母亲不解其意。老师分析说：“宝宝的这种行为是创造的一种表现，你不该打宝宝，要解放宝宝的双手，让他从小就有动手的机会。”

这个故事发生在半个世纪前，而那位老师，是20世纪初我国著名教育家陶行知先生。

其实，宝宝爱搞“破坏”是天性使然，也是创造力萌芽的一种表现。

给宝宝一点“破坏”空间吧，宝宝爱“破坏”，让家庭失去的只是可估量的价值，而得到的却是宝宝一生受用不尽的财富——思考、创造和智慧。

7. 左撇子宝宝

一般说来，父母中如果有人是左撇子，宝宝习惯使用左手的也相对提高。习惯用左手，表示宝宝的右脑比较有优势，应该顺应优势让宝宝尽情发展，而不要强迫宝宝一定要改用右手，造成宝宝的适应不良，反倒会得不偿失。

1岁之前的宝宝，左右脑的功能尚未分化，左右手尚未分工，所以这个阶段的宝宝经常是用双手来拿奶瓶，用双手、双脚来爬行。到了2岁时，左右脑逐渐分化，可以隐约看出宝宝习惯用哪一只手拿东西，用哪一只脚做动作。3岁时，宝宝的动作更协调，身体的各种动作反应变成反射性行为，不再需要大脑皮质来控制，此后，大脑皮质转而负责较高层次的学习认知工作了。

人的左脑负责逻辑、文字、数字等思维活动，偏向理性思考，被称为“知性脑”。右脑则掌管颜色、图像、感觉、想象、创造力、音乐、舞蹈等功能，负担多种情绪处理，称为“艺术脑”。聪明的妈妈应该从用手习惯去了解宝宝是左脑优势，还是右脑优势，然后给予适当的训练和刺激。

妈妈们了解宝宝惯用左手的原因后，一般都能接纳宝宝的行为，不再会用打骂的方式强迫宝宝改用右手。不过可以多刺激宝宝不常用的那只手，左撇子的宝宝可以学着用右手捡球。惯用右手的宝宝可以学着用左手捡球，在双手操作中，同时刺激左脑和右脑的活动，多刺激脑部活动对宝宝的发展会有相当大的帮助。遇到宝宝要操作精细动作时，例如，吃饭、画图等，不要强迫宝宝一定要左右开弓“右手写字、左手做事”。

下面推荐几个适合左撇子宝贝玩的小游戏：

❶ **摆弄** 递给宝宝的右手一块小积木，然后再递给宝宝右手另一块积木，教宝宝把原先右手拿的一块积木递给左手，再用右手拿另一块积木。两手都拿到积木时，父母也双手各拿一块积木，做放下拿起的动作，让宝宝模仿。

❷ **敲打** 父母示范用右手，把一块

积木对着地板或其他地方敲出声响，让宝宝也模仿用右手做敲打的动作。

❸ 俯卧支撑练习 使宝宝俯卧，两臂屈肘于胸前，鼓励、诱导宝宝将头、前胸抬高，直至能用一只右手支撑身体抬起头，每天数次。

❹ 画圆圈 给宝宝准备一张大纸放在桌上，让宝宝右手握蜡笔，左手扶纸，在纸上涂画。父母示范在纸上用右手画圈，然后握住宝宝的右手在纸上做环行运动。游戏的目的是让宝宝学会用右手画圆圈。

只要顺应宝宝的自然发展，接纳宝宝与生俱来的特质与能力，从旁协助与引导，宝宝惯用左手或右手都可以发展得一样好，大脑也会全方位的发展。

宝宝自己说

• 左撇子

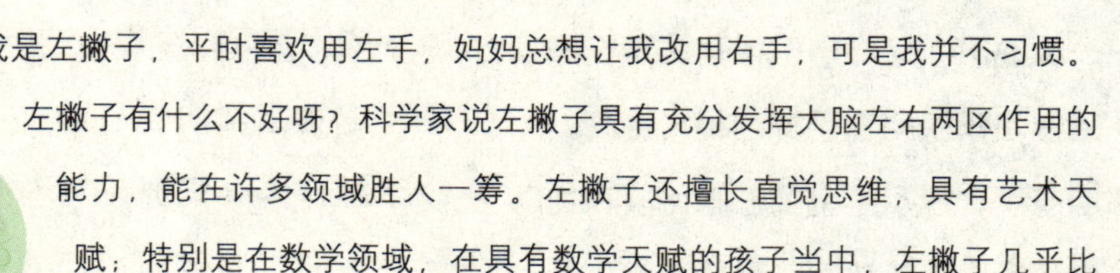

我是左撇子，平时喜欢用左手，妈妈总想让我改用右手，可是我并不习惯。左撇子有什么不好呀？科学家说左撇子具有充分发挥大脑左右两区作用的能力，能在许多领域胜人一筹。左撇子还擅长直觉思维，具有艺术天赋；特别是在数学领域，在具有数学天赋的孩子当中，左撇子几乎比常人多一倍。

五、亲情交流，让宝宝健康成长

1. 塑造感恩能力

传统美德所颂扬的亲、孝、悌、严观念浓浓地浸润着整部民族文化史。而歌颂母爱，颂扬亲情的文艺作品，则是无论东西方各国、各个民族都共同颂赞，永远讴歌的内容。

然而，感恩能力并非天生，是人类在成长过程中培育出来的。

新生儿在饥饿时从母亲那儿得到了乳汁，对宝宝是一种“安定状态”。

1岁左右的学步儿，已经养成了听母亲唱歌或讲故事的习惯，听歌或听故事时，宝宝那甜甜的表情所反应的“安宁”，已经具有了可以被称为“幸福感”的色彩。

这就是感恩能力发展的第一步——即感受满足。

感受满足，是必须以“感受缺失”为前提的。没有对缺失的意识，就不会有对需要的意识，也不可能有弥补缺失——满足需要的安宁体验。许多父母看不到这两种感觉间的相互依存关系，为了避免宝宝因某种缺失而产生焦虑体验，会过于卖力地超前预计宝宝可能面临的缺失，然后对宝宝实施“超前满足”。殊不知：“缺失经验”的获得与“缺失体验”能力的成长对宝宝的整个成长来说都是必不可少的。被剥夺了缺失——焦虑——满足——安宁经验的宝宝，感受他人恩惠以及感受幸福的能力成长都会受到阻滞。

感恩能力成长的第二步，是发展对“恩惠来源”的认知能力。换言之，即亲子间认知能力——固然，父母对宝宝的爱是最无私的，不要任何回报的，但是，正确地让宝宝认识、培养应有的感恩意识，是培养宝宝完整人格的一个有机组成部分，不可缺失。

感恩能力成长的第三步，则是发展对“施恩者”的回报意向。3～4岁的幼儿能够大致理解妈妈上班、妈妈辛苦等内容，也能够理解和做出搬张椅子请妈妈坐、亲亲妈妈等行为。这些成长，是与感恩能力的第二步、第三步的教育和发展密切相关的。

当然，随着个人越来越趋向人格的完善，感恩报恩的能力水平也会越来越高。正常的、具有完整人格的、个体的成年人会感激大自然的各种恩赐，并用保护自然的行为，努力去予以回报。

一个拥有完整人格的人，会感激他人能接受自己的帮助、让别人看到自己的价值，并回报社会以便更加努力地奉献。而这些完整的人格培养，则基于自幼家庭对于宝宝的感恩能力培养和教育。

2. 认识家庭

这个月龄的宝宝，自我意识萌发，能够认识到个体和家庭成员的概念。可

以教会宝宝认识家庭，了解以下概念：

知道自己叫什么名字，是男孩儿还是女孩儿，几岁了。

爸爸妈妈及家庭主要成员的姓名，并能正确称呼。

懂得爸爸妈妈每天都要上班，知道爸爸妈妈劳动很辛苦。

懂得要爱妈妈爸爸和长辈，要听他们的话。

3. 培养情感智能

近年来，随着现代医学和生物学科技的普及，现代生活的全球一体化，西方发达国家人们常用的一个概念——“情商”——进入了人们的生活，并且成为一些较知名的国际机构、企业考核个人能力的一个重要标准。

什么是情商呢？情商是“情感商数”的略称，简单地说，人的情商是指做为个体的人，在社会生活与环境中表现出来的情感智能。

情感智能主要包括几种能力：了解和表达自己情感的能力，即真正知道自己确实感受的能力。控制自己感情和延缓满足自己欲望的能力。了解别人的情感以及对别的情感作出适当反应的能力。能不能以乐观态度对待挑战的能力。处理人际关系的能力。

“情感商数”高的人，能够控制自己的感情冲动，不会追求一时的痛快和满足。懂得如何激发自己不断努力。与人交往中善于理解别人的暗示，这样的人能了解人生遇到的荣辱成败。

如果父母具备这些素质能给宝宝予适当指导，让宝宝具备这些素质。可以从几方面培养宝宝的情感智能：

❶ 培养宝宝正确的情绪反应，令宝宝及早形成正确的情绪习惯。

❷ 学会准确表达自己的感觉。与人沟通，往往因为不能准确表达各自的感觉和想法，因而造成偏见和误会。

❸ 帮助宝宝学会控制自己的欲望。父母可以通过生活中的事例让宝宝明白，一个人想实现自己的愿望必须要经过不懈的努力，去克服种种困难，否则是不可能的。

第二节 16～18个月的宝宝

囟门完全闭合；

能够向前、向后行走，可以练习在平衡木上行走；

能指认物体，在图片上找到自己认识的物品；

教会宝宝掌握10个常用词汇；

可以用单语句表达意思，表示吃、喝、大小便等需求，学习别人的名字；

每天养成按时自然入睡的习惯；

逐步让宝宝了解规矩和规则；

培养良好的卫生习惯；

检查宝宝每天六大营养素的摄入量，学习科学的烹饪方法；

多看书，多讲故事；

认识圆形，学会数数字1～5；

鼓励宝宝大胆说话；

背儿歌和古诗词；

常规体检；

小儿麻痹糖丸加强服用一次。

1. 身体发育

幼儿期的宝宝无论是在体格上和神经发育上，还是在心理和智能发育上，都出现了全新的发展。

出生后长到第16～18个月的宝宝的主要发育特征如下：

体重	男童 约10.73千克	女童 约10.11千克
身长	男童 约79.87厘米	女童 约78.72厘米
头围	男童 约47.09厘米	女童 约46.01厘米
胸围	男童 约47.42厘米	女童 约46.34厘米
坐高	男童 约49.79厘米	女童 约48.82厘米

牙齿 长出9～11颗牙

睡眠 每天睡眠时间仍为14～15小时，白天睡1～2次。

经过前一阶段的努力，宝宝小步独自走得稳当了，不但在平地走得很好，而且很喜欢爬台阶，下台阶时知道用一只手扶着下。此时，父母不要阻止宝宝，要鼓励宝宝，同时注意在旁边保护。这样的活动既锻炼了身体，又促进了智力发育，使手、脚更协调地运动。

这么大的宝宝会用水杯子喝水了，但自己还拿不稳，常常把杯子的水洒得到处都是。吃饭的时候，宝宝喜欢自己握着匙子取菜吃，但是还拿不稳。这么大的宝宝平衡能力还比较差。

2. 动作发育

16～18个月之间的宝宝，活动范围增大，父母可以给宝宝选择一些小铲、小桶、小圈环等玩具，从而增加宝宝玩的内容，开发宝宝的智力。

为了锻炼宝宝手脑协调能力，在父母的监护下，可以用一个小瓶装上一些五颜六色的扣子，让宝宝把扣子倒出来，再装进去。还可以给宝宝准备两只方盒，里面放一些小木棍和小玩具，把球投进一个较大的箱子内，看谁投进去得多。这样，通过弯腰、蹲下、站起来、举手、投掷等动作的训练，可以达到促进大脑和体能的锻炼。

能让宝宝百玩不厌的玩具，是能够充分发挥宝宝创造力和想象力的玩具，换言之，就是半成品玩具。具体地说，应当是“材料”性质的玩具。可以让宝宝使用这些材料类自由地做成任何东西。最好是：沙子、黏土、水、木板、手工纸、绘画颜料、积木、纸板等。多给宝宝提供一些这样的材料类玩具，宝宝会自由地埋头于创造活动中，绝对不会产生厌倦感。

在运用自己身体做游戏的运动器具里，宝宝自身能参加的部分越多，就越受宝宝欢迎，而且以简单为优。

宝宝在这个时期的活动以兴趣为转移，持续时间短.只要是宝宝感兴趣的，就会主动、有积极性，情绪也会保持在最佳状态，也能克服困难。而只要是宝宝不感兴趣的事，就是能做好，也不愿意做。独立性较强的宝宝较好一些，而依赖性较强的宝宝，表现就会很突出。比如，宝宝在玩时，可以费很大力气把重东西搬来搬去，把玩具柜子翻个底朝天，一点也不烦，也不会觉得累。但如果妈妈说："我们来收拾吧！"宝宝立刻会变得懒洋洋的，还会告诉妈妈说累了。

对于宝宝的这些特点，要把"教育"、"学习"这一类枯燥乏味的活动，转化为宝宝感兴趣的活动，使小家伙变被动为主动，由宝宝自己的浓厚兴趣来调动积极性。

督促宝宝、呵责宝宝很容易，但要在家庭教育中真正做到"寓教于乐"是一件很难的事，需要父母事事都动一些脑筋，精心安排适合自己宝宝的教学方案。

3. 语言发育

从语言能力发育的情况看，宝宝的词汇多了，会说"谢谢"、"你好"、"我们"、"再见"等词了。宝宝对语言学习有一种特殊的热情，特别喜欢与他人说话和听别人说话，即使相同的话，也喜欢听好几遍，不厌其烦。

在语言方面，宝宝学习说话的初期，常常会以词代替意思，让成年人很难理解，只有宝宝自己知道。比如说叫"妈妈"，可以是想要让妈妈和自己一起玩，也可能是要吃的或者喝的，说"上外"，可能是想要上外面玩，也可能是要到商店买吃的，一个词往往会指代许多意思，影响到与家人的交流。因此，从一开始教宝宝说话时，就不要用小儿语教。即不要用叠字来教宝宝，例如"猫猫"、"狗狗"、"吃饭饭"、"喝水水"等，这样教得习惯了，对宝宝以后准确说出完整的句子，表达精确意思会有影响。所以，一开始教宝宝说话，就要用完整准确的句子，开始可以说一些短一点的句子，然后再说长一点的，逐渐提高宝宝的语言表达能力和语言的准确性。

教宝宝学说话的过程中，可以采取一些让宝宝喜闻乐见的方式，由浅入深着手。比如做游戏，给宝宝带上一个小狗的头饰，教宝宝汪汪叫以后

问："你是谁？"宝宝回答："是小狗。"纠正宝宝说："我是小狗！"让宝宝重复一遍。再问"你喜欢吃什么啊？"宝宝会回答："骨头。"可以教宝宝补充说："我爱啃骨头。"反复说几次，就掌握了较长的指代语句。

此外，还可以结合游戏动作教宝宝说话，让宝宝学小白兔蹦蹦跳跳，问宝宝："你是谁啊？"回答："兔。"教会宝宝说："我是小白兔！"再问宝宝："小白兔怎么样走路啊？"宝宝会回答："蹦蹦。"然后教宝宝说："一蹦一跳地走路！"让宝宝跟着学，有些宝宝会学得慢一些，父母千万不要责备宝宝或吓唬，更要耐心，以免宝宝内心紧张，有负担，反而对宝宝的语言发展不利，操之过急会引起口吃。

总之，教宝宝学东西的方法要多样化，以宝宝喜闻乐见的方式来教，增进宝宝的兴趣和主动性，这样才能容易吸收，学得会。

4. 心理发育

随着宝宝的知识增长，宝宝的脾气也在增大，当不如意时，就会乱扔东西，发脾气，表示不服从和不高兴。当宝宝发脾气时，不要喝斥宝宝，这时宝宝的注意力容易分散，用别的事情吸引一下，宝宝会很快忘掉不愉快的事情。

近1岁半的宝宝，路走得稳了，活动范围大了，随之而来的，是独立意识开始萌生。宝宝喜欢把空盒子、小桶等有空间的容器装满玩具。在日常生活中，宝宝喜欢模仿成年人的动作、语气。喜欢玩球，会做把球举过头抛起来的游戏。喜欢和家人做认指眼、耳、鼻、口、手等认识人体器官的游戏。父母要尽量设置一个能满足宝宝需要的环境，满足宝宝的好奇心。

父母的温情和爱抚在1岁多大小的宝宝眼中，已经变得不如以前那么重要了，父母的关照可能变成了一种限制，会引得宝宝不耐烦，在安全的范围内，应当适当放手地让宝宝自由活动。

宝宝的路越走越稳，话也说得多了，与外人的交往也多起来了，这正是鼓励宝宝与小朋友交往的好时机。一开始，宝宝会不知道怎么样与别的小朋友交往，但通过与新面孔的接触、交往、交换玩具等简单的交往活动，宝宝能够得到很多乐趣。因此，每一个星期里，最好能有两三次机会，让宝宝与同龄的小朋友们一起玩儿，让宝宝用自己的独特方式接触别人，父母要多鼓励宝宝，不要加以干涉，让宝宝通过尝试，找到更适合于自己的方法。

不要对宝宝过度保护，小朋友之间如果发生小冲突，是必然现象，父母不必过多指点，要让宝宝自己学会处理冲突。如果两个宝宝抢玩具，也不要以成年人的礼貌和心理，强迫自己的宝宝放弃心爱的玩具去强行谦让，会让宝宝迷惑不解，而且非常伤心。要让宝宝有机会保卫自己的权利，理解社会交往的基本规则。这样做，也会为宝宝成长后的性格塑造打下良好的基础。

5. 惹事闯祸的小家伙

爱“惹事儿”、频繁地“闯祸”，是这个月龄宝宝的共同特征，也是令多数父母头痛不已，烦恼不休的事情。

仅仅一两个月前，宝宝只能牵着妈妈手走来走去，而从18个月左右开始，宝宝能够独立地慢慢自己走了，也渐渐地走稳了，出现了既好奇、又好动的新情况。于是，家庭中的麻烦一下子就增加了好多倍。小家伙走到哪里，就把祸惹到哪里：碰痛了头，撞倒了东西，打坏了器皿、毁坏了令父母心痛不已的物件……出于怕宝宝惹事，有的父母就把宝宝关闭在小床里或童车里，图个省心。这可是与育儿初衷彻底南辕北辙的错误做法，对宝宝的天性起到的禁锢作用，是无法弥补的。

宝宝1岁半左右，独自行走和听说能力不断提高的时候，周围环境中的一切事物，凡是五官手脚所能接触到的一切东西，都会吸引着宝宝去看一看、摸一摸、翻一翻、听一听、尝一尝……探索一下，研究一下。

走来走去，东摸西撞，对宝宝的动作、认知能力以及智力的提高都有益。宝宝的手、脚、眼睛和全身的协调能力，就是在这样的东摸一摸、西撞一撞之中得到锻炼和增强。因此，家人应当热情地、耐心地满足宝宝的好奇心和

教养小帖士

惹事、闯祸不要怕

宝宝现在正处于惹事、闯祸频繁的年龄阶段，这是宝宝成长过程中的必由之路，不要怕宝宝在家庭中惹事，只要你能保证宝宝的安全，放手让宝宝在家庭中惹一点事、闯一些祸——那点损失，与宝宝成长和智力、体能发展相比，太微不足道；给你带来的那一点烦恼，与你对宝宝的成长期望来说，值！

大胆对事物的探索行为，使宝宝从观感上的的好奇，过渡到理智的兴趣。这种好奇和兴趣，有助于宝宝注意力的集中和成长、观察能力的提高，能够进一步引发宝宝的求知欲，是推动宝宝主动学习，探求知识和了解世界的内在驱动力。

如果父母不理解这一点，对宝宝的好奇心表示冷淡、厌烦，甚至动辄就因为宝宝好动、“惹事儿”、“闯祸”而高声斥责既无知又无畏的宝宝，这样做无异扼杀了宝宝智慧火花的萌发。如果这个月龄阶段的宝宝缺乏好奇心，会影响到成长后的注意力集中、观察能力提高、思维活跃、想象力丰富等素质的提升，对成年以后的智力发展和学习都有很大障碍。

为保证宝宝的安全，从现在起，家庭中凡是对宝宝有伤害的物品，都要挪走和隔离起来。例如家中的热水瓶、菜刀之类要放在宝宝拿不到的地方，电插头、电风扇之类家电用具要用东西挡住，以免发生意外事故。

二、育儿小知识

1. 养育建议

保护宝宝的自信心很重要；

鼓励宝宝学会与他人分享；

鼓励宝宝交朋友；

在交往中，不要过分偏袒自己的宝宝，要让宝宝在与人交往的成功与失败中，了解别人，结交朋友，处理人与人之间的关系；

在宝宝与小朋友们玩时，不要让宝宝感到有父母撑腰而显出霸道；

聪明的宝宝与相似的小朋友交往会感到特别高兴；

鼓励宝宝玩水；

让宝宝闻一闻花儿；

让宝宝把长短不同的笔按次序排列；

触觉训练，让宝宝闭上眼睛用手摸东西；

重量训练，让宝宝闭上眼睛感觉两只手上的东西哪个重；

大小、长度、厚度视觉训练，通过眼睛观察分辨大小、长短和厚薄；

在家人照看下，让宝宝做自己想做的事，多给宝宝新鲜感，增强好奇心；

多带宝宝去户外，给宝宝自由玩耍的机会；

父母要尽量多和宝宝待在一起；

给宝宝发泄精力和体力的机会，尤其是男宝宝，让宝宝表现出自己的能力。

2. 预防小儿疝气

小儿疝气是儿外科的常见病，发生率约1%～4%，男孩发病率是女孩的5倍，多在3个月内出现，也有的宝宝1岁多才发生。人的腹壁上有一些潜在的管道或缺损，宝宝的腹壁力量弱，在咳嗽、哭闹或排便时，腹腔压力一升高，腹内脏器，如肠管等就容易通过腹壁缺损处向外突出到皮下，这时父母就会发现，在宝宝的脐部或阴囊处（女孩则是在大阴唇处）鼓起一个包块。

随着年龄的增长，反复突出的疝块可能会越来越大，若每次都能及时回纳，问题倒还不大，一旦因为腹内压过大、或疝块过大不能还纳，就可能导致肠管嵌顿、绞窄。这时宝宝会出现腹痛、呕吐、发烧、哭闹、烦躁等症状，若不及时处理，可能引起肠梗阻、坏死等严重并发症，危及生命。

临床上部分宝宝的疝气，会随着腹肌的发育而消失，一般在1岁内有自愈的可能。故可先不做手术，在医生指导下用绷带束压疝块突出处。但1岁后疝气仍存在，最好做手术治疗，因为长期压迫可影响局部肌肉甚至男孩输精管的发育，而女孩疝气常有输卵管的挤人，务必要引起要重视。

预防疝气的发生，应避免让宝宝剧烈运动、举拿重物和久立、久蹲，减少生气哭闹，预防感冒咳嗽，同时多吃粗纤维和蔬菜，保持大便通畅。

3. 过早学认字不好

从幼儿视力发育特点的角度来看，让宝宝过早学认字不好，不利于宝宝视力的正常发育，做早期识字培养反倒会起到揠苗助长的作用。

5岁以前的儿童，视力很弱，一般不超过1.0，6岁时才能达到成人的水平。

刚出生的新生儿仅仅能知道眼前手

的摆动，距离也很有限，如果在20～25厘米处悬挂一个汽球，左右摆动，这时宝宝的两只眼能注视45°范围，宝宝长大到4周时，注视范围可以达到90°，3个月时可达180°。大约在6周以前，宝宝的双眼会表现出同视一物的现象，要到4个月时才能协调好，如果婴儿6个月大时，仍不能双眼同视一物就属于异常情况，要找眼科医生做详细诊查。

婴儿3个月时，能注视近处的物品，眼球能自由运动，但这时的视力仅有0.01到0.02。4个月时开始能辨别颜色，能够调整双眼的视线，6个月时视力为0.04～0.06。在此期间，不能用较强而集中的光线直接照射宝宝的眼睛，室内的光线不宜过强，但也不宜过暗，应当光线柔和、色调鲜明，不要过分单一，要给宝宝视力予多种色调的刺激，以促进色觉的发育和形成。

幼儿到1岁时，视力为0.2～0.4，到2岁时视力可达到0.5～0.6，到3岁时，视力能达到1.0以上者大约有60%～70%，5岁时达到1.0以上者达83%。从3岁到5岁这段时间是宝宝视力提高最快的阶段，6岁时视力大致可达到成年人的水平。

根据婴幼儿视力发育及特点，4岁以前，不宜勉强让宝宝在光线不足或光线过强的环境中做比较精细的事情，如写字、画图等。

目前，一些家庭误以为培养“早慧”的宝宝能起作用，强迫1.5～3岁的宝宝每天去识字、写字，要知道，这样做极不利于幼儿视力的发育。5岁以前，主要是使宝宝养成良好的看东西的姿势，培养宝宝眼球运动的灵活性及辨别物体颜色、形状的能力，而不一定要让宝宝认识多少字或会写多少字，这些学习应当是以后长得更大一些的事。过早地去学习做这些，会影响宝宝视力的发育。

4. 不利宝宝的运动

父母们大都希望让自己的宝宝从小接受锻炼，为的是让宝宝能有个健壮的身体。但是过早地让宝宝从事某些健体运动，不仅不利于宝宝身体的锻炼，反倒容易造成伤害。

人在过量运动时，为防止能量进一步消耗，会感觉到极度疲劳，浑身无力，大脑反应减慢，如果长时间过量运动，会使大脑机能受损，尤其是幼儿，过量运动极易出现注意力不集中、失眠、健忘，甚至缺氧等现象。以下运动不宜让宝宝过早地从事：

❶ **拔河** 拔河可能让宝宝“伤心”、“伤筋”。从生理学角度来讲，幼儿心

脏正在发育中，植物神经对心脏调节功能尚不完善，当肢体负荷量增加时，主要是依靠提高心率来增加供血量。拔河需屏气用力，有时一次憋气长达十几秒钟，当由憋气突然变成开口呼气时，静脉血流也会突然涌向心房，会损伤宝宝柔薄的心房壁。除了对心脏造成影响外，拔河还可能伤到宝宝的“筋骨”，幼儿时期身体的肌肉主要为纵向生长，固定关节的力量很弱，骨骼弹性大而硬度小，拔河时极易引起关节脱臼和软组织损伤，抑制骨骼的生长，严重的还会引起肢体变形，影响幼儿体形健美。此外，拔河是一项对抗性较强的运动，宝宝争强好胜，集体荣誉感强，比赛中往往难以控制保护自己，极易发生损伤。

❷ **力量锻炼** 幼儿生长发育时，一般都是先长身高，后长体重，而且肌肉力量弱，极易疲劳。也就是说，宝宝的身体发育以骨骼生长为主，还没有进入肌肉生长的高峰期。如果这个时候让宝宝过早进行肌肉负重的力量锻炼，一是会让宝宝局部肌肉过分强壮，影响身体各部分匀称发育；二是会使肌肉过早受刺激变发达，给心脏等器官造成较重的负担；另外还可能使局部肌肉僵硬，失去正常弹性。所以不要让宝宝从事成年人常练的引体向上、俯卧撑、仰卧起坐等力量练习。如果要练习肌肉力量，从初中一、二年级开始比较合适。

❸ **长跑、负重跑** 长跑属于典型的撞击运动，对人体各个关节的冲击力度很高。宝宝经常长跑锻炼，对关节处的骨骺发育不利。尤其在坚硬的马路上进行冬季长跑时，对关节冲击力更大，骨骺容易出现炎症，从而影响宝宝长身高。长跑也是一项心脏负荷运动，宝宝过早进行长跑，会使心肌壁厚度增加，限制心腔扩张，影响心肺功能发育。另外，幼儿时期体内水分占的比重相对较大，蛋白质及无机物的含量少，肌肉力量薄弱，若参加能量消耗大的长跑运动，会使营养入不敷出，妨碍正常的生长发育。除此之外，捆绑着沙袋进行负重跑，宝宝的跑姿容易变形，错误动作容易导致运动性损伤。

❹ **扳手腕** 幼儿四肢关节的关节囊比较松弛，坚固性较差，扳手腕容易发生扭伤。另外，如同拔河一样，屏气是扳手腕时的必然现象，会使胸腔内压力急剧上升，静脉血向心脏回流受阻，而后，静脉内滞留的大量血液会猛烈地冲入心房，对心壁产生过强的刺激。而且长时间用一臂练习扳手腕，可能会造成两侧肢体发育不均衡。

❺ **极限运动** 少年儿童的体育锻炼，一要遵循儿童自身身体生长发育的规律；二要考虑儿童身体的解剖生理特点。宝宝处于生长发育期，器官各方面还没有成熟，自然很难承受极具“挑战性”的极限运动，而且很容易造成损伤，比如超过儿童身体自身承受能力几倍的大运动量，就有可能导致儿童肌肉因长期处于极度疲劳状态，造成肌肉疲劳损伤，容易留下运动损伤后遗症。另外，正处于生长发育的宝宝，关节中的软骨还没有完全长成，长时间过度磨损膝盖软骨，日后容易形成关节炎。

❻ **兔子跳** 在做兔子跳运动时，人体重心所承受的重量相当于自身体重的3倍，每跳一次膝盖骨所承受的冲击力相当于自身体重的1/3，这样对骨化过程尚未完成的宝宝来讲，很容易造成韧带和膝关节半月板损伤。

❼ **倒立** 尽管幼儿的眼压调节功能较强，但如果经常进行倒立或每次倒立时间过长，会损害眼睛对眼压的调节，影响到视力发育。

❽ **碰碰车** 10岁以下儿童不宜玩碰碰车。儿童的肌肉、韧带、骨质和结缔组织等均未发育成熟，非常脆弱，受到强烈震动时容易造成扭伤和碰伤。

❾ **滑板车** 8岁以下儿童不宜玩滑板车。儿童身体正处于发育的关键时期，如果长期玩滑板车，会出现腿部肌肉过分发达，影响身体的全面发展，甚至影响身高发育。此外，玩滑板车时腰部、膝盖、脚踝需要用力支撑身体，这些部位非常容易受伤，所以一定要做好防护，最好有父母陪护，且找平坦宽敞的非交通区域玩。

❿ **小区公共健身器材** 公共健身器材对安全要求很高。例如目前最普及的“太空漫步器”，按照两脚间规格，明显只适合成年人使用，有关警示上只对运动的形式、健康禁忌做规定，对于使用者年龄没有特别限制，因而，很多青少年也把这些器材当成了玩具。小区里的公共健身器材，原则上是给中老年人配备的，目前大都没有安装适合儿童的健身器材。

针对幼儿和儿童身体发育特点，父母可以让宝宝进行跳绳、弹跳、跳皮筋、拍小皮球、踢小足球、打小篮球、游泳等体育运动，这些项目既有助于增加宝宝的身高，又不会伤害身体。另外，对于尚未发育成熟的宝宝，一次运动时间最好不要超过一个小时，间隔十几分钟，休息一会

儿后再运动。一天的运动量不能过大，以运动后宝宝不感到疲劳为限。

5. 看电视须注意的事项

幼儿看电视要根据年龄特点，帮助宝宝选择观看一些既看得懂、又能长知识的电视节目。

1岁以内幼儿，一般对电视毫不感兴趣，有时候看看，也只注意颜色和光彩。1岁半以上的幼儿，随着眼界的扩大和知识的增长，逐渐喜欢看“动物世界”一类的节目。2周岁以上幼儿喜欢看小朋友节目。

幼儿看电视应注意：

❶ 幼儿眼睛与荧光屏距离要合适，荧光屏距离眼睛越近，眼睛的调节度也越大，眼睛容易发生疲劳，时间长了会形成近视。一般看电视时，与眼睛距离以1.5米左右为宜。同时室内应有弱光照明，这样可以减轻荧光屏亮度与周围黑暗背景的强烈对比，有利于保护幼儿视力。

❷ 白天看电视比晚上看好，因为白天有自然光做陪衬，可以起到保护视力作用。

❸ 宝宝连续看到20～30分钟，就应休息一段时间，以免眼睛疲劳。

❹ 幼儿睡觉前，不宜看容易引起兴奋的电视节目，这样容易使宝宝过于兴奋而导致难以入睡，或者影响到睡眠质量、睡不安稳。

三、智能开发从训练开始

1. 小肌肉锻炼

❶ **抓球** 准备半碗小玻璃球，让宝宝抓，从一个碗里抓到另一个碗里。注意要时刻提醒宝宝不要把球往嘴里放。抓球，是让婴儿通过触觉和动作感知较小的球状体，提高婴儿抓握力和五指协调运动的能力，要鼓励宝宝练习左、右手轮换抓。

❷ **三指捏球** 给宝宝准备一盒玻璃球跳棋，让宝宝先练习用三指捏球，学着摆放一个个棋子，再练习用两个手指捏球移位。捏光滑的球，能提高宝宝手指捏的精确度、力度及手眼协调运动的能力。

❸ **装球进瓶** 开始让宝宝练习往瓶子里装球时，瓶子口应当大一些、矮一点，最好是透明的，比如小果酱瓶，让宝宝易装、易看，瓶子也容易装满。宝宝容易看到自己的成功，增强自信心。装球，既能锻炼捏的能力，又能培养宝宝的专注力和坚持性。

2. 手指益智游戏

手，是宝宝认识物质世界的重要工具，也是触觉的主要器官，通过活动手指来刺激大脑，远比死记硬背更能增强大脑的活力，延缓脑细胞的衰老。所以，手的动作，特别是手指的动作，越复杂、越精巧、越娴熟，就越能在大脑皮层建立更多的神经联系，从而使大脑变得更聪明。训练宝宝手的技能，对于开发智力十分重要。对待16～18个月的宝宝，可以进行下面几种手指游戏训练。

穿成串 准备一根线和一些带孔的玩具，让宝宝把这些玩具一一用线穿起来。这个看起来很简单的游戏，对宝宝来说却是挑战。玩具的孔不要太大，要是宝宝的小手都能伸过去就不能做。这样做可以训练宝宝用两只手共同完成一项任务，对培养身体协调能力有帮助。给宝宝提供的玩具不要太小，时刻注意不要让宝宝吞咽了手中的小玩具。做之前，应先做示范，如果失败可以手把手地教，直到宝宝自己能独立完成。一定要注意保护宝宝的自信心，让宝宝体会到手指精细动作游戏的乐趣。

套杯子 找几只大小各不相同的杯子，依大小次序把杯子套在一起，先让宝宝把小杯子从大杯子中一个个拿出，全部拿出后再把大杯子一个个套在小杯子上，反复几次。宝宝两只小手配合着拿杯子、放杯子，锻炼小手的同时能了解到大与小的区别。杯子最好不要用玻璃的，以免打破划伤宝宝。还可以选择不同颜色的杯子，让宝宝将同样颜色的套在一起，玩起来会更有趣。

需要注意的是，要保持宝宝的小手清洁。经过一天的“摸爬滚打”后，最先要做的就是洗干净小手，养成讲卫生的好习惯，不让细菌对宝宝健康造成危害。

为宝宝选择玩具时不宜过小，一般玩具的直径应在4厘米左右，防止宝宝误吞咽玩具，家人要时时留意，以免玩游戏时发生危险。

训练要循序渐进。为宝宝选择适合自身年龄的游戏练习，成功时应多鼓励，失败时要多为宝宝创造练习机会，直至成功，不可操之过急。

3. 鼓励宝宝自己穿衣服

穿、脱衣服，是日常生活中不可避免的活动。3岁以下的宝宝一般都由父母帮助穿衣服，等到宝宝大一点进入幼儿园，开始群体生活时，第一件需要面对的事情，就是没有父母给自己穿衣服了。

宝宝在一天天地长大，总有一天会脱离父母的怀抱，自己独立面对社会，所以锻炼宝宝的独立生活能力刻不容缓，而自己独立穿脱衣服，是最容易培养宝宝独立感和成就感的日常生活能力。宝宝长到一岁半到两岁的时候，就应该培养穿衣服的兴趣，这个时候宝宝的手部力量和身体协调性有了一定的发展，能够配合父母穿衣服。

为培养宝宝自己穿衣服的兴趣，可以让宝宝自己选择今天要穿什么衣服，让宝宝穿自己喜欢穿的衣服，宝宝就会有自己穿的兴趣。当然，这个年龄段的宝宝还需要父母帮忙，一般以配合父母的动作为主。可以一边穿，一边用语言指示宝宝，加以配合。比如穿袖子的时候，可以拿着袖子，然后让宝宝把手伸进袖子。可以让宝宝把手握成拳头，容易穿过袖子，不至于被袖子牵绊。

教会宝宝学习自己穿衣服的过程很麻烦，不要因为宝宝不会穿衣服或者认为宝宝穿得不好，每次都需要帮着重新穿一次，就剥夺宝宝学穿衣服的机会，用父母的帮助取而代之。宝宝还小，穿得不好或不正确都不要紧，重要的是培养宝宝自己穿衣服的兴趣，学习穿衣服的技巧。

宝宝的衣服大致分为两种，一种是套头衫，一种是开衫，对于刚开始学习穿衣服的宝宝来说，套头衫比较容易学习，可以让宝宝从学穿套头衫开始。

学穿衣服第一步，就是要教会宝宝认识衣服的正面和后面。在买衣服的时候，可以有意买前后图案或者颜色不一样的衣服，如前面有一个小动物的图案，或者前面是红色，后面是黑色的衣服。前后区别大的衣服，能够帮助宝宝区分前后。也可以教会宝宝认识领子处的商标，告诉宝宝有商标的是反面，应该穿在里面，商标应该在脖子后面。

4. 用纸盒玩游戏

❶ 用大小不等的方形、长方形等各种废弃的、清洁无毒的纸盒放到一起，堆成高塔，把这些不同形状、不同规格的纸盒上中下移动，变成多种形状和大小的纸盒塔。和宝宝一同给塔命名，共同创建各种模型，以激发宝宝的建造情趣，认识一些几何图形。

❷ 用一根绳子把纸盒串连起来，让宝宝牵着绳子朝前走。“开火车了！”宝宝一下变成了“火车头”，当上了 “火车司机”，会感到很开心、很自豪。会非常高兴地、长时间地开“火车”。

❸ 挖去纸箱的一面，在纸箱里面放上小枕头、玩具娃娃、小被褥等，可用小块方

布代替，纸箱就变成了“一张床”，和宝宝一起玩“过家家”。

❹ 在纸箱一侧剪出一扇门，宝宝可以玩开门、关门的游戏，纸箱又变成了一座“房子”。

❺ 在大纸箱的四边，各摆上一个小纸盒，大的纸箱成了“桌子”，四边的小纸盒就变成了“板凳”。

❻ 在小纸盒上挖一个或几个形状大小不同的孔，让宝宝的手能自由地进去。宝宝可以把石子或小瓶之类的东西从小孔里扔进去，又可以从小孔伸手进去拣出来。这样，扔进去，拣出来，反复地玩，使宝宝体会不同物体和不同小孔之间的对应关系。

❼ 把小物件或能发声的小铃铛放在纸盒中摇动，纸盒就变成“拨浪鼓”，发出不同的声响来，通过这各办法，让宝宝学会辨认什么东西会发出什么样的声音。

利用废旧的空纸盒做纸盒游戏，是一种饶有兴趣、其乐无穷的亲子游戏活动，还可以有很多种玩法，家人可以和宝宝一同开发。

5. 耐寒锻炼

所谓耐寒锻炼，就是利用冷空气、冷水等进行锻炼。是促进幼儿新陈代谢、增强幼儿体质、提高幼儿抗病能力的有效措施。

冷空气浴适用于1岁半至7岁儿童。让宝宝脱去衣服，只穿小裤衩、背心，也可全裸站在室外，使宝宝直接接受冷空气的刺激。

外界气温与宝宝体温差别愈大，刺激作用愈强，对身体影响愈明显。开始时，最好先在室内进行几次，然后再到室外去。

对婴幼儿进行耐寒锻炼，每天1次，每次3分钟，并逐渐增加到10～20分钟，一般在早饭后半小时进行锻炼，不宜在饭前空腹进行，也不要在饭后立即进行。需要注意，室外温度不能过低，如婴儿要求22℃，幼儿要求20℃，学龄前儿童为18～20℃。经过一段时间的耐寒锻炼，可以逐渐降低外界温度，直到降至10℃。冷空气浴中，要注意宝宝是否感到寒冷，如见皮肤青紫、发花或出现咳嗽、流鼻涕，应立即停止。

在冬春季出生的婴儿，长到2～3个大月时，即可开始接触冷空气。如果室外温度在0℃以下，把婴儿包好，露出脸部，然后打开气窗，将婴儿抱到距窗口1～2米远的地方接触冷空气，每次15分钟，以后逐渐增加到1小时。做时需防止“穿堂风”，注意宝宝面色，若面色变紫、手足发凉，应立即关窗。夏天出生的宝宝，从生后3～4周开始接触冷空气。包好宝宝抱到室外，初次15分钟，逐渐增加到1小时，接触冷空气锻炼坚持到1岁半，便可开始冷空气浴。

冷水擦身，适用于1岁以上的宝宝。开始时用冷水洗手、洗脸，以后用冷水擦上肢和颈部；逐渐达到冷水擦身。开始时的水温选用33～35℃，以后递降，每天低1℃，最低水温可以降到16～18℃。

擦身顺序从手开始，再到臂膊，或从脚开始再到腿部，然后擦胸、腹部，最后擦背部。用力不可过猛，选用软毛巾或海绵，擦到皮肤发红、又不感到疼痛为最好。可以教宝宝自己擦，擦过之后会感到全身舒服，到时候宝宝就会要求自己擦。

耐寒锻炼需注意的问题是：

1. 尽量要从小开始，持之以恒，坚持到底。
2. 不能急于求成，逐渐降低水温、室温，锻炼时间也要慢慢增加，不可有急躁情绪，欲速则不达。
3. 不要怕冻着宝宝，不能以自己主观想象代替科学，只要注意观察，效果会极好。
4. 耐寒锻炼中宝宝若有面色青紫、哆嗦时，必须停止，可能没有掌握要领或室温、水温或气温过低所致，或是宝宝体质差，抵抗力及抗寒能力过低。
5. 宝宝患病时不宜采用这种锻炼方式。

6. 爬楼梯运动

这个年龄的幼儿已开始独立行走，独立性和主动性有所提高，对宝宝进行爬楼梯锻炼，可以增强腿部力量，为以后的跑步和跳跃能力打下基础。

在幼儿能够独立行走后，可拉着宝宝的手练习爬楼梯。刚开始时，宝宝跨脚很费力，身体不平衡，家人可以双手扶着宝宝的腋下，用较大的助力，帮助宝宝两脚交替迈上楼梯。然后可以逐渐减少助力，锻炼宝宝用自己的力量爬上楼梯。

还可以把宝宝喜欢的玩具放到楼梯的台阶上，引发宝宝去拿玩具的念头，或者站在楼梯上，向宝宝拍手，喊宝宝的名字，另一个大人扶着宝宝慢慢爬上楼梯。下楼梯也照这样做，这个年龄的宝宝还掌握不好身体的平衡，需要父母先扶助着宝宝，体悟和培养对于高和低的感觉。

训练一段时间后，可以鼓励宝宝自己扶着栏杆，慢腾腾地迈上楼梯，但刚开始时要注意保护，先从2～3阶楼梯开始练习。可以在楼梯台阶上面逗引，并给宝宝鼓励，使宝宝逐渐地增强力量，自己能扶着栏杆迈上台阶。待宝宝能稳定地扶栏杆上楼梯后，可以教宝宝学习下楼梯，开始可扶着宝宝练习，使宝宝掌握深浅高低的概念，然后教宝宝练习自己扶着栏杆迈下阶梯，下楼梯一般比较危险，幼儿不好掌握，家人要特别慎重，防止失手跌落。

7. 独立性的发展

独立行走之后，1岁多的宝宝身体发育更加强壮，大脑功能更加灵活，具备了一定的独立能力，不再喜欢被妈妈搂在怀里，也不再愿意事事都等待着家人给办理，宝宝会强烈要求亲自动手做事情。吃饭要自己吃，尽管拿着勺子显得笨拙，吃得杯盘狼藉，却自己吃得很香；穿衣要自己试着穿，虽说会把袜子蹬得个底朝上，衣服扣子张冠李戴、穿得歪歪扭扭，但还是自己做得美滋滋的；喝水要自己动手，别看会洒得满身都是，衣服也会弄湿，却会因为是自己动手而喝上一杯又一杯。就是要让妈妈爸爸看一看：我长大了，会走路，会吃饭，会穿衣服，什么事情都能自己干。如果父母对宝宝的这些成功及时和适度加以鼓励和赞赏，小家伙独立做自己的事情的兴趣会越来越浓。

宝宝出现这种独立自主的精神和愿望，是幼儿心理发展过程中具有特殊意义，标志着自我意识的发展，各种能力的发展和个性的形成。

独立能力强的宝宝，喜欢自己哄自己玩，不再缠着妈妈，也能不再哭闹着离不开家人。在独立的游戏中，宝宝会感到特别有兴趣，情绪饱满，心情愉快。一只小皮球，滚来滚去多好玩；一小石子扔出去，捡回来再扔也饶有兴趣；一只小盒子里的东西，可能拿出来再放进去，放进去再拿出来，重复多遍的动作，宝宝丝毫也不厌烦；如果没有这些小小的玩具，宝宝日渐灵巧的手指头，会用来抠挖墙上的小洞洞、被子角上的空隙……总之，精力充沛、身体健康的宝宝，总不愿意闲着没事可做。

就在这十几次、几十次滚球的活动中，在不厌其烦的重复动作中，宝宝的视觉观察能力、目测距离能力和空间知觉能力都得到了训练，反复的动作使宝宝的大脑得到了行动性思维能力。在行动的同时，又在不知不觉间学会了概括。于是，宝宝明白了怎样运用自己的小手和小脚，做出什么样的动作能把球踢得滚出去，怎样使用拇指和食指配合，才能捏拿住小物件……满周岁以后的小家伙，淘气、顽皮、可爱，却不会白白地淘一场，于淘气、可爱之中练就了本事，长了才干，增加了智慧。

在各种独立活动中，促进了宝宝独立能力的发展，也会引起性格的变化。此后，宝宝越来越变得更积极、更主动，增强了克服困难的意志，认识到自己的能力，加深自我了解。

如果培养得当，宝宝从此不再完全依赖于父母，开始独立生活，不仅能减轻父母的负担，更重要的是，及早锻炼宝宝的手脚，发展大脑的各项功能，培养出各种能力，成为一个动手能力很强、自理能力很强的生命个体。

由此看来，多让宝宝多自己活动好。

偏斜脚和扁平足

在这个月龄的宝宝中，偏斜脚和扁平足很普遍。当婴儿开始站立和行走时，为保持身体平衡常常会出现类似问题。由于宝宝的重量使脚的负荷过重时，所以开始时的扁平脚是正常的。后来由于宝宝的重心转移，需要脚来承受时，就会出现脚的偏斜。如果宝宝到了三四岁时，仍然脚偏斜，或脚趾向里扣，并因此使脚与鞋摩擦引起脚痛，或者说宝宝踮着脚尖时，脚不能稍做弯曲，就要去找医生检查诊断。

四、这样教宝宝

1. 让宝宝自己玩

独立玩耍可以培养宝宝的独立、自信、创造力以及语言能力等。经常可以发现：15个月的宝宝在自己玩耍的时候

总是自言自语，这种典型的现象正是语言能力在发展。

同时，1岁半的宝宝又很少能长时间独自玩耍。一般情况下，15分钟已经是可以预期的最长时间。父母除了给宝宝提供独自玩的机会，还应该注意培养宝宝独自玩的能力。

想延长1岁宝宝独自玩耍的能力，有四个关键：心情、兴趣、习惯和引导。

心情 宝宝独自玩的能力取决于心情。假如宝宝饿了、累了或者身体不舒服，就很难坚持自己玩。不要以为年龄稍微大一点的宝宝就能比小一些的坚持时间长，比如一个22个月左右的宝宝，虽然感知能力和语言能力都要强一些，对独立自主的渴望也更强烈，但是更希望得到爸爸妈妈密切的照看和关注。这时候，父母不能强行让宝宝自己玩，或强行增加宝宝自己玩的时间，而应该耐心地坐下来陪着宝宝，问问宝宝想要什么。如果饿了，就陪宝宝一起用餐，先让宝宝高兴之后，再慢慢引导宝宝自己玩。

兴趣 让宝宝自己玩的游戏，必须是宝宝兴趣所在。不管是摞杯子还是把衣柜抽屉里的衣服翻得乱七八糟，只要是自己喜欢玩的，就会把精力多投人一会。不妨在家庭的厨房里特意留出两个底层的抽屉存放储物盒、塑料勺子及量杯等物件，可以让宝宝非常感兴趣，每次宝宝玩着那些勺子和盒子时，妈妈就有充分的时间做好晚饭。

宝宝完全沉浸在游戏中后，父母就可以慢慢地走开一些，或者在旁边看看杂志，假如宝宝把玩具扔过来，可以微笑着把玩具还给他，然后继续做自己的事。几天或几周以后，就可以离得更远一些，但是要记住，永远不要让宝宝离开视线，同时要确保宝宝所处的环境必须安全，毕竟1岁多的宝宝没有任何安全意识。

引导 单纯地把宝宝所有玩具都一股脑地拿给他，只会令宝宝不知所措，相反，可以通过一定的次序，每次只给一个玩具来吸引宝宝的注意。

1岁的宝宝需要引导，所以当宝宝开始对玩具失去兴趣的时候，可以通过简单的问题重新引起宝宝的热情。假如宝宝正在玩积木，可以边做自己的事情边和宝宝说话，但不要直接参与的游戏，例如可以说“哈！你已经堆了三块积木了，还能再加上一块吗？”

习惯 在日常生活中，要尝试养成宝宝独自玩的习惯。关键在于要循序渐进，每次延长一点时间，宝宝就会慢慢地养成习惯。刚开始时，也许没几分钟宝宝就会寻求父母的参与，不要立刻就回应，给宝宝自己解决问题的机会。

一般宝宝在刚洗过澡或刚吃完午饭时，心情比较愉快，是培养独自玩习惯的好机会。尽量避免选择父母疲倦或烦躁的时候，因为父母的心情也会影响到宝宝的行为。

这个过程并不会一帆风顺，也许今天宝宝自己还玩得很好，到了第二天就会拒绝重复昨天的游戏，这时候需要父母坚持提供不同的机会，让宝宝自己玩耍，也许在宝宝完全沉浸在自己的游戏中时，父母已经在不经意中享受了完整的一刻钟，没有宝宝的尖叫，没有小手来牵拉注意力。

2. 学习的常识

❶ 认识周围环境：在带宝宝去户外活动时，可以结合实物，给宝宝讲解环境中的事物。

理发店 理发店的标志是红蓝白三色的转筒，人们的头发太长或不好看的时候，要去理发店理发。理发师用剪刀、梳子、推子等工具给人们理发。理完头发以后，人就会很漂亮。

幼儿园 幼儿园里有很多很多小朋友和阿姨、老师。幼儿园里的小朋友们上课、做游戏、做操。小朋友们在幼儿园里能学到很多知识，有很多小伙伴。老师和阿姨对小朋友像妈妈一样。

商店：人们日常生活用品都是从商店里买回来的。商店里有各种各样的吃的、用的、玩的东西，商店里边的东西不是谁家的，而是商店的，要付了钱，才能从商店里买回东西来。

❷ 宝宝活动范围大了以后，会遇到各种各样的人，宝宝还没有注意观察，也还不懂得区分，可以给宝宝讲述：

医生 医生是在医院里给病人看病的，人们生了病以后，要到医院去看医生。医生穿着白色的工作服，用听诊器听诊。医生为大家检查身体，给病人开药、打针治病，

帮助病人解除难受的病痛。医生都非常关心和爱护生了病的人。

司机 驾驶车辆的都是司机。开公共汽车和出租汽车的司机，接送人们上班下班、上学放学等。乘坐公共汽车和地铁要买票。

警察 警察指挥交通，能让马路上的车辆和行人安全通行，大家都要听警察的指挥。警察还抓坏人，遇到危险了可以找警察叔叔帮助。警察叔叔的电话是110。

结合讲述上面这些常识，可以从识字卡片中挑出医生、警察、公共汽车、红绿灯、听诊器等，扣在桌上，让宝宝翻开一张，说出是什么物品有什么用，或是干什么的人，把人和像征性物品识别和归类。

③ 宝宝到户外活动，常常能见到各种交通工具，可以教会宝宝识别各种车辆。但要注意，不宜带宝宝在马路边待得时间太久，因为路边的空气污染特别严重，加上噪声污染和各种不安全因素，对宝宝不利。

自行车 自行车有两个车轮，需要人用力踏脚踏板，车才能走。

公共汽车 公共汽车里有许多座位，能乘载很多人。乘公共汽车时，不要把头和手伸出窗外。乘坐公共汽车要买票，见了老年人和怀孕的阿姨要让座。

地铁 地铁列车是由很多节车厢连在一起的，跑得很快。乘地铁要买票。

3. 纠正边吃饭边玩

父母们常常会为宝宝看电视着迷大脑筋。在进餐时间打开电视机，宝宝不可能同时把注意力分到电视和筷子两方面，就会影响进餐速度。

表面上宝宝迷恋电视，实际上幼儿真正钟情和欢迎的并不是电视，因为看电视处于被动地位。与电视节目相比，幼儿更喜欢的是动眼、动手、动脚，并且能积极发挥想象力的游戏，尤其是能通过自己的思考，全力以赴的游戏为最佳。

应该认识到，成年人可以轻而易举地做到分配注意力，但幼儿却做不到。既然宝宝不会分配注意力，就只有在进餐时把电视关掉。父母必须为宝宝做榜样，不要边进餐边看电视。电视节目是有时间性的，有节目表，应该为宝宝制定合理的看电视节目时间表。一方面，不要以为只要把电视交给宝宝看就万事大吉，造成电视依赖性；另一方面不要误认为电视节目和动画能给宝宝带来喜悦，只有自由的游戏，才是宝宝真正喜欢且对成长有益的。

虽说中国古来有“食不言，睡不语”的训诫。然而，吃饭时的气氛，应当是愉快、轻松的。父母在心理上不要把吃饭和玩儿分开，在餐桌上一边进餐，一边轻松愉快交谈，一边吃饭一边进行这种“玩儿”没有什么不好的。即使宝宝在玩，只要他不是只玩不吃就行。不要轻易斥责，而要规定一个时间范围，超过这个时间就收拾桌子。过后，即使喊饿，也不给饭吃。这样做可以让宝宝接受教训，亲身体验到自作自受的“因果定律”。对养成不良生活习性的宝宝，以温和的态度、不声不响地坚持规则不变，要比整天絮絮叨叨要有效的多。

4. 喜欢小动物的宝宝

幼儿喜欢小动物，想要饲养小猫、小狗之类小动物的愿望和要求非常强烈，因为觉得它们“可爱”。这种心情也是出自对比自己弱小、幼稚的小生命一种爱怜的表现。平时，自己总是处在成年人的照料之下，只有小动物和小弟弟、小妹妹的存在，才能使自己显得优越。

仔细观察一下幼儿爱抚小动物的表情，就能够发现，小动物具有诱发宝宝爱心的“功能”。宝宝平常接受父母家人之爱，处于被动地位，现在地位变了，宝宝积极主动地爱护小动物，把爱心给予了对方。这个道理，宝宝本身并不知道，也根本没有必要知道。宝宝心里想的，只是喜欢小动物而已。

宝宝抚爱小动物时，父母们千万不要对宝宝和小动物吹毛求疵，成年人总是喜欢泼冷水，挑剔小动物脏、脱毛、乱拉乱尿的收拾起来麻烦等，这些都应当避免。

幼儿的爱心，体现在“给予”和“接受”两方面。接受爱心不可缺少，但给予爱心也很重要。饲养小动物的目的，就是为了培育宝宝在这两方面的感情。当然，现代城市住在住宅区单元楼的家庭，受到对小动物欲养而不能的限制，即使在这样的条件下，至少应当允许宝宝能够饲养一只受限制较少的小鸟儿。如果说连这一点也做不到，就尽量想办法让宝宝在幼儿园里或托儿所里管一管小动物也好。

当然，宝宝毕竟还是宝宝，肯定会常常忘记给宠物喂食，也不会打扫小动物的排泄物，这需要父母来帮助宝宝做。对此，父母不要埋怨和嫌麻烦，为了能把宝宝培养成一个有爱心的人，麻烦一点是应当的。

5. 爱吃手指的宝宝

有不少的宝宝喜欢成天把手指放在嘴里含着，这是一种不良习惯。既不卫生，且有害于牙齿的发育和排列，还会使颊肌收缩，引起牙弓狭窄，上前牙前突，以致开唇露齿，影响美观。宝宝一旦吃上手指，会满足于吃手指的乐趣，不愿参加其他活动，对智力和心理也有影响。这种习惯，多数从小养成，较大宝宝也可能突然会出现这种现象。

这种习惯，一旦形成，会比较顽固，需较长时间才能纠正。父母要有耐心，全家配合，坚持不懈。对于宝宝吃手习惯的预防和矫治，可以尝试以下几种方法：

❶ 丰富宝宝的生活内容 从小开始，家人应经常和宝宝说笑逗趣，激发欢乐情绪。为宝宝创造各种游戏活动的条件，准备一些发展视、听、触觉和想象力的玩具及锻炼动作发育的器械。对待不会走的宝宝，除睡眠之外，不要总是让宝宝独自待在小床上玩，应放到大床上，引导宝宝玩一些适合年龄特点的玩具，并不时地和宝宝说说笑笑，让宝宝自由地翻滚和爬行。随着月龄的增长，游戏活动的内容更可多样化。准备一些可以自由取拿、动手动脑的玩具。总之，要让宝宝感到一天生活丰富多彩，有可玩的，有可听的，有可看的，还有人交往，不感到孤独无聊。这些方法既是预防措施，也是矫治手段，让宝宝没有机会把手指放到嘴里；对已养成吃手指习惯的宝宝，可以淡化对手指的依恋。

❷ 睡眠时加强照顾 宝宝上床睡觉后，家人要在旁陪一会儿，把小手掖在被窝或睡袋里，宝宝入睡后再离开。发现宝宝睡眠时吃手指，要及时纠正，可以给宝宝戴上宽松的无指手套，但要注意手腕部不要动得太紧，毛边放在外面，防止棉线缠绕手指，影响血液循环，损害手或手指。可以为宝宝做一做抚触按摩，睡前给宝宝讲轻松愉快的故事，念一支儿歌，让宝宝愉快地入睡，时时感受到安全、幸福、满足。

❸ 转移注意，正面教育 3岁以前的宝宝自我控制能力差，可以在宝宝吃手指时，把手强制性拿出来，并给宝宝玩具，或提示宝宝做特别感兴趣的游戏。随着宝宝自我控制能力的增长，可以给宝宝讲明吃手指的危害性，培养宝宝自觉克制能力，切忌简单粗暴、责骂批评，如“这么大的宝宝还吃手指，真没出息！”“把手拿出来，没记性！”这样会产生反面的强化作用，使

宝宝大脑中对吃手指的印象更深刻，反倒会经常想起把手指放到嘴里去。

❹ 哺乳期不要匆忙结束 婴儿期根据需要随时哺喂，以后也不必过于强调定时，以满足宝宝吸吮本能的需要，并保证让宝宝吃饱。另外，尽可能采用母乳哺喂，因为宝宝不仅存在饥饿温饱的生理需要，还有心理上的需求。母乳喂养的宝宝，因为与母体接触较多，接受母亲直接慰抚多，情绪较稳定，神经质较少，对吮指癖会有一定的预防作用。

❺ 伙伴多多，活动多多 父母可以安排让宝宝多和小伙伴一起玩耍，鼓励宝宝广交朋友，多接触外面的新鲜世界；为宝宝安排丰富多彩的活动，尽量不让宝宝一个人闲着，就会想不起来吃手。

❻ 请医生帮帮忙 如果宝宝满4岁还吃手，就应当带着宝宝一起咨询心理医生，和医生一起分析宝宝吸吮手指的原因，根据不同原因进行纠正，或指导父母满足宝宝情感需要等措施，重者采用行为矫治方法。

厌恶疗法：在宝宝经常吸吮的手指头上抹黄连素等无毒的苦味剂，或缠上纱布，让宝宝吸吮时产生厌恶感，减少或消除这种不良行为。

负性疗法：让宝宝在一段时间里反复不停地吸吮手指，直到宝宝感到不舒服、不愉快为止，促使宝宝慢慢改掉这种习惯。

在矫治过程中，父母的态度要和蔼，语言动作要轻柔，以关爱鼓励为主，不要大声呵斥、打骂宝宝，宝宝有进步时，要及时给以表扬。

6. 怕生的宝宝

宝宝的性格不同，有的宝宝“见面熟”，在陌生人面前毫不拘谨，表现得热情大方；有的宝宝则不愿意见陌生人，在陌生人跟前不敢说话，甚至怕见陌生人。

一般来说，宝宝在陌生人面前有点拘谨是正常的，随着年龄的增加和社会交往的增加，会逐渐变得大方起来。但宝宝见到陌生人就特别紧张，一提起到朋友家串门，宝宝怎么也

不肯去，就是一种缺点了。应该早加注意，帮助宝宝克服怕生的缺点，养成热情爽朗的性格，提高交际能力，以便能适应未来的社会。

宝宝在1~2岁之间，就应当有意识地带宝宝出去走走，让生人抱一抱、逗一逗，使宝宝习惯于见到陌生人的脸孔。到了适合送幼儿园的年龄和条件时，应该送宝宝到幼儿园去过集体生活，这对宝宝是大有好处的。平时在家里，也可经常鼓励宝宝和邻居、亲友的宝宝一起玩，经常带宝宝到朋友家串串门，或者到公园等处玩玩，以便增加见识，开阔宝宝的视野。

如果发现宝宝已经存在怕生缺点时，不要强迫或用训斥等方法来改正，应该逐步地为宝宝创造条件，帮助宝宝克服。如果采取强制的手段逼着宝宝去见陌生人，只会增加宝宝的恐惧，对身心健康是有害无益的。

7.“傻大胆”的宝宝

有的宝宝“天不怕、地不怕”，什么事情也敢做，别的小朋友不敢干的事情，他敢干，别的小朋友不敢去的地方，他敢去。这样的宝宝，大部分是由于父母过分迁就造成的。无论做什么事情，无论后果如何，都用不着担心、害怕，因为宝宝不知道产生的后果，不知道会对他自己有什么影响，听任发展下去很可能变成“无法无天”。

勇敢，并不是什么都不怕。“傻大胆”的宝宝是容易发生危险的，或者损害别人，或者伤及自己。

让宝宝知道怕什么，应该让宝宝具备正常的惧怕心理。健全的惧怕感，要从小培养。要让宝宝逐步认识到自己的行为可能有好的后果，也可能有不好的后果，要争取好的后果，避免不好的后果。

“我爬上这墙头，万一摔下来会摔伤的。”

“我打了小朋友，爸爸妈妈会批评我的。”

“我不把玩具收拾好，爸爸妈妈是会批评我的。”这样，宝宝会逐步学会无论干什么事情前，都考虑一下可能的后果，对不好的后果有惧怕感——这种惧怕感，有助于激励宝宝的积极行为，抑制消极行为。因此，逐渐让宝宝形成健全的惧怕感是非常必要的，可以避免宝宝干一些“傻事”。

8. 常见的正常和异常情况

宝宝长到1岁半以前，会出现许多令父母困惑和烦恼的情况，说起来异常，但分析明白后就能知道，这些现象均属于宝宝成长过程中的正常情况，有些甚至是必然现象。

爱哭 一般家庭父母都会认为，首要的是设法让宝宝停止哭，一切问题都要等到停止了哭闹以后再说。

有时候宝宝是悲伤的感情在起作用，有时候是因为寂寞的心情，有时候是感觉到痛或者不舒服才哭泣。爱哭的宝宝一般都胆怯，受到小朋友欺负，或者小朋友不愿意和自己玩，不适应和小朋友相处或集体生活，就会哭。

爱哭的宝宝多半是希望父母能理解自己的心情才会哭。因此，仅仅劝宝宝止住哭泣行为，不解决宝宝内心的感情需要问题，是止不住哭泣的。宝宝哭泣时，首要的是关心和了解为什么会哭，哭的原因和心情。然后，对宝宝的悲伤心情表示理解和同情，反馈对宝宝的感情，满足宝宝感情的需求。切记不要用简单粗率的话来指责宝宝爱哭，而忽视宝宝的感情需求。因势利导，接受了宝宝的感情，让宝宝心情舒畅，不仅会止住哭泣，逐渐克服爱哭的习惯。

吮指头和啃指甲 宝宝爱吮指头和啃指甲的毛病，是由许多原因造成的。有的宝宝吮吸手指感到“舒服”或者说有快感。吮吸手指，是婴儿自我抚慰的行为。但如果到了三四岁还不改正，就是由于感到无聊、困倦和有关欲望得不到满足的原因，而且多数会是因数感到无聊和困倦，少数出于欲望得不到满足所致。

有的宝宝啃指甲，是出于精神紧张的原因，为了消除紧张情绪而啃指甲。宝宝虽然通过啃指甲可以消除紧张情绪，但没有快感。

如果使用警告的办法来纠正宝宝的坏毛病，不仅不会起作用，反倒会给宝宝造成罪恶感和无能为力的感受，结果会适得其反。

宝宝犯困时和无聊时吮吸手指头，可以不理会，视而不见。有些宝宝在欲望得不到满足时，不分时间、地点，热衷于吮吸手指头，甚至于不愿意去做游戏，则多半是因为宝宝感到谁也不注意到自己，谁也不理自己的一种无奈。碰到这种情况，也要因势利导地给宝宝以适当的关注和爱护，即可以纠正，仅仅靠警告和吓唬宝宝不要吮吸手指和啃指甲，不仅不会起作用，效果会更坏。

骂人讲粗口 成年人认为是骂人的话，甚至于不可启齿的话，宝宝并不懂，也不会有成年人的感受。对于幼儿来说，语言还只是借用的东西，大部分是把成年人的话、小朋友说的话和在电视里听到话拿来就用。此外，语言还经常被当做游戏的工具，有时也会用于语言练习和学习，因此，对于宝宝的语言内容不必过于计较。

对待宝宝骂人讲粗口，父母的态度一定要冷静对待。在宝宝讲出粗话和脏话时，不必认真对待，只须平心静气地说一句："那是什么意思呀？为什么这么说呢？"就足够。否则，越是当做不得了的事，越会引发宝宝的得意感和尝试欲望，起到相反的作用。

反复读一个故事 成年人一般认为，同一本书读好几遍是在浪费时间，而宝宝却喜欢反复地读一本书，听父母讲同一个故事。宝宝听到预先想到的故事情节，最后果然不出所料，心里会感到非常高兴。宝宝喜欢的故事，无论读多少遍，每次听了都会感到高兴，从不会厌倦。

宝宝每天所关心和欣赏的段落是不同的，宝宝不是单纯地追求故事情节，而是会仔细地欣赏各种各样的场面。对同一本书反复玩味，也许能为将来养成精读习惯打下良好的基础。宝宝在有趣的故事情节吸引下，充分享受书本或故事带来的乐趣后，会产生疑问：这个快乐世界是从哪儿来的呢？于是，就会引发宝宝读书的兴趣。而父母总是急于教宝宝识字，希望宝宝尽早地能自己读书，但对于这个年龄的宝宝来说，文字既非常难记，又很麻烦。因此，培养宝宝读书的兴趣，不要从文字开始。而是要给宝宝多读书，让书的情节和故事、内容和魅力去吸引、去打动宝宝。反复朗读宝宝喜爱的书，让宝宝充分享受读书的乐趣，比教宝宝认几个字重要得多，也更能让宝宝成长起来后培养对读书的兴趣。

喜欢独自玩而不合群 1岁的宝宝对某一种物体表现出特别的兴趣，或自己能拿到一种新玩具的情况下，就不会对其他的宝宝感兴趣。宝宝独自有兴趣去探索或摆弄一些东西，这是宝宝发育水平的反映。母亲的声音和母亲在身边，都会令宝宝有安全感，表现出对母亲的依赖性。到两周岁时，宝宝不仅会注意到其他的玩伴，而且会对其他宝宝感兴

趣，和宝宝们建立友好的关系，并且能模仿着大家一起做游戏。

宝宝虽然都会喜欢小朋友，但通常会相处不好，所以宁可自己玩。和小朋友们在一起的时候，还会玩具而发生纠纷。当宝宝表现出不愿意和宝宝一起玩玩具时，不要强迫。只是当宝宝自愿把玩具给别的宝宝玩时，可以进一步做启发，逐渐让宝宝了解到，和小朋友一起玩积木或滚球游戏，会玩得更开心。

五、亲情交流，让宝宝健康成长

1.“儿化语言”和“规范语言”

多使用规范语言，多使用连接词，既有助于宝宝的语言发展，又可以培养宝宝的逻辑思维能力，妈妈和宝宝对话，应当使用规范语言：

“因为天气很好，所以我们去公园好吗？”

“这几天你表现很好，但是睡觉还不乖！”

给宝宝说这么复杂的句子，会让1岁半的宝宝听得一头雾水，宝宝会不明白妈妈到底要讲什么。

对于宝宝来说，多使用规范语言，多使用连接词，固然有助于语言发展和逻辑思维能力的培养，但也不绝对如此，需要看宝宝的具体年龄，年龄小的宝宝还是适合儿化语言。

宝宝在1～2岁时，常常喜欢用单词或简单句表达自己的想法，如“糖糖”、“蛋蛋……要”。细心的父母会发现，宝宝在这段时期所用的语言，一般只有名词和动词。有时候一个词可以表示多种意思，名词也会作为动词来用。这种现象只会在宝宝1～2岁时出现，所以又称“儿化语言”。

千百年来，几乎所有的母亲们都自觉地用“儿化语言”与婴儿交流，并逐渐教会宝宝掌握母语，这种方法相当有效。其实，当父母与宝宝以“儿化语言”交流时，会有意放慢说话的速度，复杂的长句也会被拆分成简单的短句和单词，同时还使出夸张的身体语言。这样，宝宝更容易理解词句的意义，从而使学习语言的速度明显加快。

事实表明，宝宝更喜欢这样的说话方式，它有助于母子间打破语言的隔阂。不过，

这并不表示宝宝不能从规范化语言中学习，只是用“儿化语言”可以使宝宝学得更快一点。不过，父母在使用“儿化语言”时，应当尽量避免过多地模仿婴儿无意识的发音或一味地简单重复，减弱父母在语言学习中的引导作用。

在宝宝长到2岁以后，就应当逐渐使用规范语言，这样做才有利于宝宝语言能力的发展。使用规范语言的环境，更容易帮助宝宝完成语法结构的学习；有利于宝宝的认知发展，“因为……所以……”“虽然……但是……”这样的句子中含有一定的逻辑意义；规范的语言环境，对宝宝的认知水平有潜移默化的影响；有利于宝宝人际交往能力的发展。

2. 不要对宝宝说的话

宝宝是这个世界上最单纯、最不应当受到伤害，却又最容易被伤害的群体。

弱小而又敏感的宝宝对父母的评价，可以形成一种心理反应。父母的肯定，会让宝宝心花怒放，父母一句无心的责备，也会在宝宝幼小的心里形成难以磨灭的阴影。

为了给宝宝的心灵留下一份快乐的记忆，无论宝宝做错了什么事，父母永远记住不要对宝宝说这些话：

1. “傻瓜、没用的东西！”
2. “你简直是个废物！”
3. “你可真行，竟能做出这种事情！”
4. “住嘴！你怎么就是不听话呢？”
5. “我说不行就是不行！”
6. “我再也不管你了，随你的便好了。”
7. “求求你别再这样做好吗？”
8. “你若考了一百分，我就给你买……”
9. “你做这种事，真让我伤心透了！”
10. “又做错了，你简直是坏透了。”

宝宝的心灵是脆弱的，希望得到支持和理解，每一句鼓励的话语，都会使宝宝信心百倍。但是一句粗暴的呵斥，足可以使宝宝的自尊心受到极大的伤害。如果父母轻易否定自己的宝宝，对宝宝的能力表示怀疑，是非常可怕的。“傻、呆、笨、坏”一类定语，在宝宝的心中是最严厉的判决，无情地把宝宝变成了一个家庭或学校的“另类”，在与周围环境格格不入的同时，宝宝的心灵世界也会变得一片灰暗。

著名的爱迪生，小时候被老师列入“笨宝宝”之列，但他母亲却一直在鼓励他，认为他会成功，终于，爱迪生成了一位伟大的发明家。其实，每一个宝宝都是天才，只是父母缺少发现，缺少培养的方法，才会使天才的发挥与宝宝擦肩而过。

3.“过家家”的角色

几个宝宝们在一起玩“过家家”游戏——当然，模仿家庭，一般都是游戏的主要内容。宝宝们相处得很不错，分工明确，谁当爸爸很快就定下来了，但谁来当妈妈却引起争执。原因在于，某一个男宝宝很固执己见，坚持要求来争当妈妈的角色。别的宝宝似乎对于男女角色性别都很明确，只有这个男宝宝好像完全不清楚似的。

对待这种情况的出现，应当检讨的，是宝宝的父母。把宝宝心中爸爸和妈妈的形象做一个比较后，就会清楚。如果让宝宝先扮演一个爸爸的角色，然后再扮演一个妈妈的角色，两者一比较，就会发现，宝宝完全自然地扮演出妈妈的角色，却不能很好地扮演爸爸这个角色。为什么呢？

这是因为宝宝没有扮演爸爸的信心，因为，平时，宝宝和爸爸待在一起的时间很少，在宝宝的思想里，没有培植出与爸爸一体感的感受。

当然，做父母的，总会希望男宝宝有个男宝宝样，女宝宝像个女宝宝样。但是，对于尚且处在幼儿期的宝宝来说，这种要求显然有些早。

如果宝宝整天只是和妈妈待在一起，几乎没有和爸爸在一起生活的体验，心目中就很难建立起与爸爸的一体化感受，因此，在游戏中，才会提出要扮演自己熟悉的妈妈的角色。因为自己对爸爸不了解，不知道应当怎么样去做。

这类情况的出现，是值得现代家庭中父母们思考的。做爸爸尤其是应当反省一番，多与宝宝待在一起，和宝宝玩一玩，不要因为自己的压力大，工作忙而忽视了宝宝的心理发育和家庭教育。

父母，是宝宝成长过程中直接学习的榜样，父母自身所为，无时无刻不在影响到宝宝的心理发育和人格形成，多亲近宝宝一些，努力把爸爸的形象牢固地培植在宝宝的心目中，不仅是一种责任，更是育儿百年大计中不可或缺的环节，一旦注意做到了，定会其乐无穷。

4.妈妈的小“尾巴”

妈妈走到东，宝宝就走到东；妈妈走到西，宝宝就走到西；妈妈出门，

宝宝死缠烂磨地要跟着去。对于这类黏人的宝宝，人们戏称之为妈妈的小“尾巴”。

对于黏人、爱跟着父母出去的小小“尾巴”宝宝，可以注意从外出做客、去商店、上菜场、随父母参与聚会活动等地点的不同特点，区别对待。

❶ 做客 在好说歹说仍不见效的情况下，爸爸妈妈通常会无奈地带上“尾巴”。让人头疼的是，如何让宝宝在大人的活动中不感到无聊呢？如果在无奈中带宝宝去做客，可以采取以下的办法：

事先电话通知对方。在带宝宝去别人家做客之前，最好事先打电话通知主人，要带宝宝去，让对方有所准备，如果主人家有小孩，那就有个伴，可以一起玩。如果没有，一方面可以请他们准备一些小宝宝玩的东西；另一方面，可以根据自己宝宝的兴趣，带上一两本小朋友喜欢的图画书或画笔什么的。

给宝宝心理准备。在去别人家之前，还必须给宝宝介绍一下要去的地方：比如主人家住在哪里？家里有哪些人？告诉宝宝去别人家里要懂礼貌，不可以太吵闹。

尽量照顾宝宝。在和朋友聊天的时候，可以让宝宝在一旁玩玩具、看书、画画或和别的小朋友、大人玩。宝宝喜欢看图画书，对他说：“妈妈和阿姨有话要说，你在这里自己看书，看完再讲给妈妈和阿姨听，好不好？妈妈就坐在你旁边，有事就叫妈妈，好吗？”

需要注意的，是要尽量让宝宝坐在自己附近玩，这样可以看到并照顾得到宝宝，宝宝万一有什么需要，可以随时说，宝宝也会感觉比较安全，不会因为陌生环境而感到寂寞。

❷ 超市和菜场 对宝宝来说，就好像一个琳琅满目的知识大宝库。带上宝宝去超市或菜场，可以适时地利用环境来开展一次认知和游戏之旅，让宝宝乐在其中。

在去超市或菜场之前，可以先跟宝宝说这次要买什么东西，让宝宝帮你一起去寻找并挑选，同时告诉宝宝不可以在里面跑和玩，也不要因为东张西望而走丢了。根据宝宝的年龄，还可以利用超市或菜场，给宝宝做一些相应的认知游戏。

由于年龄比较小，可以让宝宝坐在购物车里，和宝宝一边挑选商品，一边教宝宝认识各种各样的商品或物品。如果宝宝对某种物品感兴趣，可以详细地解释，如有必要的话，可以买下来，还可以问问宝宝：为什么喜欢这样物品。

选择完某样物品之后，可以交给宝宝，让宝宝放到购物篮里。

③ 聚会 如果宝宝硬要缠着跟随参加父母和朋友的聚会，要事先通知朋友，看有没有机会把宝宝也带上，这样既是大人的聚会又是宝宝的聚会，宝宝就不会感觉很无趣了。

聊天时，要记得把宝宝介绍给朋友认识，同时可以针对宝宝的特点和兴趣让他觉得开心，比如你的宝宝喜欢听故事，就可以告诉宝宝：某某阿姨最喜欢讲故事了，他有很多有趣的故事可以讲给你听，可以去找他玩。抓到了宝宝的兴趣点，宝宝就不容易感到无聊了。

如果只有你一个人带宝宝出来，可以让宝宝和朋友轮流说话、玩游戏，这不仅能提升宝宝的语言智能和人际关系智能，还是减少宝宝无聊感的好方法。

总之，带这样一个小小“尾巴”外出，一定要有耐心和细心，不能置之不理，要尽量创造条件让宝宝有所认知、提升，让宝宝有安全感，并乐在其中。

• 不做“小尾巴”

妈妈走到哪我就跟到哪，因为离开了妈妈我就害怕，没有安全感，有时妈妈还骗我说一会就回来，结果走了一上午也没回来，我都不敢相信妈妈的话了。不过，专家说像我这样的宝宝独立性比较差，依赖性比较强，所以今后我也要学习独立，不再做妈妈的“小尾巴”了。

第三节

19～21个月的宝宝

做妈妈须知

平均每个月掌握25个词语，会把两个词语组织成短句，能掌握最基本的句子结构；
会使用“我”，学会向成年人求助；
认识上下、大小，认识三角形；
会脱衣服和裤子；
能练习上、下楼梯；
会用笔画道道，会玩橡皮泥；
会折纸、叠小手绢；
能指认图片中的物件；
给宝宝吃零食要适当，少吃甜食；
乙脑疫苗加强一次。

一、宝宝的成长

1. 身体发育

体重	男童 约11.16千克	女童 约10.83千克
身长	男童 约82.31厘米	女童 约81.62厘米
头围	男童 约47.54厘米	女童 约46.52厘米
胸围	男童 约49.08厘米	女童 约47.32厘米
坐高	男童 约50.96厘米	女童 约50.79厘米

牙齿　此时大约萌出12颗牙，已萌出上下尖牙。

睡眠　1岁半的宝宝们，每天需要睡眠12～13小时，夜间10小时左右。午睡一次2～3小时。

1.5～2岁宝宝的身体生长速度还会比出生后第1年要慢得多，然而，宝宝的神经系统仍会以较快的速度发展，幼儿的动作、语言以及心理活动等各方面的能力均较前有新的发展。

这个月龄的宝宝肚子仍然比较大，腹部向前突出。这时宝宝已经能够控制自己的大便了，在白天已能控制小便，如果来不及，尿湿了裤子也会主动示意。

2. 动作发育

幼儿动作的发育，在前一阶段发育的基础上继续巩固和熟练，能较自如地行走，并学会跑、双脚并跳、攀登台阶、踢球以及扔球等动作；手的动作也更加灵活，能搭积木、拿笔画线、自己拿勺子吃饭等。

这个月龄的宝宝已经能够独立行走了，还会牵拉玩具行走、倒退走，也会跑，但有时还会摔倒。有意思的是，宝宝能扶着栏杆一级一级地上台阶，但却常常喜欢四肢并用地往楼梯上爬行。让宝宝下台阶时，就会向后爬或用臀部着地坐着下，1岁半的宝宝会用力地扔球，会用杯子喝水，洒得很少。能够比较好地用匙，开始自己吃饭。

给宝宝积木，他会把3～4块积木叠在一起。

现在宝宝已经会跑了，可以训练宝宝做许多大运动量的活动，如跳舞、双脚跳、快跑、踢球等，还可以训练宝宝单独上下楼梯，以增加肌肉力量。还可以通过做游戏，训练身体的协调能力。如找一条长毛巾，父母拉住两个角，让宝宝拉住另两个角，把一只皮球放在毛巾中间，让宝宝一蹲一站，皮球就会来回滚动。还可以把皮球抛起来，和宝宝一起用毛巾接住它。这样做，可以锻炼宝宝与人合作能力，也能锻炼宝宝自身动作协调能力。

3. 语言发育

19～21个月幼儿的活动范围、行动花样又比以前丰富了许多，喜欢爬上爬下，喜欢模仿成年人做事，如擦桌子、扫地等，喜欢模仿着做广播体操等活动。如果父母耐心地教宝宝数数字，念儿歌，宝宝会很有兴趣地学，还会跟着父母的节奏，说出每句儿歌的最后一个押韵的字音。这个时期，是教宝宝学说话的好机会，不可错失良机。

在语言方面，宝宝进入了积极的言语活动发展阶段，在理解语言的基础上，宝宝说话的积极性逐渐提高，掌握的词汇量也不断增加，能说一些简单的句子，掌握的词类也由过去的名词、动词扩展到形容词和副词等。

宝宝开始认真学习语言，翻动书页，选看图画，能够叫出一些简单的物品的名称；也能够指出方向；能够说4～5个词汇连在一起的句子，如“在桌子上”；会有目的地说“再见”；能够按照要求指出眼睛、鼻子、头发等。

宝宝的语言能力天天都在进步，在与家人的日常生活、游戏、交流的同时，学会不少词句，从1岁左右难会说一两个词，到20个月时，宝宝大约会用20～30个词语。这时候，宝宝在自己玩玩具时，也开始自言自语地说话。宝宝在搭积木时，会小声的叽叽咕咕，父母可以参与到宝宝快乐的游戏中，与宝宝对话和交谈。

从现在起，要注意切忌用“儿化语言”和宝宝对话，同时，要善于抓住一切机会，鼓励宝宝大胆地说话。

4. 感知发育

宝宝长大了，现在可以说出自己的名字，可以分清“你”与“我”；能够对两个步骤的指示做出反应，比如说“去把袜子和鞋子拿来”；可以告诉父母自己正在做什么，每天宝宝都在学习新单词；开始认识书里的词并且还会自己选书看；可以根据大小，形状，颜色或者用途把物体分类；理解很多物体的功能，可能还已经开始做象征性表演（就是说宝宝用一些东西代替别的东西）；可能用两个木块代替不同的动物；还很努力地想掌握筷子的用法；通过观察和模仿家人来学习；宝宝喜欢父母说一说睡觉之前发生的事情；还能经常听到宝宝在床上自言自语。

5. 心理发育

这个月龄的宝宝注意力集中的时间仍很短，宝宝不会坐下来安静地听父母讲5分钟故事。

宝宝对陌生人会表示新奇，很喜欢看小朋友们的集体游戏活动，但并不想去参与，爱单独玩儿。喜欢自己所喜爱的玩具，女孩儿常常会像大人一样抱着布娃娃，开始模仿成年人做家务，如铺床、扫地。

因为不再用奶瓶吃奶，宝宝会更喜欢吮吸手指了，特别是在睡觉之前，躺在床上，一边吸吮手指，一边东张西望。

很难坐下来安静地吃饭，总是会走来走去。

当有什么事情做不好、不顺心时，宝宝还会发脾气，哭闹。

这个月龄的宝宝喜欢规律的生活，宝宝会对所有的突然变化都表示反对，比如，从奶奶家搬到姥姥家居住，会不适应，会哭闹；或者去幼儿园、托儿所，宝宝尚需要很多天来适应。

这个阶段的宝宝好奇心很强，对什么都感兴趣，凡是够得到的、拿得动的东西，都要拿来摆弄摆弄，弄不好还要把东西拆散或扔到地上。随着自我意识的萌芽，幼儿独立的愿望越来越强，不管是自己能做的还是不能做的，宝宝都想自己去做，不愿别人帮忙。

由于以上原因，再加上宝宝缺乏生活经验，所以，在这个阶段里意外事故时有发生。例如把小药丸放到嘴里；爬到高处不小心摔下来；用手触摸火炉、开水、开水瓶或电源；在马路上乱跑、丢失或被车撞等。因此，父母或照看人应特别注意看护，还要给宝宝创造一个安全的环境。

这个年龄阶段的宝宝，生活能力有所增强，基本上可以和大人一起进餐吃饭了；大多数宝宝睡眠已经很有规律，每天睡眠的时间因人而异、长短不一。

二、育儿小知识

1. 养育建议

注意观察宝宝，大多数宝宝会随着音乐发生动作，这是对音乐的反应；

多给宝宝尝试做新鲜事和表现出能力的机会，尽量为宝宝创造类似机会，对智力开发有益；

让宝宝多结交玩伴，多认识人；

给宝宝讲解正在做的事，以及为什么要这样做，多提出问题，引导宝宝思维能力发展；

重视宝宝的人格教育，对良好的行为要立即表扬；

鼓励幼儿探索，使探索、学习成为一种快乐的念头；

找出吮吸手指、尿床、口吃等问题的心理根源；

宝宝心理不健康是父母家庭教育失误的结果；

有撒谎、沉默、多动症等障碍时，要及时在专家的指导下引导宝宝克服；

通过动画和图书，扩大宝宝的视野，丰富想象力；

丰富宝宝的生活内容，使宝宝有更多模仿的机会；

通过游戏学习行为规范，父母要注意行为的示范作用。

2. 家庭早期教育注意事项

1岁半的宝宝已经懂事得多了，父母之间、祖辈之间、父母和托儿所阿姨之间都要在教育宝宝的问题上保持一致。切不可父亲这样教，母亲又那样讲，父母刚刚批评完了宝宝，奶奶又让宝宝那样去做。这样，家人的前后矛盾，要求不一，宝宝就会不分是非，不知所措，很多不良习惯就是在这种情况下形成的。

有时宝宝会非常任性，一不顺心就大哭大闹，打滚耍赖。对这样的宝宝既不能打骂，又不能屈从，最好的办法是走开，不理他，在宝宝的情绪平静以后再教育。有的宝宝过分胆小，对这样的宝宝就不能经常批评和训斥，而要多加鼓励，即使宝宝做错了什么事，也不要过分地唠叨和数落，以免给宝宝性格造成不利的阴影。

父母在宝宝面前要注意自己的言行。不少父母认为宝宝还小，不懂事，当着宝宝的面什么话都说。要知道，宝宝比父母想象的要懂事得多，宝宝已经能按照自己的方法去理解父母谈话的内容。所以，父母在宝宝面前说话一定要注意文明，不可以在宝宝面前议论成年人之间的是非与纠葛，也不要当着宝宝的面与别人吵架，不要在宝宝面前说谎，当着客人的面不要议论宝宝的缺点，也不要夸耀自己的宝宝。

别看小家伙才1岁多，在宝宝面前，父母说话要十分小心才行。

3. 别强迫宝宝多吃

有些母亲每一顿饭都紧盯着宝宝，催促宝宝“再吃一口，再多吃一口！”

宝宝在玩耍的时候，心情轻松，食欲旺盛。但是，一旦坐到餐桌前，看到那么丰富的菜肴，再感受到母亲这种进攻式的态势，食欲一下子就会消失得无影无踪。

尽管宝宝也努力想吃，可就是吃不下。因为宝宝在母亲的这种压力下处于应激状态，精神异常紧张，于是会影响到唾液和胃液都停止分泌，即使努力吃着，也味同嚼蜡。虽说宝宝拼命地努力去吃，但是母亲的强求、催促等强迫性做法，给宝宝的心理上造成强大的压力，怎么吃也吃不完，也颇费时间。最后，屈从到不吃不行的义务感，宝宝勉强着不得不吃。这样，精神上很紧张，加上人为地努力进餐，是很难吃得下去的。

自古以来，人们都知道在愉快的气氛中进餐是很重要的。在轻松愉快的心情和气氛中进餐，唾液和胃液分泌旺盛，不仅吃得有滋有味，也容易消化吸收。如果让耳边充满了催促和说教声，再加上喋喋不休的营养学理论灌注，宝宝的精神会陷入过分紧张状态，产生应激反应，效果就会适得其反。

紧张和松弛，是相反的两种心理和生理状态。如果过度紧张的心理状态长期持续不断，就会直接影响到生理机能，给身体带来各种不适，还会引起神经性习惯反应，例如啃指甲、哆嗦腿、尿频、尿床、颈颤等。让宝宝的紧张状态松弛下来，是治疗的捷径，单纯处理表面症状，结果会适得其反。

4. 常见睡眠问题

幼儿睡眠常见的问题有：

❶ 入睡后翻滚 幼儿入睡后爱翻滚，不一定是疾病的表现，却起码说明宝宝睡得不深，应当找一找原因。常见的原因有：一是睡床有不舒服的地方，如被子垫得不平整或太厚或穿的衣服过硬、过紧等，会使宝宝感到不适而翻来滚去。二是白天过度兴奋，幼儿的神经系统较脆弱，如果白天玩得高兴过度或受到意外惊吓，晚上睡觉后大脑就不会完全平静，表现出睡眠程度不深，还会伴有啼哭。三是临睡前吃得过饱，有的父母总是担心幼儿吃不饱，晚上临睡前还让宝宝吃很多东西，入睡后宝宝肚子胀满难受，睡着以后也会翻来覆去。四是肠道寄生虫作怪，如肠道蛔虫、蛲虫经常在晚上捣乱，使宝宝睡眠难以安宁。五是缺钙，幼儿缺钙会睡不安稳甚至惊厥。六是发热、患病，有的宝宝平时睡觉很好，突然出现睡眠不安宁，父母就应当仔细观察宝宝是否发热或有其他异常，及时把握就医的时机。

❷ 入睡后多汗 有的幼儿入睡后会出汗，甚至大汗淋漓弄湿内衣，父母非

常担心，认为是宝宝缺钙。其实，幼儿入睡后出汗，大多属于正常生理现象。幼儿新陈代谢旺盛，产热量大，体内含水多，皮肤薄，皮肤内血管丰富，出汗有助于热量的散发，以维持体温的恒定。同时，出汗可以排出体内尿素、脂肪酸等代谢废物，汗液还可滋润皮肤，保持皮肤湿润。幼儿的神经系统发育不完善，入睡后，交感神经会出现一时的兴奋，导致浑身出汗。所以，幼儿仅仅出汗较多，而一般健康情况较好，那么缺钙的可能性就不大。如果除过出多汗外，伴有睡眠不安、惊跳、枕部脱发等症状，则有缺钙的可能，应当及时就医。

3 睡眠紊乱 作为生长发育高峰期的宝宝，对睡眠的需求很高。因为睡眠与生长激素的分泌有关，人的生长发育，依赖于脑垂体分泌的生长激素，而生长激素只有在睡眠时分泌的量最多；人体各种营养素的合成也只有在睡眠和休息时，才能更好地完成。所以，睡眠充足，宝宝生长发育得就好、就快。婴儿年龄越小，睡眠应当越多，对宝宝的睡眠应当加倍重视，以防出现睡眠紊乱。睡眠紊乱，在婴幼儿中极其常见，据统计，30%的儿童在4岁前均出现过类似问题，其中8个月至2岁则属高发年龄段。幼儿睡眠障碍的表现有：夜间频频醒来，睡眠不安宁、恐惧黑暗、磨牙、遗尿、呓语、梦游、摇动身体、抓挠皮肤、入睡困难等。

幼儿睡眠障碍发生的原因，归纳起来有几种情况：首先是精神刺激，如受到惊吓或有苦恼的遭遇又不愿意让父母知道；或家庭成员关系紧张，致使宝宝总是处在压抑中等。其次是疾病，最常见于特异性皮肤病，其中多数患病幼儿年龄在5岁以下，夜间出现瘙痒不止，宝宝抓挠皮肤而影响睡眠。对待有病幼儿要积极治疗，尤其是要到专科医院做正规治疗。

4 磨牙 晚上宝宝发出磨牙声，对于换牙期的宝宝，是建立正常咬合所需的一种活动。由于此间宝宝的上下牙刚刚萌出，咬合尚不完全合适，通过磨牙，能使上下牙形成良好的咬合接触。遇上这一类夜间磨牙的情况，父母不必担心，通常会自行消退，无需治疗。如果宝宝出现长期的夜间磨牙，通常因为精神因素或错合引起的。这一类夜间磨牙是出于神经反射作用，口内既无食物，唾液的分泌也少，牙齿得不到必要的润滑而形成“干磨”，牙齿组织的磨损相当厉害，造成后果较严重。人们睡眠过程中的无意识磨牙习惯称磨牙症，夜间磨牙的人，第二天早晨常会感咀嚼肌疲乏，口张不开，牙齿有不舒服的感觉。有的病人年纪不大，牙齿咬合面却已经磨成平板状。由于牙齿表面的牙釉质过分磨耗，会使釉质下的牙本质暴露出来，轻者会出现对冷、热、酸、甜等化学的或物理的刺激过敏，严重都会造成牙髓炎、咬合创伤，牙周组织的损坏或颌关节功能紊乱。若发生咀嚼肌的疲劳和疼痛，会引起人面痛、头痛并向耳部和颈部扩散，这一类疼痛表现为压迫性钝痛，早晨起床时尤其显著。

治疗夜磨牙，一般多采用除去病因和对症治疗相结合的方法。调节不适的咬合，消除精神因素特别是焦虑、压抑等情绪，保持心理健康。有肠道寄生虫病者可以做驱虫治疗；有牙齿酸痛者可以做脱敏治疗。必要时，还可以装一个夜磨牙矫正器，晚间睡眠时戴在上部的牙弓上，可以控制下颌的运动，制止夜间磨牙的动作发生。

5. 爱哭闹的心理治疗

婴幼儿的哭闹对于父母来说，无疑是一件很烦心的事。如果宝宝长时间地啼哭不止，不仅使家人心神不安，影响睡眠和工作，甚至会造成家庭的不和睦。家人一般只考虑宝宝哭闹可能是某种不适，如尿湿、患病等造成的。这里要提醒父母们的是，如果一向安静的宝宝，一连几天哭闹不止，而且父母抱在怀里时不哭闹，一放到床上就手脚乱蹬、哭闹不止，这是心理问题，由于父母不良的情绪强化过程造成。

儿科门诊接待了一名1岁半的宝宝，宝宝从小很乖巧，聪明伶俐，招人喜欢。但在最近一段时间里，只要一放在床上，宝宝就哭闹不休，甚至于夜间必须抱着才能睡觉，弄得父母心烦意乱、疲惫不堪。家人都以为宝宝身体不舒服，得了什么病，到医院去检查，验尿、化验血未发现任何躯体疾病，宝宝身体挺健康。

在儿科医生的推荐下，父母带着宝宝到心理门诊咨询，医生详细了解了宝宝近几个月的病史后，真相大白。原来，宝宝在两个月前生过一次病，受到家人们的特别照顾：抱在怀里哄逗、举起来摇晃，真是百依百顺，结果却导致病愈后离不开人，只要把宝宝一放到床上，就会哭闹不休。这是因为家人不良的强化情绪行为造成，宝宝此时的哭闹，是为了得到家人的注意和呵护。

治疗这一类哭闹行为，比较行之有效的心理疗法是“消退法”——去除相应的

强化亲昵因素，比如过多的注意、过多的怀抱和摇晃等亲昵行为。把宝宝定时地放在床上，即使哭闹也不予理会，经过一段时间的训练，可以使类似的哭闹行为消失。

实施“消退法”，要做好父母的思想工作，要 “忍疼割爱”才行，不要因为宝宝一哭闹，就心疼到舍不得、受不了，继续强化溺爱宝宝，宝宝的心理疾病性哭闹岂能“消退”掉？

在父母的配合下，心理医生开出的“药方”是：每天晚上把宝宝单独放在床上便离开，无论如何哭闹也不予理睬！结果，宝宝第一天哭闹了1小时，第二天哭闹时间就明显缩短，只哭了20分钟，第三天便不怎么哭了，一周后就不再哭闹，小家伙的心理性寻求亲昵的哭闹行为得到彻底的矫正。

宝宝如果出现类似的哭闹行为，不妨试一试这种心理治疗法。

6. 感觉统合失调

怎样是感觉统合失调呢？宝宝感觉统合失调的行为包括：动作笨拙、不协调，较晚学会走路或常跌倒、绊到自己的脚。不喜欢别人的拥抱或触摸，不喜欢洗头、理发。对刺激过度敏感，如果进人人多的地方、光线强之处会过度兴奋，在有声音的情况下不专心。对感觉刺激的敏感度过低，对各种感觉刺激反应慢，甚至不太有感觉，受伤跌倒时也不觉得痛、不会有反应。坐椅子常会跌下来；常把桌上的东西碰落到地上。容易分心，注意力集中时间短暂。做白日梦且无法注意周围事物，但听力正常。上幼儿园后，抄写或做习题时常会遗漏字句。画图、写阿拉伯数字或汉字时，左右、上下颠倒，如53写成35。活动量过多，动个不停。活动过少，动作缓慢。语言发展迟缓或口齿不清。智力正常，但对阅读或数学的学习有困难。做精细动作时协调性不佳。缺乏自信，易遭受挫折，容易发脾气。

假如宝宝出现了上列某些症状，则可能是感觉统合有了异常，是神经系统的统合协调能力有问题。应带宝宝到医院接受神经系统评判。

例如宝宝做运动接球，要接得好，就必须整合听觉(球来了)、视觉(看着球的轨迹)、本体觉(自己的手脚位置)、触觉(摸到球)、平衡感、协调性等，才能接好球。一旦这些信号的整合有了障碍，就会产生动作协调不良、精细动作差、左右不平衡等。

感觉统合的治疗，是先评估分析宝宝的问题到底在哪里，针对问题设计治疗课程及活动，一般多采游戏方式进行，以刺激宝宝感官的发展，让宝宝从这些活动中，学习整合各种刺激信息，使大脑的感觉统合功能逐渐改善，进而改进宝宝手眼协调、空间概念、注意力和解决问题的能力。

❶ 全方位感觉统合育儿 感觉统合应当从胎教做起。目前一般误认为，感觉统合指的多数是较大的儿童，其实正确的观念该从怀孕就开始，从妊娠期就应当注意胎教，在胎儿胎动时就可以抚摸腹部，传导对腹中胎儿的爱意，每天抽出时间跟胎儿谈谈心、说说故事、听听音乐，这些对于宝宝出生后会有很大的帮助。

❷ 拥抱安抚有助感觉统合 有些人误以为刚出生的婴儿一哭就要抱，易造成宝宝黏人、离不开人等坏习惯。从感觉统合的观点来看，宝宝哭了，父母故意不予理会、不抱，宝宝的触觉发展可能会受影响。而且成长后对于人与人之间的信赖程度也会大打折扣，从小宝宝哭闹时别不理会，最好抱一抱，并给予适当的安抚。

❸ 观察学步期宝宝 对于婴儿或学步期的幼儿，如果有易受惊吓、肌肉张力太低、不喜欢被拥抱、躁动不安、易怒、动作发展较慢等种种现象，也可能是感觉统合功能有障碍的讯息，父母宜多加留意与关心。

当然，如果父母感觉到家中的小宝贝可能有感觉统合的问题时，最好带宝宝前往医院求诊，通过过医生评估，了解是否真的是感觉统合问题。有感觉功能障碍的宝宝，在接受感觉统合治疗后，绝大多数都能达到一个适当的基点，让宝宝健康成长。

注意力的特点

宝宝注意的能力是随着年龄的增长而不断增强的。到1岁半～2岁年龄的宝宝，已经开始能集中注意力看图片、看电影、看电视、玩玩具、念儿歌、听故事等。但集中注意力的时间较短，一般只在15分钟左右，而且以无意识注意力为主。

三、智能开发从训练开始

1. 社交能力培养

❶ **认识自我** 把幼儿抱坐在镜子前，对镜中的幼儿说话，引幼儿注视镜中的自己和父母及相应的动作，可以促进幼儿自我意识的形成。

❷ **多听多练** 随时随地教会幼儿认识周围事物的名称，宝宝的言语能力很快就会发生惊人的变化。父母多多和幼儿说话，不仅有意识地给宝宝予不同的语调，还应当结合不同的面部表情，如笑、怒、淡漠等，训练幼儿分辨面部表情，使宝宝对成人不同语调，不同表情有不同的反应，并逐步地学会正确表达自己的感受。

❸ **发音训练** 和宝宝说话时，应当坐在宝宝正对面的位置，使幼儿能够清楚地看到自己的口形、表情，说话速度要慢而明确。

❹ **躲躲藏藏游戏** 既能锻炼幼儿感知觉的能力，培养幼儿的注意力和反应的灵活性，还能促进幼儿与成年人之间的交往，激发幼儿愉快的情绪。

2. 适合宝宝的动作能力训练

❶ **扶栏上下楼梯** 家人牵着幼儿的手，扶栏上、下楼梯。让宝宝自己扶好楼梯扶手，一步登上，两脚站稳后再向上迈步。做熟练后放手，宝宝自己能上楼梯以后，父母再牵着宝宝慢慢学习往下一步迈出，两脚在台阶上站稳之后，再伸脚下迈。一面迈步，一面要鼓励宝宝："宝宝真勇敢。"

❷ **跑步** 父母拉着幼儿一只手教宝宝慢跑步，可以与宝宝同跑，让宝宝模仿自己学跑，逐渐过渡到站在宝宝前面拍手叫宝宝跑过来。

❸ **双脚跳下一级台阶** 家人用双手牵着宝宝从最后一级台阶跳下。宝宝渐渐能学会

单手牵着跳下台阶，更会喜欢在散步时由父母牵着手双脚往前跳跃。

❹ 开火车游戏 家人在前，宝宝拉着家人的双手或衣服在后，用脚尖碎步儿走。家人可以在途中不时地报个站名，则会令宝宝兴致更高。

❺ 踩影子 晚饭后散步时，路灯下影子的变化的现象本身，就会令宝宝感兴趣。再加上游戏本身吸引人，能令宝宝长时间保持浓厚的兴趣和愉快的情绪。由于做此游戏需要边躲边踩，不仅锻炼宝宝动作的协调性，还能发展宝宝们灵活应变的能力。

3. 让宝宝多走一级楼梯

从出生起，每一个宝宝都必须经历过躺、抬头、翻身、坐、爬、站的发展。1周岁以后，宝宝身体发展的内在驱力，使得宝宝开始迈开步伐练习走路，变得较独立，活动范围也越来越大。专家们把幼儿1～3岁阶段称做“用脚思考”的阶段，因为宝宝迈开两双小脚，走到哪里，探索到哪里。上、下楼梯是这个阶段幼儿动作发展的重点之一。

18个月大时，宝宝就可以开始学习走台阶和上、下楼梯。现实生活中，有些父母却喜欢抱着、背着宝宝走楼梯，这样能保护宝宝不会跌倒，也节省上下楼梯的时间，但却让宝宝失去了锻炼的好机会。

对于宝宝来说，走楼梯这项简单的活动好处很多。

人在上下楼梯时，必须活动膝关节，同时必须调节身体的平衡。因此，对于急需发展自我动作技能的幼儿来说，上下楼梯不仅能活动关节，还是一项很好的平衡运动。

刚学上楼梯的宝宝，只能借助楼梯的扶手或家人的牵引才能使自己保持平衡，因为3岁以前的宝宝重心偏高，肌肉缺乏锻炼，站立不稳。但如果经常锻炼，宝宝膝关节慢慢就会变得灵活，肌肉会结实有韧性，大脑控制系统经常受到动作指令的刺激也会变得特别敏捷，眼、手、脚协调能力增强，宝宝逐渐反应灵敏，活动自如、轻松，能够自然地甩动双臂在楼梯上跑上跑下。

楼梯越爬越高，意志越练越强。从某个角度讲，两者之间有一种天然的默契。刚开始学习上下楼梯时，宝宝会有一定畏难情绪，但如果能从家人的鼓励、支持中得到勇气，克服害怕摔跤带来的心理恐惧和身体疼痛，能勇敢地迈出第一步，登上第一级。随着级数的增加，宝宝的视野渐渐扩大，不用再仰头

看着楼上在心里发怵，也可以自由自在地上楼去看个究竟，宝宝会充分感受到控制自己身体所带来的喜悦，体验到成功的快乐。新的发现，不断激发宝宝克服困难继续去攀登、探索，日复一日，会渐渐培养成胆大、勇敢、坚强、不怕困难的优良品质。

既然走一走楼梯，能给宝宝带来这么多的好处。不妨在学会走路后，让宝宝自己上下楼梯吧，多走一级楼梯，会多一分锻炼、多一分收获。

宝宝刚学习上下楼梯时，四肢的灵敏度尚不足，常常无法控制身体，若一时站不稳，就容易跌落下来。因此，一开始并不适合在楼梯上学习，可以利用婴幼儿常用的泡沫积木，堆成阶梯状，让宝宝先做一做练习。

动作做得熟练后，父母可以在幼儿身后，以双手牵着宝宝的上臂，让宝宝利用四肢的力量向上移动，切记在扶着宝宝时，须以上手臂为主，千万不要只抓住手肘以下的部位，因为幼儿的骨骼太脆弱，容易造成损害。扶宝宝上楼梯时，可以看到宝宝上身挺直，而脚已经比身体早一步往上走了，因为宝宝本身的力量不足，必须借力使劲的关系。

以四肢爬行方式上下楼梯，对幼儿的颈部神经或大小肌肉都有明显的帮助，很多7～8个月大时爬行不足的幼儿，会在爬楼梯时显得较为笨拙，应当多利用四肢爬行上楼梯的机会，加强宝宝身体运作的能力，对宝宝未来动作技能的学习，也会有密切的影响。

不同年龄段的宝宝，爬楼梯动作上的发展过程：

13个月 大部分宝宝能在这个时期，开始练习用四肢向上爬楼梯。

1岁半左右 可以自己爬楼梯，只是前后脚朝同一级台阶前进，还需要扶着墙或扶手。

2岁左右 虽然仍然前后脚同一级台阶向上前进，但不太需要扶手，可以随时停下来、转身。

2岁半以后 慢慢地能每阶一步地迈上楼梯。不过，下楼梯时还得两脚同一级台阶下，等下到最下面一阶时，只要台阶不是太高，宝宝都喜欢并拢双脚往下跳。对于这个阶段的宝宝来说，楼梯是一个能带来快乐的地方。

4. 动作能力的养成

1岁以后幼儿的活动场所主要是地面上，在这个时期，球是幼儿最好的玩具，家人可以与幼儿相互扔球、捡球、接球、滚球、踢球等，还可以让幼儿与小朋友一起玩球，促进幼儿行走、跑、

滚动、扔、投掷、弯腰捡拾等基本动作的发展，使幼儿上、下肢肌肉得到锻炼，动作更加灵活协调，培养幼儿的注意力、观察力。

几个宝宝一起玩球，可通过游戏的集体活动，建立良好的关系，培养相互合作的意识。给宝宝玩各种套叠玩具、穿绳玩具、积木、积塑等，有助于锻炼幼儿小肌肉动作和手指的灵活性、准确性、培养注意力和观察力，套叠玩具有套塔、套碗、套环等。穿绳玩具包括木珠和塑料珠、塑料管、木线轴和花片等。玩这些玩具时，可先给幼儿做示范，然后让宝宝学会自己玩，父母可在旁边作指导。玩的时候可教幼儿学会把铅笔插入笔筒内，开始用大口的笔筒，逐渐教宝宝学会插入小口的笔筒，还可以教幼儿把小的物件装入小口径的容器中等。

还可以利用走平衡木、滑滑梯来发展宝宝的平衡动作，既培养宝宝注意力，还能培养勇敢精神。开始走平衡木或滑滑梯时，家人要在旁边扶持和鼓励，逐渐放开手，让宝宝自己玩，自制的平衡木可选择宽度约30厘米，长1.5米左右的木块，两头搭在两块大积木上，把大块木板的一头架高，自制成滑梯。

5. 数的概念培养

数，是很抽象的，教宝宝计算时，得事先准备一些教具。比如实物、图片、瓶子盖、小盒子、数码筹码、扣子等。玩的时候，动手数一数，摆一摆。在学习“多、少、一样多”的概念时，可以摆一摆看，妈妈摆出3个瓶子盖，让宝宝摆扣子。先把扣子摆在瓶子盖里面，数上一数，看一看是不是一样多。再要求宝宝把扣子摆在瓶子盖下面，一个对一个地摆齐，反复练习，让宝宝知道，3个瓶子盖和3个扣子一样多。

还可以为宝宝专门制作一些教具，可以在卡片的一面写上数字，背面涂上相对应的圆点，让宝宝从少到多，逐步形成数字的概念，用以引导宝宝对数的认识由感性到理性，由具体到抽象，反复练习一段时间后，使宝宝懂得数字的意思。通过实物反复练习，使宝宝逐渐摆脱实物的支持，只需要在语言的引导下，就能运用头脑中已经形成的数的概念进行判断。

开始时，宝宝的思维活动不能脱离具体的物体和自己的动作，脱离了实物和动作，就不会想，不会记忆，因此，一定要广泛地采用教具来教给宝宝数的概念。在教宝宝计算的过程中，一定要把动作和语言讲解结合起来，一边摆放

实物，一边说着、数着。做完示范后，让宝宝摆，摆放实物时，也要求宝宝边摆边说，把动作和结果都说出来。

教会宝宝不管做什么，都应当让宝宝把动手做和口说、眼看、耳听等多种感官活动起来，只有让宝宝既动手又动脑，必定能提高学习效果。

6. 记忆力训练

别看宝宝虽然小，记忆能力却很是高超，成年人记不住的东西，宝宝能毫不费力地记进大脑，贮存起来。

幼儿的无意记忆占优势。宝宝利用这种方法，获得大量的识记材料。在看电视、听收音机的同进，就能把其中的音乐和插曲贮存进大脑细胞里。

无论在家里，还是在幼儿园，宝宝都会自然而然地记录成年人的语言、故事、儿歌、歌曲，在与成年人交往的过程中，记忆大量的词汇。宝宝往往会令父母吃惊：小家伙还不到3岁，怎么净说一些大人的话？宝宝们把画册上、影片中、美术展览、生活用品中的图形能够反映到自己的个体意愿画中来，创作出生机勃勃的儿童作品。聪明能干的小家伙，不会写字，也不识字，却能到广播电台熟练而生动地讲故事、唱歌、表演……而且往往是一次成功。

宝宝这种高超的记忆，功劳在于父母和幼儿教师的培养。在家里，根据宝宝无意记忆的特点，父母可以使用大量直观而形象的教具，吸引宝宝的注意，加强宝宝的记忆。在讲故事前，制作一些相应的图片，生动活泼地讲述能使宝宝人迷地听，讲不到3遍，宝宝就能记住。还可以教给宝宝做各种科学小实验，让宝宝在亲自动手的实验活动过程中，观察千变万化的现象，在富于趣味性的学习中，把各种自然现象记进脑海里。每学一首歌儿，不光教宝宝唱，也教宝宝学跳，在舞蹈动作的配合下，在活动中记忆歌词。学习计算时，要准备各种绒布图片、实物，教会宝宝运用实物运算，然后，给宝宝一只计算袋子，让宝宝伸手摸一摸，里面装着宝宝平时喜欢玩的小石头、小瓶盖、计算筹码，让宝宝动手摆弄摆弄，3个加上2个，应当是几个？宝宝很快就能记住10以内的加减法运算。

根据宝宝的情况，父母可以不断地向宝宝提出新的识记任务。讲完故事以后，反问宝宝：故事里面都有些谁？他们都说了些什么？做完实验后，可以问：水变成了什么？

知道它是怎么变的吗？在不断提问的启发下，使宝宝的记忆更有目的性。

在有计划的教育下，幼儿的有意记忆不断得到发展。从记忆中的方法来看，幼儿的意义识记好于机械识记。

在理解的过程中，有很多实际经验参加，使各种神经联系之间形成连锁反应，并且经过大脑活动进行了概括性处理。这样的记忆，要比孤立的记忆联系更加巩固。因此，教会幼儿理解，然后再教宝宝记住，会记得牢固。教宝宝唱一首儿歌时，可以先联系宝宝自身理解和经历、认识，给宝宝先讲明白内容，再教宝宝朗诵就会事半功倍。

在整个幼儿期，宝宝的形象识记效果都好于词汇的记忆，因为具体形象鲜明，直接感知，能在头脑中形成表象。而词汇往往比较抽象，属于第二信号系统，在幼儿期还不能起到主要支配作用。当然，随着宝宝年龄的增长，语言能力的发展，词汇的记忆能力也会不断增强。

7. 旁观游戏

这个年龄段的宝宝，喜欢站在一边静静地观看大宝宝们的游戏。在成年人看来，宝宝自己并没有参与游戏，可宝宝自己却说：“我在玩儿呢！”看起来，让人感到很奇怪。

在宝宝自己看来，自己正在享受“旁观游戏”的乐趣，的确也是在玩儿。当宝宝专心致志地观看别的宝宝做某一种游戏的时候，自己也沉浸在游戏的氛围中。由于同龄儿童之间的人际关系还没有形成，宝宝的心理上还处于不会积极主动地参加小伙伴们的游戏的状态。宝宝的心中，似乎还有一种看不见的心理屏障还没有打破，暂时只能看着别人玩，自己处于“旁观游戏”的阶段。

从小在家里只和母亲或养育者打交道的宝宝，还不可能马上与外界的宝宝们建立起友好关系。这种旁观游戏的行为，并不是由于宝宝胆怯或懦弱，而是正在培育人际关系的抵抗力。

宝宝处在这个阶段的时候，绝对不要催促。最好的办法，是等待，等到宝宝自然习惯。此时，父母可以把宝宝带到公园之类的地方，然后自己尽管读书或者织毛衣，放开宝宝，不要管，任宝宝自由行动。

宝宝暂时还会处在旁观状态，这是幼儿游戏的一个发展阶段，必须让宝宝充分体验这个阶段，因为，幼儿的智力发育，是不能越过任何一个阶段的。

等到宝宝心理抵抗力培植起来以后，宝宝会很自然而然地加入到小朋友当中去玩，并且过渡到下一个阶段——“平行游戏”阶段。

8. 想象力培育

培育宝宝的想象力，需要扩大宝宝的视野，丰富宝宝的感性知识。两岁左右的宝宝可以多多认识周围环境、托儿所和家庭附近地区的新鲜事物，认识一定的社会环境，如商店、邮局、图书馆、影剧院、当地的名胜古迹，有条件的可以去看一看乡村辽阔的田野，看一看农作物是怎么样生长、成熟和收获的过程。应当常常带宝宝出去，让宝宝观察大自然的变化，经常与宝宝交谈，启迪思路，唤起丰富多彩的想象力。

鼓励宝宝学会模仿也很重要。模仿，是想象力发展的起步。幼儿常常从模仿开始自己的再造想象，模仿得越象，再造得就越是自如。在模仿的过程中，逐步学会抓住事物的本质特征，建立本质间的联系。在此基础上，逐步把各种事物间的必然联系重新组合起来，进而发展了创造性的想象能力。

想象力，是在各种活动中发生和发展的，给宝宝丰富多彩的活动机会，是发展想象力的有效辅助性活动。游戏，则是最好的活动。宝宝们之间只须说一声：“咱们假装的……”便能开始有趣的构思，创造出爸爸、妈妈、解放军、哨兵、警察、医生等各行各业的形象；表演游戏中，进入小猫、小狗、小兔的神话世界，创造出新异有趣的角色和形象，使再造想象得到更快的发展。

早期教育应当把着眼点放在发展宝宝的观察力、想象力方面。看图讲述、编故事的结尾、说说画画、做做说说……在成年人的启迪下，学会有系统地描述事物、描述人物的内心活动、再现人与人之间的关系，把想象能力提高到新的水平。

适当做一些美术活动，让宝宝动手画，动手做，动手创作。两只大公鸡昂首对话、太阳底下做早操、帮助妈妈做事情、用泥塑造自己的玩偶、剪纸粘

贴，手指尖的活动会使想象力更加新颖、更别具一格，富于创造性。

让宝宝多多参与丰富多彩的活动，给宝宝表演的机会和锻炼条件，充分发挥每一名宝宝的创造才能，给宝宝插上想象的翅膀，让活泼愉快的宝宝尽情大胆地想象。

宝宝2岁具备的能力

2岁的宝宝会给物体进行分类；在日常对话中使用概念词，近远，上下，里外，空满，前后等。所以妈妈（或爸爸）每天要重复朗读一首简单的童谣，让宝宝自己练习说；每天读书给宝宝听，可以选择一些很容易猜出下文的书，让宝宝猜下文；有时候问一问宝宝的意见；让宝宝发挥自己的想象用蜡笔尽情涂抹，然后让宝宝告诉父母画的意思；可以教宝宝数数；让宝宝做布置桌子之类简单的家务，宝宝肯定很高兴帮忙。

四、这样教宝宝

1. 涂涂画画

在涂画前，给宝宝先穿上一件旧罩衣或大围裙。如果在户外活动，可以给宝宝准备彩色粉笔，让宝宝尽情地在地面上任意涂画。在家里，可以给宝宝准备彩色笔和旧挂历，让宝宝在背面乱涂乱画。

可以先给宝宝示范，然后让宝宝随意去画，爱怎么画就怎么画。偶尔可以参与一下，宝宝如果画了一条曲线，可以提示宝宝怎么样使用手和手臂转变方向，画出螺旋形圈子，鼓励宝宝“一圈又一圈”，也可以去画出一个圆形来。等到宝宝有了兴趣自己乱画乱涂时，父母就可以离开宝宝，在附近做自己的事情。当然，宝宝肯定会兴致勃勃地拉着父母去看自己画的东西，不要不耐烦，要给予相当的肯定和鼓励。宝宝会越画越多，越画越好，手臂和手腕的控制能力也就越来越强。也可能宝宝画一会儿，又去玩别

的，过一会儿又回来再画，不要干涉宝宝，因为这个年龄段的宝宝关注一件事情的注意力，只有10~15分钟。

让宝宝涂涂画画，可以训练手的精细动作，在反复的涂画过程中，学会如何控制使用手，越来越精巧熟练。在乱涂乱画的过程中，宝宝可以建立起对自己能力的信心，发现自己可以用双手创造各种各样的图形，增强对自己能力的信心。因此，父母不要轻易评论宝宝画得像不像，幼儿的涂涂画画，没有像不像的问题，爱画什么就画什么，是培养宝宝创新精神的开始。只需要多鼓励宝宝自由地去表现出自己的感觉和想法。

2. 过一个有收获的假期

寒暑假期到了以后，父母和宝宝在一起的时间也多了起来，如何利用假期亲子之间的交流，来让宝宝有所收获？家庭教育中要想提高幼儿智商，应该营造轻松、有激励性的气氛，用潜移默化的方式教导。

多多说话 让宝宝早一点学会掌握语言很重要，语言对促进宝宝智能发育十分有帮助。宝宝掌握了语言，所收获的不仅是能说话而已。父母在宝宝出生后的第二年里，和宝宝说话的数量多少，对宝宝能掌握词汇量的多少有重要的影响。

听听音乐 宝宝从听一听音乐中，学到的不止是节奏和旋律而已。让3岁的宝宝学钢琴或与众人齐唱，就能大大改进儿童的时空推理能力。上过钢琴课或歌唱课的儿童在拼七巧板时，会比别的宝宝准确和快捷。

鼓励探索 宝宝到处探索，不断寻求取得新鲜经验，有助于促进智能，了解世间万事万物。宝宝仍然躺在婴儿床上时，小眼珠便老是盯住各种不同的物体，探察新的世界。宝宝会有无穷无尽的好奇心，会用触摸、摩擦和放进口里尝一尝等方式来满足自己的好奇心。做父母的要鼓励宝宝好奇心，最好和宝宝一起探索。不妨拿起一个玩具来仔细瞧一瞧，然后递给宝宝研究。也不妨放下架子，伏在地板上跟宝宝一起爬。

多多称赞 父母的称赞，不但能让宝宝开心，还可以加强宝宝前脑皮层与中脑内扁桃体的联系。婴儿学步时，父母加以称赞，婴儿会很高兴，因而脑中会释出一种神经化学物质，把这种联系加固。相反，如果不加以鼓励和表扬，联系未能加强，渐渐地婴儿就不太愿意再去尝试新事物。

永不停止 父母尽早介入宝宝的世

界，当然很重要。也要记住，宝宝智能发展是持续不断的。宝宝身体上的各部分神经会继续发展，直到进入青少年期。因此，要一如继往地坚持继续为宝宝读故事，跟宝宝一起谈话、唱歌。在宝宝大脑发育的过程中，父母的作用举足轻重、自始至终。

3. 启智玩具

每一个宝宝的正常发展，是一个系统、完整和协调的过程。宝宝的一言一行都是在不同的生活环境中形成的。

遗传因素、生理因素和社会环境因素，都会是影响宝宝成长的重要因素，而其中家庭因素尤为重要。在家庭教育中，人们往往会忽略与宝宝自幼相伴的玩具的作用，如果父母能用心挑选适合自己宝宝的理想玩具，那么，对宝宝的早期智力开发，将会取得良好的效果。

这里介绍10类适合婴幼儿各个年龄段的启智玩具：

❶ **响环** 3个月的婴儿就能一只手握着“响环”玩。宝宝开始尝试触觉、感觉、视觉或味觉的作用。用手摸一摸，体会一下手上感觉如何；用眼睛看功夫看玩具的各种色彩；用口尝一尝玩具的味道；摇动“响环”时的声音可以训练婴儿的听觉。这类最简单的玩具是婴儿开发智力的第一步。

❷ **球** 6个月的婴儿对能动的一切东西都感兴趣，能滚的彩色球对宝宝最有吸引力，用小手去推一推，球就会向前滚，宝宝还会爬着追逐小球，如果妈妈能陪着宝宝一起玩就更妙。

❸ **积木** 8个月的婴儿已有了不少的发现，宝宝已经能认识玩具、家具等多种用具，宝宝能了解到有一些物件软绵绵的，有一些硬邦邦的，有一些有棱有角，有一些圆滚滚的。面对积木，婴儿会开始运用两只手，能使两块积木相碰发出响声；一块叠在另一块上面会比单独一块积木高；而且还能用积木叠成多种不同的形状。

❹ **复合形状套盒** 这是用来训练宝宝观察物品形状的玩具，通过这种玩具，宝宝能够认识到，一种形状的开口只容许同一形状的物品通过；宝宝能够了解生活用品各种不同的形状，这类玩具给18个月大小的婴幼儿较合适。

❺ **玩沙** 所有的幼儿都爱玩沙、玩水。18个月以后的幼儿已经懂得，不能随便把什么东西都往嘴里塞，这时就可以提供各种小工具，如小铲、小耙、小桶等让宝宝去玩沙子，可以让宝宝把沙堆砌成各种形状，充分发挥宝宝的创造能力。

⑥ **娃娃** 2岁左右的幼儿已经开始有个性表现。这时的宝宝已能表达自己的喜爱和厌恶。如果有了娃娃玩具，特别是女宝宝，可以像妈妈对待自己那样对待娃娃，为娃娃洗脸、穿衣、喂食、赞扬或责备娃娃。

⑦ **叠杯** 对一个两岁的幼儿来说，叠杯玩具是最变幻无穷的游戏，既能叠成高塔，又可缩成一只单杯，还可以把小积木或其他小东西藏在叠杯内再寻找一番。通过这类游戏，宝宝们能够知道有些东西虽然眼睛看不见，但却是实际存在的。

⑧ **图画书** 2岁的幼儿已经通过眼、口、手认识了不少物品，如果能在图画书中找到自己认识的物品，该会让宝宝有多大的乐趣！当然，父母还可以通过图画书教导宝宝认识更多的物体。这类图画书的选择，当然应线条简单，色彩鲜明，一眼就能认出是什么来。

⑨ **玩具车** 到了2岁，幼儿已能基本控制自己身体的各部位，可以驾驶“小车”了，可以开快、开慢，也可以骑“大马”了。如果“小车”还能载上宝宝自己的一些小玩具，而自己又能充当运输司机，那真是其乐无穷。

⑩ **拉着走的动物玩具** 幼儿拉着能走动的小“动物”玩具，会让宝宝着迷。宝宝慢慢能理解，一根绳子原来有牵动力量，这比用电池的电动玩具车还更富于启智作用。

4. 德育，在无言之中养成

幼儿期是每一个人个性、品德开始形成的重要时期，错过这个时期，许多良好的品性很难形成。因此，对幼儿进行道德教育，使健康成长是家庭教育中一项最重要的内容。

幼儿品德教育的内容一般包括：

① **萌发爱国情怀** 对祖国的爱是人类的美德，也是中华民族的光荣传统和珍贵遗产，它也是成才的巨大推动力。

因此，要教育幼儿努力给母亲、父亲、祖父、祖母带来欢乐，分担忧愁和不幸，关心、体贴、照顾家人病痛，有好东西要懂得谦让给父母和亲人。还可以通过游览，参观，旅行使宝宝领受到祖国山水、江海、河川的美丽风光，知道祖国领土的辽阔，物资的丰富，悠久的文化，对幼儿进行爱国主义熏陶，萌发对祖国的爱。

❷ 养成文明礼貌习惯 文明、礼貌的行为，是精神文明的标志。文明礼貌的行为习惯是从小开始长期实践而形成的。培养文明礼貌的的行为，家庭教育应当要求幼儿从小不骂人，不讲脏话，待人和气，热情，有礼貌，别人讲话不插话，不打断别人说话；要尊老爱幼；在别人家做客时，不乱翻东西，吃饭要守规矩，等等。

❸ 培养诚实的品质 教育宝宝做诚实的人，不隐瞒自己的过错，勇于改过。要使幼儿切实做到这些，最主要的是父母的教育态度。如果对宝宝的过错一味指责，很难培养宝宝这种品质。发现宝宝说谎时，应当分析说谎的原因，有针对性地解决。例如宝宝要买彩色笔画画，遭到父母拒绝，结果会去私拿邻居家的；宝宝做错了事，怕挨骂挨打而说谎、为了虚荣心而说谎，等等。若是父母不分青红皂白批评宝宝，是解决不了问题的。

父母应处处以身作则、成为宝宝的榜样。宝宝待人不真诚、私拿别人的东西、说谎，有可能受到过家人不良行为的影响，这种潜移默化的影响，会使宝宝形成根深蒂固的恶习，不可掉以轻心。

❹ 培养勤劳俭朴 幼儿勤劳俭朴的品质是通过劳动来培养的，幼儿劳动主要从以下几个方面着手：

宝宝做自我服务的劳动，能自己做到的事自己做。自己穿衣，洗脸、刷牙，吃饭，收拾床铺、玩具等。自我服务劳动行为，能培养幼儿生活的条理性和独立生活的能力，为宝宝参加家务劳动和社会公益劳动打下良好基础。

参与家务劳动，能使幼儿对家庭关心，爱护，成年以后知道主动关心别人，与各种人都保持良好的关系。通过劳动获得生存的能力，长大后用自己的双手创造幸福美满和谐和家庭。通过家务劳动，增强宝宝参与意识和劳动观念。可以让宝宝洗碗筷，打扫居室卫生，捡菜，就近处买小物件等。通过劳动，培养幼儿爱惜劳动成果，培养幼儿热爱劳动和节省、俭朴的好品质。家庭生活习惯养成要做到不浪费水、电、食品，不与人攀比衣着、玩具，女宝宝不浓妆艳抹，不戴首饰等。

❺ 与人友好相处 培养宝宝大方不自私，与人友好相处十分重要，要求宝宝事事处处不能只顾自己，要和小朋友一起玩，共同分享食品和玩具，能遵守游戏规则，收拾玩

具。通过多种活动让宝宝与别的宝宝友好相处。培养宝宝生活的节律性，按时起床，就寝，进餐，学习做游戏。

⑥ 培养勇敢、坚强、活泼、开朗的性格 勇敢是指个人具有不怕危险和困难，有胆量的一种心理品质。这种品质与人的自信心和自觉克服恐惧心理的能力结合在一起，必须从小开始培养。要教育宝宝敢于在陌生的集体面前说话、表演；鼓励宝宝参加力所能及的体育活动和各类游戏活动，培养宝宝的自信心；要求宝宝在黑暗中或听到大声音或遇到打雷、刮风、下雨的天气不惊慌、不害怕，能克服各种困难坚持完成任务，勇于承认自己的过失和错误。

日常生活中，父母应当注意运用正确的教育方法，经常鼓励和支持宝宝参加各种有益的活动，不要随便指责、嘲笑、挖苦和恐吓宝宝，以免形成幼儿遇事胆小畏缩的心理。

为培养宝宝的勇敢品质，父母要教给宝宝相应的知识和技能，宝宝产生足够的自信心。宝宝的胆怯行为，大多数是因为缺乏自信心产生的，而自信心又建立在必要的知识技能基础上。例如：幼儿会对雷电、风暴感到恐怖，对待在黑暗中感到不安，是因为缺乏相应的知识和相应的能力。父母应当给宝宝讲解有关知识，教一些相应的技能和方法，宝宝的恐惧感就能减轻。

宝宝怕困难，往往是因为对自己的能力缺乏信心所致，如果宝宝确实能力较弱，天赋较差，父母对宝宝的要求要尽可能符合宝宝的实际水平，还应给宝宝以具体指导和帮助。宝宝完成了力所能及的事后，要立即给予肯定，不管这事多么小、多么微不足道，鼓励和肯定教育，是令宝宝增强自信心的关键。

还可以用现实生活中的实事、故事、电影、戏剧等文艺作品中富有勇敢精神的形象来影响和教育宝宝，帮助宝宝克服恐惧心理。

幼儿天生好动，在运动中发展动作，发展智力，发展品德个性。但无控制的动，过分的动，会影响服从规范能力和注意力的良好发展。在多种活动中，应当正确诱导和培养宝宝自控力，使宝宝成为既活泼开朗，又善于控制自己性格的人。

5. 帮助孤僻的宝宝

独生子女中，胆小孤僻性格者较多，主要是因为参与社会交往的机会少，宝宝怕见生人，遇上问题不知所措，不会躲避伤害，缺少朋友等，这样的个性显然不利于宝宝成年以后在社会中的生活。

对待孤僻的宝宝，应当首先给予锻炼机会，不要剥夺宝宝应当具有的社会交往机会。比如和小朋友们一起玩，自己去做一点力所能及的“冒险”的事。当然，是指父母们看起来有“危险”的事。由于父母对宝宝过分的担心和忧虑，对危险的可能性估计往往过高，以至于总是放心不下让宝宝自己去体验一下自己做事的快乐。父母总是替宝宝把什么都做了，长此以往，宝宝当然也就习惯于依赖，冒险精神也会消失得无影无踪。当带上宝宝到一个陌生环境时，可以预先告诉宝宝一些应该注意的事，然后，就让宝宝自己去闯荡。当然，父母可以在一旁悄悄地观察宝宝，如果宝宝真正有危险时，不至于毫无准备。这样反复做的次数多了，宝宝就不再会惧怕陌生人和陌生环境了。

当然，如果有条件，最好让宝宝上托儿所、幼儿园，在集体环境中陶冶性情。集体环境的优点，是可以给宝宝以适当的压力，使得宝宝经常自己独立地、毫无依赖地处理问题。一些胆小孤僻的宝宝承受外界刺激能力差，很小的压力刺激都容易使宝宝感到害怕，无法适应。而与之相反的是，胆大的宝宝受刺激的能力高，以致习惯于承受外界刺激。因此，多给宝宝一些机会，让宝宝习惯于外界刺激，在幼儿成长教育中的作用十分重要。当宝宝对于陌生的环境感到不陌生时，承受能力会在不知不觉之间提高，宝宝也会由胆小、孤僻而发生根本的改变。

另一方面，宝宝处在集体环境中，与人交往多了，也会受到一定的挫折，经受一些不愉快的体验，而所谓的挫折体验，能从反面教育宝宝，有利于加速宝宝的心理成长。

6. 玩水玩沙乐不疲

宝宝天生喜欢玩水玩沙，如果带宝宝去河边、沙滩上往往会开心之极，这些大自然赋予人类的天然玩具，可以给宝宝带来无穷的乐趣，宝宝可根据自

己的意愿随意玩耍，充分发挥自己的思维和想象能力，还能锻炼手脚和全身的动作协调能力。

对1岁半以上年龄段的幼儿，在家庭中玩水只须注意到基本安全、防滑防摔。家庭中可以用小盆、小瓶、小碗、小杯和小漏斗等容器装上水，放手让宝宝去玩。家人可以先做给宝宝看，把盆子装满水，把瓶子压沉到水底下装满，然后拿起瓶子里的水倒进碗里。如果宝宝灵活运用手的技巧进步，可以让宝宝把小碗伸进水里，然后用小碗舀水再缓缓地倒进瓶子里。碗口大，瓶口小，容易洒漏，可以教会宝宝把碗拿高一些、离瓶子远一些再倒，多次训练，宝宝就能学会，达到手眼和全身的协调、准确无误。

这样做，可以训练宝宝手的控制能力和手眼协调能力。还可以用一个大盆，装上半盆水，把一些可漂浮的玩具如小船、小鸭子、小乌龟或机械游泳娃娃、青蛙、轮船等放入大盆，让幼儿放手去玩，去做各种游戏，如小鸭戏水、娃娃游泳等。开始玩时，宝宝可能会把水弄得满身满地，只要及时在旁边指导，提醒宝宝不要弄湿衣服免得着凉，帮助幼儿卷起衣袖或裤腿。

家庭里让宝宝做玩沙游戏，可以选用沙箱玩具（小动物、房子、花、树和草等）模型、小铲子、筛子、桶、和一些瓶瓶罐罐等。让宝宝用小铲把沙子装到小桶里，把小动物、房子、花、草等摆在沙箱的适当位置，布置成一个微型动物园或微缩的公园。在家庭用沙箱玩沙子时，要特别注意提醒宝宝，不要用带沙子的手去揉眼睛、鼻子。如果空气干燥，可以给沙箱中沙子加上一定湿度，避免尘土飞扬。如果有的宝宝因玩沙手臂等部位出现过敏，要立即停止玩沙。

当然，周末和节假日，带上宝宝一起，去海边、沙滩上做堆沙、玩沙游戏，更是令全家一起开心愉悦的好时机，有益身心健康的良好发育和锻炼。

7. 通过宝宝的眼睛看世界

对宝宝来说，游戏并不等同于单纯的游戏概念，重要的是一种探索活动。在游戏过程中，使宝宝的心智与体能得到快速发展。

为鼓励宝宝发展自我认知，锻炼宝宝平衡能力的发展，父母应当为宝宝提供足够多的机会，让宝宝们按照自己的意愿去爬、去跑、去跳……总之，做各种宝宝乐于做的游戏，才是顺应宝宝天性的最佳方式。

适合宝宝的游戏有：

锻炼平衡能力的游戏 上下台阶，可以轻松地帮助宝宝掌握身体平衡，也有助于加强宝宝对自己身体的认知；翻越障碍，如钻过某个模型、钻洞、跳过土坑、跨越圆木、翻越矮墙等，可以有效锻炼宝宝身体各部分肌肉；抓竿悬垂，既可以锻炼宝宝的臂力，有效锻炼宝宝的平衡能力，对宝宝的视觉开发也有帮助。

培养节奏感和韵律感的游戏 听音乐时音量的大小、节奏的快慢，乐曲所要表达的各种情感等，音乐的刺激不仅可以帮助宝宝辨别声音，对提高记忆力、开发智力也很有帮助。无论在家还是旅途中，音乐游戏都可以随时随地进行。

感受外界的游戏 通过触摸，宝宝会对冷暖、软硬、光滑与粗糙等各种抽象的概念有了正确的认识，给宝宝一些按摩，轻轻捏捏或者敲敲宝宝身体的某些部位，给宝宝洗澡的时候用一些安全的玩具，比如塑料瓶子、浴球、喷水壶等，让宝宝触摸，或用这些物件在宝宝身上滚一滚、碰一碰、给宝宝身上喷水等，都能带给宝宝许多的乐趣。

发展智力的游戏 玩黏土、做手指画、拼图、沙画等游戏都会很有趣，还能锻炼肌肉。给宝宝玩颜色鲜艳的线团，用辨认颜色的玩具，可以帮助宝宝认识颜色，提高手眼协调能力。

从宝宝降生那一刻起，就对父母的声音特别敏感，喜欢按摩、做被动操等各种游戏，因此与宝宝玩游戏可以从宝宝一出生就开始。至于游戏的内容，父母可以根据宝宝的实际情况精心设计一些适合宝宝的游戏，以帮助宝宝更好地掌握各项技能，促进宝宝身体与心智的全面发育。

锻炼运动神经的游戏——追瓶子 自制一个装有谷物、豆子、彩色珠子、玻璃球、闪光纸等各种小物件的透明塑料瓶，把瓶口封紧，放在宝宝眼前。宝宝对五颜六色的瓶子很快就会产生兴趣。滚动瓶子时，瓶子里发出的哗啦哗啦的响声、以及闪闪烁烁的色彩会令宝宝感觉特别好奇。

给宝宝玩追瓶子游戏时，可以把瓶子放在离宝宝有一小段距离的地方，让宝宝自己去拿。游戏的工具也可用球、可滚动的色彩鲜艳的玩具代替。

遇上阳光明媚的日子，带宝宝吹一吹肥皂泡，那一串串五彩缤纷在空中飞舞的可爱小精灵，一定能让宝宝觉得十分好奇。让宝宝追一追到处飘舞的泡泡，滚一滚彩色的瓶子是锻炼运动神

经、提高手眼协调能力的好方式。

稳定躁动情绪的游戏——揉面团 无论用力揉捏生面团、还是击打生面团都可以让宝宝紧张的情绪放松下来。在宝宝小手的揉捏下，变化多样的面团，能带给宝宝无穷的想象力与创造力。起初可能只是拿着面团乱揉一气，或者把面团揪成数段都没有关系。虽然，宝宝乱揉、乱揪面团的游戏做着，看不出任何创造力与想象力的成分，但可以有效锻炼宝宝手部肌肉和运动神经。等到稍大一些，可以给宝宝提供一些诸如塑料刀叉、形状各异的印模、压蒜器等工具，借此开展宝宝的创造力之旅。

当宝宝想象力与语言表达能力发展到一定程度，可以给宝宝一些生日蜡烛、牙签、塑料小花小草等装饰用的小物件，让宝宝用面团做一个生日蛋糕、捏个偶人、小猫、小狗等小动物，用压蒜器压出一些细长面条，当做偶人或小动物的毛发；擀一些面片做小人的衣服、裙子、小鞋，用纸或牙签折叠，造一艘小船，制作山洞、桥梁、大山等布景。也可以给宝宝提供一些图形或实物，让宝宝照图样制作一些东西，或充分发挥想象力制作宝宝想象的物体等。利用这些道具和宝宝创造的产品，还能与宝宝一起来玩一些有趣的游戏，比如角色扮演游戏、讲故事的游戏等等。通过揉面团游戏既可以给宝宝一些特殊的感性认识，还能帮助宝宝提高语言表达能力，创造一个发挥想象力与创造力的机会。

生面团的制作 面粉2杯、盐1杯、油2汤匙，食用颜料；

制作方法 取食用颜料适量混合在面粉里，边搅拌边加水，大约加水2杯；和好的面放在平底锅中加热大约5分钟，边加热边搅拌；当面团与平底锅的边缘分离，熄火。等面团晾凉后就可以给宝宝玩。不玩的时候，把面团裹在袋子里与空气隔离，在冰箱储藏盒里保存。

8. 没完没了的问题

这个时期的宝宝的一大特征，是没完没了地提出问题，打破砂锅问到底地提问，往往会问得母亲束手无策、难以应对。一直认真对待宝宝提问的母亲最终会让小家伙逼到无言以答的地步。

2岁前后的宝宝，被称做“是什么、是什么时期”；4岁前后的宝宝则被称做“为什么、为什么时期”。宝宝旺盛的求知欲和好奇心，促使对自己周围的东西、发生的事情、自然现象等全都会产生无限的兴趣，许多在成年人看来司空见惯极其平常的琐事，对于宝宝来说，都是新鲜事，令宝宝们心情激动、兴奋不已的事物接连不断地出现，宝宝是真心实意、热切地希望父母能够解释清楚自己的疑问。

其实，宝宝也并非是要求父母的解答多么符合科学性，多么正确。如果宝宝问妈妈："大象的鼻子为什么那么长？"完全可以回答说："因为大象妈妈的鼻子长，所以大象宝宝的鼻子也长啊！"宝宝要求的是对自己的提问做出反应，是希望母亲能和自己谈话，这个时期宝宝的刨根问底，不一定就在于问的内容，主要是想要享受一番与母亲聊天谈话的乐趣。

2～4岁的幼儿，进入了语言的发展时期，特别是口语迅速发展的时期，自然会成天喋喋不休地说个没完没了，显得饶舌。而宝宝的饶舌，就是语言学习。因此，这个年龄段的幼儿会从电视节目里，从小朋友那里，随时随地不断获取新的语言，并且能马上拿过就用。至于谈话的内容无关紧要，目的在于滔滔不绝地说话。

明白了这一点，父母应当把宝宝刨根问底的提问，看作是学习说话的好机会，乐于当宝宝谈话的对手，这样，通过对话，父母和宝宝都会感到非常愉快。

9. 学做家务

如果想让自己的宝宝在青少年时期习惯于帮忙做一点家务，则必须在宝宝2岁时就慢慢培养和渗透这种习惯。不要以为宝宝们长大了自然什么都会做，更不要以为宝宝们什么都愿意做。如果没有从小培养宝宝做一些"家务事"的习惯，就别指望着宝宝长大后能主动做什么。当然，并不是要让父母把宝宝培养成"劳动能手"，但家庭中一些力所能及的事是宝宝且应该分担的。

合理的做家务的年龄是在宝宝2岁的时候，开始帮忙把饭碗拿到厨房；3岁的时候试着倒垃圾；4岁时可以扫一扫地……

当然，这仅仅是理想状况，做家务对宝宝来说，往往不过是一种新游戏，要新鲜有趣才行。很多宝宝子刚开始会非常兴奋地帮忙整理玩具，帮妈妈摆餐桌、扫地、倒垃圾，但一旦宝宝发现这些家务事周而复始地重复，很无聊，就会躲得远远的，对父母帮助做家务的要求充耳不闻，完全不会考虑自己作为家庭成员有什么"义务"。

除了家务事不像游戏那样有趣之

外，造成宝宝排斥做家务的原因，往往来自于父母本身：

强制责任让宝宝变得逆反：如果父母希望宝宝能够做一些事情，最好用夸奖、认同、支持和鼓励等情绪来代替“责任”这一类有压力的词。如果总是使用父母权威，宝宝在长期的强制下，会采取拒绝甚至逆反。

成绩遭到轻视或否定：要求宝宝帮忙做家务的时候，总免不了担心宝宝会帮倒忙。这种担心无意识地通过语气和态度透露出来，让宝宝觉得自己的帮助不重要。比如，宝宝动作慢一点，父母就会露出不耐烦的神情，尤其是父母着急的时候会说：“算了，让我来吧，这个你做不了！”甚至在帮宝宝们整理乱七八糟的玩具时，也总会在宝宝们面前展示出：我比你快得多。

在宝宝们的眼中，似乎没有多少长期帮忙做家务的理由。因为成年人会做得更快，而且做得会更好，包括摆餐桌、洗碗、打扫卫生，还有倒垃圾……所有这些家务活成年人都会轻而易举地完成，好像让宝宝帮忙只是给宝宝们一个表现的机会似的。而宝宝很敏感，即便是很小的宝宝，也能够非常清楚地感觉到自己的帮助是否真的必要。如果宝宝看不到自己的行为被需要或被肯定，自然也就会丧失对做这些事的兴趣。

为什么过去年代里，宝宝很小就能承担大量的家务呢？因为，那个年代的父母让宝宝感觉到自己很重要，爸爸妈妈需要自己的帮助，没有宝宝根本不行。所以，在宝宝的爷爷奶奶的那一辈人里，一个5岁的宝宝会照顾2岁的小弟弟，帮且妈妈扫地，帮助妈妈拧衣服而不会有任何怨言。虽然繁重的家务劳动会让一个宝宝感到疲惫，但也会帮助宝宝建立起一种自信——我在这个家里是重要的，家里没有我不行！然而瞧瞧今天，家庭中的宝宝们，没有兄弟姐妹，大都是独生子女，家里需要洗的餐具不是很多，要洗的脏衣服都放进洗衣机里；地面也很干净，用不着宝宝动手。

父母需要想办法，找一点“家务事”让宝宝帮助做一做，宝宝一般是愿意帮忙的，宝宝们希望模仿父母，希望做一点能够得到父母认可的事情。但需要牢牢记住：

不论多难，都要给宝宝这样的感觉，宝宝的帮忙是真正的帮助，而不是形式。这需要父母有耐心，善于体会宝宝的感受。

不要苛求宝宝把家务做成技巧娴熟的艺术。宝宝能不能以最快的速度把餐桌摆得井井有条不重要，重要的是2岁的宝宝能够慢慢学习怎么样布置餐桌，能在自己做好以后绕着桌子走来走去，体会劳动的快乐。

要让宝宝尽早地了解并且参与日常生活模式，哪怕刚开始宝宝根本理解不了在做什么。要告诉宝宝，有哪些家务要做，以什么样的顺序来安排家务，随后可以给宝宝分配工作。购物的时候也可以问一问宝宝："你来看看，牛奶买得够不够？""面包买了吗？"等问题。

在新鲜感和持久度之间找到平衡。工作要常常变花样，比让宝宝总是帮忙做同样的事，还是让宝宝每天自由选择更好。一方面变化会给人带来乐趣，了解不同方面的知识。如果宝宝一会儿是"浴室专家"，可以找到各人专用的毛巾和浴液，一会儿又成为"美厨助手"，认识各种蔬菜和瓜果。宝宝除了体会到乐趣之外，更需要学会能长期承担一些义务。比如照料家养的几盆花，可能会需要宝宝每天浇水呵护，这种定期的浇水和看护，对于宝宝形成专注持久的习惯非常有帮助。就连做洗碗、倒垃圾、准备餐桌等家务琐事，也需要持之以恒的能力。

重要的一点是，不能对宝宝的所作所为吹毛求疵。如果宝宝们把勺子塞到了糖罐里或者是把碗打碎了，都没有那么糟糕，宝宝必须有机会去发现和接受不完美的地方，自己想办法解决问题。当然可以宝宝问："你给花儿浇水了吗？"如果宝宝忘记了，家人也可以偷偷地给花浇上水，但对大一点的宝宝，必须学会自己承担责任，哪怕是存在这样那样的问题，比如宝宝买了谁都不爱喝的酸奶，花盆里的植物也干枯了。这样的经验对于宝宝来说，比父母不停地唠叨埋怨更有效。

要学会给宝宝一些夸奖和鼓励，不要总是挑毛病、找缺点、嫌哪儿做得不够，要对宝宝所完成的事情表现出欣喜。比如拍拍宝宝的肩膀，或者是对宝宝说，真不错，这一周你已经是第三次自己刷牙，并且把小白牙刷得这么干净了！如果宝宝帮着家里倒了垃圾，可以把宝宝搂到怀里说："这些天你帮着倒垃圾，我很高兴。"

选择适合宝宝做的家务。一定要避免犯这样的错误，如果打算用收拾房间来训练宝宝的责任感，很可能会碰壁。因为如今宝宝都有太多的玩具，而通常没有很合适的玩具箱。晚上宝宝们会很疲劳，但又不想上床睡觉。这种情况下最好不要勉强要求宝宝收拾自己的玩具。可以对宝宝说："你先在厨房里帮我忙，晚一点我再帮你一起收拾玩具。"

从1岁半的时候开始，培养宝宝开始做一点家务劳动，给宝宝一块抹布——让宝宝在身边忙碌，远比厨房里被宝宝打碎的漂亮酒杯有价值！可以随着宝宝逐渐有能力有信心，不断介绍做家务的技巧给宝宝。

宝宝能做的家务活：

1岁半时 能为自己拿尿布；把用完的尿布仍到垃圾箱里；从地上拣起小东西；关上柜厨的门锁；取报纸。

2岁时 能玩完后收拾玩具；把勺子放进洗碗池；帮助喂养小动物；收拾玩具；把塑料杯子、碟子收好。

2岁半时 照图解布置餐桌；折叠围巾；收拾餐具；削胡萝卜；把一定量的食物盛进不同碗里；用小扫帚扫地；收拾扫帚和垃圾箱；拖小块地；整理杂志、沙发垫。

3岁时 宝宝能自己刷牙洗脸穿衣脱衣；擦掉家具上的灰尘；叠餐巾；把一堆堆衣服搬运到房间里；把衣服放进洗衣机；把衣服从甩干机中取出；擦抹低层架子；倒空小垃圾箱；起床时叠好被子。

4岁时 可以清扫卫生间，帮助父母把清洁剂倒入便池；收拾书本；除尘；分类物品。

5岁时 整理床铺；摆放餐桌；做房间一般清扫卫生。

6岁时 能为全家人倒牛奶；清扫桌子；折叠整齐一般衣物。

爸爸妈妈来互动

教宝宝学数字

现在爸爸妈妈可以来教宝宝学数学了。当然要从学数字开始，爸爸妈妈可以利用形象记忆的方法来教宝宝，如：1像小棍子，2字像小鸭，3字像耳朵，4字像小旗，5字像钩子，6字像豆芽，7字像镰刀，8字像麻花，9字像小勺……让宝宝在形象化、趣味性的记忆过程中，很快就能掌握数字的外形和写法。

五、亲情交流，让宝宝健康成长

1. 宝宝模仿妈妈

宝宝从一出生，就模仿家人，在学习中形成自我。那么，反过来说，父母在宝宝模仿的过程中，是否也能有所收获呢。

喂小宝宝吃饭时，把小勺递到宝宝面前，宝宝自然地张开了嘴，等着品尝美味。那么你注意过自己吗？母亲自己的嘴是否也张开着？母子俩谁先张开嘴？是谁在模仿谁？社会心理学家解释说："在绝大多数的情况下，是宝宝看到伸过来的勺子后先张嘴，然后父母才模仿宝宝的动作；余下1/5的情况是父母先演示，宝宝再模仿。"

这个简单的喂饭的例子说明，模仿不是单向的，模仿可以理解为父母和宝宝之间交流的一种方式。

很多父母都知道，如果在很小的婴儿面前做吐舌的动作，宝宝也会模仿。可以和自己刚刚出世不久的宝宝做一个特殊的游戏：爸爸或妈妈在宝宝面前做出亲吻的口型，看看宝宝是否也会模仿出同样的姿势？结果表明，在刚刚出生不过40分钟的婴儿身上，就能观察到这种行为。

父母亲和宝宝，一开始就通过模仿互相交流。当宝宝模仿时，面前似乎有一面镜子，父母做什么，宝宝也做什么。当然，这种模仿也会起到不好的效果：如果宝宝看到成年人在抽烟，观察到手在嘴前往复，宝宝或许会用一块积木代替香烟来模仿这个动作。

婴儿在9～12个月大时，达到模仿的高潮阶段，理解他人行为的能力也得到了发展。成年人能知道别人行为的意义，比如看到一个人进了厨房，会推测去那儿的目的。2岁的宝宝是否同成人一样思考呢，宝宝会对模仿事物的意义有自己的理解：成年人若是像宝宝一样把玩具塞到嘴里的话，宝宝先是会很吃惊，却并不会去模仿。

父母在和宝宝说话时会不自觉地用"儿语"，改变通常讲话的节奏，几乎像唱歌一样跟宝宝说话。语速相对缓慢，句子之间停歇较长，还会经常重复所说和所做的。在父母模仿宝宝的方式进行交流，仔细观察宝宝的反应时，会发现宝宝在"密切注视"

并且会“回答”父母，尽管宝宝可能还不会说话。宝宝大一点后，模仿能力更强，比如，虽然还不会说话，却已经能学着父母，拿起电话听筒煞有介事地“打电话”。

宝宝每一次模仿的尝试，都促进着语言的发展，同时加强父母与宝宝间的联系。

对于新生的婴儿来说，不存在昨天或明天，只有现在。给宝宝穿衣、洗澡、哺乳时，对宝宝最重要的，只是妈妈正在做的事情。可以在宝宝观察妈妈的时候望着宝宝，用两三分钟来营造一个小小的永恒，一段美妙的时间。要把动作的节奏调整到宝宝的频率上来，“慢动作”有时候恰好是合适的速度。这些做法全都有助于宝宝的时间感和记忆的形成。

2. 与宝宝沟通的技巧

从宝宝出生到成长到3岁，宝宝身上的变化是很神奇的，有时连最亲近的父母都有点捉摸不透。很多时候，父母绞尽脑汁都弄不明白宝宝到底在想些什么，想要些什么。其实，如果能与宝宝建立良好的沟通与交流，任何问题都能迎刃而解。

❶ 早期沟通能力的培养：宝宝不满1岁的时候，只能发出一些含糊不清的声音。有些父母费尽心思去猜想宝宝在说些什么。实际上，宝宝只不过是在学习说话。要想真正进入宝宝的世界，请你按下面的步骤试试：

与宝宝皮肤接触 最简单的办法就是多抱抱宝宝，温柔地抚摸宝宝的头、脸和身体等，让宝宝感到舒适愉快。稍微复杂一点的是进行婴儿按摩。父母可以借着按摩宝宝的过程认识小宝宝所发出的种种信息，进而增进彼此的了解。

在按摩的过程中，宝宝可以看到父母熟悉的脸庞、闻到父母身上特有的体味、听到父母发出的独特的声音和体验肌肤之亲，宝宝会感到无比的满足。学一下5～10分钟的简易婴儿按摩操，是与宝宝建立早期亲情交流和沟通的有效途径。

与宝宝聊天 宝宝睡醒的时候，可以用缓慢、柔和的语调对宝宝说话。如“乖宝宝，爸爸妈妈好喜欢你呀！”“宝宝饿了吧？妈妈去做好吃的！”等。还要温柔地看着宝宝的眼睛，轻轻地呼唤着宝宝的名字。聊天活动可以每天进行2～3次，每次2～3分钟。

模仿宝宝的声音和动作：对宝宝伊呀学语时发出的呢喃声，要尽可能去模仿。这样的回应会使宝宝很兴奋，就像拿到一个新玩具。为得到应答，宝宝会更积极地学发声。父母还可以发出别的声音等宝宝的回应，让宝宝认识声音与人的沟通作用。同时也可以去刻意模仿宝宝的动作与表情，宝宝同样会因此而兴奋不已。反过来，假如父母做一些夸张的动作，宝宝也能学得惟妙惟肖。

用笑声和音乐去感染宝宝：1岁的宝宝已经具有了一点幽默感，喜欢看着别人对自己笑，也喜欢对着别人不停

地笑。这时候的父母要毫不吝惜地对宝宝展露笑颜，并且用笑声来表示赞许。另外，宝宝开始懂礼貌，会挥手跟别人告别。千万不能忽视，与宝宝分别的时候，一定要亲吻宝宝，和宝宝愉快地道别；回来后，要向宝宝问好。平时，可以随着轻松活泼的节奏，拉着怀中小宝宝的手翩翩起舞。宝宝入睡的时候，父母可以轻拍宝宝的身体，吟唱动听的摇篮曲或播放轻柔的催眠曲。

❷ 拒绝而又不伤害宝宝的技巧：宝宝到了2岁，已经能够说很多话了。同时变得越来越不讲道理，喜欢跟大人捣蛋，还时不时提出一些无理的要求。这里提供几种策略性对待宝宝的沟通妙计：

巧用“冷处理” 2岁左右的宝宝会故意做一些恶作剧，以观察父母的“紧张”反应。比如父母说：“别打开电视机，我们干点别的事。”话音未落，宝宝会故意跑过去把电视机打开，然后在一旁幸灾乐祸地等着父母发作，好看“热闹”。这时，应当故意装作看不见，自己去干别的事。当宝宝故意的逆反行为讨了个没趣后，就会渐渐停止这种恶作剧。

转移注意力 对待宝宝不合理的要求或有危险的活动，可以采取转移注意力的办法进行软处理。如宝宝已经吃了很多冷饮，还想再吃。父母先不要正面回答他，可以让宝宝打开电视机看一些有趣的节目，也可以给一件宝宝最喜欢的玩具，或者干脆带宝宝到外面去玩等。当然，对于一些无关紧要的小事，

可以故意让宝宝赢上一两个回合，也可以满足宝宝“当家作主”的愿望。

适量的“维生素N” 除了委婉地给宝宝吃“闭门羹”之外，父母也应当向宝宝提供学习服从的机会，即坚定地对宝宝说“不”，这是所谓的“最佳挫折训练”。当然在此之前，父母要充分衡量宝宝的心理承受能力，切忌对宝宝的心灵造成伤害。

必要时对宝宝说“不”，等于给宝宝适量的“维生素N”(即NO，英文“不”)，对宝宝的心理健康是一种营养素。

❸ 与宝宝平等沟通：2岁的宝宝喜欢独立做一些事情。宝宝的感情很丰富，对待父母比以前体贴和乖巧得多。父母在备感欣慰的同时，开始考虑是否该用更尊重的态度、更平等的方式与宝宝交流。不妨学学这几招：

耐心当听众 无论宝宝讲什么，父母都要表现出认真聆听的样子，让宝宝感觉到爸爸妈妈很喜欢听自己说话，以此激发宝宝的表达欲望。在宝宝漫无边际的讲述中，父母可以了解宝宝的真实想法，发现事情的真正原因，便于说服教育。所以，和宝宝交谈时，父母不要只注重自己怎样说，更重要的是学会聆听。

分享想法：有时候宝宝的心理能量也不可小觑，宝宝有时可以帮助父母解开心结。父母遇到烦恼的时候，不妨向宝宝坦露自己的想法，当然要用比较形象的方法证明，否则宝宝会听不明白。比如，有一位母亲在工作单位挨了批评，回家问自己的宝宝：“假如你做一件事情做了很多次就是做不好，妈妈骂了你，你会怎么想？”宝宝可能会说：“那我就再做，做好了妈妈就会表扬我的。”这样的回答，使这位母亲一下子感到心情舒畅、海阔天空。

参与家务劳动 这个时候的宝宝特别想为大人做点事，但往往成事不足，败事有余。父母应该给宝宝提供一些机会好好表现。比如可以让宝宝自己穿脱衣服、上厕所、自己吃饭、收拾玩具等。还可以主动提出要宝宝帮忙做事。比如打扫卫生的时候，父母在拖地板的时候，可以建议宝宝拿一块小抹布擦擦自己的小凳子。

共商家庭事务 如果家里想换一台新的彩电，不妨参考一下宝宝的意见。宝宝可能会拍手说：“好啊！”也可能指着旧电视说：“我喜欢这台。”如果家里正重新装修，父母忙着讨论每个房间的涂料颜色，这时候宝宝同样应当拥有发言权。宝宝可能会兴奋地说：“我的房间要粉红色，爸爸妈妈的房间要淡淡的黄色……”

学会沟通也是为人父母的一门必修课，顺利地通过这门课程后，家庭生活中教育宝宝的行为会变得其乐融融。

3. 父母乐观，宝宝健康

父母在家庭中占有重要的地位，对子女的成长与发展有着巨大影响力。

在我国传统文化中有“严父慈母”之说，父亲往往是一家之主，承担着养家糊口、保护家人的重任；母亲则是慈爱的，操持家务，抚养子女，维持家庭的正常运转。由于这种角色上的差异，父母很“默契”地把养育子女的任务做了分工：父亲常与宝宝游戏，教宝宝学习，帮助宝宝与外面的世界打交道；母亲主要负责宝宝的饮食起居，日常生活的照顾。

通过与父亲的交流，宝宝能学习到更多的责任、义务；在和母亲的生活过程中，宝宝将学会如何去关心、体贴他人。一位内心积极健康的父亲，对于宝宝的社会适应具有重要的作用，而一位乐观、慈爱的母亲对宝宝安全感的建立有不可忽视的作用。因为社会适应不良的宝宝容易退缩，脆弱；缺乏安全感的宝宝对人缺乏信任，感情冷漠。

父母在家庭日常生活中的言行举止，对宝宝有直接的示范作用。一位工作压力大、情绪低落、经常在家发脾气的父亲，对无论男女宝宝都会产生焦虑、压抑的心情。男孩还会逐渐学习到父亲的行为方式，转化成为自己的行为模式。在遇到类似的压力后，会以相同的方式表达出来。女孩则会观察到母亲的表现，学会更多的惊恐、抑郁。

因此，父母的心理健康状况，对宝宝的影响巨大，父母要认识到自己在养育宝宝过程中的特殊作用，并时时保持主动地位，扬利除弊。

第四节 22～24个月的宝宝

做妈妈须知

宝宝即将进入第一个反抗期；
能说100个双词句子，学习复述句子；
教会宝宝比较大、小、多、少；
学会数数字，背儿歌和古诗词；
会画画和涂色；
练习双脚跳，跨越障碍，上下楼梯；
准确投掷沙包或球；
每天给宝宝讲故事，做智力游戏；
多让宝宝和小伙伴一起玩；
让宝宝懂得火能伤害人；
预防意外事故，父母要掌握常见事故的处理方法；
流脑疫苗加强一次，做常规体检。

一、宝宝的成长

1. 身体发育

体重	男童 约12.64千克	女童 约11.92千克
身长	男童 约89.06厘米	女童 约87.42厘米
头围	男童 约48.44厘米	女童 约47.39厘米
胸围	男童 约49.06厘米	女童 约48.47厘米
坐高	男童 约54.02厘米	女童 约53.06厘米

牙齿 已萌出16颗牙齿左右，萌出第二乳磨牙。

睡眠 2岁的宝宝每天夜间需睡眠10个小时左右，午睡2～3小时。

2岁左右的宝宝，腹部前突已经比以前减轻。宝宝的生长速度会显得减慢许多。2岁时，宝宝头的大小达到成人的90%，开始萌出磨牙。随着活动能力增加，宝宝会变得更加活跃，长出更多的肌肉，婴儿时期全身的肥肉开始减少，胳膊和腿逐渐加长，脸变得有棱有角，下颚线变得明显。大便已经完全能自我控制。

近2岁的宝宝，能够辨认家庭成员、物体和身体组成部分的名称，在15至18个月时，能说出单个的字，如“不”，18个月时能说出自己的名字和简单的短语，会用两个或四个字的句子，如“吃奶”，会用代词“我”，能重复谈话中无意听到的词语，还能执行简单的命令。

会自己洗手并且擦干，会转动门把手，打开盒盖，会把积木排成火车，总想学着用小剪刀剪东西。总之，这时的宝宝非常可爱。

2. 动作发育

将近2岁的幼儿，走路已经很稳了，能够跑，还能自己单独上下楼梯。如果有什么东西掉在地上了，宝宝会马上蹲下去把它拣起来。这时的宝宝喜欢大运动的活动和游戏，如跑、蹦、爬、跳舞、踢球等。并且很淘气，常会推开椅子，爬上去拿东西，甚至从椅子上桌子，从桌子上柜子，父母会发现宝宝总是闲不住。

现在，宝宝只用一只手就可能拿着小杯子很熟练地喝水了，用匙的技巧也有很大的提高。能把6～7块积木叠起来，会把珠子串起来，还会用蜡笔在纸上模仿着画垂直线和圆圈。能携带大玩具，或在走路时把拖拉玩具拖在后面，能在家具上爬上爬下无需帮助，上下楼梯无需扶持，开始学习跑，能够用脚尖站立，会踢球。

满2岁左右，宝宝可以自发的涂写，把容器打翻，倒出里面装的东西，会打开盒子、箱子类的容器，能够堆成四块以上的积木，会拣球或其他运动的

物体，能够转动门把手或翻动书页，会把钉子塞入洞中。能拆装或组装简单玩具，知道玩具形状，如果有人教可以折纸。会穿简单的衣服。

如果宝宝满周岁时，还没有开始走路，在一岁半以前应该能学会。事实上，2岁期间宝宝的主要成就，是掌握完美的走路技能。如果已经开始学习走路，可能还需要1～2个月时间，才能不需要任何帮助地站立和顺利行走。然而，不要期望宝宝按照想像的方法去做。宝宝通常的做法会是把手放在地上，伸直胳膊，高高地撅起屁股，然后把腿拉到身子下面。最后，直起腰离开地面，把腿伸直。

与熟练走路的宝宝完全不同，开始学走时宝宝不会迈大步，向前走时，两腿之间的距离很宽、脚趾向外、东倒西歪——走得简直难看极了。刚开始走路时，宝宝既慢又小心，但很快就会开始加速，如果需要小跑才能跟上小家伙，不要感到吃惊。

对于一个初学者来说，摔跤，是不可避免的。在凹凸不平的地面上行走，更是挑战。应该让宝宝在不平坦的地毯表面、或者进入其他房间的斜坡上行走，几个月以后，即使上下楼梯或者拐弯，宝宝都不会摔跤了。

开始时，不要指望宝宝在行走期间能够使用手。过一段时间后，宝宝就会使用手臂保持平衡，学会弯曲手臂并保持和肩膀一样高的水平——“高度防卫”体位。还能毫无问题地用手拿、玩耍或者拣起玩具。再过上2～3个月以后，小家伙就能够完全控制自己，不仅能弯下身子捡东西、拿着玩具到另一个房间，还能够推拉玩具车、横着走或者倒退、甚至在行走时扔皮球玩。

在迈出第一步6个月以后，宝宝的行走方式会更加成熟。在行走时，双脚靠得更近，步态更加稳定。在父母的帮助下可以上、下楼梯。在尝试自己爬楼梯时，只能手膝并用地匍匐前进，一级一级地上或者下。虽然，在3岁以前宝宝跑得不是很好，但过不了多久，就会以碎步的方式、僵直地向前跑。到2岁时，宝宝就可以走得很好了。

本阶段末的运动发育里程：单独行走；行走时拉着玩具；行走时拿一个大的玩具或几个玩具；开始跑；用脚尖站立；学会踢球；独自在家具上爬上爬下；扶着栏杆上下楼梯。

3. 语言发育

将近2岁的宝宝，注意力集中的时间比以前长了，记忆力也加强了，宝宝大约已经掌握了300多个词汇。能够迅速说出自己熟悉的物品名称，会说自己的名字，会说简单的句子，能够使用动词和代词，并且说话时具有音调变化。宝宝常常会重复说一件事。喜欢一页一页地翻书看。给宝宝看图片，能够正确地说出图片中所画物体的名称。父母如果命令宝宝去做什么，宝宝能完全听懂，并且去做。开始学着唱一些有音调的歌，还喜欢猜一些简单的谜语。

快2岁的宝宝，已经很喜欢说话了，但是宝宝的词汇量还不够表达自己的意思。此时，父母要想方设法地帮助宝宝丰富词汇，提高语言表达能力。可以在游戏中锻炼宝宝的语言能力，例如通过玩“打电话”游戏，教会宝宝说出自己的姓名、住址、父母是谁、什么职业等常识，还可以教会宝宝唱儿歌、背诵诗词来丰富词汇，增强语感。

可以给宝宝买一些图书、画报及低幼读物来讲给宝宝听，讲完以后，可以要求宝宝复述听过的内容，这样可以锻炼宝宝的记忆力和表达能力。也可以结合日常生活中经常遇到的问题让宝宝回答：如果你把别人的玩具弄坏了怎么办？你想借别人的玩具，别人不借给你怎么办？小朋友打你，你怎么办？类似问题既能教会宝宝解决问题的能力，又能培养语言能力。

如果说宝宝到了2岁时，仍然不能流利地说话，应当考虑是否有语言发育迟滞，最好带宝宝去医院检查一下听力是否有问题、神经系统发育是否正常。当然，也可能宝宝一切发育都很正常，只是缺少语言训练而已，这就是父母的任务了。

4. 心理发育

2岁的宝宝喜欢看画片，喜欢听故事，喜欢看电视动画片，喜欢大运动游戏，也很喜欢模仿大人的动作。宝宝会学着把玩具收拾好，并且对自己能独立完成的一些事情的技能，感到很骄傲。比如宝宝可能把积木搭好，然后拉着妈妈去看。2岁左右的宝宝很爱表现自己，也很自私，不愿意把东西分给别人，宝宝只知道“这是我的”，但还不能区分什么是正确的，什么是错误的。将近2岁的宝宝独立性还很差，如果突然改变环境，或让宝宝与父母分离，会感到恐惧。

宝宝快满2岁了，喜欢独自到处跑着玩，在床上跳上跳下蹦个不停，喜欢和小朋友们玩捉迷藏的游戏，喜欢玩有孔的玩具，习惯地把物体塞人孔中，反

复玩弄，不厌其烦。还喜欢听儿歌，听故事，搭积木，按开关等有趣的活动。

宝宝开始模仿他人的行为，尤其是成年人和比自己大的幼儿的行为。越来越明白自己与其他人不同的同时，也会越来越喜欢寻找小伙伴，喜欢逗别人笑。开始显示出对人和物的选择性，显示出越来越强的独立性，开始出现挑战性行为，容易有挫折感，容易情绪变化和发脾气。偶尔显示出对与亲子分离的焦虑，这种焦虑1岁半左右会增加，然后随着时间的推移会逐渐减轻。在有陌生人时，可能仍然会害羞和黏人。

2岁左右的宝宝，胆量更大一些了，不像以前那样畏缩了，不再处处需要父母的保护，宝宝的情绪多数时间比较稳定愉快，有时也发脾气。在高兴时用亲昵的声音和举动靠近父母，在家庭中经常起到节目主持人的角色。

这一年龄段的宝宝做事喜欢重复，并且有一定顺序和规律性。父母可以在日常生活中，如玩具的摆放，家庭简单物品的放置和生活规律上，给予有意识的培养。

5. 咀嚼运动

宝宝的口唇生来就有寻觅和吸吮的本领，但咀嚼功能却并不是随着年龄增长会自然出现，必须经过对口腔、咽喉反复刺激，不断学习和训练才能获得。

仔细看一看，宝宝是否存在这些情况：不能很好地咀嚼固体食物；吃饭时经常从嘴里漏饭，像个小“漏斗”；不能很好地吞咽食物；经常不到吃饭时间肚子就饿了；严重偏食，抗拒吃饭；交谈时不能灵活运用舌头。

如果宝宝明显存在上述情况中的一种，那么就意味着宝宝的咀嚼训练做得不是很到位，或者说咀嚼训练的时机有一些迟。

一般认为，只要有上下咬合的动作，就表示婴儿咀嚼食物的能力已初步具备。4～6个月是训练婴儿咀嚼吞咽的最佳时期或称敏感期，7～9个月时咀嚼动作有节奏而协调，大约1岁时这种能力就成熟了。

帮助宝宝学习和训练咀嚼功能，父母应当首先掌握有关咀嚼的知识。

咀嚼动作的完成，需要舌头、口腔、面颊肌肉和牙齿彼此协调运动，要求父母应根据婴儿不同的月龄，在充分顾及到营养平衡的同时，考虑到食物的硬度、柔韧性和松脆性，为口腔肌肉提供各种不同的刺激，使其得到充分发育。

适宜的月龄、食物种类和宝宝进食方式：

初生至3个月 以奶、水、果汁等流质食物为主，主动吸吮；

4～6个月 添加少量精致半流质食物，如米糊、蛋黄泥等，开始用勺子被动进食；

5～7个月 流质加半流质及少量固体食物，用杯子喝、用勺子喂，对食物进行咀嚼；

8～10个月 给予宝宝切碎状固体食物，如碎肉、碎菜末、碎水果粒、婴儿饼干、烤吐司等，可以运动上唇进食，舌头能把食物送至牙磨床咀嚼吞咽；

12～18个月 可给予宝宝较粗的固体食物，咀嚼吞咽动作协调，自己能进食；

18～24个月，给予固体成人膳食，稳定协调地咀嚼吞咽，逐步独立进餐；

在婴儿4～6个月时，即给宝宝尝试各种食物的滋味以刺激味觉，开始用勺子喂食，用杯饮水（奶、果汁等），为摄取固体食物做好准备。根据月龄逐步更换食物性质，促进婴幼儿咀嚼吞咽能力协调发展，逐步发展自我进食等方面的独立能力。

会吸吮是宝宝天生的才能。但是宝宝出牙以后学会咬一小块食物，嚼碎后吞咽下去，却需要一个学习的过程，因此，一定要耐心地反复训练宝宝的咀嚼能力。

示例1 教宝宝“吞咽”半流质食物。宝宝4个月大时，要开始给宝宝有意识地添加少量半流质食物。开始用匙子给宝宝喂半固体食物时，几乎每个宝宝都或多或少会用舌头将食物顶出或吐出。有时不顶出来，但吞咽时会有硬噎表现。这时，不要以为这是宝宝不喜欢吃这种食物，这种表现只是因为宝宝与吞咽的协同动作有关的条件反射尚未形成，不要轻易放弃，可以通过多次试喂来改善这种情况。有的宝宝经过数次试喂后会适应，有些则需要再延长一两个月才能学会。这种差异并非智能的差异，是适应性心理素质的差异。

示例2 教宝宝吃饼干。宝宝有了两颗牙齿后，可以开始有意识的教宝宝吃饼干。面向宝宝，对宝宝说：“宝宝看妈妈是怎样吃饼干的。”等到宝宝的注意力被吸引，可以先咬一口饼干，然后张大嘴巴给宝宝示范具体的咀嚼动作。然后把饼干递给宝宝，让宝宝按照示范的样子吃饼干。

宝宝一时没学会而噎着自己，甚至呕吐，对此不必紧张，要坚持引导，继续训练下去。7～8个月龄以上的宝宝，一般会更愿意自己做事，不妨让宝宝自己用手抓食物吃，让宝宝满足自己挑选、自己动手的愿望。这样做会对食物和进食更有兴趣，增强学习的欲望。

宝宝从习惯于摄人奶到固体食物的转换需要一个过程。不用特别急于采取强制的做法，应该慢慢地引导宝宝喜欢吃饭。可以在宝宝饿的时候先试着给吃一点固体食物，如果没有吃饱再给奶，逐渐把奶转成食物。

再则，宝宝如果不喜欢吃别的食物，可能因为没有训练好自己的咀嚼吞咽功能，停留在流质食品阶段。可以先让宝宝先吃一些烂饭、面条，菜也要做得碎一点、烂一点，有助于咀嚼吞咽，如果直接吃特别硬的、成年人的食物，2岁的宝宝会不太接受，不喜欢吃。还要注意，宝宝的食物要讲究色泽，颜色、味道，包括吃饭时用的小勺子、小碗碟都要漂亮，环境也要舒适一些，以提高宝宝兴趣。千万不要让宝宝边看电视边吃东西，这样会分散宝宝的注意力。

记忆力的特点

幼儿宝宝记忆能力也是随着年龄的增长而增强。这个阶段的宝宝，记忆的内容仍然比较简单，只能记忆一些零散片断，记忆面也较狭窄，一般都是宝宝自己熟悉的生活内容，如做游戏、分吃东西、玩玩具、看动画片等，当看到熟悉的小鸭子、小白兔、苹果、桔子等图片时，能够记住并能叫得出名称。但记忆的时间短，很容易忘记。

1. 养育建议

宝宝的快乐来自无拘无束，在家庭中尽量减少限制，让宝宝自由自在玩，同时注意安全；

父母要经常设身处地，走进宝宝的世界，不要仅仅表达自己的意见，也要注意宝宝的反应和态度；

多和宝宝一起玩，而不是管教，才能与宝宝亲密相处；

注意多从正面引导宝宝，少批评，多鼓励；

不要对宝宝制定过高的目标，以免影响宝宝的自信心；

多保护宝宝的兴趣，比多识几个字重要得多；

提供有益于锻炼心智的物质环境，让宝宝随意涂画；

帮助宝宝增加语汇的办法：在生活中结合动作解释动词；开阔视野，见到新东西学习新名词；通过看电视、图片理解词汇的意思；用实物对比学习反义词；通过表演解释一些抽象的词汇。

真正了解宝宝发育的水平。

2. 克服分离性焦虑

在适当的年龄上幼儿园，是城市每位小朋友必然要经历的事。所以，在宝宝还没有上幼儿园的时候，就应逐渐培养宝宝对幼儿园的兴趣和习惯，避免宝宝产生分离性焦虑。

❶ 从小就让宝宝多与小朋友们接触，不要整天把宝宝关在家里，要让宝宝多找一些玩伴。和小朋友一起玩时，鼓励宝宝把自己的玩具拿出来给别人玩，培养宝宝合群和与他人友好相处的能力。这样的宝宝在集体的环境中会很受欢迎，使宝宝感到愉快，为适应幼儿园的环境、避免发生分离性焦虑症打下基础。

❷ 有意识地培养宝宝生活自理的习惯，如吃饭、穿衣、洗手、洗脸、大小便等，如果什么事情父母都包办，宝宝过分依赖父母，就不能很好地适应幼儿园的生活，产生紧张、恐惧和焦虑。

❸ 在去幼儿园之前，可以带上宝宝去幼儿园参观，熟悉幼儿园的环境，并且给宝宝讲一讲幼儿园的生活，让宝宝看看小朋友们是如何愉快地在那里做游戏、溜滑梯、唱儿歌等，让宝宝对幼儿园有好感而产生向往。

❹ 在家可以先练习与妈妈分开，让宝宝逐渐习惯妈妈离开后的感觉，比如有意识地让宝宝单独待一会儿，不要总有父母跟着宝宝。逐渐地，父母与宝宝分开的时间加长，次数增多，让宝宝习惯于没有父母在跟前也觉得很自然，不会焦虑，这样，在去幼儿园时就不会总有与妈妈分离的忧虑。

3. 幼儿“泛灵心理”

幼儿时期的“泛灵心理”，是指把所有的事物视为有生命和有意向的东西

的一种倾向。在幼儿心目中，一切东西都是有生命、有思想感情的活物。

"泛灵心理"是幼儿在发展过程中出现的一种自然现象，是不可逾越的必经阶段。宝宝们所表现的"泛灵心理"行为，不能用简单的"模仿"与"想像"解释。

利用幼儿"泛灵心理"对幼儿教育，会起到意想不到的效果。父母应当善于把事物"拟人化"，激发宝宝的"泛灵心理"，让宝宝把外界物体同化到自己的活动中去。例如，宝宝在做游戏时，教育宝宝不要把墙壁弄脏，不要把小凳子弄坏，可以对宝宝说："小凳子如果被摔了，一定会很疼的，如果把它的腿弄断了，走起路来多难受啊！"也可以说："墙壁可喜欢卫生了，如果把它弄脏了，它就不跟你交朋友。"宝宝听了以后会非常注意，还会擦擦凳子，掸掸墙壁上的灰尘。

幼儿对于会活动的东西，更容易引起"泛灵心理"反应。利用"灵化"了的外部事物对幼儿进行教育，会起到意想不到的效果。"灵化"了的外界事物，主要是指童话故事、寓言故事、民间故事等。这种教育宝宝的方法，比起向宝宝讲解难懂的大道理效果好得多。父母如果把这些寓言、童话故事编成小话剧、小舞蹈节目和宝宝一起表演，让宝宝接受直接的心理体验，效果会更好。

当然，幼儿的"泛灵心理"是一种意识发展不充分的表现。在利用"泛灵心理"进行教育的同时，还应指导宝宝逐步学会人物识辨、物物识辨，促进宝宝从本质上去认识事物，使宝宝的认识能力不断提高。

4. 幼儿的"怪癖"解读

有很多初为父母者，会对宝宝的一些行为感到诧异。比如"闹早"，宝宝在每天凌晨5点就会醒床不愿意再睡觉；再比如家里来了客人，宝宝会"人来疯"等。宝宝们有时候就像来自另外一个星球，行为和反应颇让人费解，尤其是面对宝宝们的"怪癖"，父母常常会无所适从。对此，相关专家指出其中奥秘：宝宝并不是生下来就要和父母作对，也不是得了什么怪病，或者出现了先天性乖戾症，只是父母弄不懂幼小家伙们的"行为艺术"。

❶ 为什么宝宝喜欢一遍又一遍地反复看同一本书

宝宝之所以会在翻到书的最后一页后，又从头开始看，是因为自己实在太小了，书中的内容大大超出了宝宝能理解的范围，看一遍，并不足以让宝宝掌握新鲜知识。像一些新的词汇、一些文字叙述的真正含义，宝宝需要时间去理解和接受。如果拿成年人和宝宝比，大概父母把一本书看到能背下多数内容的时间，只够宝宝刚刚搞清楚每一页的内容，如果让宝宝复述，宝宝会看到上一页，才能想起下一页大概是些什么。

❷ 为什么宝宝们都喜欢玩捉迷藏

几乎所有的宝宝都喜欢玩捉迷藏，尤其是全都喜欢充当先闭上眼睛数数，然后张开眼睛去寻找的那个角色。

捉迷藏，能锻炼宝宝的认识力和社交技巧，因此受到各个年龄段宝宝的喜爱。

捉迷藏启发认知，会让宝宝发现那些暂时不在视线范围内的人，其实并没有走开——随着越长越大，宝宝从游戏中能慢慢学会去寻找自己要找的东西。

捉迷藏还能帮助宝宝获得这样一种认识：并非每个人眼中的世界都和自己眼中的一个样。

❸ 为什么宝宝会吃着吃着饭，就睡着了

前一分钟，宝宝还啜吸着面条，一分钟后眼皮就耷拉下来，甚至还打起了小呼噜，这是怎么回事呢？食物太丰盛，会令人吃得生厌，这一点在年龄比较小的宝宝身上表现得特别明显。婴幼儿的大脑还不具备预料能力，也无法控制自己不希望发生的事情，而且宝宝无法区分“想睡觉”和“睡着了”两种状态。不管当时在干什么，宝宝只会听身体的话，所以只要感到想睡觉，身体状态就马上调整到自己想要的状态去。

如果宝宝吃饭时睡着了，父母得用手指把宝宝嘴里的饭抠出来，以防不测。防止宝宝吃饭时睡着的好办法，是事先让宝宝对吃饭心里有数，知道吃什么、吃多少，让宝宝知道吃饭的时候不能睡觉，睡觉有固定的时间。宝宝们的习惯性特别强，如果每天吃早饭、午饭、晚饭和宵夜的时间相对固定，就不大可能会在吃饭中途睡着。

❹ 为什么宝宝喜欢玩盒子，而不是小礼物

圣诞节到了，父母用尽心思，让“圣诞老人”捎来了一个会走路和说话的卡通玩具。但宝宝似乎对这漂亮玩意儿不感兴趣，更喜欢在一个包装某种电器用的大纸盒里钻进钻出，而且十分人迷。在宝宝眼中，一个简简单单的旧盒子和市场上花样百出的玩具不一样。盒子是自己选择的，想怎么玩就怎么玩，而且能玩出好多花样。因此，在庆祝宴会上，面对琳琅满目的各色玩具，宝宝

们伸出手拿住的，可能只会是那种最简单、看起来不是那么华丽和耀眼的一个。

5 为什么有的宝宝爱“闹早”

“闹早”，起床特别早的宝宝有两种：一种是起来后情绪很好，另一种则不是那么情愿，看起来有点无奈。前一种是因为睡足了觉，宝宝需要的睡眠时间因人而异，有的需要12个小时，有的则只需要10个小时、甚至更短时间。如果宝宝总是起得很早，父母应该高兴才是，因为小家伙已形成自己的睡眠生物钟，只是宝宝的睡眠生物钟和父母的不太协调而已。

“闹早”起来以后，显得还睡眼朦胧的一类宝宝，脾气暴躁、浑身软弱无力，在醒来后1～2小时内又会昏沉沉地重返梦乡，或者陷在沙发角落里看电视，或者动辄暴燥不已。心理学专家认为，宝宝早起以后表现出这些特征，只是证明还没有睡够。

一个健康、睡眠充足的宝宝，不需要更多的睡眠，所以，宝宝“闹早”起来后一般不会很快又想睡。对于这样的宝宝，最好不要强迫再回去睡觉，但可以适当调整作息时间，以使宝宝睡眠生物钟和家里的人相协调。

如果你家的宝宝脾气古怪，总是缺觉，那么睡觉时间可能需要提前上一小时，有的甚至需要提前得更多。父母们往往误认为，让宝宝们早早上床，可能因为睡不着而越弄越晚。事实上，对于那些神经比较敏感，需要长时间睡眠的宝宝来说，早点上床去睡恰恰是非常必要的。

5. 身体表征评估宝宝健康

“良好的开端是成功的一半！”每一位父母亲对子女的期望，不仅不希望自家的宝宝输在起跑点上，更不希望宝宝在成长的任何阶段中有稍微的落差存在。父母亲最关心的莫过于喂养宝宝是否恰当，宝宝的生长发育是否合适，为这些标准而伤透了众多父母亲的脑筋。

一般说来，除了身高体重外，可以从幼儿外表的一些表征来作评量。

头发 头发的浓密或稀薄、色黑或色黄受遗传因素影响，比较难作客观比对。但是如果幼儿头发干燥、无自然光泽、易脱落，则需考虑是不是蛋白质类营养素的缺乏。头发的脱落程度，须考虑在没有外力的自然条件下掉发，例如宝宝枕头上的毛发，可以作为参考指数。

脸 如果太过于圆满、像月亮的肿胀感，需考虑是不是有使用固醇类药物、或是蛋白质类营养素缺乏。鼻翼两侧如果有白色的脂肪性分泌物，可能是缺少维生素B_2的脂溢性皮肤炎，须找医生做进一步的诊断。

眼睛 从下眼睑处用手向下轻拉，可以看到结膜的颜色，如果太苍白，则应考虑是否缺乏铁质。幼儿的眼白处，会比成年人呈现较清澈的淡蓝色，如果看到有黄色出现时，就须注意是否有肝胆疾病引发的黄疸。察看宝宝的眼睛时要注意手的清洁，不能用不干净的手指去碰眼睛，避免受到感染。

口、唇、舌部 发生口角炎是因为维生素B_2缺乏；舌头有猩红色或肿痛，有维生素B群缺乏的可能。牙龈红肿时，宝宝刷牙会出血，除洁牙因素外，须考虑维生素C缺乏。

指甲 手指甲形成像汤匙的内陷状态，是缺乏铁质。指甲容易碎裂、失去光泽、线状突起则属蛋白质缺乏。

皮肤 干燥、毛囊角化，是维生素A、C和必需脂肪酸缺乏症。有一些毛囊出现角化是因为激素分泌不平衡。皮肤在无特别外力的撞击的情况下，呈紫色点状皮下出血，可能是维生素C缺乏症。如果片状出血，则需考虑维生素K缺乏。

肌肉 小腿肌肉软弱属维生素B_2、C缺乏。肌肉有松软、消瘦状属蛋白质缺乏。

骨骼 腿骨弯曲、或呈现O型腿、X型腿，是维生素D缺乏症。从后侧观察体型，如果有呈圆弧背的状况，则需怀疑属钙质和维生素D缺乏。

三、智能开发从训练开始

1. 记忆能力训练

记忆能力和人的其他各种能力一样，可以经过后天训练而加强。这个月龄的宝宝，正处在记忆训练最佳时期，只要训练方法得当，一定会收到意想不到的效果。

可以把记忆力的训练分为4个阶段。

❶ 注意力的训练 人的注意力，是贯穿于人的一切活动中一个复杂而重要的心理过程。离开对识记材料的注意，是不会有记忆的，因此，训练注意力应作为整个训练的第一步。

❷ 无意识记的训练 宝宝的记忆以无意识记为主，凡是直观、形象、有趣味、能引起宝宝强烈情绪体验的事和物，大都能让宝宝自然而然地记住，特别是与自身情感相联系的事情。所以，必须为宝宝提供一些色彩鲜明、形象具体、富有感染力的识记材料，使材料本身能吸引宝宝，以充分发展宝宝的无意识记和机械识记能力，促进宝宝有意识记和无意识记能力的发展。如各种材料制作的、不同形状的、有趣的小卡片，各类汉字卡片、能活动的计数器、玩具和实物等。对一些杂乱无章的材料，可采用歌谣式记忆法，把需识记的材料编成歌谣和顺口溜，形成一种节奏顺序，以提高记忆效果。

❸ 有意识记的训练 这个阶段要让宝宝有意识、有目的地去识记，有意识记的发生和发展是儿童记忆发展过程中最重要的质变，为了培养宝宝有意识记的能力，在日常生活和宝宝的活动中，要经常有意识地向宝宝提出具体明确的识记任务，促进宝宝有意识记的发展。如在听故事、外出参观、饭后散步时，都应该给宝宝提出识记任务，如果没有具体要求，宝宝不会主动进行识记。

❹ 记忆与思维协同训练 人的记忆能力与思维能力密切相关，好的记忆是正确思维的保证，好的思维能力是快速识记和长久保持的条件。

这个阶段要帮助宝宝把不同的事物联系起来，使周围的事物有意义。因此，需要运用各种方法，如趣味记忆法和特征记忆法，尽量帮助儿童理解所要识记的材料。如可提出一些问题，如“鸟为什么能飞?”“鸭子为什么能在水中游?”等，引导宝宝通过积极的思考，在理解意义的基础上进行记忆。

值得注意的是，在训练宝宝的记忆力时，对宝宝完成识记任务的情况要及时给予肯定和赞扬，以提高宝宝识记的积极性与主动性。必须识记的内容也应当在反复训练过程中加以巩固。

2. 提高宝宝的“体商”

近年来，除了大家所熟知的智商、情商和财商，越来越多的西方家庭开始注重从小培养宝宝的“体商”，即提高宝宝对体育锻炼的热心程度以及参与运动的水平。

出生后开始锻炼 西方人普遍认为，宝宝参与锻炼越早，体商的提高往往也越快，因此，西方的宝宝一出生便开始“锻炼”。在春、夏、秋季，出生仅仅2周的婴儿会被抱到户外，在树荫或柔和的阳光下享受日光或空气浴，每次约15分钟，每日1～2次，随着宝宝的成长逐渐增加次数、延长时间，其间妈妈们还会轻柔地摇动宝宝的小手、手臂、肩膀和腿。这类户外活动让宝宝有机会接触到大自然，有机会享受到新鲜空气、阳光等自然因素的刺激，从而促进宝宝身心两方面的健康发育。

让宝宝做主 西方发达国家的父母，给予宝宝自行选择参与哪种游戏或运动项目的权利，不包办不强迫，尤其不勉强宝宝参与父母喜爱或选择的项目。

鼓励宝宝结交运动高手 体育运动往往是群体活动，因而培养宝宝的“合群”性格与培养体商有着有机的联系。因此，西方国家的父母会特别鼓励宝宝结交更多爱运动、体能好的小伙伴，以便在后者的带动下提高其参与锻炼的主动性和积极性。

为宝宝做个好榜样 统计显示，在父母不爱运动的家庭中长大的宝宝，往往也是四体不勤的“懒虫”。因而有这么一句口号：为了宝宝能爱好锻炼，你自己也必须爱好锻炼。

帮助宝宝克服相关的心理障碍 一些宝宝并非天生不爱运动，只是因肥胖、手脚笨拙、反应迟钝或身材过于矮小等原因而导致强烈的自卑心理。对此，父母会及时开导宝宝，努力让宝宝明白“重在参与”的道理，不必过分看重运动表现或运动成绩。如有必要，还会聘请心理专家协助。

鼓励宝宝多接触和体育有关的信息 要求宝宝留意报上或电视上的体育新闻，让宝宝自编幼儿园的比赛报道，带宝宝亲临赛场看球，或给球星写信等。

宽容尤为重要 对那些手脚不太灵活、体能远远不够充沛、运动水平也很低的小不点儿，只要能够动起来就是好样的。对宝宝的每一点进步、每一点成绩，都要及时予以表扬。父母允许宝宝经常变换锻炼项目以增强运动兴趣，不会动辄就批评宝宝“缺乏恒心”。父母明白：最重要的是帮助宝宝发现锻炼的乐趣，养成爱运动的习惯，并由此而受惠终生。

3. 智能提高巧法

❶ 在院子的树枝上，挂垂下一个用绳系住的橡皮小球，球的高度略高出宝宝的头顶，以宝宝伸手能碰到为宜，然后给宝宝一个球拍，让宝宝用力、准确地击球，训练全身协调发展能力。

❷ 把旧报纸或废纸揉成纸团，在一定的距离上，让宝宝把纸团一个一个地扔进废纸篓里。这种简单的游戏，能给宝宝带来乐趣，同时能锻炼宝宝眼、手、脑的协调能力。

❸ 让宝宝数一数家里有多少盏灯、多少把椅子、多少张床；让宝宝算算一家人吃饭时，饭桌上要摆几双筷子、几个汤匙，几个碗等。这些计算练习，能增强宝宝的数字计算能力和学数字的兴趣。

❹ 让幼儿复述父母讲的故事，对记忆词汇、训练听觉和模仿能力都有很大帮助。

❺ 敲打某种节奏叫宝宝模仿。

❻ 在颠簸的汽车中，给宝宝一支铅笔和一根细线，让宝宝把线缠绕在铅笔上，并教会宝宝打上结，最后看宝宝能不能解开结。

❼ 在桌子上放几样东西，然后依次轮换拿走一样，再问宝宝少了什么。这种近似游戏的训练方法，对培养幼儿的记忆和观察力颇为有益。

4. 观察力的培养

宝宝一出生，就对于周遭的事物充满了好奇，观察力就开始与日俱增。相信你一定有过这样的经验，盯着宝宝无邪的脸庞，看着宝宝眼睛四下里转，观察周遭环境。再大一点时，宝宝会用小手触摸好奇又陌生的事物。等待宝宝渐渐成长，开始尝试许多新鲜的活动。会走的宝宝，在追逐、游戏中不小心摔倒以后，会嚎啕大哭，但也学习到了什么是疼痛。

观察力对于宝宝的帮助，在于产生好奇心，于是会主动地去看、去听、去触摸，在这些观察人和事物当中，形成一种循环的认识过程。由观察产生兴趣，从兴趣中又开始思索，再从思索中学习，在学习中成长知识，从知识中了解事物，由此周而复始，一次次的循环，一次次的了解、学习。

“观察力”虽然只是生活中的琐小细微，但却掌控着宝宝成长、学习的成败。因此，有效培养宝宝的观察力，是父母责无旁贷的使命。

昆虫学习法 蚂蚁的踪迹无论在南方和北方都随处可见。这种小小的昆虫，是训练宝宝观察力的好教材。因为，蚂蚁是一种相当有组织的生物，种群的分工相当精细，每只蚂蚁各司其职。可以在蚂蚁出入的地方，放一些饼干屑，然后和宝宝一起观察蚂蚁把饼干屑搬入窝的有趣情形，是引导宝宝观察的一种最自然且最方便的教材。

游戏学习法 可以运用图片、卡通、玩具积木等道具来训练宝宝的观察力，例如，把一大堆不一样形状的积木倒在地板上，让宝宝找出同样形状的积木，并且分类放好。或是拿两张相似的图片，让宝宝找出细微不同的地方，这样不但训练宝宝的观察力，也培养宝宝归纳和分析能力，培养成为一个细心且有组织能力的人。

家务学习法 做家务事，也能够训练宝宝的观察力。2岁左右的小朋友，已经可以开始分担一些简单家务事。可以把洗净、晒干的衣物收进家里，然后请宝宝一起做分类工作，哪一些是爸爸，哪一些是妈妈的，哪一些又是宝宝自己的。别小看这些简单的分类工作，如果宝宝从小做这样的分类游戏，不但可以培养观察力、秩序感，还能经过耳濡目染，在无形之中培养出宝宝爱整洁、做事有条理、并且具有责任感的良好素质。

5. 情商的培养

“情商”（EQ），即“情绪商数”的简称，“情商”理论的提出是对传统“智商”（IQ）理论的挑战，也是对“聪明”和“人才”的一种全新的现代诠释。

人们早就发现，相当多的“高智商者”尽管学业优秀、反应灵敏、博闻强记，然而在事业上却远不如一些智商比自己低得多的人辉煌。还发现在智商相近的人群中，有人讨人喜欢，有人惹人讨厌，有人甚至找不到称心的配偶。而面对挫折，有人游刃有余，有人却一筹莫展。统计显示，在个人的成功因素中，智商只起20%的决定作用，而“情商”却高达80%。

“情商”并不是一种抽象的理论，也不仅仅是一种品质。它具有先天遗传的成分，但和智商相比，更多与后天的培养息息相关，原因很简单：一个人的大脑是依赖重复的经验成形的。情商包括：自我认识、情绪管理、自我激励、了解他人和社会交往能力。在评价情商高低时，一般具体细分为“自信心、爱心、独立能力、意志力、竞争意识、目标性、乐观、诚实、交际与合作”。

“情商”较低的人，在幼儿时期就能显出竞争劣势。一个经常被焦虑、愤怒等消极情绪困扰、却不知如何摆脱的宝宝，肯定难以成为学习尖子。一个与集体格格不入、常常“形只影单”的宝宝，往往会缺乏自信，因而往往缺乏出类拔萃的内在动力。那些分不清愤怒、空虚、忧郁、饥饿等感觉的小女孩，往往会喜欢大吃大喝、饮食无度，相反那些善于分清自己种种感觉的小女孩，则往往可以明智地作出自我控制的选择。此外，在挫折面前不知所措的宝宝往往难在失败以后重振旗鼓、迎头赶上，会过分冲动、不善于控制愤怒、不善于理解别人情绪。

近年来，都市的宝宝们普遍变得更易冲动、发火和不合群，其中的一个原因与家庭有关，宝宝与父母在一起的时间越来越少，家庭变得越来越小，宝宝与祖父、祖母或外公、外婆同住的“三代同堂”式家庭也越来越少。宝宝们更多地与电视机、游戏机、电脑为伴，因而缺少与人沟通、交流的机会，从而妨碍了宝宝们交往能力的发展。

“情商”更依赖于后天培养，这意味着最好要“从幼儿做起”。有一句老话，叫“性格是从小养成的”。在过分注重智育的家庭中成长的宝宝，必然缺乏了解他人和社会交往的能力，在保护意识特别浓的父母呵护下长大的宝宝，必然缺乏独立性。相反，如果在宝宝幼小的时候，就接触“情绪教育”，给予一个温暖、鼓励、健康的成长环境，创造足够多与同龄人交往和交流的机会，教会宝宝如何控制或平息愤怒、焦躁、忧郁等不良和消极情绪，对宝宝的一生都能起到最好的积极作用。

6. 背诵诗词益智

就智力发育的内容看，幼儿的记忆力也是其中之一，通过背诵古诗词来训练宝宝的记忆力，是幼儿益智的一个重要方面。从生理的角度出发看，儿童的记忆能力很强，不仅对理解的东西，即使是不太理解、甚至完全不理解的东西

也能很快记住，尤其对那些没有内在联系的记忆内容，更能反映儿童的记忆优势。“熟读唐诗三百首，不会作诗也能吟”，就是对背诵唐诗后智力全面提高的明证。

智力内容中还包括语言表达能力，这也是综合智力的表现之一。只有经过记忆、想象、思考等全面智力活动后，才能形之于语言。汉语属于具有声调和韵律的语言，而古诗词的声调和韵律都比较严谨，堪称母语规范。只要正确引导宝宝背诵古诗词，幼儿的语言能力、节奏感和对音韵的感受能力都会大幅度丰富。

从生理上来看，因为古诗词韵律严谨，朗朗上口，具有音乐性，读起来节奏鲜明，对宝宝的听觉器官是一种良性刺激，并能通过大脑产生良性生理效应。

朗读古诗句，是一种口腔运动，而口腔运动具有健脑作用。此外，反复吟诗，可使大脑皮层的兴奋、抑制过程达到相对平衡，血液循环加速，体内的生化代谢更加旺盛，能增加一些有益的激素及活性物质的分泌，这些物质能使血流量、神经细胞的兴奋趋于最佳状态，十分有益于体力和智力的发育。

7. 暗示教育有奇效

父母们一般都遇到过这样的场景：当宝宝吃手指时，父母会禁不住啪地打一下宝宝的手，大声喝道：“不许吃手！”但是，当宝宝压力过大时，反而更想把手伸入口中。而在此时，如果只是对宝宝来个暗示，比如摇一摇头，或者用眼神示意宝宝别咬手指头，要比前一种方式更能令宝宝接受。这种现象说明，暗示教育效果要比简单粗暴的呵斥和禁止行为有效得多。

一般说来，暗示教育包括语言、行为、榜样和情境教育几个方面。

语言暗示 在宝宝不想去幼儿园时，不必逼着宝宝答应去，可以这么说：“在幼儿园要同小朋友一块玩玩具。”从中暗示宝宝，今天要上幼儿园，并让宝宝想到上幼儿园可以和小朋友一起玩玩具。也不要直接对宝宝说：“不听话的宝宝才闹着不去幼儿园。”而换成：“明明昨天不乖，他闹着不去幼儿园。”宝宝会明白，闹是不对的。

当父母要让宝宝对某一事有深刻的印象时，不一定要反复强调，只需用暗示性的语言启发宝宝，就能达到目的。比如教宝宝懂礼貌，可以问问宝宝：“见到爷爷奶奶应该先说什么？”让宝宝自己说，“问爷爷奶奶好！”

行为暗示 行为是直观的，最容易引起宝宝注意。一个小朋友敲一下门后笑着跑开，别的宝宝就可能也跑上去敲一下。所以，利用行为来暗示宝宝，也会起到好的教育作用。比如，宝宝不好好地吃饭，父母可以模仿卡通人物“大力水手”的样子，先吃一口菠菜，再伸一伸胳膊、蹬一蹬腿，宝宝就会明白你的动作暗示，知道吃好了饭力气大，大口吃起来。

榜样暗示 有一个小朋友大声地哭，别的宝宝会随同着一起哭起来。这时采用暗示的方法，可以让宝宝哭声停止。老师只须对没有哭的宝宝表示出赞赏，其他的宝宝就会向不哭的学习而停止哭闹。又如，妈妈听到奶奶进门的声音，急忙把桌上的水果收了起来，宝宝就可能从中接收到不良暗示：好东西不给奶奶吃。反之，妈妈把最大、最红的苹果拿给奶奶，宝宝也会从妈妈的行为中，学到尊敬老人的好品德。

情境教育 爸爸在书房写作时，宝宝有可能跑到爸爸桌前又叫又跳，此时，如果妈妈厉声制止当然也能行。但是，却不一定能比妈妈蹑手蹑脚进屋，小声对宝宝说：“咱们到外面玩吧！”效果更好。

当宝宝不睡觉时，可以指一指旁边睡着的小花猫，暗示宝宝该睡了。也可以躺在宝宝身边装睡，宝宝在“大家都睡”的情境之下，也会很快入睡。

对宝宝来说，暗示教育能够激发无意识的心理活动，让小家伙在轻松愉快的气氛中接受教育，比用强制性的、命令性的教育效果更好，更适宜亲子间的交流。

模仿

喜欢模仿，是幼儿的突出心理特征，父母应当在扩大宝宝观察视野的基础上，引导宝宝做更多的模仿。例如，爸爸在家里写东西，宝宝也会拿起笔来乱画一气，这时就应该给宝宝一个专用的本子，让宝宝自由地画，想画什么就画什么，乱画中能画出智慧来。爸爸在家里干活儿，可以有意识地让宝宝帮个小忙；妈妈做饭时，也可以请宝宝看一看，满足宝宝模仿的心愿。

四、这样教宝宝

1. 与宝宝互相问答

经常向宝宝提问，可以激发宝宝探究问题的兴趣，引导宝宝观察事物，提高思维能力。做为父母，要注意做到两个方面，一是善于向宝宝发问，知道问什么和怎么问，二是必须珍视和保护宝宝的好奇心和求知欲，对宝宝提出的每一个问题都要尽可能给予满意的解答，不能有丝毫的不耐烦。

向宝宝发问要注意：正确地选择问题，不是什么问题都能问宝宝，父母的提问，要符合自己宝宝的年龄和思维发育水平，问题太简单宝宝会不爱回答，问题太难了，宝宝会回答不上来，挫伤探究事物的积极性。

要善于抓住机会提问，一般应当在宝宝兴致勃勃的时候发问，最好在一定的场景中，问场景中的问题，景物就在眼前，有利于宝宝思考和判断。

问题要提得宽泛，因为提问是为了增加宝宝的知识面，所以，应当走到哪儿就问到哪儿，说到哪儿就问到哪儿，不要翻来覆去总是那么几个问题，只有父母多动脑筋，宝宝思维能力才能提高得快。

父母自身的知识面要丰富，向宝宝提的问题，自己首先要清楚，不要自己问了自己也答不上来，甚至于误导宝宝认识水平。

回答宝宝的提问要注意：对于宝宝的提问，能解答多少就解答多少，如果宝宝提出的问题，父母根本不懂，要实事求是地告诉宝宝自己也不懂，不可以不懂装懂，胡乱解释，把错误的东西教给宝宝是有害的。

如果宝宝提出的问题是这个年龄还不宜理解的问题，就直截了当地告诉宝宝：“等到你长在了，读了书就明白了！”宝宝们一般不会纠缠不放。

宝宝的提问父母如果当时答不上来，尽可能争取事后把它弄清楚，然后给宝宝讲解明白。

父母也要随着宝宝的年龄增长，读一些《幼儿十万个为什么》、《儿童十万个为什么》之类的百科知识，这类书籍中包括了绝大部分宝宝们常问的问题。父母事先读一点书，可以做到有备无患。

2. 优良品格的培养

幼儿的道德智商培养，或者说品格的培养，需要从宝宝诞生的第一天开始，因为宝宝会观察和模仿成年人的行为，要相信人拥有品格胜于知识。

幼儿的道德智商，不是从背诵条规得来的，在学习怎么跟人相处、怎么对待他人时，会逐渐形成道德观。成年人的道德行为如何，宝宝是最敏锐的观察者。

事实证明，不足1岁的宝宝能调教，要不然长大了会更难教育。一个只有7个月的宝宝喜欢喝完牛奶后，把奶瓶摔在地上的声音。宝宝的母亲不希望宝宝以为，自己喝完了后可以随手一丢，让别人来收拾残局。这位母亲没有去责怪宝宝，只是每当宝宝快喝完最后一口牛奶时，就拿走奶瓶，并一边与宝宝说话或洗脸，渐渐地，宝宝就没兴趣再丢奶瓶了。母亲从宝宝出生第一天起，就应该思考怎样开始教导宝宝，什么该做、什么不该做。如果父母溺爱、纵容宝宝，就会沦为这种不分是非溺爱的奴隶。

宝宝进小学前后，是良知启蒙开始的年龄，开始建立起自己的道德观念，也开始建立和巩固自己的性格。父母应当谨慎地尝试，了解宝宝怎样理解事物。宝宝到青春期常常会觉得自己的心事、焦虑、恐惧、愿望等无法与人分享，做父母的对较难理解的举动不应一概责备，应当尝试用自己曾拥有过的宝宝之心去理解和开导，与宝宝沟通。

3. 与人共享能力培养

培养宝宝与他人共享能力，是家庭教育中的一项重要内容。让宝宝自幼具备与人友好相处的能力，是培养宝宝社会交往能力和完整人格的重要方面，有利于宝宝将来走向社会以后，具有较强的适应能力和自觉接受规范约束的社会性，与他人能够友好、和睦相处，进而拥有组织才能及社交能力，适应各种不同情况变化会显得从容不迫，游刃有余。

在与宝宝游戏时，要让宝宝逐渐懂得与别人在一起时的快乐。和别的宝宝一起玩，不仅是共同游戏，还有相互信任、相互配合，才是游戏的意义所在。在宝宝独自玩时，父母尽可能抽出时间陪着宝宝一起玩，指导宝宝玩出新的花样，例如，玩具小汽车不光可能推着、或机械动或电动开着跑，还可以给汽车建一个车库；各种各样的动物玩具不一定要一件一件地玩，可以建一个动物园。父母可以对宝宝正在玩的玩具表示出兴趣来，顺着宝宝的思路和要求一起玩，会令宝宝很愉快。跟宝宝一起玩时，要占用宝宝的玩具，玩一会儿了再还给宝宝；家里的糖果或水果，让宝宝分一分，分到最后的全部给宝宝自己。通过这些游戏过程，逐渐使宝宝学到与人分享的道理，知道分享就不能独占，了解分享是一件很愉快的事，懂得给予别人，就能得到别人的信任和爱，使他人高兴，自己也会很快乐。

4. 难管教的宝宝

从教育学的观点来看，没有任何一套管教方式是适合所有宝宝的。每一个宝宝都是不同的个体，每一个宝宝都独一无二。父母应该了解自己的宝宝的个性和情绪，采取合适的管教方法。

宝宝对于父母责骂与处罚的反应也不一样，有些宝宝不爱说话，当然也不会哭闹，但是宝宝们通常对于父母说的话或做的事极端敏感、并且深受影响。因此，对于出现反抗父母现象的宝宝，最好是多去了解宝宝，而不要轻易责骂或处罚宝宝，以免引起相反的作用。

有一些宝宝被父母责备时，会号啕大哭，不停地对父母说自己“再也不了”，让父母觉得惩罚确实有效。然而，如果属于是那种爱闹情绪的宝宝，父母的责备也没有用。此外，批评或惩罚某些任性、倔强的宝宝时，小家伙可能会反抗，而且会坚持下去。管教这一类型宝宝，最好避免硬碰硬或长期对抗，简单扼要地指出宝宝那里做错了，然后很快转移宝宝的注意力。

称得上“难管教的宝宝”，一般具有以下特征：

❶ 活动力很强，任性，无法自制，容易兴奋冲动；

❷ 非常不专心，注意力不集中，不专心听人讲话；

❸ 显得极度紧张，会用很喧哗的方式表达自己的情绪；

❹ 缺乏规律的生活习惯，要求宝宝正常作息很难；

❺ 最初的冲动，是离开现有的一切；

❻ 对任何转移、变化、不同的东西都感到恐惧，还拥有一种根深蒂固的负面情绪——闷闷不乐、暴躁、不快乐、不高兴，也很容易伤心落泪或轻易发脾气。

如果你的宝宝属于上面所指的“难管教宝宝”，便要准备接受挑战，并且重新审视自己的管教措施，根据宝宝的个性去思考，然后试着直接去处理宝宝的行为。

在有效处理任何不满意的行为之前，父母必须先采取一种客观的态度——保持中立。如果宝宝做错事，首先不要情绪化或直觉地加以反应，而要退后一步，尽可能保持中立。

作为第一反抗期出现宝宝的父母，应当有效地思考宝宝的行为。要尽量多多思考宝宝的行为，而不是动机。要把注意力放在宝宝不愿意换衣服的事实上，而不要想成宝宝不愿意换衣服，是因为要想照自己的方式穿着。宝宝出现与父母的对抗情况时，先不要气恼，而要先问自己：“这样的行为是否真的很重要？”再问一问自己，对待宝宝的行为够不够客观，宝宝的行为究竟有多可气，是常常发生，还是偶尔为之？

面对宝宝的负面或对抗行为，如果父母经常用的管教方式是常常对宝宝咆哮或大声叫喊、常常拒绝宝宝的要求、常常并非出自本意地惩罚宝宝、常和宝宝争吵、要宝宝承诺下次不再犯了、威胁宝宝、严厉惩罚宝宝偶犯的过失、觉得无力管教宝宝、或者常常向宝宝让步……这些情况如果出现，说明你的管教方式不好，需要加以改进。

5. 口吃的宝宝

在幼儿神经系统快速发育时期，会因为某些精神因素作用影响，容易出现语言功能障碍。

2～3岁的宝宝，正是口头语言发展的关键时期，对周围事物的兴趣很浓，不断发现新鲜事，不断掌握新词汇。但宝宝的言语功能尚未成熟，还不会选择恰当的词汇，造成说时迟疑不决，好重复，哼哼哈哈地不流畅。这种状况会随着发育自然好转。

有的宝宝上了学，说话还是结结巴巴；有的宝宝说出一个字后还要延长这个字的发音时间；有的宝宝每一个字重复多次后才能说出第二、第三个字。医学上称为口吃。但也有宝宝平时说话口吃不严重，仅仅是在紧张时表现得非常突出。

口吃，初发生在2～4岁的幼儿，这段时间是幼儿学习说话的最佳时期。宝宝希望用较多的词汇来表达自己的意思，但却会因为掌握的词汇量太少，有时候要边想边说，往往会把第一个字重复多次。这个阶段宝宝还会出现用字不当、发音不准、语法结构错误等问题。父母对宝宝语言表达能力往往会要求过高，宝宝出现表述困难时，会遭到父母的训斥和惩罚，这样一来，容易使宝宝产生焦虑不安、紧张烦躁等不良情绪，从而引起口吃。另外，有的宝宝会在无意中模仿口吃者的发音，时间一长，反倒会成了习惯。还有个别宝宝，虽然已经进了幼儿园，但说话时喜欢用重叠音来表达意思，如“饭饭”、“肉肉”等，长久下去，也容易引起口吃。

怎样纠正宝宝的口吃呢？

要主动关心宝宝，宝宝说错了不要紧，要耐心细致地反复纠正，教宝宝正确地说话。不可以嘲笑和训斥、责怪，切忌打骂，以消除宝宝紧张、焦虑情绪。要劝阻周围人不要嘲笑或模仿有口吃的宝宝。此外，还要注意：

❶ 叮嘱宝宝说话时不要太用力，要放低音量，用轻柔的音调讲话，要有节奏地发音，恢复语言的正常节律。

❷ 说话的第一个字时要进行诱导，要缓慢地、轻轻地诱导宝宝发音，并逐渐变响，然后过渡到第二个字。

❸ 平时要有意识地培养宝宝慢慢说话的习惯，还可以让宝宝每天朗诵几首儿歌或诗歌。

❹ 尽可能让宝宝与人多交谈，尤其是谈一些愉快话题，宝宝不紧张，就不会出现口吃。

❺ 当宝宝口吃有所改善时，要给以鼓励，以巩固成绩。

一般来说，只要经过这几项措施来耐心细致地逐步矫正，宝宝的口吃习惯会慢慢纠正的。

6.“眼馋”的宝宝

俗话说：“别人家的饭菜香”，为什么宝宝会总是爱要别人家的食物呢？

宝宝爱吃别人的东西，是由宝宝的年龄特点所致。宝宝年龄还小，不理解“从属关系”，分不出“你的”、“我的”，宝宝才不管是谁的，想要了就伸手。另外，家人的

教养不当，表现出家人的娇宠，形成宝宝以自我为中心，加上对宝宝的自控能力的培养不够。

处理好这个问题，要做到：

❶ 备存一些必需的食品 现实生活中，有些家庭一味强调不给宝宝吃零食，在这方面限制过严，增加了别人家的食品对宝宝的诱惑力，致使宝宝“眼馋”、“嘴馋”，形成不良习惯。同时，家人要把握住分寸，不能用零食代替主食，不能有求必应，无原则地迁就宝宝。

❷ 平时注意给宝宝讲道理 逐步让宝宝懂得这是“自己”的，那是“别人”的。自己的东西可以自己支配，别人的东西不能随便要、随便吃。即使在对方盛情难却的情况下，宝宝也要征得家人的同意，才能接受别人的食物。在日常生活中，父母应培养训练宝宝学会控制自己的某些需要。

❸ 出门前要先备好一些食物带在身边 如果宝宝讨要别人的东西吃，可以拿出准备好的食物说：“妈妈这儿有，宝宝不要别人的”。以此满足宝宝的需要。

在宝宝看到别人吃东西，自己非要不可时，不妨这样试一试：

❶ 明确告知 告诉宝宝，向别人讨要吃得东西不好，大家会不喜欢。如果想吃，跟妈妈回家去拿。

❷ 转移宝宝的注意力 可以带宝宝离开，或用其他事物吸引注意力。如对宝宝说：“宝宝，我们去看汽车”；“宝宝，你看那花多漂亮”。

❸ 争取对方家人的支持，协同教育 应取得周围邻里的谅解和支持，当宝宝向别的宝宝讨要食物时，请宝宝们不要随便就给，协同做好对宝宝的教育。

7. 带宝宝出游

1岁以内的宝宝变化较大，出门在外需要注意的事情相当多，因为越小的小宝宝越不容易照顾，且抵抗力及四肢的发展都还比较不成熟，因此，最好不

要带3个月以下宝宝出游。而对于1岁以上近2岁的宝宝，出游，无疑是一件长知识、增见识、令全家都开心的事。

带宝宝出游，适合做一些什么活动呢？

❶ 爬山 2岁以下的小宝宝不太适合爬山，因为体力无法负荷，再加上走路还不稳定，外出的时候必须要带手推车，有时候还需要父母抱或背，如果带宝宝外出，对家人而言是一大负担。2岁以上的宝宝因为身体的发育比较好，走路也比较稳，可以自行爬楼梯，跑、跳等动作比较不会跌倒，比较适合爬山这一类活动。

❷ 散步 如果要带可以自行走路的宝宝去散步，建议最多让宝宝持续走路30分钟，就必须休息，不要走得太久，以免脚部疲倦，发生肌肉疼痛、抽筋等问题。

❸ 游泳 如果想要让宝宝游泳，最好寻找婴幼儿方面的专门教练指导宝宝，不会发生危险。如果带宝宝到游泳池，一定要专注于宝宝身边，因为一转身、一不留神，宝宝就会有紧急的情况；不鼓励父母带年纪太小的宝宝去游泳。

❹ 球类运动 带宝宝到户外玩，应当尽量选择球类运动，这类运动对宝宝的身体发展有帮助。可以带宝宝到公园里，练习让宝宝接球或拣球，训练手部运动能力及四肢的平衡能力、肌肉张力。

❺ 公园里的游乐设施 溜滑梯、摇椅、翘翘版、弹簧木马、沙堆，这些在公园里常见的宝宝游乐设施，都很适合小朋友玩，这些运动可以训练宝宝的平衡感，有些公园有幼儿游乐区，可以让宝宝试着爬上去，训练手脚协调及手眼协调能力。

应注意事项：

❶ 游乐设施的安全 带小朋友去游乐园要先注意场地是否安全、游乐的设施是否符合标准，有多大的场地让宝宝玩乐。宝宝溜滑梯时最好在旁边看，不要离开太远，不要让宝宝一个人单独玩任何器械。

❷ 与小朋友互动 游乐园里，通常会有很多小朋友一起玩，要注意小朋友太多的时候，容易发生推挤或跌倒的状况，注意宝宝与小朋友的互动，减少跌倒或擦伤等情况的发生。

❸ 环境的清洁 在外游玩一定要注意消毒干净，幼儿游乐园属公共场所，小朋友在一起玩，除了接触传染源之外，飞沫也会传染疾病。因此，最好注意游乐的环境是否通风良好，避免让宝

宝把公共的物品到嘴里，一定要留心宝宝手部的清洁，避免感染传染病。

出门在外，如果能够多一份准备，就能减少遗憾发生，让全家人出门过得安心、玩得高兴，回家之后多一份美好的回忆。

五、亲情交流，让宝宝健康成长

1. 宝宝和父母的面子

家庭教育中，不少的父母存在着不同程度的虚荣心，对宝宝的健康成长危害很大，其主要表现有：

❶ **常在别人面前吹嘘宝宝** 父母过高地评价自己宝宝的发展水平，总觉得自己宝宝最聪明，甚至有些分明是宝宝的缺点，也带着欣赏的口吻加以谈论，口头上像是在批评宝宝，其实心中却颇为得意。

❷ **过分强化技能早期训练** 过早地让宝宝学弹琴、画画、数数、识字等，不顾宝宝的兴趣、爱好、天赋和能力，什么都要宝宝学，什么时髦学什么。这种教育上的急功近利有害于宝宝真正发展。

❸ **一味要求宝宝冒尖显眼** 父母认为自己功名无望，把一切希望寄托在子女身上。总担心宝宝落后于人，特别注意宝宝的名次、分数。为了使宝宝出人头地，不惜动用各种奖惩手段，或是物质刺激，或是实行强迫学习。这些方式教育必然导致宝宝求胜心过强而难以承受挫折。

如果父母有自我虚荣心，会为了“面子”而损害宝宝。为保证宝宝健康发育成长，父母自身必须纠正虚荣心。应当从素质发展的角度，从宝宝个性完整的视角对宝宝加以培养；对宝宝的各方面情况必须进行全面分析、正确估计，在全面了解宝宝实际水平的基础上，提出合理要求。绝不可赶时髦，让宝宝什么都学。否则，不仅希望落空，还会害了宝宝。

应当根据宝宝的不同性情，采取有针对性的教育方法。例如，不能强迫较乖的宝宝接受自己的生活节奏，对宝宝提出过高的要求，否则，宝宝成人后会缺乏自信，可能变成一个总是自己担心不能满足环境要求的人。对天性腼腆的宝宝，不要迫使其提前活跃起来，而应让宝宝自己与小朋友们慢慢“混熟”，否则，宝宝就会失去自信，心理不踏实。对活泼好动的宝宝，应该给一点挫折教育，使宝宝从中学会面对困难和失败。对个性有问题宝宝，应有极大的耐心，只有在感觉到自己很受重视的时候，才会慢慢地增添自信心。

2. 和宝宝玩小游戏

以下小游戏有助于和宝宝沟通、交流，不妨抽出一个小时来试一试和宝宝一起做。

❶ 打电话游戏

意义 打电话是日常生活中与人交流获取信息的方式之一。除了教会宝宝使用电话外，文明用语的传授是十分重要的。学会通过电话与人交流，是个人教养的重要一环。

方法 先向宝宝介绍电话机的用途；教会宝宝怎样拨号、听声、问话、答话以及对拨号音、忙音等提示音的识别；与宝宝一起模拟打话。在这个过程中向宝宝传授电话用语，如：你好，请问××在吗？你好，请问找哪位？他不在，需要我为你转告吗？对不起，你打错了，等等。父母可以带上手机去另一个房间，让宝宝试着打电话和接电话。学得熟练以后，可以给爷爷、奶奶或外公、外婆打电话，让宝宝体验一下打电话的实际操作过程。

这个游戏可根据宝宝的年龄、能力分几个阶段进行。开始仅在父母的对打电话中，让宝宝参与，讲几句话。然后模拟着玩一玩，再正式打，巩固提高宝宝的技能技巧。如果接受力强的话，可以教宝宝给爷爷奶奶、亲戚或者小朋友打电话。继而学会在紧急情况下如何打父母的手机、如何向110报警等。

❷ 洗衣服游戏

意义 在游戏过程中，宝宝可以学会归类，掌握生活小常识、使用洗衣机的方法，了解衣服的原料、干湿的区别，同时也了解父母做家务的辛苦，增进父母与宝宝的沟通。做这个家庭游戏前，要准备好脏衣服、洗衣机、洗衣粉、晾晒衣物的工具等。

方法 和宝宝一起在家庭中寻找脏衣服；分开深色和浅色的衣服，以免染花；数一数衣服有几件，说一说衣物的名称；倒上洗衣粉，接通电源，开启水龙头，启动洗衣机；仔细听洗衣和脱水

的不同声音，计算时间，想想等待洗衣结束时可以再干些什么；取出洗干净的衣服，找寻合适的衣架来晾晒；晾晒干后，分清各家庭成员的衣服，再把衣、裤等分类，折叠。

在游戏中遇上宝宝没有弄懂的环节时，可以停下来重复，尽量让宝宝自己动手，父母只需讲解，稍作示范。

❸ 逛超市游戏

意义 让宝宝熟悉买卖东西的过程，观察周围人的言行举止，知道在公共场所不能大声喧哗，买东西要排队等社会文明常识，培养节约、科学的消费观念。去超市购物时带上宝宝，但要记住重点是和宝宝做游戏！

方法 先让宝宝观察超市货架上的各种食物以及其他物品。随着宝宝注意力变化，不断地告诉宝宝它们叫什么，引导宝宝多看一看不同种类的食品，如蔬菜水果类、糕点面包类、肉类、饮料类、糖果类、炒货类、调味类等。问一问宝宝：“那是什么？”看宝宝能够知道多少种不同食物的名称，能否从食物标签图形中辨认出食物来。

然后，告诉宝宝今天的购买额度是多少，让宝宝自行选择有用的物品，不用太多限制；根据金额多少，让宝宝最终定下要买的东西，让宝宝自己带着钱去收银台交钱，可以跟在身后帮助，但不要包办。

回家后，让宝宝分门别类把买回来的东西放好；如果宝宝有兴趣，可以在家中模拟超市里的买卖行为，帮助宝宝形成消费的概念。

❹ 小小鼓乐队

意义 发展幼儿的能力，可以刺激听觉的发展，培养节奏感；激发好奇心和探索精神；练习手眼协调，促进精细动作的发展。

爸爸妈妈来互动

捉迷藏

宝宝很喜欢捉迷藏这个游戏的。爸爸妈妈先作示范，预先找一个比较隐蔽的地方躲藏起来，如躲到门背后，不让宝宝看见，然后学猫学狗叫，叫宝宝去寻找，找到后互换角色，父母闭上眼睛，让宝宝自己选择角落藏起来，宝宝第一次也会选择妈妈藏过的地方去躲藏。可以故意装作找不着，让宝宝控制自己不出来，直到父母找到自己为止。但游戏前要和宝宝讲明哪些地方危险不能躲藏。

方法 准备不同质地的塑料碗、不锈钢碗、木碗等，再准备一把木勺或不锈钢勺子，放上一段欢快的曲子，让宝宝配合音乐在碗沿上敲击。妈妈也可以加入到宝宝的游戏当中，更能激发宝宝的游戏兴趣。还可以抱起宝宝，让宝宝拿着勺子敲一敲其他地方，看看有什么样的效果。

注意事项 游戏过程中要帮助宝宝控制情绪，不要敲伤自己；要教给宝宝不能敲打电视机、电脑、音响等电器类家具。

5 猜猜哪只手

意义 锻炼视觉观察力，宝宝要在瞬间内观察到拿东西的手与没有东西的手有什么区别，这是提高观察力很好的一个游戏。促进思考力，“猜猜哪只手”，对、错各有一半的几率，结果一下子就能出来，简单又有刺激性，对宝宝而言很有成就感，且借着不断的重复，也能提升宝宝的思考力和决断性。

方法 家长准备小积木、小珠子等可以抓在手里而不会露出来的小玩具。

家长把一个小玩具藏在两手中的其中一手，然后问宝宝：“玩具在哪里呢？”让宝宝来猜在哪只手里。

重复玩这个游戏时，可以当着小宝宝的面快速地把小玩具在两手间倒来倒去，然后停下来说：“变变变变变！猜猜是哪只手？”

注意事项 刚开始时要很容易让宝宝看到，露出玩具的一小部分给宝宝看到。

6 纸箱为家

意义 锻炼运动机能，在这个相对狭小的“家”里，无论会走不会走的宝宝都要猫腰或者爬行着进出，这样可以使肢体得到充足的锻炼，空间感也会得到强化。促进社会交往能力，纸箱小屋使宝宝成为自己世界的主人，可以使宝宝日益增长的自我意识得到满足，装饰自己的“庇护空间”还能激发宝宝的想象力和审美能力。

方法 家长把装家用电器或家具的大的包装箱打开一个口，将四个角固定使之不会左右摇晃趴倒，在其他两面可以割切窗户并贴上彩纸等使之更像一个“家”的模样，与宝宝一起用彩笔装饰一下这个“家”。

和宝宝一起玩“做客”的游戏，家长作为客人到小宝宝的家里坐一坐。

与小宝宝一起挤在“家”里讲个故事。

利用这个“庇护所”玩个捉迷藏的游戏。

让宝宝自由地进出游戏，把自己喜欢的玩具摆放到里面或装饰自己的“家”。

7 寻宝线索

意义 锻炼运动机能，“寻宝”之路可能不会一帆风顺，时而要趴下来从桌子下面钻过去，时而要爬上床再从另一面爬下来……这对身体运动能力是一个综合的锻炼。锻炼意志品质，提高小宝宝观察周围环境并解决问题的能力，让宝宝初步感受为了达到目的需要付出努力和耐心，为小宝宝日后迎接社会生活打下良好基础。

方法 家长准备一条长绳、洋娃娃或小汽车等宝宝喜欢的小玩具。

家长把长绳的一头系上小宝宝平日喜欢的一个小玩具，并把这个玩具藏进大衣柜或抽屉等隐蔽的地方，然后把伸在外面的绳子绕过沙发，绕过桌子下面，绕过垫子等。

接下来，把绳子剩下的一头交给宝宝，告诉他顺着绳子这条线索，就会找到一个让他惊喜的“宝贝”。鼓励小宝宝一路沿着绳子找下去。

在整个游戏过程中，家长要一直陪伴在小宝宝身边，并告诉他一边寻找一边收绳子，当绳子绕在桌子脚或其他地方拉不动时，家长要教宝宝如何解开绳子，必要时帮助他把绳子解开。

注意事项 第一次玩这个游戏的时候，要尽量简单一些，使小宝宝一拉绳子就可以把玩具拿到手，待小宝宝明白了绳子和玩具之间的联系后，再逐渐增加难度。

做游戏只是一种形式，在日常生活中注意宝宝思想品质的培养十分重要。尤其是都市的独生子女，与同龄人交流少，得到父母的关注较多，容易形成以自我为中心、骄横任性等缺点。防微杜渐，是父母的责任。而多陪着宝宝做一做游戏，把生活中一些日常事务变成有趣的游戏来做，既能增强亲子情感，又能培育宝宝的能力。

第三章 2～3岁的宝宝，求知欲旺盛的成长阶段

PART 3

家长对幼儿不可娇惯与溺爱，要多创造自己的宝宝与其他宝宝接触的机会，指导宝宝处理好与小朋友之间的关系，帮助他们参加丰富有趣、有益的活动，提供必要的设备。让宝宝不断增长知识，开阔眼界，体会到友爱、守纪、勇敢、助人的快乐，促进幼儿良好个性的正常发展。

第一节

25～27个月的宝宝

做妈妈须知

有规律、按时、适量进食；
会用3字词句或4字词句交谈；
学会数1～10，学记家里的电话号码；
每天读儿歌、讲故事，学认颜色；
学会画圆，玩拼图游戏；
给宝宝找小伙伴一起玩；
注意保护宝宝的安全；
学习刷牙、用筷子。

一、宝宝的成长

1. 身体发育

体重　男童　约12.10～12.68千克
　　　　女童　约11.66～12.24千克

身高　男童　约88.45～90.69厘米
　　　　女童　约86.6～87.9厘米

头围　男童　约47.44～48.5厘米
　　　　女童　约47.2～48.2厘米

胸围　男童　约48.65～49.8厘米
　　　　女童　约48.2～49.4厘米

牙齿　16～18颗牙

睡眠　夜间睡10～11小时，午睡2～3小时。

2岁后，体重缓慢增加，每年约2000克。颌面骨发育及面形渐变长。

2岁3个月的宝宝，走路稳，跑步快，会用双脚跳，也会向前跳，还能从矮的台阶上独立跳上跳下，并能站稳。有能跑能停的平衡能力，喜欢踢球。吃饭时喜欢学成人用筷子夹菜。用笔涂涂画画，画直线、画圆。喜欢玩套桶、套塔等。开始有数的顺序和空间感知能力。

满2岁，是宝宝成长过程中的一个新的里程碑，这时宝宝的身心发展已越来越呈现出幼儿期的特征，开始有了自己的思维、自己的个性和更多的自主行为。

2岁后，走路早已不成问题，跑得也比较平稳，动作也协调了许多。能自己观察路线和道路情况，避开障碍，不像原来那么“没头没脑”地乱闯，也没那么容易摔跤了。如果有意识地锻炼宝宝，他（她）应该已经能双脚离地跳起，也能向前跳出一小步了，多数宝宝能自己上下楼梯。吃饭、喝水一般都能自理，但扣钮扣、穿衣服对宝宝来说还不太容易。

2岁的宝宝已经颇具想象力，会把所有圆圆的东西都说成像太阳，把弯弯的东西说成像月亮；记忆力也有很大进步，已经能够理解一些抽象的概念，例如今天和明天、快和慢、远和近等，会从1数到10，甚至更多。喜欢问更多的“为什么”。

2. 语言发育

2岁阶段，是宝宝从婴儿向具有思维和自我意愿的人生过渡的时期，这个过程会使宝宝变得有些暴躁、吵闹。但宝宝们真正的目的，是想了解这个世界是如何运作，并且希望参与其中。因此，在这个阶段到来后，千万别去抱怨宝宝的“逆反”，多多珍惜成长过程中的可爱之处。

2岁的宝宝在人们心目中的形象，总是和“麻烦”二字联系在一起：宝宝们开始了人生的第一个逆反期，经常乱发脾气；不管问什么，总是会回答“不”！出于父母的抱怨，这个年龄段的宝宝被冠以“逆反”的名头。但是，如果试着从另一个角度来看待这些问题会发现，2岁的宝宝其实很出色。

因为20个月以后，宝宝的口语词汇量突飞猛进，到24个月时，有可能达到近千个，能够说出日常见到的大多数事物的名称，与成年人交流基本没有困难，也开始提出更多的要求和问题。能准确地说出自己和爸爸妈妈的名字、自己的年龄、性别，如果教的更多，宝宝还会记住的更多。他（她）已经开始使

用“现在”、“一点儿”、“特别”等副词，来更精确地表达自己的意思。

3. 心理发育

心理健康对宝宝的茁壮成长有着重要意义，对智力发育、良好性格的形成和各种天资的发展，都将起着很大的促进作用。

在生活中，家人经常会不注意幼儿的心理卫生。在幼儿园里或家庭里，教师或父母的情绪常常直接影响到幼儿。母亲不喜欢吃肉，在宝宝吃饭时不加回避地说：“我一吃肉就恶心！”还皱着眉头，一种厌恶的表情，这种语调和表情给宝宝留下了暗示作用。一些宝宝的偏食习惯，往往是由成年人的不当语言所引起的。还有的父母在幼儿吃饭的过程中批评、训斥宝宝，结果幼儿在消极情绪下，边擦眼泪边吃饭，吃得很不舒服，诱发厌食的因素。还有幼儿教师缺乏素养，到吃饭时间后，只让没有淘气的宝宝吃，让淘气了的宝宝站在一旁看着不许吃，甚至对宝宝说：“看他们吃得香不香？你馋不馋？”这种做法对宝宝会产生一种难以承受的心理刺激。诸如此类，都会引起幼儿难以忍受的精神伤害，给宝宝造成心理上的不良情绪刺激，影响到食欲。

与之相反，优美的环境，充足的玩具，自由自在的活动，教师和父母耐心和蔼的态度，可亲的面容和轻柔的举止，以及合理的生活制度、科学的常规，都会给幼儿良好的影响，使宝宝们情绪稳定，活泼愉快，性格开朗。良好的刺激可以带来精神上的欢娱，生活上的舒适，活泼健壮地成长，这些都是幼儿成长过程中必不可少的心理卫生环境。

4. 适应性行为发展

宝宝能记住家中各个人物的称呼，如爷爷、奶奶、姥爷、姥姥、小姨、舅舅等。开始学会用代词称你、我。能说完整的句子，“妈妈上班了”、“我要吃香蕉”。能分辨清楚长铅笔和短铅笔。吃苹果能分辨出多少。能知道桌上桌下、身体的前面后面。能知道爸爸是男的，妈妈是女的，也知道自己的性别。

到户外玩耍后，能知道自己的家门，会走回家的路。喜欢和小朋友交往。能用声音表达出自己的喜怒情绪，高兴时会笑得很开心，生气时会发脾气、吼叫。有很强的自我意识，要自己穿袜子、穿鞋，穿鞋子时分不清左右。

5. 3岁前，决定宝宝一生

宝宝的很多行为，是在3岁前决定的，重点在于有没有给宝宝充分的学习发展机会、给予宝宝足够的爱。

❶ 观察宝宝是第一步 用一颗细腻的心观察宝宝，是正确的第一步。父母的想法肯定会和宝宝有所差别，要一步一步地去试探宝宝。在情绪教育方面，了解宝宝的个性非常重要，一个人的情绪管理，不要学很多理论，而是在宝宝的成长过程中，去了解宝宝、爱宝宝。

家庭育儿，如果仅仅“教”与“给”是不够的，要和宝宝一起互动学习，才能了解如何适当地给予。世界上许多成功的人，就是因为对自己充满了自信。而误入歧途的青少年的心理动因，多半因为缺乏自信，因为从小父母总是告诉他们说什么不行、不能要……所以，家庭教育中，父母要给宝宝充分的满足来增强自信心，宝宝成功的机会就会多得多。

3岁前的教育是重要的，但父母不妨试着轻松以待，以共享成功的心情，一起来感受宝宝成长的喜悦。

❷ 亲子互动影响未来发展 其实不难发现，宝宝从小爱哭闹，不见得就是要人抱，而是希望知道父母就在身边。到底要不要抱，不是问题，而是了解宝宝需要什么。零岁教育之所以重要，是因为父母的行为会影响宝宝，亲子之间如何互动，对宝宝未来的情绪发展与人格形成会有极大的影响。

在3岁之前，做好宝宝的人格发展基础，父母必须要懂得如何正确用心、使对力气。如此才会在教育宝宝时更加省力。例如，要在上班前叫宝宝起来吃奶，但宝宝睡得很沉，被提前吵醒一定会很不愉快，所以，就想一想如何使宝宝快乐地起床，经过观察发现，如果父母当时的情绪是急切的、有压迫性的，宝宝也会感到不安，所以在宝宝一睁眼时，就让宝宝能看到父母的笑脸，抱着宝宝去玩一玩娃娃，抓着小手拍一拍，跟宝宝说一说话，使宝宝明白这表示要起床了，要让宝宝知道醒来后先向家人问好。所以，在日常生活中起床这么一件小事上证明，营造好的起床气氛很重要。当然，挑选保姆也是重要的，如果保姆不苟言笑，整天都愁眉苦脸，也会把负面情绪带给宝宝。

❸ 传播快乐情绪 父母的笑容对宝宝有最好的示范作用，父母的管教态度，也关系到宝宝的顺从与否。例如，宝宝讨厌洗脸，就要懂得先把好的情绪带给宝宝，不妨自己边洗脸边

哼着歌，让宝宝感觉到洗脸是一件愉快的事，然后再问宝宝要不要洗一洗脸了，让宝宝产生期待的心理，进而喜欢洗脸这件事。整个过程好像是在玩，但却做到了应该做的事。由此可见，管教宝宝不一定要一板一眼，不妨学一些卡通对话与童话语言，让宝宝感染到欢乐的情绪。

❹ 专注与用心 专注与用心是最好的教养方法。有的宝宝不到1岁就不用尿布，前提是要训练大小便。原来这家的保姆每次带宝宝去厕所，都在一旁放一点水，让宝宝听到水声形成条件反射，而且在每天固定时间都让宝宝坐马桶，培养便意，久而久之，宝宝就知道何时该去卫生间排便。或者在一放水龙头时，宝宝就会有尿意。每次上完厕所，保姆还教宝宝拉水箱冲洗，并教宝宝学开灯、开门，让宝宝感觉排便过程是在玩，跟做游戏一样，在轻松愉快中学会上厕所。由此可知，对于宝宝来说，训练的方法很重要，需要专注和用心。

❺ 用正确的方法教养宝宝 例如，当宝宝会爬时，父母担心宝宝爬得掉落后摔伤，于是就围了一个区域，限制宝宝的活动范围，但是大一点以后，会把限制自己的东西顶开，后来父母发现后便加强围堵，而宝宝居然做出更危险的动作。这个方法不行，就把家里所有插座盖子盖上，减少宝宝独自爬行酿成危险的可能；把该收的东西收起来，让宝宝不再那么容易产生好奇。宝宝对做饭很好奇，就带着宝宝去参观爸爸怎样在厨房里做菜，给宝宝备上一套玩具小锅、小铲，让小家伙也模仿着做，获得参与感。

宝宝不是限制、禁止、命令能控制的，要了解宝宝对什么好奇，只要能满足好奇心，就能正确引导，其乐融融。如果宝宝对危险事物也产生好奇，绝不要吓唬宝宝，让宝宝感受接触热水，知道什么是“烫”，因而有危险，会

“痛”，要避免接触危险，最好的方法是去营造一个好的空间，而不要吓唬和呵斥宝宝。

应对3岁以前的宝宝，首要的是父母必须得了解宝宝需要什么，用爱心陪伴着宝宝一起成长，用一颗细腻的心去观察和应对，找到最好的家庭育儿方法。

二、育儿小知识

1. 养育建议

给宝宝成套的玩具，让宝宝理解玩具之间的联系；

利用生活和游戏，多让宝宝比较长短、大小、黑白、凉热、内外、上下等；

随时回答宝宝的提问，告诉宝宝看到的东西是什么；

对于宝宝的奇特想法也许不能理解，但要多多欣赏；

在外人面前，宝宝喜欢兴奋，不要批评，要多给予鼓励；

宝宝高兴到手舞足蹈、忘乎所以时，不要制止；

训练宝宝阅读，跟宝宝一起看图片和看图说话，宝宝如果自己在安静的阅读，哪怕只有几分钟，也尽量要让宝宝轻松，不要施加压力让宝宝去学会什么；

用完整的句子和丰富的词汇，鼓励宝宝多说话；

给宝宝纸和笔，让宝宝任意涂涂画画；

准备一块小黑板，给宝宝各色粉笔，让宝宝多画一画。

2. 幼儿不宜多吃冷饮

宝宝对冷饮有一种特殊的偏爱，吃而不厌，来者不拒，只要吃上一次，就会要第二次、第三次，父母的爱心就造成大错，宝宝还小，胃肠功能很稚弱，吃冷饮对宝宝非但无益，反而有害于宝宝的健康。因为大量的冷饮进入小儿的胃中，冲淡了胃液，减弱了胃液杀菌的能力，小儿易患胃肠道疾病。而且小儿的胃肠对冷的刺激比较敏感，吃了较多的冷饮，胃粘膜受伤后，胃体也会收缩，其消化酶会大量减少，影响食物的消

化，小儿就没有饥饿感，不愿吃饭。冷饮还会刺激胃肠道，使肠蠕动加快，大便变稀，次数增多，而引起腹泻。许多小儿还会因吃了大量冷饮，过多地吸收了冷饮中的糖分，而使食欲不振，影响正常的进食。再则冷饮中含有大量的色素等食品添加剂，对小儿的生长发育不会带来好处。

因此，父母最好不给宝宝冷饮吃。夏季可喝西瓜水等鲜果汁水，绿豆水等。或根据你宝宝的情况少吃，但不需安排在吃饭前或临睡前。容易腹泻的宝宝最好不吃。因吃冷饮的习惯一旦养成就很难纠正，劝父母注意。

3. 狼吞虎咽和细嚼慢咽

父母总是会嫌宝宝吃饭太慢，但是，实际上宝宝狼吞虎咽也不是好的饮食习惯。

狼吞虎咽的饮食习惯，对健康很不利。食物未经过充分的咀嚼，就进入胃肠道，主要会造成两种不良情况：

使消化分泌减少。咀嚼食物能通过神经反射，引起胃液分泌，胃液分泌又进而诱发其他消化液的分泌。少咀嚼，就会使消化液分泌减少，进而影响到对食物的消化吸收。

使食物未能与消化液充分接触。食物未经充分咀嚼就进入胃肠道，食物与消化液接触的面积就会大大缩小，这样一来，人体从食物中吸收的营养素势必也会大大减少。

上列两种情况，导致的是同一个结果，既影响到人体对食物的消化吸收。此外，有些食物比较粗糙，未经细嚼慢咽进入胃肠道，可能会损伤消化通道。

4. 防止精神发育不良

生活要有规律。要防止婴幼儿发生精神发育不良，必须加强对幼儿的生活管理，把宝宝的每天生活安排得丰富多彩，但又不过分劳累，以保证有规律地活动。

在家庭生活中的散居儿童，同样要做到生活内容充实，饮食、睡眠、活动安排合理。缺乏精神营养的宝宝，会把心理需要全部寄托在母爱上，陷于婴儿期的喜欢母亲怀抱，有的到三、四岁还不能断奶，一会儿也离不开母亲，稍离一步就好像无法生活，这种现象称作仍处于“共生期”，不能独立，严重影响到心理发育。枯燥、单调的家庭生活，会影响到宝宝正常发育，这类宝宝不长个头，面黄肌瘦，食欲不振，严重偏食， 除了母乳，对什么美味佳肴都不感兴趣，实在难以喂养。

防止幼儿神经疲劳。幼儿高级神经活动的特点是兴奋强于抑制，二者还很不平衡，抑制机能很差，过久地抑制自己的行动，或从事过分细致的学习，绝大多数不能胜任。过分的抑制会导致大脑兴奋，容易造成精神疲劳。

幼儿时期本来就是“游戏时期”，许多知识是在游戏中学到的，感知能力、注意力、记忆力、想象力和思维能力也都是在各种活动中得到充分发展的，如果硬是要让年幼的宝宝像小学生一样坐板凳学习，要求宝宝死背唐诗，不顾宝宝实际能力过高地要求，会加重宝宝的精神负担。

幼儿长时间的集中注意力，会降低脑功能。在过分紧张时，要消耗大量的能量，使大脑过度疲劳。枯燥无味地静坐，也要消耗能量，不仅有碍幼儿学习兴趣的培养，还会造成神经衰弱，影响智力发育，影响到入学后的学习。

很多父母都希望自己的宝宝握笔学写算，认为这样会使宝宝及早成才。有一些幼儿教师也总是喜欢把宝宝们束缚在小椅子上，不许跑，不许说，不许动，认为安安静静地好管理，结果造成幼儿活泼好动的天性被压抑。

因此，在幼儿教育中，各个方面都要避免负担过重，不能过高过严地要求。以幼儿适应的方式和方法组织幼儿学习，才会收到良好效果。

5. 宝宝的逆反心理

宝宝怎么变得那么不听话了呢？——父母好说歹说、软硬兼施，怎么也不奏效。

如果有这种感觉，意味着宝宝开始暗暗地挑战父母的权威了。

个中缘由，当然绝对不是宝宝故意对父母“以怨报恩”、“忤逆不孝”，而是宝宝开始形成自己的个性，开始学习揣摩和理解人与人之间的关系，哪些权限是成年人的，哪些权限是宝宝的，彼此之间的需求与规范又应该如何磨合，各取所需。

2岁以上的宝宝，开始与父母进行较量与磨合。宝宝的反抗行为，固然是

令人头疼的事，更令人担忧的是矫正这种不良习惯面临一个大难题——父母的教育权威受到挑战。宝宝心目中父母的地位和威信，是接受管教和建议的心理基础，一旦父母的权威动摇或者受到“创伤”，亲子之间的合作关系就变得不顺畅，常常会闹得不愉快。

2岁之后的宝宝，开始懂得父母与自己愿望不同。2岁之前的宝宝，只知道自己是有愿望的，并认为自己的愿望就是别人的愿望。现在的宝宝已经开始懂得，父母有自己的愿望，感觉到父母的要求与自己的愿望不符合的时候，宝宝总想探个究竟：这是为什么？我能不能使父母的愿望变成自己的愿望？一定要试一试，因此，宝宝的各种反抗都是这一种心理驱动力的反映。

过分溺爱的家庭里，宝宝会觉察到，跟随、哭喊、翻滚、撕咬等反抗行为，是一种控制父母的手段。以前的宝宝是很“纯洁”的，完全受生理功能的支配，冷了、饿了、湿了，才会用哭声招引父母，自己的生理需要满足后就不闹了，如果还有什么想法，顶多也只是想让父母对自己哄逗和爱抚一会儿。现在就不同了，小家伙的“想法”和“心事”多了，碰到不如意的时候，又调节不好自己的情绪，于是就尝试黏着父母，如果父母不顺从自己，就会使出各种“绝招”来控制父母，达到自己的目标。

从2岁开始，宝宝进入第一反抗期：听话的宝宝常常变得急躁、不听话、调皮。一般父母都知道，宝宝第一反抗期的苗头从2岁开始，可能会持续到5岁，这个时期的宝宝，什么事都要自己做，一贯温顺听话的宝宝常常会变得急躁、不听话、固执。不让做的事情偏要做，宝宝也会试一试挑战父母神圣的教育权威。

教养小帖士

第一反抗期

2-5岁是人生的第一反抗期，反抗是宝宝人生的第一次自我塑造。父母因为生气、愤怒而过多压制反抗期的宝宝，会形成宝宝的“奴性”人格，长大后唯唯诺诺、胆小怕事、缺乏主见。并且因为宝宝屈服于自己所处的劣势，会产生很多不良的情绪，在长期找不到合理宣泄的情况下，会给宝宝产生不可修复的伤害。因此父母一定要冷静对待处于反抗期的宝宝。

开始挑战父母的权威，是宝宝发现了“人各有志”的现实，在自我与父母需要之间的矛盾中找到自己的合适位置。大自然没有赋予宝宝实现自我的本能，主要得看父母教给宝宝什么样的自由与规则界限。在独立的自我个性与社会、家庭规范之间，教育和培养宝宝的适应能力，培养完整的人格和个性，是这个年龄段幼儿教育的关键所在。

三、智能开发从训练开始

1. 让宝宝参加劳动

一般说来，宝宝非常喜欢劳动，越是不会干的事，越想要去做，宝宝们看到成年人劳动，总是要挤上去帮忙，“凑热闹”。如果遭到制止，宝宝会在父母不在家时，乘机表现自己。宝宝们对劳动有一种特殊的兴趣，甚至在不高兴、哭闹时，如果听到父母让帮忙干活儿，马上就会高兴起来。

2岁左右的宝宝喜欢模仿成年人做事，女孩儿喜欢模仿妈妈做家务，男孩喜欢模仿爸爸做繁重的劳动。在幼儿园里，宝宝们最喜欢帮老师的忙，把能够帮老师拿一拿东西当成最骄傲的事，没有不爱做事的。

宝宝参加劳动如同做游戏一样，劳动可以满足宝宝好奇、好问的求知欲望，满足宝宝爱模仿的需求。劳动的过程，增强幼小心灵向大自然探索的热情，满足喜欢操作工具的愿望。在劳动中，各种感知能力、语言和思维能力都得到快速发展。因此，劳动活动也是宝宝心理发展的重要途径。

宝宝参与劳动，有以下特点：

劳动与游戏分不开 宝宝把劳动当成游戏，游戏中有劳动。当妈妈的角色，会做得很认真，做饭、收拾屋子、抱宝宝；当医生的角色会做得严肃，打针、取药、量体温；模仿服务员端茶送饭、模仿公共汽车司机或售票员、模仿警察指挥交通等，样样都当真。但真的一旦要宝宝参与劳动，便会和游戏掺杂在一起，干起来总是会耍一耍，闹一闹，把劳动当成游戏。

以劳动过程为乐趣 幼儿劳动，既无经验，又缺少劳动技能。宝宝体验的是劳动的过程。在劳动过程中，使用工具，运用双手，有复杂的动作，这样一动，出现这么一种现象，那么一动，又会出现新的现象，让宝宝感到有趣的，是不断变化的事物。宝宝们按照自己的兴趣和爱好，来安排自己的行动，不考虑劳动任务的需要，所以说，幼儿的“劳动”经常会给父母惹麻烦，或闯下祸事，常常会惹得父母十分恼火。

劳动缺乏坚持性 劳动总要付出力量，需要耐力来克服各种困难，才能收到应有的效果。可是，幼儿们对抽象的劳动意义还不能理解，为某种效果而做出努力的目的性不可能明确。因此，不感兴趣就会停止活动，不会干就不干了，遇到困难需要耐力时，就会不想坚持下去了。由于幼儿体力、体格都还没有克服更多困难的实力，所以幼儿的劳动内容，只能是力所能及的简单劳动，自我服务，或者有明显效果的劳动。只有适量、力所能及，才便于培养宝宝们的劳动兴趣和劳动技能。

2. 如厕训练

让宝宝学会上卫生间或使用便盆，是父母普遍面临的难题之一。

一般父母都知道，培养2岁的宝宝学会使用便盆或卫生间的整个过程：从给婴儿换尿不湿到教幼儿和学龄前儿童使用卫生间，这本应当是一个积极的过程。但学习上卫生间却往往成了父母和宝宝之间不可避免的矛盾根源。

从西方的文化背景的角度来看，控制膀胱和大肠功能，应当是每个宝宝的私事。而训练宝宝独立自主的控制排泄能力，却是幼儿成长发育过程当中，一个成熟和成长的重要标志。

什么时候宝宝可以开始学着自己坐马桶排泄大小便？是不是越早学，就学得越快呢？

实际上，坐马桶、学习大小便，宝宝的年龄并不是关键，而是要看生理与心理方面的成熟与发展情况。

❶ 生理方面的条件。宝宝是否能够顺利地学会如厕，生理方面的成熟是最基础的条件，一般包含以下要素：

宝宝可以灵活地运用双脚走路，能够蹲与坐，并且可以自己安静地玩一段时间玩具，这表示宝宝的肌肉与神经系统已经发展到能够控制自己大小便的程度；

直肠括约肌发育比较完全；

膀胱控制能力有所增加，能够隔30分钟才需要排尿。

这些生理方面的要素具备后，一般而言3岁左右的宝宝就能够自己上厕所，如果这时宝宝仍然不愿意坐在马桶上排便，就有可能是心理方面有问题。

❷ 心理方面的条件。心理方面的条件包括认知能力的成熟度和情绪的因素。认知能力的发展与成熟，主要是指宝宝必须对一些简单的语句与词汇有一定的认知能力，自己能用语言或声音与父母亲进行交流与沟通，能够听懂父母的指令。

情绪因素，则是指宝宝对周围环境有基本的信任感，能够配合父母的指导来学习控制排便。此外，良好的亲子关系，可以让宝宝的情绪保持稳定，有利于如厕过程的进行。

如果心理方面出了问题，尤其是情绪方面，可以采取以下措施：

运用选择性语句培养宝宝的自主能力 宝宝3岁时，正值发展“自主性”能力的阶段，有时会以不上厕所为借口来表示自己的独立与反抗意识，这时父母就不要强迫宝宝，以免造成亲子间的冲突，可以多用一些选择性语句，如“你要现在上厕所呢？还是玩一会儿再去呢？”让宝宝自己选择，可以培养宝宝的自主能力。

端正自身的态度 如果父母在为宝宝清理大小便时，流露出厌恶的表情或反感的态度，宝宝会认为父母不高兴而害怕上厕所。所以，要为宝宝上厕所营造出安全、信任的氛围，应该和颜悦色地陪在旁边，和宝宝聊天、唱歌或者讲故事，引导宝宝以快乐的心情完成排便过程。

纠正宝宝某些错误观念 有些宝宝认为排泄物是自己身体的一部分，不愿意排出去，当然会不想上厕所，可以采取变通的办法，如在厕所地板上铺些报纸，等宝宝上厕所时，告诉宝宝可以直接蹲在报纸上，然后和宝宝一起阅读有关于上厕所的图画书，帮助宝宝改变原有的不正确的想法，让宝宝逐步学会坐马桶。

对幼儿来说，成功地学会如厕，是一项很重要的成就。父母的耐心和赞美，对于宝宝的健康情绪和身体的发育，是非常重要的组成部分。由于每个宝宝准备作出这种自我控制能力的飞跃性成功时，都会个别地发出信号。而父母及时的赞赏、恰当的期望和一贯的支持，更容易鼓励宝宝训练自主排泄控制能力过程，也是最可靠的成功办法。

3."手巧"才能"心灵"

手的灵巧程度，是人的大脑发育状况的标志之一。在人的大脑中支配手部动作的神经细胞有20万个，而负责躯干的神经细胞却只有5万个，可见大脑发育对手的灵巧有多么重要。而"手巧"，又会反过来促进大脑各区域的发育。

重视培养宝宝的巧手，可从3个方面做起：

❶ **指导宝宝做手工** 2岁半的宝宝从简单的一步折纸学起，到3岁时可学2～3步骤的折纸，3岁开始学拿剪刀，先学剪纸条，后学剪图形，可以用纸条贴成链条或方纸贴成花篮等。4～5岁可以剪更复杂的剪贴和图案。

❷ **锻炼宝宝自己动手的能力** 培养宝宝的自理能力，需从日常生活做起，父母要刻意培养宝宝自己倒水喝，用筷子吃饭，学习擦桌子、扫地，自己整理玩具，洗手绢等，既培养了用手的技巧，也锻炼了宝宝的自理能力。

❸ **从游戏中培养宝宝的动手能力** 顺应宝宝喜欢动手的规律，拿来一些废纸让宝宝撕，给一些木头和棍子让宝宝敲，买来蜡笔教宝宝学画画，找一些不用的小瓶、小盒让宝宝配盖子，为宝宝准备一些积木和自制拼图、橡皮泥、七巧板等玩具，让宝宝既动手又动脑。宝宝在动手的过程中，学会技巧和专注解决问题的能力。

4.情感与交际能力训练

❶ **认识环境** 外出散步时，可以教会宝宝熟悉和认识居住区的环境、标志物，先认识家门，再教宝宝认识附近的几条路、附近的商店等，以及父母常去的地方，然后教宝宝顺利地找到家。

❷ **区分早上和晚上** 早上起床时，对宝宝说"宝宝早上好"，让宝宝回答说"妈妈早上好"。一边起床一边向宝宝介绍"早晨天亮了，太阳也快出来了，咱们穿好衣服出去看看"。白天要开窗户，使宝宝享受新鲜空气，让宝宝知道白天天很亮，不用开灯。

到晚上要向宝宝介绍“天黑了，外面什么都看不见了，要开灯才能看得见。咱们赶快吃晚饭，洗澡睡觉。”让宝宝能分清早上和晚上，并让宝宝学习说“晚安”才闭上眼睛。可以多说几遍晚安，让宝宝把词汇学说得熟练。

③ **学习广交朋友** 带宝宝到户外散步时，鼓励宝宝与别的小朋友交往，互换玩具，一起背儿歌。选择讲述小朋友团结友爱的故事给宝宝听，让宝宝和小朋友一起玩时，要做个好宝宝，不打人、不咬人、不哭闹。

5. 学习计算和理解

数，是抽象的概念，掌握数比掌握具体事物困难。比如教宝宝认识什么是积木，什么是书比较容易，但是，要让宝宝理解2代表什么，就比较困难了。因为2不是代表某个具体的物品，也不是某种东西的特征，它代表的是事物的数量。凡是有2个数量的事物，都可以用2来表示。要求宝宝理解数的概念，需要从许多具体事物中，把数抽出来，才能形成数的概念。所以，尽管幼儿学习计算是比较困难的事情，但是它对于宝宝思维的发育，对于培养宝宝分析问题、解决问题的能力，以及创造才能有直接的意义，因此，父母一定要及时努力教宝宝学习好计算。

我们知道，学习计算的意义在于锻炼宝宝的思维，培养宝宝的能力。所以，教宝宝识数、计数不在于多，而在于理解和运用。有些父母以为教得越多越好，把数学当成一种死的知识来教，让宝宝数一百以内的数、背口诀、做加减法。由于宝宝模仿性强，机械记忆的能力好，所以，在父母的指导下不断重复模仿，也可以记住数，记住几加几等于几。但宝宝并不真正理解数和数之间的关系，不是用脑子算出来的，而是背出来的。不信的话，可以试一试，有的宝宝可以背数字背到几十，却不会从一堆扣子里拿出6个扣子。有的宝宝能计算十以内的加法，却分不清6和9哪个大、哪个小。

这种死记硬背的学数学的方法，不仅仅是让宝宝学到了死板的知识，而且

还会造成宝宝思维呆滞、不灵活，缺乏举一反三的能力和创新精神，影响宝宝智力的发展。

举例说来，在一次幼儿智力竞赛中，要求小选手做出“15 + 18 = ？”这么一道题，有几个宝宝算对了，但在问到怎么算出来的时候，宝宝之间有明显的差异。一个宝宝说，自己是把18变成13和5，用5加上15等于20，再加上13等于33，这个宝宝纯粹是用数的概念在脑子里分析运算。

另一个宝宝说，自己先在纸上画道道，先画了15个，又画了18个，然后一起数，总共是33。这种宝宝不是靠运算，而是靠数实物得出答案。

另外一个宝宝说，自己是靠数手指头和脚趾来算的，从19开始，数10个手指和5个脚趾，这个宝宝和前一个差不多，只是列依靠具体实物。

可以看出来，宝宝们的计算能力和智力水平，由于训练方法不同而有着明显的区别。所以，在教宝宝计算时，要教宝宝理解数的意义，弄清数和数之间的关系，掌握数的概念。要宝宝动脑子，父母要先动脑子。宝宝虽小，要教好宝宝学习数，也不是一件很简单容易的事。

家庭教宝宝学习计算，可以分成五部分来说，即计算、测量、形状、空间、时间。

数数 数数最初是用手口一致地、不重复、不遗漏地点实物，然后说出实物的总数。逐渐能够熟练地口头数数字。从1数到10，从10倒数到1。学得快的宝宝，可以数到20、甚至50，会2个2个的数，5个5个地数，10个10个的数。

10以内的数 知道每一个数都是在前面一个数上添加上1形成的，知道几里边包含着几个1。例如，知道3是2添加上1形成的，3里面包含着3个1，3比2多1，2比3少1。

10以内的序数 能从第一数到第十，从第十倒数到第一。能知道前面是第几，后面是第几，比如第二前面是第一，后面是第三。会从前往后数是第几，从后往前数是第几，从左往右数是第几，从右往左数是第几，从上往下数是第几，从下往上数是第几。

10以内各数的相邻数 要懂得一个数比它多1和少1的数，就是它的相邻数。比如3的相邻数是2和4。4比3多1，2比3少1。3是4和2的相邻数，3的相邻数是4和2。

10以内数的分合 能把除1以外，每一个数分成两个数，把两个数合成一个数，例如3可以分成1和2，5可分成4和1、3和2；4和1、3和2可以合成5。

10以内加减法 10以内的加减法是运算的基础，学好练熟10以内的加减法，对宝宝将来的加减乘除法运算的准确率和速度很有好处。因此，不要在宝宝学会10以内加减法以后急于教两位数加减法，而要把10以内加减法学明白、练熟。

认识10以内数字 认识10以内数字，认识数学加减号，理解其中的含义。

认识几何图形 认识平面的正方形、长方形、三角形和圆形，立体的球体、正方体、长方体，能认识生活中物体的形状，可以用七巧板、积木拼出各种物体。

认识各种形状 能区分物体的大小、长短、高矮、粗细、厚薄、宽窄、远近、轻重等。

认识方向和位置 区分上下、前后、左右、中间两边、里外等。

知道日期 学会看日历，知道星期几，学会看钟表，知道整点和半点。

认识货币 学会认识硬币和纸币。

以上内容，并不是要求宝宝必须掌握，而是可以根据宝宝的情况，循序渐进掌握的内容，能掌握多少就掌握多少，不要急于让宝宝学。另外，不要用小学的课本来教宝宝学习，那里面的内容，绝对不适合这个年龄的宝宝学习。

6. 使用和爱护玩具

给宝宝买玩具，要根据幼儿身心发展的特点去选择。2～3岁的宝宝，可以选择较复杂的拼图、可拆卸的玩具，以促使宝宝思维和想像力的发展。其次，要选择符合卫生要求的玩具，玩具无任何毒性，无锋利的边角等，还要结实耐用。再次，选择玩具时应当考虑益智作用和物美价廉。真正理想的玩具并不一定很昂贵，只能引起和培养幼儿的兴趣，并能发展宝宝的智力即可。

在给宝宝买一个新玩具后，首先要教会宝宝掌握正确的玩法，培养宝宝自己动手的兴趣和信心，才能使玩具发挥应有的作用，切忌只由父母演示，只让宝宝看而不让宝宝自己动手。应当让宝宝懂得玩具的性能和特点，不同材料制做的玩具有着不同的性能和特点，由于宝宝不懂这些，往往会无意中把玩具毁坏掉，因此，父母应当事先告诉宝宝这件新玩具的特点和性能，讲明正确使用的方法，反复几次，宝宝就能使用和保护自己的新玩具。

不仅要教会宝宝使用和爱护玩具，还要教会宝宝如何收拾和保管玩具。家庭一般要为宝宝准备一个固定的地方，专门放置玩具。宝宝玩玩具时，可以拿出一两件，玩后，由宝宝自己放回原来的地方，反复做上几次，宝宝就能养成良好的习惯，不乱扔乱放，随意损坏了。父母还可以带着宝宝一起维修玩具，教给宝宝一些简单的维修技巧。这样，既培养了幼儿的动手能力，而且会让宝宝对自己修理过的玩具更加爱惜。

2～3岁的宝宝由于好奇心驱使，常常爱拆玩具，父母见到了不要妄加指责和训斥宝宝，要善于引导，应当利用宝宝的好奇心，对于某些能拆卸的玩具部位，启发宝宝自己装好。要注意不能让宝宝养成只拆不装、或者以拆卸玩具为乐的习惯。

7. 生活自理能力训练

宝宝的生活自理能力和其他方面的能力一样，是从小培养和训练出来的。一些宝宝的生活自理能力差，原因主要在父母身上，是由于父母的包办而剥夺了宝宝锻炼的机会。

用一些恰当的方法，耐心地教给宝宝生活自理的技能。使宝宝在实践中提高生活自理能力。

学习刷牙漱口 教宝宝刷牙时，父母和宝宝各拿一把牙刷，父母一边做示范动作，一边讲解。应当采取竖刷法，顺着牙齿的方向才能把牙齿缝隙中的食物残渣清除掉。刷牙时要照顾到牙齿的各个面，还要把牙刷的毛束放在牙龈与牙冠处，轻轻压着牙齿向牙冠尖端刷。刷上牙时由上往下，刷下牙由下往上，反复6～10下。要把牙齿的里外上下都刷到。刷牙的时间不要少于3分钟。开始时不要用牙膏，等到宝宝掌握方法以后，再加上牙膏。每天早晚各刷牙一次，晚上刷牙后还宜不规则吃食物。每次吃完饭后，要用温开水漱口，以保证口腔清洁，预防龋齿病。

学习用筷子 给宝宝一双小巧的筷子做为玩具餐具，和宝宝一起玩“过家家”游戏时，让宝宝练习用手握筷子，用拇、食、中指操纵第一根筷子，用无名指和小指固定第二根筷子，练习用筷子夹碗里的糖块或枣子，反复练习。用餐时也准备一双筷子，只要宝宝能把食物送到嘴里就要加以赞扬和鼓励。

学习给娃娃更衣 无论男女宝宝都喜欢娃娃，而且更喜欢与自己性别相同的娃娃。父母可以替宝宝购置塑料的光身子大娃娃，自制衣服以备更换。宝宝学习为娃娃更衣，可以学习自己穿脱衣服。娃娃的衣服最好稍宽大一点，用松紧带固定，宽大的套头衫、松紧带裤子等。或用粘贴尼龙代替扣子，更便于穿脱。平时鼓励宝宝自己脱掉衣服时，也可以学习穿无扣的套头衫和背心，鼓励宝宝自己穿无跟袜子和鞋子。

四、这样教宝宝

1. 在游戏中学习

游戏以无比的魅力，唤起宝宝们极大的热情，特有的情趣，快乐的情绪，强烈的求知欲望，使宝宝们对千变万化的世界表露出浓厚兴趣。在游戏当中，宝宝们以自然方式进行学习，从而学会怎样使用工具，怎样说话，怎样思考。在游戏乐园中，宝宝们随心所欲地以自己的方式，满足好动的天性。在游戏的大课堂里，宝宝们模仿怎样劳动、工作，怎样尽社会义务，怎样遵守社会公德。

幼儿时期就是“游戏时期”，游戏成为幼儿的主导活动，是向幼儿进行体、智、德、美全面发展教育的独特形式，是幼儿认识世界的重要途径，是发展幼儿创造才能、打开智慧之窗的最佳手段。

❶ 游戏促进脑功能发展 游戏可以促进幼儿各种能力的发展，模仿、想象、刺激着幼儿大脑的发育。因为愉快的情绪、积极的态度、浓厚的兴趣、多变的动作、丰富的语言以及多彩的内容，促使大脑不断兴奋，整个神经系统可以更加协调地工作，增强活力了大脑的反射机能，提高了大脑的活动功能。

游戏中，充分发挥作用的是两只小手，宝宝们在摆弄玩具的过程中，促使手的动作不断提高。双手在活动时，所产生的运动感觉，发展了手的触摸感觉，常用右手的宝宝，左手起支持作

用，右手便增强活力和机能。手的发展，对脑的发育影响很大，双手完成复杂的动作，自然要引起大脑两半球皮层的迅速发育。因而，手这个操纵对象的器官，同时也就成了认识事物的器官，在各种实践活动中，更加完善起来，从而，使大脑的活动机能不断增强。在这个意义上说，手指尖上可以出智慧。

2 游戏促进智能发展 游戏中，宝宝们摆弄玩具的同时，需要分辨各种事物的属性，如颜色、形状、大小、轻重等。实践证明，在游戏中，宝宝们的视觉敏感度比较高，加上语言的作用，使观察力增强。在有趣的活动中，宝宝们调动手、眼、耳、鼻、舌、身的各种功能，促进分析器官相互作用，在大脑里形成各类表象。为了达到游戏目的，宝宝们更努力地接近事物，从而养成独立地、主动地观察习惯，会使观察越来越深刻。

3 游戏使幼儿注意力集中 幼儿平时以无意注意占优势，而且容易转移。但是在游戏中，由于兴趣的角色、规则的要求，不仅能高度地集中，并且比较稳定。比如平时注意时间，3岁幼儿仅能坚持5~10分钟，而在游戏中可能坚持20分钟；四五岁幼儿平时为10分钟左右，在游戏中可达30分钟；五六岁平时为10~15分钟，游戏中可坚持一小时。

4 游戏使幼儿记忆更牢固 幼儿记忆无意性占优势，但是在游戏中，由于极大的兴趣性，便促进了有意记忆发展，给识记和再现以强烈的情绪上的强化，因而有助于记忆的巩固。由于各种感官参加活动，手摸、眼看、耳闻、口尝等协同活动，会使印象更加深刻，特别是在玩具的作用下，促进直观形象的记忆，加上语言的强化，使记忆增强了有意性。实验发现，在角色游戏里，无论记忆的数量，还是质量，都比平时高得多。

5 游戏使想象更丰富 想象是游戏活动的支柱。幼儿教育在游戏中的一举一动、一言一行都要凭借想象进行。在幼儿看来，不可能的事情是没有的，因为宝宝们还不知道什么是可能，什么是不可能。也常会把想象与现实混同起来，年龄越小，这种特点越突出。到幼儿后期，游戏活动出现了计划性的萌芽，开始提出目的，并且会寻求达到目的的方法，有意构思，努力使想象的内容与现实更加接近。游戏中的动作也都会要求逼真、形象。在宝宝们的游戏里，自己是主人，一切都由自己支配。幼儿的动作、语言和角色更相适应，因

而促进想象力、创造力更快地发展。从这个意义上看，好的游戏，便是想象最丰富的游戏。

⑥ 游戏促进思维更敏捷 低龄幼儿思维的产生，总是与外部具体活动分不开，以动作的形式进行分析、综合。例如，宝宝在摆积木时，不是先想好了再摆，而是边摆边思考。在进行比较时，总是要用手指头点着那些分出来的东西，连同自己要做比较的东西，才能比出相同或不同。用动作和直接感觉进行思维，是幼儿初期思维的特点。但是，在游戏当中，可以加速这种特点的转化，使这种低级形式的思维更快地发展为具体形象性思维，进而更快地向抽象逻辑思维过渡。

游戏，是幼儿最好的学习形式，是宝宝们的生活，也是宝宝们的主导活动。

2. 角色游戏和建筑游戏

角色游戏和建筑游戏，对于宝宝认识社会和提高思维能力极其有好处，因此，家庭育儿对于这个月龄的宝宝，可以准备好相关的玩具，让宝宝的游戏更加丰富多彩，寓教于乐。

① 角色游戏 角色游戏是一种有主题、有角色、有情节、有规则的创造性游戏。如玩商店、公共汽车、儿童医院、动物园、邮电局等游戏，这类游戏最能适应幼儿喜爱模仿的心理特点，宝宝们喜欢模仿成年人做事，最好的途径是到角色游戏中去尽职尽责，体验成年人的劳动、生活和道德规范，学习办事的方法，锻炼社会性活动能力。

两三岁的宝宝在玩角色游戏时，仍然近似于婴儿期，反映一些琐事，模仿成年人使用物体的动作。比如在玩医院游戏时，总是会满足于摆弄听诊器、打针等动作，随着年龄的增长，逐渐产生目的性。三四岁的宝宝反映成年人劳动和人与人之间的关系，妈妈怎样照顾宝宝，医生怎样关心病人。四五岁能反映技能和技巧的细节，比如打针时，细心地“消毒”，并能安慰“病人”说不疼，能表现出内心的体验。

两三岁的宝宝玩时，开始有角色，但角色不稳定，看到什么就玩什么游戏，以模仿成年人的动作为主，对规则很难理解，也不容易记清楚。三四岁时，开始注意到角色，有初步计划，能逐步明确规则，但受到外界影响时，还会容易忘掉规则，常常会因为争当角色而争吵；四五岁时，宝宝已经出现计划性、目的性，事先会商量分配角色，理解并能坚持规则，常常会因为违反规则而争吵。

❷ **建筑游戏** 是一种利用某些材料进行建筑活动的创造性游戏。幼儿非常喜欢用木片、砖瓦、空盒子、砂土等来堆积各种东西，在幼儿园时最常玩的有小型积木、大型箱式积木，进行有趣的土木建筑。这种游戏，对于幼儿心理发展的作用有：

▲ 培养丰富的想象力，满足表现欲望。积木的特点形状多样，使用灵活，可能随心所欲地堆积、排列和调换位置，有助于诱发幼儿的自由想象。

▲ 培养喜悦的情绪和表现力。当幼儿拿起一块块的积木进行堆积时，两只小手轻巧地活动，能使内心发出由衷喜悦。为了不让积木倒塌，需要保持适度的紧张感，从而能培养宝宝较强的表现力。

▲ 培养创造性的构造能力。在多种多样的积木里，挑选什么形状、用几块、按什么顺序、怎样排列堆积、怎样组合，甚至还要加哪些美化装饰，都要费一番心血，而且要耐心，不慌忙，细细思索，稳妥地使用手劲，才能建成宝宝想象中的建筑物，从而锻炼创造的构思能力。

▲ 发展对于数量和图形的理解能力。在积木游戏的过程中，通过双手的活动自然分解或合成立方体、长方体、圆柱体等多种几何形体，从而加深了对几何形体的认识，加强对数学的感知能力。

幼儿使用积木，要经历一个发展过程：

开始，宝宝一般都喜欢直线向高处堆，当倒塌后，也会因为倒塌而高兴，有时还会故意推倒自己的“作品”来取乐。但是，在这种从搭起到推倒的简单重复过程中，也取得了经验，锻炼了手眼的协调能力。

然后，学会平面排列。摸到哪块就是哪块，不加选择，经过多次练习，才会逐渐对于形状、颜色、大小分辨使用。

而后，学会立体组合。多次游戏后，宝宝才能学会使用立体形体堆积，发现立体形状的特征，能搭出各种造型。例如桥梁、亭子、交通工具、宅院、楼阁、宫殿、公园、宾馆等较为复杂的组合型建筑。

综上所述，幼儿进行建筑游戏，有一个从初级到高级认识能力、思维活动、身体动作、心理状态的循序渐进的发展过程，是一种极其有利的益智活动。而且宝宝会玩得乐此不疲，兴致勃勃，百玩不厌，在游戏中，增加体能和智能的发展过程，对于自我能力和自信心也是一种培养和激励。

3. 让宝宝玩一玩水

绝大多数宝宝都喜欢玩水，尤其是2～3岁的宝宝，已经有了一定动手能力，总想亲自试一试。看到成年人用水洗衣服、洗餐具、洗水果的时候，喜欢凑过来“帮忙”；洗脸、洗手和洗脚的时候，也是宝宝玩水的好机会；还有的喜欢在喝水、喝饮料的时候，自己用杯子倒来倒去。结果弄得地上、桌上到处是水，还把自己衣服鞋子都湿透，因此惹恼了父母来剥夺宝宝玩水的权利。

夏天里，可以让宝宝好好地玩一玩水，因为夏季不用担心弄湿衣服会感冒，反而可以利用玩水消暑降温。同时，宝宝不仅可以从中得到无穷乐趣，还能学到许多知识，锻炼动手能力。

水盆游戏 可以用洗衣盆盛半盆水，给宝宝准备几个大小不一的小杯、小碗、小瓶，最好是塑料的，再准备几个质地不同的小玩具，如乒乓球、积木块等，让宝宝端来小椅子坐在盆边，用这些小玩具尽情地玩水。可以让宝宝把水从小碗里倒进杯子里，再从杯子里倒进小瓶里，看宝宝能不能不把水洒出来，锻炼手眼配合能力。还可以让宝宝观察什么玩具能浮在水面上，什么玩具却会沉到水里，利用机会给宝宝简单地讲一讲为什么。还可以用纸叠一只小船放在水盆里给宝宝玩。当然，也可以让宝宝随心所欲地游戏。如果不希望家里“闹水灾”，可以给宝宝限定一个活动区域，或是在室外院子里。

浴缸游戏 夏天宝宝每天都要洗澡，也不用担心洗澡时间长了会受凉，可以趁此机会，让宝宝多玩一会儿水。让宝宝泡在水里体会一下浮力的作用，放一个可以漂浮的小动物玩具跟宝宝作伴，还可以让宝宝给玩具用一点浴液“洗个澡”。不过一定要注意，浴缸里放水不宜过多，而且父母不能离开，以免宝宝滑倒呛水，发生危险。还要注意水温不能过凉，以接近体温为宜。也可以不放水，在浴缸中放一个小椅子让宝宝光着身子坐着玩。不妨给宝宝一个小喷壶或一把小水枪，不必担心喷湿什么，让宝宝过够瘾，宝宝一定会玩得非常快乐。

瞧我多能干 找出需要洗的小手绢或是小毛巾，对宝宝说："帮妈妈把这块小手绢洗干净吧。"宝宝一定会非常爽快地答应。可以准备好洗涤用品，先做示范给宝宝看，教会宝宝该怎么打肥皂，怎么搓洗，然后让宝宝学着样子，自己去搓一搓、洗一洗。既锻炼宝宝的动手能力，又可以使宝宝体会到劳动的快乐和帮妈妈做家务的自豪。

不妨让宝宝趁兴多玩一会儿水，古语说"智者乐水"，让宝宝同时得到快乐和智慧。

4. 抽象，大脑深度体操

人们经常说，学东西不要死记硬背，要"活学活用"，要"举一反三"、"触类旁通"……这些学习方法之所以有高明之处，是因为调动了一种独特的思维方式——抽象思维，能让人对事物的注意力脱离开其表面和本身，向纵深处延伸和发展。

宝宝的思维受年龄和阅历限制，往往达不到这样的程度，但2岁以上年龄的宝宝，已经孕育出抽象思维的萌芽。如果能抓住时机给以有效的引导，宝宝的小脑瓜肯定会越来越"灵"！

幼儿思维的成熟过程，其实是人类由蒙昧走向文明发展的历史的一个缩影。

如果仅仅靠自然形成，没有足够的刺激，宝宝的智力发育就会相对缓慢很多。对3岁之前的宝宝进行训练，会显得过早，但却完全可以运用各种手段，在潜移默化中对宝宝进行抽象思维的启蒙。

（1）理解力训练 理解，指的是对任何一件事物了解的能力。人类掌握知识的过程，必须在理解的前提下进行。理解能力是在幼儿时期逐渐培养和发展起来的，它是宝宝以后进行创造性劳动必须具备的心理条件和心理品质。

在家里，经常利用各种时机有意识地对宝宝提出一些“为什么”，让宝宝进一步思考、动脑筋，久而久之，养成宝宝自己发问的习惯，这样的方法可以逐步加深宝宝对事物的理解。

（2）判断力训练 其实，对这么大的宝宝进行锻炼，不必想得很复杂，只要用心，一次游戏，一次对话，一次逛商场，就可收到效果。

宝宝2岁以后，拿一本关于兔子的画册，画册上有白兔、黑兔、黄兔、灰兔。问一问宝宝，这些兔子一样吗?宝宝会摇摇头说不一样。那么兔子们有没有一样的地方呢?在父母的启发下，宝宝就能找出长耳朵、红眼睛、短尾巴等特征，归纳地说兔子都这样。显然，宝宝经此知道了“兔子”这个概念，而这个概念已舍弃了具体兔子的个体不同，如白、黑、黄、灰等。认识“兔子”以后，可以用同样的方法帮助宝宝认识“狗”，认识“猫”，再带宝宝逛几次动物园，进行实物跟概念之间的对照。

这种训练方法，可使宝宝初步判断掌握事物的属种关系，粗略地知道它们之间的区别与联系。

（3）概括力训练 除了从同类事物中拿出一些实体东西让宝宝判断以外，还可以根据不同事物之间相同的属性，让宝宝概括出一些性质概念。比如，让宝宝寻找麻雀、蝙蝠、蜻蜓、飞机等事物的共同点，找到它们都会飞的特征。还可以把各种颜色归成若干类，使宝宝能够从中概括出有关各种颜色的概念。

（4）推理力训练 逻辑推理也是一项很重要的抽象思维，可以参考一些资料，设计有趣的题目让宝宝做。比如可以区分这样一组概念，让宝宝仔细听一听后做判断：❶ 所有的动物都会死去；❷ 狗是动物；❸ 所以狗会死去；让宝宝判断这个说法对不对。

第二组概念：❶ 所有的桂花都在八月开花；❷ 现在公园的桂花都开了；❸ 所以…… 让宝宝答出正确的结论来，这是“从总到分”式的推理。

还有从另外“从分到总”的角度进行的概念如：❶ 苹果、梨、香蕉、西瓜都是水果；❷ 苹果是水果；❸ 梨也是水果；❹ 香蕉、西瓜也都是水果；让宝宝把概念接着说下去。

❶ 汽车、火车、飞机、轮船都是

交通工具；❷ 汽车是交通工具；❸ 火车也是交通工具 ……

现代的父母们一般都比较重视宝宝学习，为宝宝进入学校学习阶段做必要的准备，但有很多认识上的误区。有些父母要求四五岁的宝宝会认、会写大量的文字，甚至个别的还要求宝宝能够分辨“八、人、入”或“己、已、巳”等相近文字的细微差别。这种生硬的机械记忆，对这个年龄的宝宝来说不仅承受不了，而且会挫伤宝宝们的学习兴趣。

学龄前的宝宝认识多少字并不重要，如果能在平常的生活中，在兴致盎然的游戏中，锻炼和提高宝宝的思维能力，一定会为宝宝以后的学习打下良好的基础。

5. 旧玩具玩出新花样

只要父母稍稍用心，被宝宝抛在一边的各种旧玩具可以被重新开发出来，再度吸引幼儿。例如，父母和宝宝一起玩开商店的角色游戏。

游戏开始时先分配角色：一个当顾客，一个当售货员。角色的分配，要采取民主的方法，让宝宝自由选择，给宝宝自己做出决定的机会。

接下来后，把所有的旧玩具都摆出来，和宝宝一起整理货架。整理货架，是训练宝宝从分类中发展数理思维能力的好机会。要引导宝宝把所有的玩具分门别类地放置在设好的货架上，分别归纳出交通工具类如自行车、小汽车、公共汽车、飞机、轮船等，兵器类如手枪、坦克、大刀等，娃娃类如玩具娃娃和小动物等，炊具类如小盆、小锅、小勺子等。

货架整理好以后，就开始“买卖”。买东西是需要钱的。当然可以用代用品，一些玩具如小画片、小纸片等，只要宝宝能想得出，都可以当钱用。当然，也可能使用真的钱，这样能使宝宝对钱币有直观的认识，并从中学习数数、计算和理财。

在“买卖”的过程中，还可以不断引导宝宝认识颜色、大小，学习把“商品”归类等。还可以与宝宝交换角色重复游戏。最后，在游戏结束后，和宝宝一起把玩具收拾好。

玩这样的角色游戏，宝宝参与的热情会很高，游戏既让旧玩具得到了最大程度的利用，又培养了宝宝的注意力、想像力等思维能力，还加强了亲子间的沟通。

6. 宝宝不愿待在家里

宝宝不愿意总是呆在家里，老闹着要出去，可能是因为父母总不带宝宝出去，宝宝在家里待得时间长了，就会闹着出去。也可能因为带着宝宝总在外面玩，宝宝的心玩“野”了，回到家里就像小鸟被关进了笼子里，浑身不自在，总想出去。还可能因为家里生活单调、枯燥，宝宝在家感到无聊、寂寞，就闹着要出去。

父母应该多带宝宝走出去，到户外活动，不能让宝宝总待在家里。因为好动、好奇是宝宝的特点，爱玩是宝宝的天性。多把宝宝带出去，在广阔的天地尽情地玩，能增强宝宝的体质，发展宝宝的个性，满足宝宝需要。平时可以带宝宝到公园玩，与别的宝宝一起游戏，增进宝宝之间的交往。还可以带宝宝到街上散步，观察认识城市建筑物、路上行人和交通工具等，也可以利用休息日或节假日到郊外观赏大自然，使宝宝接受外界刺激。这样能扩大宝宝的眼界，丰富宝宝的认识。

户外活动时间太长，宝宝容易玩“野”而不愿回家。要合理地安排宝宝的一日生活，注意动、静交替，室内、外相结合，适当地带宝宝出去玩。一旦生活有规律，宝宝心情愉快，就不会老闹着出去。

给宝宝创造一个丰富的活动天地，充实宝宝的生活。可以买一些宝宝喜爱的玩具、色彩鲜艳的图书以及爱听爱唱的歌曲磁带等，也可以亲自为宝宝制作玩具。比如宝宝喜爱玩娃娃，可以和宝宝一起用布和棉花缝制一个，亲眼看着娃娃从无到有的“诞生”过程，宝宝会更珍惜。然后再为娃娃做个小床，在家里为宝宝布置一个“娃娃家”。买一个小书架，放上宝宝喜爱看的图书等。平时，父母在家里时要多和宝宝交流，陪宝宝一起玩。一起背儿歌、讲故事，一起看图书、听音乐，一起唱歌、跳舞等。还可以请邻居的宝宝到家里来和宝宝一起玩。这样，宝宝就不会感到无聊寂寞，而愿意待在家里了。

7. 自得其乐“小唠叨”

2~3岁的宝宝，独自一个人玩儿时，总是会咕咕哝哝地说个不停，有时对着书本说，有时对着玩具说。别人也听不清宝宝在说什么，更弄不明白宝宝在想些什么。父母见到这种现象往往会很担心，宝宝怎么成了“小唠叨”了？不会是有问题吧？

自言自语很普遍。其实，这样的担心是多余的。自言自语是3岁左右的宝宝很普遍的正常现象。

3岁，正是幼儿语言发展的关键阶段——从外部语言过渡到内部语言。其实，宝宝的自言自语，正是把外部语言转为内部语言的一种表现，宝宝是把内心的思考内容用语言表达了出来。3岁宝宝的思维能力正在飞快地发展，却没有完全成熟，所以无法像成年人那样只用大脑思考就可以，宝宝需要语言具体地来帮助自己思考，慢慢地理顺思路。所以，才会发现宝宝经常地“自言自语”。

自言自语形式多。宝宝自言自语的内容，往往包括很多不同的形式，如问题语言、故事语言等。

问题语言，是宝宝日常遇到新奇事物或者不知道该怎样应对时，产生的疑问。比如画画前，宝宝可能要寻找蜡笔：“咦，哪里去了？”这些信息可能是宝宝曾经看到过、听到过的，现在通过语言来再次唤起记忆并强化它们。

故事语言。在游戏中，宝宝随着游戏的进展，需要做很多思维活动。宝宝在游戏中，会思考自己要先做什么，再做什么，这原本是一个思考过程，宝宝会把自己要做的每一件事情，像讲故事一样说出来。

抓住时机学语言。宝宝经常自言自语，是幼儿思维发展的重要阶段，也是学习语言的有利时机，可以善加利用。父母应当抓住时机，多跟宝宝说一说话，随时随地告诉宝宝一些常识：这是什么，那是什么，干什么用的，为什么这样做……时而给宝宝提一些能理解和应答的简单问题。

在这个阶段，多给宝宝讲故事，可以增强宝宝思维的连贯性和逻辑性，也是训练语言的好途径。给宝宝讲完故事后，可以让宝宝说说自己的想法，还可以帮助宝宝一起把故事简要地复述出来，最终达到能够独立讲述的程度。

8. 交友能力培养

宝宝与小朋友和睦相处、与别的宝宝交朋友是一种能力，也需要培养。宝宝2岁时，可以开始培养宝宝交朋友的能力。

对待这种需求，可以在游戏中教会宝宝学习与人沟通的能力。通过做游戏，宝宝能够学会与他人分享快乐，遵守游戏规则。会懂得要轮流来玩，通常情况下，也会礼貌地对待游戏伙伴。试一试通过活动培养宝宝的能力。

❶ 跟我做 在这个游戏中，父母可以组织同龄的宝宝跟随自己一起来做各种各样的动作，这些动作可以自由命名，并且由父母来表演，越滑稽越好。为了增加一些趣味，父母可以在整个过程中设置一些简单的障碍，领着宝宝们爬过障碍，穿过用纸箱做的隧道，或者绕着椅子一圈又一圈地走。

❷ 画大幅的图画 鼓励两个或更多的宝宝一起画画，可以用粉笔在人行道上画，或者在家里用蜡笔在一张纸上涂涂画画。

❸ 跳舞 放一些音乐，进入角色，看着自己的宝宝和小朋友一起投入地舞蹈。

❹ 老鹰捉小鸡 这种很古老的游戏，不仅能增强宝宝们的协调能力，还能培养宝宝们的团队精神。

培养宝宝与人交往的能力，还需要注意：

排除压力 当宝宝的注意力集中在回应成年人的问题时，宝宝们的窘态和不自然感觉会急剧加强。父母不应该在这时候才教育宝宝要懂礼貌，应当提前教会宝宝怎么做，比如见了长辈要问好。

参与其中 通过和别的宝宝一起参与社会活动，来帮助自己的宝宝交朋友。可以约别的宝宝到院子里，发起一支侦察队做游戏，还可以让宝宝和小朋友一起过家家或参加邻里活动。

评价幼儿园的环境 选择幼儿园时，尽量评价一下幼儿园的社会环境。这里的行为规范有哪些？是否对所有的

宝宝都是友好而乐于接受的环境？是否鼓励宝宝们相互合作？

做宝宝的榜样 父母未必能比自己的宝宝做得更多、更好，但如果回避一些社会问题，或者在处理人际关系方面表现出某些倾向，都会极大程度地影响宝宝。

忌讳给宝宝定性 当宝宝交友遇到困难时，不要轻易给宝宝定性，也不允许任何人轻易给自己的宝宝定性。社会技能，应当被描绘为某些人们在努力学习的东西，任何宝宝的社会特性都不应该被描绘成固定的模式。比如说一个宝宝的害羞、迟钝或者好斗等暂时的表现，宝宝正处在性格的形成与培养时期内，成年人的任何定性的描述，往往会逐渐成为固定的行为，都可能会成为宝宝永久的性格。

和小一点的宝宝玩 可以让宝宝与年龄更小的宝宝建立友谊，有机会要让宝宝和年纪更小并且钦佩宝宝的小宝宝交往，锻炼宝宝的领导能力和社会技能，这有助于宝宝获得与同龄人相同水平的社会参与能力。

五、亲情交流，让宝宝健康成长

1. 别对宝宝说“不知道”

1岁半到2岁的宝宝，不管看到或听到什么，总是会不断提问“这是什么？那是什么？”从这个时候开始，宝宝的语言能力急骤增长，几乎把所有精力都花在记事物的名称上。宝宝一旦知道所有的东西都有名称后，就开始胡乱提出问题，想要记住新的名字。这表明宝宝进入了“第一期的问题阶段”；到四五岁左右，就进入“第二期的问题阶段”了。

大人对这一类询问通常不加以理会。2岁前后的“问题阶段”，宝宝所问的内容都相当单纯，总是让大人感到啰唆。其实，这绝不是啰唆！宝宝就是通过这种方法，来记人名、认识事物的，这也是宝宝聪明的一种表现。

对待2岁宝宝不厌其烦的提问，要注意把握好几个原则：

（1）反复作相同的回答

在记新名称时，只告诉宝宝一次是不够的，要反复作相同的回答，让宝宝真正确认这个名称后才算数。而且，在宝宝多问几次时，父母不可以“刚刚才说过”为理由来加以责备，反而要更清楚地回答。

（2）反问宝宝

不要光回答宝宝，偶尔反问宝宝“这是什么？”是个好办法；宝宝如果会，一定会回答，答对以后要夸奖他。这样，可以增加宝宝的信心。这就是亲子之间的“问答游戏”，回答问题时，如果能举出实例是最好的。

（3）父母的态度很重要

父母回答问题的态度相当重要，一旦给予宝宝坏的印象，宝宝就不敢再提出问题了。再怎么忙碌，也尽可能正视宝宝的脸，满脸笑容地回答宝宝所问的问题。

2岁宝宝提出的问题，父母如果以大人能理解程度的内容回答，会使宝宝丧失兴趣。回答宝宝的问题，并不是要父母回答得非常圆满，而是要尽可能地让宝宝容易懂；宝宝懂了之后自然会满足，再继续提出新问题。

千万不要敷衍了事地回答宝宝的提问，因为这种方式绝不会满足宝宝；只有明确的回答，才能激起宝宝再提出问题的欲望，进而逐渐认识和理解周围的事物。

2. 表扬宝宝的艺术

表扬是父母常用的一种鼓励宝宝的方法，用这种方法肯定宝宝的优点，鼓励宝宝进步，效果很好。但表扬要讲方法，讲艺术，如果方法不对会适得其反。

❶ **该表扬得表扬** 宝宝做出值得表扬的事情，才能给予表扬。这样才能给宝宝留下深刻印象。

❷ **表扬要具体** 父母应特别强调宝宝令人满意的具体行为，表扬得越具体，宝宝对哪些是好行为就越清楚。比如，两个小朋友在一起玩耍，一个小朋友摔倒了，爬不起来就哭了，另一个小朋友跑过去把他扶起来，帮他打净身上的土，把小朋友送回家。如果父母说你今天真乖，宝宝往往不明白“乖”是指什么。你可以这样说：“你今天把小朋友扶起来送回家，你做得很好，妈妈很高兴，以后和小朋友在一起玩耍，就像这样互相关心、互相帮助。”用这种方法既表扬了宝宝，又培养了宝宝关心别人、助人为乐的良好行为。

3 要及时表扬 如果宝宝做了某一件好事，父母就应立即表扬，不要拖延。否则，时间过长，宝宝对这个表扬不会留下什么印象，更不能强化好的行为。

4 表扬奖励相结合 宝宝表现得好，可以适当地给一些精神奖励和物质奖励，如给宝宝讲一个有趣的小故事，或给一个小玩具、小食品等，以鼓励宝宝继续努力。

在“称赞”与“叱责”两种教育方式中，后者似乎较能发挥教育效力。不过请别急于下结论，因为，常常挨骂的幼儿，他会为了反抗而发展出不正常的能力。所以，对于幼儿教育，正确使用“褒”“贬”是很重要的，做父母的应在周全的考虑之下而为之。

常常有这样一种情况，幼儿喜欢伸手抢大人正在看的报纸，并把它扯破。这时，你该怎么办呢?是不是出手就打，并随即抢回报纸。不行，你应该另外给他一张看过的，作为替代品。否则，宝宝心里想做某种事的冲动，与趣味的对象，就会被片面地剥夺，而不知何所是从。

此外，如果无法教给他正确的做法，至少也应讲解受责的原因。尽管他不能完全理解其挨骂挨打的理由，但也会从大人的态度上，知道自己到底错在哪里。

总之，表扬宝宝要讲艺术，通过表扬使宝宝增强分辨是非的能力，并鼓励他不断上进。

3. 正确用钱奖励宝宝

传统观念中，父母大多不想与宝宝分享钱的快乐，其实大可不必。让宝宝早点接触到钱，未必不是好事。关键是要让宝宝对钱有个正确的态度，让他明白父母亲赚钱的不易。

首先，父母需要了解儿童的心理发展特点，耐心读懂宝宝的心，对于用钱奖励宝宝的父母来说，并不是想和宝宝做交易，而只是以此作为激励宝宝更努力地学习的一种方式。

要让宝宝知道世上没有不劳而获的金钱，要让他知道父母是怎么工作才得到钱的。不妨每天给宝宝提一些要求，待他完成了再给予奖励。最好给宝宝买一个储蓄罐，让他把“奖励”存起来。父母不要在宝宝的眼泪面前无原则地投降，父母现在的心软是对宝宝未来的残忍。

爸爸妈妈来互动

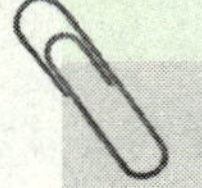

追光影

让宝宝玩“追光影”游戏，可以提高运动协调性和灵活性。选择有太阳的天气，在室外平坦的地面上进行。爸爸妈妈先宝宝用脚踩太阳照在地面上的影子，父母可以变换方向慢慢跑动，宝宝就追着影子跑。玩一会儿累了可以跑到阴凉下休息一会儿，几分钟后，可以再次跑到阳光下，并告诉宝宝影子又出来了，让宝宝继续追赶影子。这个游戏可以练习宝宝的奔跑，同时又有父母在身边保护。

第二节
28～30个月的宝宝

做妈妈须知

能理解父母一次发出的两个命令；
会使用否定句,懂得什么是“一样多”；
学习复述3位数；
注重计算和思维训练；
对宝宝的训练要求不要过高,但要坚持；
每天要给宝宝吃足够的蔬菜和水果；
自己穿衣，学习正确的刷牙方法；
学会独自吃饭；
预防口吃，预防幼儿肥胖；
多做户外运动；
预防传染病和寄生虫病。

一、宝宝的成长

1. 身体发育

体重	男童 约12.55～13.13千克	女童 约12.1～12.68千克
身高	男童 约90.3～91.7厘米	女童 约88.45～90.69厘米
头围	男童 约47.7～50.2厘米	女童 约47.44～48.5厘米
胸围	男童 约49.1～50.2厘米	女童 约48.65～49.8厘米
牙齿	18～20颗	
睡眠	夜间睡10～11小时，午睡2～2.5小时。	

宝宝长大了，躯体和四肢的增长比头围快。为了支持身体重量和独立行走，其下肢、臀、背部肌肉发达。由于骨骼增长快，钙磷沉着亦增加。

宝宝的乳牙20颗已近于出齐，有一定的咀嚼能力，但乳牙外面的釉质较薄。骨容量随年龄增长而增大，骨液的酸度和消化酶也逐渐增强。胰液消化酶的分泌有时受气候影响，炎热和生病时都会受影而被抑制分泌。因此，在夏季或生病时，食欲都会下降。幼儿期肠管相对较长，小肠内有发育很好的绒毛，所以吸收能力很强，对正在生长发育、物质代谢需求旺盛的幼儿是有利的。但是，由于肠道壁薄，通透性强，屏障功能差，肠道内的毒素也容易被吸收而引起中毒状态。因此，在饮食方面应格外注意。

2. 感觉运动发育

能认识几种不同颜色的物品，还能认识圆形、三角形和方形。玩球时会接住反跳球，会用面团捏成碗、盘等。能单足站立，自己会扶栏上楼梯，一步一级交替上楼，下楼梯双足踏一台阶。会分清晴、阴、风、雨、雪天气，会解扣子及开关末端封闭的拉锁。

3. 语言、适应性行为发育

2岁半左右的幼儿已经掌握很多词汇，说简单句子很完整。会背诵简单的唐诗，学会看图讲故事，叙述图片上简单突出的一点。能组织玩“过家家”游戏，扮演不同的角色，如当妈妈、当娃娃、当医生等。能说出日常用品的名称和用途，如梳子梳头发，毛巾洗脸时用等。

4. 幼儿情绪和情感

2岁左右的宝宝，已经能显示出成年人的大部分复杂情绪。幼儿期的情绪反应，主要取决于需要满足的情况和健康的情况。一般说来，宝宝们的情绪都是比较积极的，喜欢不停地活动，活动的主要动机只是为了获得愉快。

除过情绪之外，宝宝们开始有了比较复杂的情感体验，在情绪的基础上产生的对人、对物的关系的体验。例如，喜欢跟亲近的成人交往，因为在交往过程中往往会产生愉悦的体验。也有对人的同情感，首先是对周围的人(如母亲、保姆)的痛苦表示同情。后来，会对别的宝宝们表示同情，比如，为了使别的宝宝快乐，而放弃自己的一些快乐。在正确的教育下，宝宝也能具有最初的责任感，例如上床以后不乱动、不说话。如果教育不正确，宝宝也会产生和发展一些反面的、不良的情绪和情感，比如嫉妒、见生人怕羞、怕黑暗、怕雷声、爱发脾气，等等。

无论是肯定的或否定的情绪和情感，都带有一种易变的特点，也就是说，幼儿期的情绪、情感很不稳定，一会儿还在哭着，一会儿又会破涕为笑。这也说明宝宝还没有稳定的个性倾向，非常容易受外界刺激物的影响。因此，这个阶段的宝宝性格可塑性是最强的。

5. 幼儿的道德判断

1岁时，宝宝还没有道德的判断，也不可能有意地做出什么道德行为。宝宝的道德行为和道德判断是在掌握语言以后逐步产生的。

当宝宝在日常生活中做出良好的行为的时候，成年人就会有愉快的表情，用“好”、“乖”这些词给予奖励；宝宝做出不良行为的时候，成年人就有不愉快的表情，用“不好”、“不乖”这些词批评宝宝。天长日久的浸染过程中，宝宝逐渐养成一定的道德习惯，再遇到类似的情况时，宝宝就会毫不迟疑地做出合乎道德要求的行为来；对于不合道德要求的行为，则会采取否定的态度。

幼儿的道德判断是在与成年人交往的过程中逐步学会的。凡是成年人表示赞许并说“好”、“乖”的行为，宝宝便认为是好的行为；反之，凡是成年人表示斥责并说“不好”、“不乖”的行为，宝宝便认为是坏的行为。因此“好”、“不好”，是宝宝最初的道德判断中的两大类别。3岁的宝宝已经能把人分为两类：好人和坏人，例如说，警察叔叔是好人，“小偷”是坏蛋。

幼儿的道德判断和道德行为比较简单，不能对宝宝过高地要求。宝宝还不可能掌握抽象的道德原则，父母只能用简单明了而具体的事例，来让宝宝知道什么是好的，什么是不好的。宝宝的道德判断和道德行为也是不稳定的，经常需要成年人加以鼓励和督促。比如，当宝宝看见别的宝宝折花的时候，会说：“妈妈说，折花就是不乖。”但可能过一会儿，自己也忍不住要折花。

在幼儿期，应当用合乎宝宝年龄特征的方法，来培养宝宝正确的道德判断

和良好的道德行为，不能要求太严，期望过高。

6. 幼儿期依恋

1～2岁的时候，宝宝处于依恋关系明确期。这个阶段，宝宝对特殊人的偏爱变得更强烈。由于宝宝运动能力的发展，他们可以去主动接近亲近的人，主动探索环境，同时把母亲或看护人看作一个“安全基地”，以这个基点出发，去探索周围世界。当有安全需要时，又返回看护人身边，然后再进一步去探索。这个阶段的宝宝可能会出现“分离焦虑”，一离开照看者时会感到不安，对陌生人的采取谨慎与回避的态度，与亲人分离时常表现反抗、紧张、恐惧。

2岁以后，宝宝的依恋则表现为协调的伙伴关系。宝宝能较好地理解父母的愿望、情感和观点等，同时能调节自己的行为。比如，能够忍耐父母的迟迟不注意，也能够忍耐同父母的短期分离，相信父母会回到他身边。

宝宝的依恋行为可以分为三种类型：

回避型 约占20%，这个类型的宝宝容易与陌生人相处，容易适应陌生环境，在与母亲刚分离时并不难过。但独自在陌生环境中呆一段时间后，会感到焦虑，不过很容易从陌生人那里获得安慰。当分离后再见到母亲时，对母亲采取回避态度。

安全型 约占70%，最初和母亲在一起时，这个类型的宝宝能很愉快地玩，当陌生人进入时，有点警惕，但继续玩，无烦燥不安表现。但把他留给陌生人时，他会停止玩，并试图找到母亲，有时甚至哭。母亲回来时，会显得比以前同母亲更亲热。再一次把他留给陌生人，宝宝很容易被安慰。

反抗型 约占10%，这个类型的宝宝会显出很高的分离焦虑。和母亲分开后，会感到强烈的不安。再次同母亲团聚时，一方面试图主动接近母亲，一方面又对来自母亲的安慰进行反抗。

不同的依恋类型，影响着宝宝的行为。例如：安全型宝宝倾向于和父母有良好关系，宝宝们常遵守规则，也愿意学习新的东西，这类宝宝比较容易适应新环境。反抗型的宝宝则经常用焦虑和反抗来对待父母的帮助，母亲刚刚回来时，宝宝可能会用尽所有时间在与母亲生气和亲昵之间交替，而不是同母亲玩。回避型宝宝一般没有特殊问题，但是因为宝宝们的被动性，会使父母在某些方面对他们丧失信心。

二、育儿小知识

1. 养育建议

要尊重宝宝；

玩具要适合自己的宝宝，特别要有利于宝宝利用玩具发挥想象；

尽量消除宝宝的惧怕心理，鼓励宝宝多发问；

宝宝的破坏是一种创造，不要让宝宝以为服从就是好宝宝；

鼓励宝宝说出自己的想法，鼓励宝宝赞扬自己；

让宝宝学习的时间短一些，但不能边学边玩；

对宝宝不要太严格；

宝宝情绪不好时不要勉强要求做什么；

多表扬宝宝，常常指出宝宝做得正确的地方；

有时让宝宝重复一下是有益的；

宝宝专心做什么的时候，不要打扰，宝宝游戏和学习环境要安静；

不要让宝宝太疲劳。

特别提示：

玩，是这个年龄阶段宝宝认识世界，了解世界的最主要途径。

在玩的过程中，宝宝们认识了事物，在玩的过程中，宝宝们形成了性格，在玩的过程中，宝宝们体味到父母无微不至的亲情与疼爱，在玩的过程中，宝宝们积累了一生中需要的社会规范意识、责任意识、忧患意识、挫折意识、奋斗意识……，等等。

作为父母，通过跟宝宝一起玩，享受到只能意会、难以言传的天伦之乐，也通过跟宝宝一起玩，向宝宝传授了自己的生活经验、生命体验，教给宝宝受用一生的种种精神和习性，培养出坚韧的个性，健全的心理，都有赖这一时期。

2. 过度恋母及自闭症

过度恋母

恋母是自然界生物中普遍存在的正常现象，从生理学的角度来看，幼儿期的宝宝对母亲的依恋，是健康的重要标志之一。婴幼儿尤其是在生病或疲劳时，会加倍地依恋母亲，母亲一般也会自然满足宝宝的要求。

正常的母子依恋，有利于婴幼儿正常生长发育。

然而，有一些宝宝除了母亲外不要任何人管护，对母亲过分依恋，往往会让母亲精疲力竭。过分依恋母亲不利于宝宝的发展，会使宝宝探索环境的兴趣发展、与外界进行交流的机会减少，该人托幼机构过集体生活时，会有很长时间不适应新的环境，甚至会生病。

对婴幼儿的过度恋母趋势，需引起注意，应当采取措施适当疏远宝宝一点。

❶ 疏远但不要离开 不要觉得宝宝反正自己会玩，或者反正睡着了，发现妈妈不在哭一下就过了，这样会带来不安全感，令宝宝造成不能信赖妈妈的心理。

❷ 与家人或保姆同时照看宝宝 要解决宝宝对母亲过分依恋，就要逐渐让宝宝与其他人多接触，妈妈可以做一点自己的事情，让宝宝跟家人或保姆玩，但要让宝宝看到自己。

❸ 缩短母子单独相处时间 让宝宝有更多的时间与爸爸、爷爷、奶奶等人接触，逐渐适应与其他人相处。

❹ 让宝宝接触更多的人 走出家门去接触大自然环境，经常带宝宝到公园、游乐场、儿童乐园等人多的地方，与别的宝宝一起玩。看到树木花草、更多的人，高楼大厦等，激发好奇心，引发对事物和人的兴趣，在自然环境中可以学到、看到更多的事物和人，对宝宝的视、听感知觉器官是很好的刺激，能促进视觉和听觉的发展。宝宝逐渐熟悉了解外界环境后，会主动要求到外面去，见到陌生人也不害怕，愿意与小朋友玩，逐步克服对母亲的过分依恋。

❺ 让宝宝学会与别人合作 平时主要是一个人或和妈妈一起玩，时间长了，容易形成孤僻的性格。可以把两个人的游戏设计为多人游戏，让宝宝学会与别人合作。两个人的传接球游戏，可以设计为三人、四人传球，让更多的人参与。在与小朋友接触的过程中，宝宝会学到一些集体生活能力和与人和睦相处的交流能力，以后进托幼机构时，能很快适应集体生活。

自闭症

自闭症是一种心理疾患，近年来临床发病率有明显增加的趋势。对宝宝健康成长和成年以后的心理健康至关重要。

自闭症往往在婴幼儿时期就埋下了病因，早些发现自闭症，宝宝就多一分过正常生活的希望。即使对自闭症了解不多，仍可以在日常生活中通过观察宝宝的行为特征，及早发现症候端倪。

由于目前对于自闭症还没有更好的诊疗措施，加上自闭症一般发病在3岁之前，这个阶段正是宝宝大脑发育的最佳时期，对自闭症病孩进行一系列具有针对性的心智行为训练，可以帮助宝宝挖掘潜能，通过早期干预的方式帮助宝宝恢复正常或接近正常。对于自闭症患儿来说，越早发现、越早干预效果越好，因此早期识别自闭症便显得十分重要。

自闭症患儿与正常宝宝比较，通常存在明显差异。下面列举的情景描述正常宝宝和患自闭症的宝宝之间最明显的区别，可据此推断宝宝是否具有自闭症倾向。一旦发现宝宝表现异常，一定要及早就医，并尽快实施早期干预。

（1）社会性及人际关系障碍

❶ **正常宝宝** 6个月以前就会注视成人的脸，对成人的逗弄与亲近表现出期待与高兴的情绪。6个月左右开始认生，表现为不愿意与妈妈或者亲近的监护人分离，如果有陌生人靠近，会哭闹或表现出明显的不高兴。

自闭症宝宝 不会注视妈妈的脸，也不会对人微笑；给宝宝喂奶时，不把身体贴近妈妈；妈妈伸手抱时，不会做出迎接的姿势，眼睛也不正视搂抱者，对成人的逗嬉与亲近没有反应，对父母没有正常宝宝的依恋行为，父母来或走都显得无所谓。很少哭，从不黏人，通常比正常的宝宝显得“乖”很多。

❷ **正常宝宝** 周岁之后，总是像个小影子似的跟着父母或亲近的监护人，模仿成人的动作，并以眼神、动作、简单的词句主动与成人交流。一旦遇到困

难或者感觉身体不舒服、情绪不好等都会寻求成人的安慰。

自闭症宝宝 对父母没有依恋感，与陌生人相处也没有畏缩感，更不懂得主动与成人交流，遇到困难或者感觉身体不舒服时，通常也会显得无动于衷，或者不知道该如何寻求帮助。

❸ **正常宝宝** 2岁的宝宝对周围的一切充满了好奇，热衷于各种有趣的游戏与活动，玩玩具和游戏时内容丰富，花样繁多，和小朋友玩时已经懂得遵循游戏规则。

自闭症宝宝 对周围发生的一切漠不关心，喜欢独来独往，不与小朋友一起玩；不懂如何玩玩具，不遵守游戏规则，只以自己独特的方式玩耍，对一些不是玩具的物件十分迷恋，喜欢作单调、重复的动作，对物品摆放的位置十分敏感，不喜欢任何形式的变化。如果有人试图干预时，会表现得非常烦躁。有时候也想与小朋友交流，但是不懂得交流技巧。比如，可能突然跑去拍人一下、打人一下或掐人一下，然后又若无其事地离开，行为显得毫无意义。

（2）言语及沟通障碍

❶ **正常宝宝** 在听懂话之前，就已经懂得用声音、动作、表情等与成人沟通，比如饿了、困了、身体不舒服时，都会通过不同的哭声来表达自己的愿望。高兴时，会咯咯地乐。可以根据这些差别来判断宝宝的需求。宝宝再大一些就能听懂不少话，并且开始咿呀学语。

自闭症宝宝 对语言的理解比较困难，也没有与人沟通的欲望。到该学说话的年龄，仍然没有学说话的迹象。

❷ **正常宝宝** 两三岁的宝宝已经会说不少话，懂得用语言与周围的人有效交流与沟通。对没听见过的话会很感兴趣，并且喜欢模仿。

自闭症宝宝 语言发育明显迟缓，对问话常常没有回应。即便说话，也不会主动与人交谈，却常常说一些不知从哪里学来的话，如背诵电视广告等。但仅仅是说说而已，对所说话语的真正含义根本不了解，也不懂得在什么场合使用这些语言。常常用词不当，分不清你我他，或者反反复复说着同样的句子，语言生涩呆板，很少有沟通与交流的性质，让人不知所云。

（3）认知与知觉障碍

❶ **正常宝宝** 对一切新鲜事物充满了好奇，喜欢不停的发问、探索，喜欢看动画片，对玩具爱不释手，能用玩具

玩出很多花样，对大小、形状、颜色、季节等有初步的认识，对很多概念及概念之间的关系有一定了解。

自闭症宝宝 对游戏、玩具等不感兴趣，对另外一些东西则表现出特别的偏好，比如车轮、锅碗瓢盆等圆形物体，生活习惯一成不变，如坚持要坐固定的位置、坚持使用同一把椅子、走固定的路线、玩固定的玩具，一旦秩序被打乱，会异常烦躁。难以理解各种概念，不懂得如何自由组合、灵活运用各种概念。也有些宝宝对数字、日期、地名、路线等记忆超常，对音乐十分敏感，能很快地掌握钢琴、电子琴等乐器的演奏技巧，将来成为所谓“童稚型学者”。

❷ **正常宝宝** 很小的时候就会对声音、光线、味道、疼痛等有正常的反应。比如，听到妈妈的声音，会转过头去寻找；看到颜色鲜艳的物品，会用眼睛去追随……

自闭症宝宝 对声音、光线、味道、疼痛等觉容易走极端，或过于敏感，或过于迟钝，表现出对某种感觉特别偏好，或对某种感觉反应激烈。有的会经常来回踱步、转圈、反复蹦跳、摇摆头部，不厌其烦地重复同一个动作；有的对声音特别敏感，一听到某种声音就会显得十分恐惧；有的痛觉迟钝，常有自伤行为等。

幼儿自闭症家庭自测：

- 对声音和语言反应迟钝。
- 与小朋友一起游戏或交往困难。
- 厌恶学习。
- 对各种危险活动缺乏应有的认识。
- 固守现有的习惯不变。

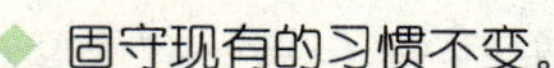

- 用手势来表达自己的愿望。
- 常常无缘无故地微笑。
- 不喜欢被人拥抱。
- 精力异常充沛，坐不住。
- 不愿和任何人有目光接触。
- 过度偏爱某些物品。
- 喜欢旋转、圆形物体。
- 重复、持续做某些怪异的动作，或玩某些单调的游戏。

◆ 性格孤僻，对周围漠不关心。

上列的测试回答“是”计1分，如果累计达8分以上，说明宝宝可能有自闭症倾向，应及时找心理医生咨询就诊。

3. 几种幼儿异常情况

有一些父母可能对婴幼儿突然发生挤眉弄眼、抽搐鬼脸的现象感到困惑，为宝宝突然间憋气、咬人、撞头担心。这些现象都是婴幼儿成长过程中的正常经历，会随着年龄增长而自行消失。

❶ **憋气** 婴幼儿受到情绪刺激，或要求得不到满足，以及发生疼痛等物理因素的刺激时，脸就会变得肿胀、通红。最初只是哭叫，随即会因过度换气之后憋气、呼吸暂停，因为没有氧气的吸入，二氧化碳在体内堆积，口唇由红色变为青色最后转成为紫色。同时出现四肢僵直，有的甚至四肢抽动，全过程短的10多秒钟，长的达2～3分钟，然后重新开始呼吸，全身肌肉放松，神志逐渐恢复。这种“憋气发作”实际上属婴幼儿时期一种呼吸方面的神经官能症。1～3岁的宝宝较为常见，随着年龄增长，幼儿发作的次数也会减少，通常3～4岁时发作就会停止。

憋气发作时，要及时了解宝宝的情绪变化，尽量避免情绪方面的刺激，以减少憋气发作的次数，一旦发作要及时安抚，或把宝宝抱到室外，换一个环境缓解放松情绪。

绝大多数憋气发作不超过1分钟，有的发作后立即入睡，不会有什么问题。但反复出现较严重的憋气，可能使脑细胞受损害，对健康尤其是智力发展有一定的影响。憋气发作时间过长，造成大脑暂时性缺氧，可能导致意识丧失、四肢痉挛性抽搐、大小便失禁等危重症状，要及时去医院抢救，吸入氧气，注射镇静药物。出现这些情况则必须去医院：发现宝宝在没有发脾气时突然停止呼吸；宝宝在昏厥或睡着的情况下屏住呼吸，有可能是神经出现问题的一种信号；屏气时肌肉同时出现痉挛、抽搐现象，则有可能是癫痫的症状。

❷ **抽搐** 在1～6岁的宝宝中，几乎有四分之一的宝宝会出现类似异常状况，突发性不由自主的怪现象：不停地眨眼睛、抽鼻子、做鬼脸、扮怪像、耸肩膀甚至全身性抽搐动作。这些抽搐动作不自主，是由于宝宝神经系统正在成长中的肌肉痉挛。大多数抽搐行为是暂时性的，仅持续几个星期到几个月时间后，慢慢地会自行消失。

出现类似情况，要尽可能忽视它，

不要让宝宝知道父母很在意这种抽搐，以免抽动频率更高、持续时间更长。

发觉宝宝出现以下情况时，请及时就诊：熟睡时，抽搐还不消失；抽搐经常发生并持续3个月以上；抽搐的同时还伴有哼哼声和眨眼睛；抽搐时大叫大嚷，全身不停地痉挛。

❸ **撞头** 有些宝宝出现无缘无故地摇头晃脑；有的会在儿童床上把后脑勺或前额朝床沿撞；有的会不停地在床上翻滚摇动，直到身体或头部顶到床边为止；有的突然无缘无故地猛打自己的头。这些节律性动作通常出现在6个月之后。此时的婴幼儿已经能感受到规律的节奏，会不自主地摇头晃脑，甚至撞头碰脑袋也不在乎。运动能力稍强一些宝宝常见，以男孩为多见，这种行为一般等到4岁以后会逐渐消失。

为防止伤着宝宝，可以把婴儿床四周包上衬垫，改用没有轮子的婴儿床，或把小床靠墙边固定好，防止宝宝乱滚乱撞把小床震得到处晃动而发生危险。

出现这些情况时要及时就诊：宝宝撞碰头部的时间过长；猛撞头部以至引起肿胀或受伤；撞击头部侧面，可能是耳部感染疾病的预兆；在白天不想睡觉时也经常撞击头部，可能预示着自闭症或是精神上出现某种问题；超过4岁的宝宝，仍然一直碰撞头部则属自闭症的症兆；如果有自残倾向，出现语言、智能发展延迟迹象和持续性的不自主运动，应当找小儿神经科和儿童心理科医生诊治。

4. 入园前的心理卫生

进入幼儿园，是宝宝从家庭走向社会的第一步，宝宝有那么多需要适应的问题：没有爸爸妈妈，没有亲人，只有陌生的老师和同龄的小朋友；没人整天围着自己转，相反，吃点心、玩玩具都必须等待和排队……

年幼的宝宝天天要应对陌生情境的挑战和冲击，真是会让父母心疼和担忧。可是，这个适应期是宝宝成长所必需的，绝不能因为心疼和担忧而让宝宝逃离和回避。明智做法应该是为宝宝及早做好充足的准备，帮助宝宝更容易、更迅速地喜欢上集体生活。

首先要做到的，是给宝宝上好心理卫生课。宝宝上幼儿园，对于每个家庭来说都是一件大事，任何焦虑、不安、恐惧等不良因素，都会让宝宝不愿意去幼儿园。要使宝宝顺利地适应幼儿园的生活，入园前的心理准备是首要的。

提前做好相关心理卫生准备，目标

是要让宝宝达到最佳心理状态，培养宝宝拥有——

自豪感 我已经长大了，所以我要上幼儿园了！

向往感 幼儿园里可以学好多本领，还有很多小朋友一起做游戏，可开心啦！

熟悉感 我知道幼儿园是什么样子，做什么事情，妈妈都告诉过我。

安心感 爸爸妈妈很爱我，老师也会喜欢我。

具体做法：

❶ 看一看幼儿园的生活 参观班级活动，观看小朋友们的上课、游戏；瞧一瞧盥洗间、午睡房间等地方；喂一喂饲养栏中的小动物；玩一玩幼儿园里的大型玩具……让宝宝感觉到，幼儿园是一个美好的地方，知道小朋友在幼儿园中做什么，逐渐建立“幼儿园里真开心”的概念。

❷ 讲一讲幼儿园的故事 全家都对宝宝去幼儿园的行为表示肯定和赞赏。在和邻居朋友们玩耍时，故意大声表扬某个宝宝认识的小朋友，并得出结论：“难怪呀，原来是上了幼儿园呀，宝宝如果上了幼儿园也会很棒的……”让宝宝对幼儿园产生一种期待的心理。

把宝宝要入园当做家里的一件喜事来讨论、迎接：“我们宝宝长大了，要到幼儿园里去学本领啦！”让宝宝觉得入园是件高兴的事，使等待入园的过程充满乐趣。

常常给宝宝描述幼儿园的有趣之处，比如，上幼儿园可以认识新朋友，可以跟老师学本领，可以参加各种有意思的活动等。在任性、不听话时，对宝宝说：“如果你表现好，才能让你进入幼儿园”。与之相反，千万不可以说：“你这么不听话，真该去幼儿园了！”

还可以利用故事和儿歌，使宝宝向往幼儿园的生活。比如讲一些小动物离开妈妈独立生活的故事，让宝宝知道幼儿园是宝宝们的乐园，是学习本领的地方。

❸ 玩一玩“幼儿园游戏” 在参观幼儿园，了解幼儿园里的日常要求和活动内容后，在家可以和宝宝玩“在幼儿园上课”的模拟游戏。使宝宝了解将要在幼儿园里面对的规则，帮助宝宝今后更容易适应。

❹ 交一交新朋友 多带宝宝出门接触小朋友，鼓励宝宝主动地和他人进行语言沟通，鼓励宝宝与同伴分享食物和玩具。常请小伙伴们到家里来做客，让宝宝当小主人，招待好客人们。

在宝宝正式入园前，最好帮助宝宝认识一两个同班级的小伙伴。宝宝进入幼儿园后，班级里有熟悉的同伴，陌生感和不安全感会减少很多。

❻ 给爸爸妈妈的特别叮嘱

第一，要给宝宝一份安心。不想与爸爸妈妈分开，是很多宝宝不想上幼儿园的主要原因。上了幼儿园以后，宝宝就得独自面对、处理问题，很容易产生失落、焦虑与不知所措的感觉，甚至会担心爸爸妈妈不要自己了。所以在宝宝入园前，爸爸妈妈要努力和宝宝之间建立起良好的亲子关系，多陪宝宝游戏，听宝宝说话，对宝宝耐心些、细心些，让宝宝对爸爸妈妈的爱感到放心和安心，并告诉宝宝，老师会像爸爸妈妈一样喜欢他的。

第二，相信宝宝，相信老师。父母们特别是祖父母，可能对宝宝上幼儿园不放心，会在言行中有意无意地流露出来。宝宝是很敏感的，会从成年人的态度中认为幼儿园并不是一个有趣、安全的地方。父母们应当坚信，去幼儿园是宝宝走向社会的重要一步，对宝宝的成长有很多好处。宝宝们都有很强的适应能力，只要给予适当的帮助，上幼儿园就会是一件快乐的事情。

第三，相信老师也很重要。幼儿园里的老师都经过专业培训，了解幼儿的心理，其中绝大多数很有爱心和责任心。父母的尊重、信任和配合对老师会是良好的激励。

第四，不可以对宝宝说的话：

“看你这么调皮，送你到幼儿园去，叫老师好好收拾你。”

“你再不听话，就把你送到幼儿园，让老师把你关起来。”

“唉！到幼儿园你就没这么开心了。”

诸如此类的话，会让宝宝感觉幼儿园很恐怖、老师很严厉，从而对幼儿园生活产生抵触甚至恐惧心理。

5. 入园前的自理能力训练

幼儿园有着与家庭里不同的作息制度，宝宝必须要做自己还不会做的事情，造成很多宝宝入园适应困难。要特别提醒父母的是，缺乏自理能力，什么都不如别的小朋友，什么都需要人帮助的宝宝心理会很沮丧。有的宝宝吵闹着不肯去托儿所，就与这一点有关系。

随着年龄的增长，活动能力的提高，宝宝并不愿意事事依赖父母，也要逞一逞自己的能耐，尝试自己动手的快乐，从中找到自信。在幼儿园里，虽然老师也会帮助生活自理能力较差的宝宝，但是如果长久下去，宝宝容易形成不良的自我评价——“我比别人笨”，并且有可能影响到宝宝的一生。

在宝宝入园前，父母要调整宝宝的作息时间，培养宝宝各项生活自理能力，以减少宝宝入园后的焦虑和自卑。

睡眠训练

选择好幼儿园以后，父母应当详细了解幼儿园的作息制度，如早上入园时间、上下午吃点心的时间、午餐时间、午睡时间等，然后在入园前的两三个月中，逐步把宝宝在家的作息习惯调整到与幼儿园一致。主要包括：

❶ **早睡早起** 合理安排好宝宝早上起床的时间，要考虑到穿衣、盥洗、吃早餐和路上所需的时间，保证从从容容，父母上班、宝宝上学都不会迟到。晚上入睡的时间，则根据宝宝需要的睡眠量来定，保证宝宝有充足的睡眠。

❷ **每天午睡** 幼儿园的作息制度中都有午睡，时间一般为2个小时，这是保证宝宝有充足睡眠，有利于宝宝健康成长的措施之一。在家里没有午睡习惯的宝宝，最好在上幼儿园之前养成午睡习惯。

❸ **独立入睡** 有些宝宝在家里往往要抱着、拍着、哄着才能入睡，而幼儿园的老师不可能守在每个宝宝身边，因此宝宝入园后会不适应，一到午睡时间就会特别想妈妈。

应当培养宝宝独立入睡，不抱不拍也不哄。为了让宝宝安心，可以告诉宝宝，妈妈(或老师)虽然不在身边，但一定在附近(或教室里)；有什么需要(上厕所或身体不舒服)可以随时叫妈妈(或老师)寻求帮助。另外，注意把宝宝的入睡习惯告诉老师，争取老师的帮助。

吃饭训练

❶ **自己吃饭** 不要给宝宝喂饭，鼓励宝宝自己吃。多多鼓励，耐心一些，可以让宝宝对自己产生信心；宝宝吃得

好时，要及时奖励或肯定；如果吃饭过慢，可以用竞赛的方式逐步限定吃饭的时间，还可以一次少盛一点饭，吃完了再添，这样让宝宝在吃完后享受一种成就感。不要在旁边逼着、催着宝宝吃，以免破坏宝宝尝试自己吃饭的热情和兴趣。

❷ 固定时间和地点 吃饭时间要固定，而且要求宝宝一定要坐在餐桌旁吃饭。不能边看电视边吃饭或边玩边吃，吃饭的时候不能随意走动。

❸ 不偏食不挑食 如果家中的食物品种单一，宝宝的口味习惯也就往往比较单一，碰到自己没有吃过的东西就很难接受。所以父母要鼓励宝宝对各种不同的食物都愿意尝试，并适当吃一些较硬的或纤维较粗的食物。

如厕训练

宝宝入园时天气还较热，一般穿的是单裤，可以训练宝宝自己脱、提裤子。入冬后穿得较厚时，老师会帮忙的。

有的幼儿园使用的是幼儿坐便器，宝宝用起来比较方便。如果是蹲坑，由于宝宝没用过，可以在家庭中事先以游戏的形式进行训练：在平地上摆两块砖，间隔一定距离，和宝宝比赛上、下、蹲下、起来的动作，并逐渐加宽两块砖中间的距离和高度。然后训练宝宝双脚踩在砖头上站立、脱下裤子下蹲、站起来拉上裤子等一系列动作，反复练习，直至熟练。同时，要注意观察宝宝大便的规律，养成定时大便的习惯。

自己穿脱衣服、鞋子

❶ 认识衣服 教宝宝认识自己的衣服，分清上下、前后、左右。必要的话，可以在衣服上缝上名字。

❷ 穿脱衣服 宝宝到幼儿园穿的衣服和鞋一定要舒适、方便脱穿，如宽松的、有松紧带的裤子，前面系扣的衣服，纽扣大一点，扣眼也开大一点，套衫的领口要松一些，最好是前面或肩上有2个扣子，鞋子最好选择有松紧带

的。如果穿脱过于烦琐，会给宝宝增加很多困难。

此外，宝宝会因为穿衣服比别人慢而自尊心受挫。父母要有耐心，及时鼓励宝宝的点滴进步。可以通过儿歌、比赛的方式，使穿、脱衣服变成一种有趣的游戏。每个宝宝都可能有自己穿脱衣服的方法，只要宝宝穿得快，穿得好，不必拘泥于一种模式。

学会大声清楚地表达自己的需求

在口渴时，会向成年人要水喝，或自己主动去喝水。

身体不舒服时，会说出或用手指出具体的地方，例如：头痛、肚子痛等。这一点非常重要，利于入园后宝宝出现类似情况时，老师能够及时采取应对措施。

告诉宝宝憋便的害处，出现便意时，要及时告诉老师，万一已经拉出，也要告诉老师，让老师帮助换裤子。

平时可有意识地叫宝宝做一些这方面的练习。“告诉妈妈，你想干什么？”“你刚才玩什么呀，给爸爸讲讲好吗？”……

其他

养成喝白开水的好习惯；饭前便后自己洗手。

宝宝掌握一些独立生活的本领后，会更顺利地适应幼儿园生活，增强自信心。

6. 入园前需准备的物品

和宝宝一同准备上幼儿园时所需的衣服和用品，可以增强宝宝去幼儿园的意愿。

书包 带宝宝一起去商店挑选一个可爱的小书包，在书包表面绣上或写上宝宝的名字，利于老师辨认。其实对于刚入园的宝宝来说，书包里装些什么是无所谓的，但只要每天能背着心爱的小书包上幼儿园，就会有一种成就感。

衣服 给宝宝准备一些适合在幼儿园穿的衣服，把那些不易穿脱的裙子和背带裤收起来，也不要给男孩穿前门襟装拉链的裤子，以免夹伤生殖器；衣服或裤子上最好有放手帕的口袋，因为手帕用别针别在衣服上不安全，也容易扯坏衣服。还要另外准备一二套内衣裤，因为宝宝年龄小，换了环境容易紧张而尿裤子。

鞋子 为宝宝挑选一双舒适合脚的鞋子，因为幼儿园户外活动较多。可在鞋子上贴上卡通图片，帮助宝宝分清左右。如左鞋贴上猴子的左半脸，右鞋贴上猴子的右半脸，穿对了合在一起就是

一个完整的猴子脸。有特征明显的鞋子，还能避免宝宝之间穿错鞋。

手帕 由宝宝亲手挑选小手帕，买上四五条轮换使用，最好同一花色，以便识别。

玩具 一般幼儿园都允许初入园的宝宝带一两件自己特别喜欢的玩具。手里拿着自己熟悉的东西，宝宝会有一定的安全感。让宝宝挑选自己喜欢的、体积小于宝宝脑袋大于拳头、无尖锐突起、表面光滑或柔软的玩具2～3个，轮流带上去幼儿园玩。

刚开始时，不宜带图书和可拆卸的玩具去幼儿园，因为宝宝整理、管理起来不方便。也可以根据宝宝的具体情况准备其他物品，比如有的宝宝用奶瓶喝水，有的宝宝有定时喝奶的习惯，可以准备奶瓶和适量的奶，使宝宝的生活习惯不被完全打破。

所有带去幼儿园的私人物品都应标明班级、姓名，以利万一遗失后及时找回。

7. 入园生病的怪圈应对

到开始为宝宝考虑人托的时候，要选择合适的时间人园，更要选择一所合适的幼儿园，是让父母们颇费脑筋的问题。除此之外，父母们最担心的是宝宝不能适应幼儿园生活，一人园就生病。

很多宝宝平时在家里身体很好，两三岁几乎没生过什么病，可一进幼儿园就不对劲了，没完没了地生病，严重的甚至每月都得往医院跑，有没有办法帮助宝宝们摆脱这个怪圈呢?

在人托之前，宝宝大都是单独生活在各自的家庭中，交叉感染的机会少，宝宝受关注的程度高，这些是生病少的原因，人托之后，宝宝与十几甚至几十个同龄宝宝生活在一起，无形之中，受感染的概率相对增加。

在决定是否上幼儿园之前，父母应当首先要知道宝宝是不是具备了某些能力。比如自己控制大小便的能力，能不能在出现情况之前先行报告，并在成年人的帮助下顺利完成，如果还不具备这一点，最好暂缓人园。否则，容易因为尿湿了衣裤而引起感冒。另外，宝宝是否已经能够区分玩具与食物，不会轻易去撕咬玩具；是否有良好的卫生习惯，不吮吸手指、不挖鼻孔等，这些习惯都有助于减少交叉感染的概率。

在选择幼儿园时，不要只关注硬件是否先进，教育上是不是抓得紧，更应该注意的是一些日常的细节问题。父母可以暗中观察老师在清洗餐具或玩具时是否上心和仔细；每天晨检的卫生老师是否认真负责；冬天室内开空调时是否注意教室的通风工作等。这些细微末节虽然是每座幼儿园都应该做好的日常工作，但其中的差异，却足以影响宝宝的身体健康。

宝宝初入园都有一个适应的过程，不仅是心理上从排斥到接受，进而喜欢，还有一个生理的适应期。

刚刚入园时，几乎没有一个宝宝会立刻喜欢上幼儿园，宝宝们或是哭闹不休，或是无声抗议，这个阶段是宝宝心理上的断乳期。在初入园的一两个月里，父母应该多花一些时间来陪伴宝宝，给宝宝心理上的安全感，这样宝宝才会慢慢去对待新的生活安排，逐渐接受。

在这段时间内，父母不要出自对宝宝补偿的心理，在双休日带着宝宝东奔西跑游山玩水，要让宝宝好好休息。因为初进幼儿园时宝宝全部难免的忧郁与哭闹，都是非常伤神的事，宝宝更需要的是精神上的安慰与身体上的休息，而不是新的感知与刺激。

每天晚上，要尽早安排宝宝上床睡觉，因为幼儿园里的午睡，对有些宝宝是改变了作息时间，睡眠质量难以保证，晚上的睡眠就显得更为重要。

另外，不要总是担心宝宝在幼儿园没吃饱、没吃够，在餐饮问题上要保持一颗平常心，就像以前一样安排即可，对宝宝而言，宁可饿点，也不要撑着。

宝宝自己说

妈妈送我去幼儿园了。刚开始时我还真高兴，看到那么多的小朋友，还有漂亮的阿姨，很快我就和他们玩在一起了。可是妈妈却不知什么时候离开了，不见了妈妈，我大哭起来，阿姨过来哄我，说爱哭的宝宝不是好宝宝，我也要做乖宝宝啊！后来发现，在幼儿园里我能学到很多以前不知道的东西呢！

三、智能开发从训练开始

1. 教宝宝识字

教宝宝识字，是亲子间一项最重要的交流活动，也是家庭教育中的难题之一。往往会造成亲子间矛盾，让父母伤脑筋。然而，重视早期智力开发，是每个父母的心愿，没有任何人愿意让宝宝输在这个时候。其实，只要运用方法正确，亲子间学习识字，可以变得事半功倍、其乐融融。

从幼儿心理和生理特点决定，教宝宝认识字的最佳方法，莫过于寓教于乐，具体地说来，要把握宝宝兴趣的时机，根据每一个宝宝的具体情况创造适宜的方法，利用一切可能利用的机会来制造适宜环境，往往能起到意想不到的作用。

把握最佳识字时机：宝宝兴趣正浓时 当宝宝对某事某物具有浓厚的兴趣和好奇心时，记忆力、理解力都被唤醒和激活，此时辅之以知识和技能的传授，往往能收到事半功倍的效果。

比如，宝宝会特别喜欢玩玩具，那么每次买新玩具时都教宝宝认识相关的许多字。一次买一支新的玩具手枪，趁宝宝高兴之际先教宝宝认“手枪”，接着认“子弹”、“扳机”、“目标”、“瞄准”、“靶子”、“喜欢”、“爱不释手”，等等。这一连串与新玩具相磁的字在边说边玩着中，宝宝很快就会说、会认、会用。

自己制作识字用具：生字卡片 为宝宝准备一些大小不等的卡片，可以用双面胶纸、绳子、彩笔，放在随时能拿到的地方。还可以把家里各种物品的名称都写在卡片上，贴上去，还可以把价格也写上，与宝宝轮流当营业员和顾客来玩购物游戏。出门散步或到超市购物，随手带上几张卡片和彩笔，以便见到宝宝感兴趣或不知道的物品及时记下来。

有效识字方法：组词与游戏 这种方法可以教宝宝懂得字与字之间的联系，字的用法，丰富宝宝语言表达能力，并且让宝宝感到认字是游戏，也有快乐。傍晚散步时，又带着卡片，把卡片当飞碟向前扔一个，让宝宝捡一个，并迅速地认出这个字，再组成一个“词”这样会不知不觉地认识许多字。

创造识字环境：生活处处有情境 教宝宝识字并不仅仅局限于家中和看书，生活中处处都有宝宝识字的情景和教材。

常带宝宝去菜市场和超市。经常带

宝宝到菜市场和超市，在这种真实的情境和环境中认识各种蔬菜和水果。教会宝宝分类认，对比认识，认形状，认颜色。每次回来除买水果和蔬菜之外，还可以带回识字卡片。回家后，摆卡片超市，做购物游戏。在这种情境中，不但能把字与实物对应了，而且能认得快，记得牢。

利用广告和商品包装。带宝宝出门，见到广告就读；买任何东西先让宝宝自己看包装，买回来后便把包装上的标志和一些有用的东西剪下来，作为宝宝识字和了解各种物品的素材。广告、包装标志一般都设计巧妙、色彩鲜艳，很容易吸引宝宝的注意力和兴趣，何况还有许多奇妙的创意和独到的审美观位于其中。

教宝宝识字是一件益智活动，但是要注意的是，识字和写字是两码事。对于这个年龄的宝宝来说，教宝宝识字可以，但写字还为时过早，因为宝宝的心智发育程度还没有到能够学习写字的时候，无论是大脑、神经系统，还是手部肌肉和神经组织都还不够成熟，过早的让宝宝学习写字，效果只会适得其反。

2. 和宝宝一起敲键盘

宝宝开始使用计算机的年龄，最好是在3岁或是更大一点以后。父母应该在宝宝使用计算机时在旁指导。就在近处随时帮助宝宝，回答问题，使用计算机时与持续与宝宝互动。

花时间观察并参与宝宝的计算机活动，以了解宝宝在想些什么及学些什么。观察宝宝使用计算机，可以对宝宝如何思考、解决问题有更多的认识。

和宝宝一起使用计算机，并鼓励与小朋友一起做。和他人一起使用计算机可以协助宝宝发展重要的社交技巧，像是轮流使用东西、合作，并帮助宝宝建立说话与聆听能力。

让宝宝多学一些软件的使用，并在宝宝使用软件前小心地检查。尽管市售的多数软件都是高质量的产品，但有一些软件由于过于困难、强调暴力的主题，或是无法促进宝宝的语言能力和学习，并不完全适合年幼的宝宝使用。

把计算机放在全家人可以共享的公共空间里，例如厨房或是客厅，假如电话铃声响起或是厨房烧的开水沸腾了，父母会正处在宝宝伸手可及、可以随时求援的地方。

对计算机使用时间做严格的限制，并严格执行。3～5岁的宝宝一次使用计算机的时间不超过20～30分钟。要建立家庭计算机使用守则——如不能边使用

计算机边吃饭、用完计算机后一定要退出应用软件、关闭电源等。

陪伴是最佳的策略，在使用计算机时帮助宝宝解决问题、或是欣赏宝宝所制作的一个画面。父母也可以通过和宝宝谈一谈在计算机上面做了些什么，来鼓励宝宝的语言发展，虽然较小的宝宝需要父母直接的帮助，较大的宝宝只要父母就近答询问题即可。不管宝宝几岁，陪在旁边其实是告诉宝宝：使用计算机的时间，是一个可以和他人分享的时刻。

3. 适当嘉许冒险精神

2岁的宝宝，自主意识不断增强，渴望着能独立活动。这个年龄段的宝宝喜欢自己走路，父母应该多多给予鼓励。宝宝看到路边成堆沙子、石头或别的什么东西，都会引起强烈的兴趣，总是会想走到跟前去看一看，摸一摸。宝宝也不会像成年人那样感到危险，因为正处于对任何事物都感兴趣的阶段——宝宝这种对环境充满好奇，积极探索的态度极其可贵，可以帮助宝宝通过对感兴趣事物的观察，发展自己的两大项智力：注意力和认识能力。

这时候的宝宝，因此也会特别容易跌跤、闯祸，应当在注意宝宝的安全同时鼓励冒险精神和探索兴趣。可适当采取一些安全措施，也可以通过看图片，讲故事等方式，提醒宝宝注意安全，小心跌跤。这个时期是培养宝宝的勇敢性格和冒险精神的关键时候，决不能随意阻止宝宝的行动，从而使宝宝形成胆小怕事、处处退缩的性格，因此失去对环境积极探索的可贵精神和兴趣。

4. 语言能力训练

对待这个月龄的宝宝的口语表达能力，尽可能要求宝宝会听、会说，并且养成良好的说话习惯。

具体地说来，会听，是要培养宝宝安静、有礼貌地注意听别人讲话，不打断别人的讲话，不在别人说话时乱闹。能够听得准确，对于简单的话和简单的意思能够复述。

会说，一是能对话，培养宝宝能按要求回答问题，不论回答得对不对，但都要切题，不能说东道西。二是要有讲述能力，能够把自身要求和事情经过表达清楚。

培养良好的说话习惯也很重要。培养宝宝喜欢说话，能在众人面前开口说话。讲话时，表情合适，语句中没有过多的停顿和重复，不说脏话。

家庭训练幼儿的语言能力，看图说话、描述表达和学会传递耳语都是较好的训练方式。

❶ **看图说话** 与幼儿一起看生活用品图片，一边看画片，一边讲述各种物品的特点和用途，让宝宝模仿父母的语言，边指着画片边练习说。

❷ **描述表达** 和宝宝一起看图画，讲出画面上的内容，让宝宝回答图画内容，如“这是什么动物”，能用语言描述和表达出动物的特点。

❸ **学会传耳语** 妈妈在宝宝耳边说一句话，让宝宝跑到爸爸身边，告诉爸爸妈妈刚才说的是什么，由爸爸把话再讲出来，看宝宝是否把话听懂了并且正确地传出去。耳语是一种特有的方式，它声音低，不让别人听见，同时，听者只能运用听觉去理解，不能同时看眼神和动作。宝宝们一般都很喜欢耳语，因为它有一种神秘感。2岁半的宝宝正处在语言学习阶段，光靠听觉，没有其他辅助方式，要听懂耳语会有一定难度，开始时，可以先说一种物名，或都两三个字的短句子，让宝宝第一次传递耳语成功，增强宝宝的信心，以后再逐渐增长句子并且适当增加难度。

宝宝到3岁时，可以掌握的词汇量在1千个左右，以名词和动词为主。形容词主要有“小、大、冷、热、红、白、蓝”等常用词，但具体运用还不能十分准确。3岁的宝宝主要应当掌握的词汇范围：

名词和动词，掌握生活中常见的物品名，如家具、电器、餐具、食物；环境中的植物、交通工具、建筑等。动词有常见的如吃饭、上街、穿衣、看书等。

形容词，要教宝宝容易理解、能直接感知的词，如大小、方圆、颜色、味道，反映感觉的饿、疼、渴、热等，表示味道的酸甜苦辣等。

数词，10以内的数字应当能够正数和倒数，并且会运用。

副词，能够应用说明时间的先、

后、早、晚，能使用“最、很、都、全部、一点儿”等。

5. 在游戏中训练观察力

爱玩，是每一个宝宝的天性，正是在玩耍和游戏中，宝宝的活力得到释放，兴趣也得到最大限度的满足，兴趣是最好的老师。在宝宝感兴趣的游戏中，训练宝宝的观察力才能奏效。

（1）幼儿观察力的发展特点

❶ **缺乏稳定性** 幼儿一般很少会自觉地为某一目的进行观察，常常受到身边事物的较为突出的外部特征及当时的情绪、个人兴趣所支配。常常会在过程中忘记观察任务，或频繁更换观察对象。对策：应当给宝宝提出具体的观察目标，任务描述得越具体，宝宝观察的目的越明确，观察效果就越好。

❷ **持续时间短** 3岁左右的幼儿能持续观察图片的时间，约只有5～6分钟，随着年龄的增长，时间有所延长，6岁时能达到12分钟。对于宝宝们不感兴趣的对象，观察时间会更短，甚至不到一两分钟。对策：训练宝宝的观察力，一定要尽可能选择能够引起宝宝足够兴趣、或在某一方面有显著特点的观察对象。

❸ **缺乏系统性和概括性** 3岁幼儿在观察图形时，眼球运动的轨迹是杂乱的，4～5岁幼儿的眼动轨迹才越来越符合图形的轮廓。也就是说，幼儿在观察物体时，缺乏系统性；同时，幼儿在观察时，往往也发现不了事物之间的内在联系和本质特征，缺乏概括性。对策：训练的同时，父母应该教给宝宝一些有效观察的方法，引导宝宝遵循一定的规律和线索，更有效地观察事物。比如在寻找两幅图画的不同点时，可以引导宝宝遵循一定的方位顺序，来观察并做适当标记，而不要毫无顺序地胡乱比较。

（2）训练宝宝观察力的小游戏

❶ **我爱蔬菜** 去菜市场或超市时，别忘了带上宝宝。可以预先和宝宝商量要买哪些蔬菜，然后引导宝宝依据自己平时的观察和记忆，说出这些蔬菜的特征，特别是一些细微的差别，如果宝宝有说错的地方，先不要断然否定，只是表示怀疑，进一步引起宝宝的注意。这样，就能使宝宝随后的观察活动更具有目的性。选购蔬菜的时候，别忘记提示宝宝对刚才说错的地方进行特别关注。回家后，再引导宝宝对蔬菜进行分类，可以按照颜色，也可以按照形状，只要宝宝有自己的分类标准，这样做同时锻炼宝宝的思维能力和创新能力。

❷ 我家在哪里 地图，是一种训练宝宝观察力的绝好工具，空闲的时候，便可以把地图平展开来，开始地图探索之旅。地图的选择可以按照本市地图、中国地图、世界地图依次升级；观察的目标也可以从宝宝最熟悉的、自己家所处位置开始，慢慢扩展到幼儿园、小朋友家、奶奶家、动物园等。这种训练对锻炼宝宝观察力的持久度有帮助。

❸ 水少了吗 找两个杯子，一个“瘦高”，一个“矮胖”，先在其中任意一杯中倒入半杯水，让宝宝看清楚，然后再把水倒进另一个杯子。因为两个杯子底面积有差异，水的高度会有明显不同，引导宝宝仔细观察操作过程，特别注意观察先后两个杯子的水面高度有何不同，诱导宝宝思考：第二个杯子里的水比第一个里的少了吗？——这便是著名的儿童守恒概念实验。开始，也许宝宝会对此感到很迷惑，但绝对不失为一种在观察事物过程中，促进思考事物内在联系和本质特征的好方法。

❹ 醉酒的蚂蚁 天气好的时候，不妨带着宝宝观察昆虫，找蚂蚁就是一个不错的选择，既好找又没有危险性。可以让宝宝试着给一只小蚂蚁滴上几滴白酒，然后一同观察蚂蚁晕晕乎乎而后又苏醒的过程，相信，宝宝一定会兴趣十足。

❺ 森林聚会 找来各种动物卡片，模拟一个森林聚会的场景。一边给宝宝讲故事，一边请宝宝给动物进行分类。一开始，宝宝可能会毫无章法地把动物分类，父母可以在一旁耐心地看，然后问：“你是按照什么标准给动物们分类的呢？”宝宝可能答不上来，这时不要急，给宝宝一定的思考时间，然后可以按照飞禽、走兽、两栖等的标准给动物卡片分类，再往后，尽量让宝宝观察并说出它们之间的异同。说不上来也没关系，可以用一连串的问题，引导宝宝来观察和总结不同种类动物之间的差别，比如：“它们都有几条腿呀？”“它们

有翅膀吗？”……总之，要尽量给宝宝观察和思考的时间，引导宝宝更好地观察，而不要代替宝宝观察，一次告诉宝宝全部，以免减少宝宝观察的兴趣。

（3）训练宝宝观察力的原则

- 给出宝宝具体明确的观察目标，目标越具体越好。
- 要选用能引起宝宝足够兴趣的事物，作为观察对象。
- 训练时，应当随时教给宝宝有效观察的方法。
- 要善于利用日常生活中的事物，随时随地锻炼宝宝的观察力。
- 对宝宝主动和新鲜的发现，要给予及时、恰当的评价和鼓励。

6. 适合宝宝的体育运动

婴幼儿先天具有运动潜能，开发得好，会变成后天的技能。如果不注意开发，这种潜能就会在几个月内慢慢消退。

3岁前是开发婴幼儿运动潜能的敏感期。适宜的运动不但能强体健身，而且可以提高身体活动的准确性、灵活性和协调性。运动能力的高低，是衡量大脑成熟度的一个重要指标，婴儿期的健身运动，锻炼宝宝的胆量、毅力、自信、自控能力，对未来良好个性的形成会起到积极的作用。

对于这个年龄段的幼儿，步行训练、跳绳活动和学骑自行车、游泳和爬山都是适合的体育运动。

① 步行训练不可轻视 “走路”，对幼儿发育具有十分重要的意义，走路是典型的全身运动。走路的时候肌肉的运动，总是一张一弛，节奏感极强，能使幼儿的大脑活动顺畅。2～3岁的宝宝，每天可做走路练习，开始时走150～200米，3岁时能走250～300米。父母早上送宝宝入幼儿园时，可以早一些出门，让宝宝步行走到幼儿园。路上不让宝宝过分出汗，可根据气温增减衣服。

② 跳绳能健脑 跳绳是一项全身性的活动，训练宝宝手脚协调配合，可促进幼儿的协调性。同时，跳绳时呼吸加深，手握绳头不断地甩动，又会刺激拇指的穴位，对脑下垂体产生作用，进而增加脑细胞的活动，提高思维能力。脚，又是人体之根，六条经脉在这里交错汇集。跳绳可以促进血液循环，使人精神舒畅，行走有力，更主要的是可以起通经活络、健脑的作用。

③ 骑自行车可提高反应的灵敏度 经常骑自行车，可以发展宝宝腿部和足部肌肉的力量，提高宝宝运动的速度、反应的灵敏度和平衡能力等。可以给2岁半的宝宝准备一辆三轮自行车，这种车的重心较低，不容易倾倒，幼儿很快就能掌握骑车的要点。宝宝一旦发现自己能很快掌握一门新技术，还会有助于增加自信心。

④ 游泳、爬山是很好的体育项目 游泳可以增加肺活量，提高身体对外界环境的适应能力，增进对疾病的抵抗力。爬山可以锻炼宝宝的毅力，开阔宝宝的视野，使宝宝形成心胸开阔，乐观向上的性格。

⑤ 走路和攀登运动 可以让宝宝在宽20厘米、长2～2.5米、高30～35厘米的斜坡上走。宝宝快到3岁时，宽度可缩小到15厘米。

在地板或地面上用粉笔画一条宽30厘米的直道，让宝宝双手平举前行。快到3岁时，可画成弯道，让宝宝顺着走。

让宝宝上下高20厘米的台子，接着可提高到25厘米。

在离地板或地面20～30厘米高处，立个横杆或拉根绳子，让宝宝迈过去，接着可提高到30～35厘米。

利用圆台架的两侧斜面，让宝宝抓住斜面扶手从一侧上去，再从另一侧下来。也可在院子里修个土堆，让宝宝上下跑动。

让宝宝学爬梯子或肋木攀登架，熟练后，可做铁栅栏游戏。

过了2岁半的宝宝，可练习用脚尖或脚后跟走路。为了使宝宝走路的姿势优美，可以训练让宝宝双手反剪在背后，挺着胸走。

⑥ 投掷运动 在离宝宝80～120厘米处放一个高40厘米的小筐，让宝宝往里面抛球。

在离宝宝80～120厘米处，挂一个齐宝宝眼睛高的球网，让宝宝向网里投球。

快到3岁的宝宝，可以在地板上滚排球，让球从放在2～3米远处、间隔为40厘米的椅子中间滚过。

7.幼儿的想象世界

宝宝在2岁左右，出现想象的萌芽。会把模仿成年人活动的行为，迁移到游戏中去，形成最初想象的简单因素。随着言语的发展和经验的积累，模仿成年人做事的心理需要很快发展起来，到2～3岁，想象逐渐进入初级状态。

3岁以前想象的特点是：想象的内容极其简单，有很大局限性，受活动范围所制约。想象只限于模仿，还没有创造性成分。没有预计目的，只是由具体事物特征或当时情境所引起，很零散，只是片断。

父母应当创设方便的条件，给宝宝们更多的模仿机会。模仿得越像，将来想象得越真切、丰富。父母应当珍视宝宝们这简单幼稚的想象嫩芽。

在此期间，幼儿想象的特征是：

❶ 无意想象占优势 幼儿想象还没有什么目的性，所想内容都很简单，多半在刺激物的影响下直接引起。想象的主题不稳定。外界事物千变万化，直接影响到幼儿，幼儿也常常因为客观事物的变化而转移。因此，想象的主题也就忽而这样，忽而那样，很不稳定。比如在角色游戏“儿童医院”里，看到听诊器就是医生，看到注射器又成了护士。在“玩具工厂”里，当工人做玩具，但玩具做好后又不是工人了，做成照相机后，就当摄影师，做成长枪，就变成了战士。

宝宝的想象主题随时改变。年龄越小，变化越快。画个圆圈一会说是鸡蛋，一会儿又会成了苹果，再过一会还可能变成饼干……随着经验的丰富、语言的发展，抑制力增强，想象的主题逐渐稳定下来，到六七岁时，一个角色游戏可以连续玩一周，一张主题画可以先想好了再动笔。

❷ 没有固定目的和预想 幼儿常常以想象过程为目的。在一个“玩具工厂”里可能看到：一群男孩用拼塑材料做玩具，问宝宝们在做什么，谁也不回答，只是一块接一块的往上安装。拼得很长，就挂在腰里，说是子弹袋。一会又拆开，变成一支长枪。玩积木，一个劲儿往高处堆，哗啦啦一声倒塌了，却并不着急，听到倒塌的响声也觉得很有趣。然后接着再搭，再倒。在宝宝们的想象过程中，非常快乐，然这“快乐”，并不是事先预想到的。

❸ 想象受情绪和兴趣影响很大 男孩总是喜欢用木棍当长枪、当大马、火车……喜欢提枪带棒玩打仗游戏。女孩总是喜欢抱娃娃，当妈妈。兴趣不同，

想象内容也不同。宝宝们看小人书时，很容易激动，看到画面上出现老狼叼走了小白兔时，会急大声喊叫起来："快打死老狼！"当看见坏蛋时，便气得要把坏蛋的头揪下来。

在想象中，总是喜欢快乐的情景。在幼儿那里，似乎不该发生忧愁和悲伤，只能允许出现好的、美的和愉快的事。到了幼儿后期，开始出现有意想象，减少了盲目性。喜欢大家商量，事先安排，不愿意随随便便、草草了事。

❹ 在幼儿的想象中，难辨真假 有时候会把想象当做现实，有时半真半假，想象与现实混淆在一起。比如，两三岁的宝宝玩娃娃，给娃娃喂饭，喂着喂着，就喂到自己的嘴里去了。宝宝们在一起谈话也非常热闹，常常会把真真假假混在一起。不了解宝宝们想象特点的人，还会以为宝宝们在扯谎、吹牛、说大话，胡乱指责和训斥，会委屈了宝宝们。

当然，幼儿的想象，多属再造想象，把现实中看来的东西，反映在自己的活动当中，如果宝宝们看不到的，就难以做出反应。

个别聪明的宝宝，非常富于想象，已经出现了创造性想象。例如，创作出在月牙上荡秋千的画。在宝宝们的绘画作品中，能看到坐在飞机上飞，在建筑游戏中看到能搬走大楼，在宝宝们的故事里，能听到对于未来的幻想。幼儿的想象萌芽，是培育各行各业科学人才的基础。

四、这样教宝宝

1.“家老虎”和“外豆腐”

这个月龄的宝宝，有个别的会出现一些性格上的奇怪现象，如有的宝宝在家里说一不二，跟一个“小霸王”似的，在外边却很怯懦，胆小得像一只小猫。

这种情况下，宝宝的心情是“我想大声说话，可是怎么也说不出来。我想玩个痛快，可就是不行。”实际上，宝宝在努力去做，却连高声说话的声音都发不出来，身体也不灵活和听指挥，宝宝自己也不知道这是为什么。而且，这种表现，一般只会出现在幼儿园里，一回到家，宝宝就恢复了常态，说话声音也高了，身体也能行动自如了。

为什么时候在幼儿园里和家里有这么大的不同呢？这是因为宝宝对幼儿园的集体生活形成的心理压力太敏感，

产生了一种压抑感。换句话说，由于过分紧张，使宝宝身体的所有方面功能都受到了抑制。

在家里，宝宝却不会有这种精神压力，身体里的能量能够自由地释放出来。因为外界环境中形成的心理压力，并不是宝宝一个人能够对抗得了的，所以说，父母应该做的，就是培养宝宝对这一种集体生活的压力的承受能力。

具体的做法，是和幼儿园的老师商量，请对方帮助，也找出性格内向、温驯，也具有"在家是老虎，在外像豆腐"类似倾向的宝宝，把宝宝的父母介绍给自己认识，让两个宝宝在两个家庭之间互相往来。今天到这一家吃点心，明天去那一家洗澡，让宝宝们生活在一起，游戏在一起，因为宝宝都属于内向性格，心理平衡，两个宝宝都能得到人际关系的训练，培养出抵抗力。

同时，寻求到幼儿园老师的支持和理解，把两个宝宝的座位安排在一起，让两个宝宝能够共同应对集体生活的压力，逐渐获得抵抗能力。

2. 爱"争第一"的宝宝

在幼儿园门口，总能听到宝宝们叽叽喳喳地对"接驾"的父母邀功请赏："妈妈！今天我跑步得了第一名！""今天老师夸奖我的被子叠得最整齐。"……总之，宝宝们差不多把每个小游戏都当成一较高低的比赛。3岁的宝宝为什么喜欢和别人比赛呢？

3岁起，宝宝们的竞争意识日益强盛。这个年纪的竞争是本能的，也是不可或缺的。宝宝会在竞争中受益匪浅：学会评价自己和别人的能力；学会与他人相处——竞争也是人类交流的一种方式；学会面对压力；学会自信；学会应付失败和成功；学会自我表现和肯定等。

当然也要注意，如果事事竞争、时时竞争，会拔苗助长，压抑宝宝的天性，导致偏执。

不要阻止宝宝的竞争。竞争，标志着宝宝的成长，以及衡量成长是否适龄，所以阻止宝宝的竞争没有意义，父母需要给予宝宝一定的鼓励，或者予以疏导，比如宝宝在某一方面的竞争中失败了，应该告诉宝宝"你虽然在幼儿园跑步很慢，但是你的手工做的特别漂亮。"

成功与失败，在这个年纪表现得很直接，虽然宝宝在"失败"时的挫折感很真切，但是只要评判标准是天然的，或者小朋友们自己定的，而不是老师或父母强加的，宝宝们就会特别快地摆脱挫折感。

竞争鼓励也不宜过多。由于竞争是这个年纪的宝宝的天性，宝宝们在幼儿园也适应了竞争机制，如果父母把比赛当成手法来使用，宝宝往往会乖乖上钩。但是，如果家庭中类似的竞争鼓励过于频繁，甚至处处都以成败论赏，宝宝就会有过大的压力，还会产生一种错觉：爸爸妈妈的爱，与我的成绩、能力有关。

如果竞争的动力来自宝宝自身，最好听任宝宝自己去处理。如果以父母的虚荣来鼓励宝宝，或者禁止宝宝参与竞争，都是有害的。

3.“贪心”的宝宝

物欲较重，人们一般称做“贪心”，幼儿时期的宝宝有所谓的“贪心”现象并不鲜见，这种宝宝容易被人认为是对“物”的贪婪。

表面上看来，宝宝的表现的确是对物的贪恋。但是宝宝尽管霸占玩具、贪得无厌，可是却既不爱护这些玩具，也不拿它们玩，更看不出宝宝占有了这些玩具有什么快乐的样子，对这些玩具也没有流露出心爱、珍惜和体贴之情。

宝宝独占了玩具，果真就满足了吗？坐在玩具中间，既不表示欣赏，也不显示高兴，这种现象不能称做是“贪心”，宝宝本身也并不明白，自己为什么会那么“贪得无厌”。

在幼儿表现出贪得无厌时，父母的眼光不要只顾去看重“物”，而是要把注意力放在宝宝的感情方面。

在很多情况下，宝宝并不是对“物”本身贪恋和执着，而是为了用这种“物”的“贪占”行为，来“补偿”别的某种东西。

例如，宝宝如果感觉到母亲的爱被小弟弟夺走了后，会感到不满而又寂寞。因此，会一心一意去夺取自己能夺到的“物”来替代母爱。但是，“物”只不过是一种补偿，无论拿到多少，都得不到真正的满足，于是，就会越发起

劲儿地去抢夺东西。越是这样，越容易被人看成是一个“物欲很重的宝宝”或者“贪得无厌的宝宝”。

理解到这一点后，就知道，母亲应当经常与宝宝谈一谈心，增强母子之间的感情交流，充分给予宝宝抚爱。

实际上，宝宝“贪”是一种需要母爱、害怕失去爱抚内心恐惧感的物化表现。

4. 挨打会产生心理偏差

父母打宝宝，往往是出于一时冲动，然而，却会对宝宝的心灵上造成不可弥补的严重后果。常挨打的宝宝，会出现一些不良心态和心理偏差。

说谎 有的父母发现宝宝做错事后，打骂宝宝做为惩罚。宝宝为避免皮肉之苦，瞒得过就瞒，骗得过就骗，如果能骗过一次，就可减少一次“灾难”。可是宝宝说谎，往往站不住脚，容易被父母发现。一旦再次被发现后，为了惩罚宝宝说谎，父母态度更加强硬。为了逃避挨打，宝宝下一次做了错事更加恐慌，更有可能会说谎，构成恶性循环。

懦弱 如果宝宝经常挨父母的拳打脚踢，时间一久，宝宝一见到父母，就会感到害怕，不敢接近。因此，不管父母要求做什么，也不管父母的话是对是错，都只得乖乖服从。在这种不良的、绝对服从的环境下成长的宝宝，常常容易形成自卑、懦弱性格。这种宝宝往往会惟命是从，精神压抑，学习被动。

孤独 挨打的宝宝，常会感到孤独无援。尤其是父母当众打宝宝，会使宝宝的自尊心受到伤害，往往会怀疑自己的能力，会自感“低人一等”，显得比较压抑、沉默。因为被小朋友看不起而抬不起头。于是宝宝往往不愿意与父母交流，也不愿意和小朋友一起玩，性格上会显得孤独。

固执 有的父母动辄就打宝宝，损害宝宝的自尊心，使宝宝产生对立情绪、逆反心理。于是，有的宝宝会用故意捣乱来表示反抗，存心让父母生气。有的宝宝父母越打越不认错，犟劲越大，甚至会用离家出走、逃学来与父母对抗，变得越来越固执。

粗暴 由于宝宝模仿性很强，在家里挨了父母打，到外面就去打别的宝宝，尤其是比自己小的宝宝。父母打宝宝，实际上起了教自己的宝宝去打人的坏榜样作用。

怪僻 有的父母打了宝宝以后，还硬要宝宝“认错”，表示宝宝是接受教训了。这样做，只能促使宝宝的排他倾向加剧。表面上看，宝宝似乎是依照父母的要求去做，实际上，抵触情绪很大。在被打之后，宝宝会不知所措、惶惶不安，久而久之会变得越来越怪僻。

喜怒无常 有的父母打过宝宝以后，又觉得心痛、后悔，即去抚慰宝宝挨打的痛处，甚至抱着宝宝痛哭，并加倍给宝宝以物质上的补偿。这种情况，开始宝宝会感到莫名其妙，时间一久会习以为常，慢慢也变得喜怒无常。

父母期望通过打来教育宝宝的做法，肯定是错误的。打骂，只会造成宝宝种种不良的心态和心理偏差，决不能获得教育宝宝的效果。

5. 宝宝不愿上幼儿园

造成宝宝不肯上幼儿园的原因很多，对于初上幼儿园的宝宝来说，因为不熟悉环境，特别是所接触的人的改变，会使宝宝感到陌生、不习惯，从而产生恐惧的心理。因为生活方式不适应，宝宝从个体活动过渡到有规律的集体活动，也会一时难以适应。

上过幼儿园一段时间的宝宝不愿意去，原因会比较复杂。可能因为在幼儿园里遇到了困难或受了批评，也可能是因为要求没有得到满足或身体不舒服，还可能是因为生病或其他原因，隔一段时间不上幼儿园，产生了陌生感。

对初上幼儿园的宝宝，主要应做好入园前的准备工作：

多给宝宝讲幼儿园有趣的事，引起宝宝对幼儿园的向往。

带宝宝参观幼儿园，熟悉老师，熟悉环境，感受幼儿园生活的快乐，培养宝宝初步的适应能力。

了解幼儿园提出的有关教育宝宝的具体要求，培养宝宝初步的生活自理能力和良好习惯，给宝宝安排与幼儿园相应的作息时间，缩短家庭与幼儿园生活、卫生习惯方面的距离，使宝宝对幼儿园有一定间接经验。

讲明道理，并给宝宝以鼓励，使宝宝有良好的心理准备，初步理解上幼儿园的意义，从而能自愿地上幼儿园。

上过一段时间幼儿园不愿意再去的宝宝，要深究原因，对症下药：

如果宝宝在幼儿园做事遇到了困难或受了批评，父母要帮助宝宝克服困难或找出做错事的原因，教育宝宝要勇于克服困难，承认并改正错误，做个坚强的宝宝。

宝宝如果向父母提要求，对于合理的要求，要尽量满足；对不合理的或虽合理但一时无法满足的，要向宝宝讲明原因。发现宝宝身体不舒服，可以暂时不上幼儿园，在家观察；也可送宝宝去幼儿园，和老师说明情况，以便老师在必要时给予照顾。

对于因病或其他原因间隔一段时间没上幼儿园的宝宝，要做好耐心细致的动员，让宝宝对重返幼儿园有一个心理准备。同时，送宝宝上幼儿园要持之以恒，没有特殊情况不要随意中断。

6. 应对入园“哭潮”

每年9月1日是学校的开学日，也是幼儿园的新生入园日，这一天，所有的幼儿园里必定是父母聚集，一片哭声。幼儿园方面为了应对一年春秋两次的“哭潮”也是绞尽脑汁。

一方面，幼儿园的新生报到日，场面真可以用“惨烈”两个字概括。充耳所闻此起彼伏的哭闹声，满目所见皆是饮泣抹泪的小人儿。更多时候不仅仅是宝宝在教室里面哭，送宝宝入园的妈妈、外婆、奶奶都可能在教室门外偷着抹眼泪。定力不足的妈妈会不顾一切地冲入教室把宝宝领走，送宝宝入园的坚定信念，可能会在这一片哭声中烟消云散。

另一方面，老师的日子也不好过，面对一群满脸涕泪的宝宝们，压力之大可想而知。传统手段“以老生带新生”，期望已经习惯幼儿园生活了的宝宝不哭，能对新来的宝宝起到带动和表率作用，但如果遇到入园高峰期、新生比例高时，很有可能起到反作用，会把入园一年的“老生们”也带哭。

为减少宝宝们的眼泪，幼儿园方视入园“哭潮”为头等大事，群策群力想出各种方法帮宝宝们尽快适应幼儿园生活。

❶ 父母陪同适应 让父母陪同宝宝适应，少则半天，多则3天。爸爸妈妈、外公外婆、爷爷奶奶选一位。有熟悉的人在身边，宝宝比较有安全感，能尽快适应陌生的

环境、老师和同学。老师的照顾压力会比较小，从旁观察、与宝宝父母交谈，更快地了解宝宝。

❷ 预先举办亲子班 有些幼儿园会在开学前几周，就举办双休日亲子班，让爸爸妈妈带着宝宝去幼儿园参加各项活动，亲身体验幼儿园里的一切。待到开学时，宝宝已经对幼儿园的生活充满向往，环境熟悉，哭闹自然就会少一些。宝宝的父母也可借此机会，直观了解幼儿园，为择园做出最终的抉择。

❸ 鼓励循序渐进 部分幼儿园鼓励父母采用循序渐进方式入园。从假期班开始，幼儿园会安排大小宝宝混班，每周增加3～5个新生，以老生做新生的表率。宝宝可以从亲子班到半日班，再到全日班，根据宝宝的适应状况逐步入园，比较容易减少宝宝因为分离焦虑而大哭大闹的状况。

❹ 开学前家访 在开学前，让带班的老师对新生逐个家访，既可以让老师与宝宝混个半熟，又能较细致地了解宝宝的情况。但也有些幼儿园生源住得分散，实施家访难度很大，就会采取开入学前父母会的办法，把新生的父母请到一起，填写详细的宝宝情况表。

❺ 允许带慰藉物 如果宝宝在家有使用慰藉物的习惯，如毛巾、小毯子、小熊娃娃等，入园时正是放弃它的好时机，因为环境变化大，宝宝很可能忘掉了它。但如果宝宝不带太痛苦，也可以让宝宝先带上几天，对安定情绪有好处。

7. 宝宝的“侵略”行为

在幼儿园，这样的现象经常可见：父母到幼儿园教室门口接宝宝的时候，有一些小小“武功派掌门人”宝宝，总会低头坐在教室一角，腔势强硬或昂首挺胸怒视着与自己产生纷争的小伙伴。紧接着会引发老师与父母的一番沟通。妈妈们头痛的事情莫过于此，特别是知道自己的宝宝对别的小朋友造成“伤害事故”，更不知如何应对。

对于宝宝的“侵略”行为，父母不必过度担心，这是处于这个年龄段宝宝的正常反应。但也不要放弃对宝宝的教育。

❶ 容易受到“侵略”的宝宝：

- 胆小的宝宝往往比较自卑，在受到“侵略”时不知所措。
- 不受宠爱的宝宝，成年人的评价容易提供给小伙伴信息，从而影响别人对宝宝的态度。
- 长得胖的宝宝，往往比较容易忽视小个子同伴的推推搡搡，反而成为“侵略”的对象。
- 动作缓慢的宝宝，容易在集体活动中跟不上节奏，被同伴轻视嘲笑。
- 爱哭宝宝，对喜欢“侵略”的宝宝来说，哭声更容易激起“侵略”的成就感。
- 小气的宝宝，不容易跟别的宝宝分享玩具和情感，容易引起伙伴们的排斥。
- 不合群的宝宝，不能注意到周围对自己的需求，无意中会让小伙伴的热情受到拒绝。
- 看不起别人的宝宝，老是觉得别人不如自己，往往会激怒同伴。

❷ 为自己“侵略”行为的辩护：

- 我拉了拉他，他就哭了。（我看他的辫子很好看）
- 我从他的手里拿红积木，他不肯给。（我搭房子用的红色积木不够，都被他拿走了）
- 我要挤到他的前面去，给老师看看！（我跳舞比他好）
- 我拉了他的衣服，叫他跟我们一起看小蚂蚁。（我没有打他）
- 我打他是为他好！（爸爸打我时就是这样说的）
- 他拿了我的小枕头！（我喜欢我的小枕头，谁也不许碰它）

对父母的建议

❶ **转移家庭的注意力** 爸爸妈妈和爷爷奶奶们不要把全家的注意力全集中于宝宝身上。溺爱会强化宝宝的自我中心意识。

❷ **让宝宝“移情别恋”** 当宝宝因为喜欢别人的玩具不肯罢休，而自己又没有更好的玩具时，可以用更精彩的事情吸引宝宝，让宝宝学会主动地退出，避免“侵略”别人。

❸ **树立卡通榜样** 用一些正面的卡通形象告诉宝宝，它们是怎么友善地与小伙伴相处，并能得到大家欢迎的，使宝宝通过模仿改变“侵略”行为。

④ 让宝宝有机会参加集体活动，是发展宝宝交往能力的最好的手段 让宝宝在交往中调节和克服自己的“霸道性”、“侵略”行为。父母也可以通过平时的观察，及时地纠正宝宝的行为，让宝宝在集体中渐渐体会到与人合作和受人欢迎的快乐。

五、亲情交流，让宝宝健康成长

1. 好爸爸是什么样

宝宝们希望爸爸是个什么样子呢？

“父亲”这个角色的内涵，在不同的时代、不同的社会是各不相同的，不同的文化背景，甚至不同的个人，对于父亲职责的理解，也是会有不同的。

父亲在宝宝个性形成和行为塑造方面确实起着非常重要的作用。在我国的传统观念中，男人是一家之主，是一位在外面干大事、挣钱养家的人，是一位不苟言笑、一言九鼎的人，他如果从来不让宝宝坐在膝盖上吻他，从来不知道家里的酱油放在什么地方，也没有人会觉得奇怪。中国的父母是一向拙于表达，他们把爱深深埋在心底，揉进馒头里，缝在衣服里，却偏不说“我爱你”或给你一个拥抱。而且，传统式威严的父亲更是显得和儿女疏远。

随着社会的发展，那种“男主外，女主内”的模式已经发生了改变，父亲在宝宝成长中不可或缺的作用在我国也逐渐得到重视。从我国实际情况出发，父亲角色的内涵至少要做到：发展良好的夫妻关系，共同抚养宝宝成长；承担父亲分工担当的责任，包括对宝宝经济的、生理的、心理的、社会的照顾与抚养；做一个适应时代需求的“新父亲”，兼具双性优良特质，为宝宝提供特别角色示范——男人的优良本色。

爸爸们似乎总是希望自己要有钱，要高大魁梧，这样就可以给宝宝舒适的生活和安全感，其实这种想法大错特错。这两条只是迎合了一些爱幻想的小女人的口味，宝宝们并不看重这些。调查表明，宝宝们心目中的理想爸爸应是这样的：

① 爸爸要重视我 经常和我一起玩，和我一起逛书城，和我做游戏，那样我就多了一个大人朋友。我把自己心里话告诉他，他会和颜悦色地告诉我哪些该做，哪些不该

做，哪些做得对，哪些做得不对，告诉我怎么和同学、老师处好关系。爸爸应当是好朋友，不要离我那么远，应当做我的知心朋友。不要老是高高在上板着脸儿，要了解我的心事。

❷ 有点特长 经常和爸爸参加一些活动，要爸爸出一些拿手的节目，可爸爸总是不太让我们满意，让我们脸上无光，有些惭愧。爸爸应该有些特长，让我们自豪，觉得爸爸有两下子，就算会给我的小朋友讲笑话也好。

❸ 有修养 不要动不动就打人骂人，随地吐痰，在公共场合大声训斥我。不要喝醉酒回来乱吐和乱扔袜子。应该很会关心体谅妈妈和我，帮助妈妈做家务；和幼儿园阿姨说话时文质彬彬。

❹ 说到做到 爸爸应该说到做到，这样才能有资格教育别人。老是说别人应该怎么样，自己却又言而无信，慢慢地，说话就没有人信了。

❺ 不要计较太多 爸爸应该是气量最大的人，不要遇到什么事就嘟嘟囔囔、嘀嘀咕咕的。

❻ 做错事要承认 爸爸应该是一个男子汉，拿得起放得下，做错什么事要勇于承认。做错什么事，只要解释清楚了，就可以获得别人的谅解，让人觉得这是真实可信的。

❼ 不乱发脾气、说话幽默 爸爸最好不要老是把脸绷得紧紧的，比如我做错了什么事儿，最好能以轻松的方式让我改正，不要劈头盖脸就是一阵痛骂，把人吓懵了，可也不知道从哪改起。

❽ 新时代的爸爸应该会什么 好爸爸应该是上进的——通过在一所小学的学生中进行的调查结果，人们不得不得出这样一个结论：宝宝对父母的金钱和地位不太看重，他们最希望自己的父母“多读书，懂外语和学会上网”。

爸爸妈妈空闲的时候会做些什么呢？不少宝宝不约而同地说，除了做家务，父母经常做的事是看电视连续剧、打麻将，做美容或逛街。而调查给出的几个选择——读书、收看新闻、学外语、学电脑、看报——显然给宝宝们出了一个难题，这些都不是他们父母所“擅长”的。在读书、学电脑、学外语选择中，至少有90%的宝宝的选项是空着。

宝宝们希望爸爸妈妈在空闲时间能做些什么呢？出现得最多的答案是：“多知道新闻和国家大事”；“七点能准时和我到电视旁收看新闻联播”；“他们能够上网”；“他们能和我一起学习外语和电脑”；“我要买一些报纸，让他们读”；“我可以帮助做些家务，好让他们有时间读书、看报”。最后这两条听起来，甚至有点“恨铁不成钢”的味道。

父母们总是望子成龙，望女成凤，不停地告诉宝宝，你必须这样做，或是那样做，学这个或是学那个。但是，他们时常忘记自己应该怎么做。宝宝是个敏锐的观察者，他们不可能只通过背诵条规来学习如何做人，他们每时每刻都在模仿周围的人和事，尤其是父母。我们如何生活，如何跟人相处，如何对待他人，他们会看在眼里，记在心里的，并使之影响自己的性格和作风。

因此，新时代的好爸爸应该是和宝宝一起不断学习、不断完善、身体力行的有活力的男子汉，而不是一个落伍的、只会说教的古董。

从宝宝出生的那一刻起，你就成了一个自豪的爸爸，这个小东西从此与你的生命密不可分，他依恋你，喜欢你，悄悄模仿你的一举一动。而你，又怎么可能不尽你所能，为他撑起一片天空，让他尽情遨游呢？

⑨ 宝宝需要父亲“走近” 父亲们应该知道，教育宝宝不仅仅是母亲的事情，父亲的参与对宝宝的成长有十分重要的意义。许多男人都主动挑起了照顾宝宝的重担。

现在多数父亲也的确没有时间照料宝宝，他们很少在家。但只要有照顾宝宝的热心，工作忙的父亲同样可以和宝宝建立良好的关系。这需要放弃已形成的生活习惯，下班之后，不看电视，为宝宝挤出一些时间，照料宝宝应当从一开始就列人自己的生活日程，给宝宝喂食、洗澡，或带宝宝上床，给宝宝讲故事，也可以给宝宝穿衣、做饭。夜间宝宝啼哭时，父亲可以起来安慰一下宝宝。白天可以同宝宝一起散步说笑，给宝宝讲周围发生的事情。这样，就会觉得同宝宝在一起可以增加自己的生活乐趣，丰富自己的感情世界。有的宝宝甚至觉得，由父亲抱着比母亲抱着更加舒服和安全。父亲的声音和表达关怀的方式，对宝宝有很大的吸引力。

照料宝宝，的确需要许多时间和精力。当父亲单独全天都照料宝宝时就会体会到，这是多么不容易！就会明白，为什么妻子每天晚上那样筋疲力尽。就会对妻子多了一份理解，主动去承担适合自己的一些劳动；妻子也会因此得到充分休息，去做一些自己感兴趣的事情。

随着年龄的增长，宝宝正常的精神发育，需要父亲的关心。无论是男孩还是女孩，都应当吸取男性的一些特点，以适应未来生活的需要。

父亲爱护宝宝的方式与母亲不同，他们往往会给宝宝提出问题，鼓励宝宝动脑筋，想办法，从而培养宝宝克服困难和进取精神。爱，应包括培养宝宝独立生活的能力。即使父亲照料宝宝的时间很少，也会对宝宝的成长起极大的影响。父亲履行自己的职责，宝宝需要父亲的关心和照料。

2. 入园，是对父母的考验

宝宝进幼儿园，是宝宝从家庭走向社会的第一步，这一步走得好与不好，不仅是对宝宝的考验，同时也是对父母的考验。

相信宝宝，坚定信念 随着幼儿潜能开发理论的日益丰富和完善，幼儿园入托正在向低龄化的趋势发展。

幼儿从来没有离开过妈妈，在入园的第一天，初到陌生环境的宝宝们，怎么也想不到，妈妈就要把自己单独留在这里了，一看到妈妈离开就会大哭起来："我要妈妈，我要妈妈！"最常见的情况是宝宝在屋内哭，妈妈在屋外落泪。但既然决定了入园，就要有思想准备，一定要调整好自己的情绪，有时候需要狠狠心，帮宝宝度过这段"分离焦虑期"，如果一看到宝宝哭心就软，不想继续送到幼儿园来，那么前面的努力也会报废、前功尽弃。

幼儿初次离开亲人和家庭，面对一个新的环境和陌生的老师，必然会出现哭闹、紧张等现象，甚至生病，这都是正常的。心理学上把这些现象统称做"分离焦虑"，如果父母不了解这一点，意志不够坚强、自信，会把自己过分担忧的心情传递给宝宝，那样不仅不能帮助宝宝减轻和消除分离焦虑，反而会让宝宝更加没有安全感。因此，送宝宝入园时一定要坚定信念，相信宝宝自己能行，千万不要反反复复地走"回头路"。

重视入园前的准备 宝宝初次到一个完全陌生的环境，无论在情感上还是在日常生活上，都会感到是一片空白，孤独无助，因而也产生不安全感，哭闹、生病也会随之产生。其实这也正是父母送宝宝上幼儿园面临的两大难题，为解决这两大难题，多数幼儿园都为入园儿童安排了细致的准备工作。

一是家访，老师在拿到本班入园儿童的名单后，会选择合适的时间进行家访，其目的就是让宝宝在自己熟悉的环境中，先与陌生的老师接触，通过和老师面对面的交谈、游戏，加深对老师的认识和了解，减少对陌生人的恐惧感。老师也会和父母一起交流，主动介绍幼儿园的详细情况，让父母对幼儿园也有所了解。其中，老师了解宝宝的情况是重中之重，对入园后更好地照顾宝宝有重要作用。

二是在幼儿园内，在宝宝的班级组织为期几天的亲子活动。目的是请即将要入园的宝宝提前进入幼儿园内熟悉环境，接触老师和同班的小朋友，老师还会选择许多游戏，让宝宝感受在幼儿园这个集体中生活的乐趣，为宝宝真正的入园打下坚实的基础。对于没有参加过类似亲子活动的宝宝来说，入园适应过程会比已经初步感受过幼儿园生活的宝宝更慢一些。所以，幼儿园方面一般也很希望父母能够有足够的重视，不要错过了入园前这一系列的“感情培养活动”。

“老师是妈妈的好朋友” 老师和父母建立融洽的关系，对宝宝熟悉环境、对老师产生亲切感有着重要作用。父母带宝宝到幼儿园参加亲子活动，不仅仅是宝宝熟悉、适应的过程，也是父母熟悉、了解老师的过程。所以，父母在引导宝宝的入园欲望时，心情一定要喜悦，比如告诉宝宝幼儿园有趣的事情；宝宝可以认识很多小朋友；幼儿园有好多家里没有的好玩的玩具；宝宝可以跟老师学好多本领；老师很喜欢宝宝，跟妈妈一样爱宝宝，等等，使宝宝对幼儿园和老师都产生一种好感，让宝宝感到幼儿园不再是一个陌生的环境。因为那里的老师是妈妈的好朋友，那里的小朋友是自己的好朋友。

表扬鼓励宝宝，适当“让步” “我不去幼儿园！”这是刚入园的宝宝常说的一句话。此时父母一定不要着急，这是很正常的，需要多给宝宝一些心理安慰，耐心地引导宝宝发现幼儿园的乐趣。可以对宝宝讲一讲自己小时候上幼儿园的快乐往事，帮助宝宝亲近老师和班里的小朋友，表扬、鼓励宝宝很坚强、很勇敢、很懂事等。

切记住一定要耐心，不要轻易斥责宝宝，因为在幼儿园里，老师们对宝宝的一些行为习惯也会适当 “让步”，等到宝宝完全适应环境后，再逐步提出统一的要求，宝宝会很乐意地接受。

3. 给宝宝选择幼儿园

选择称心如意的幼儿园，对于父母来说是一件很重要的事。给宝宝选择幼儿园时，不要光看招生广告做得怎么样、幼儿园介绍做得如何，最好要亲自到幼儿园去看一看，需要了解的内容有：

幼儿园的教职工是否都受过专业训练；

幼儿园内的气氛如何，是很活跃，还是管理过严、死气沉沉，把宝宝管得像小学生一样；

教职员工们能否和宝宝们亲切相处；

幼儿园所有的角落是否都充满温暖的爱护；

幼儿园的教学是否组织得很好，各种活动是否具备教学目的；

幼儿园的硬件设施，包括环境、设备、教具是否很好；

幼儿园的营养师是否具有专业水平。

4. 接送宝宝上幼儿园

宝宝上幼儿园了，接送宝宝就成为父母每天重要的生活内容之一。那么，怎样接送宝宝上幼儿园呢？父母们的常见做法是：

❶ 遇到天气骤冷，怕宝宝着凉，等天气暖和点再送。

❷ 宝宝不肯起床，想让宝宝睡个懒觉。

❸ 家中有事，或者来了客人，或单位组织娱乐活动等，便不送宝宝上幼儿园。

❹ 如果宝宝说：“爸爸妈妈早点接我！”父母便不顾离园时间，就早早去接。

按时接送宝宝，让宝宝感到上幼儿园不是一件随便的事，就像爸爸妈妈上班一样，要守时、守纪律。

在接送宝宝上幼儿园时，要注意几方面：

❶ 不管天冷、天热、刮风下雨，都要坚持按时送宝宝上幼儿园。不要以为这仅仅是去不去幼儿园的事情，经常强调客观原因不去幼儿园，会养成宝宝

怯懦、娇气、任性、自由散漫的不良品德和行为。这些品德和行为形成以后，对一生都有不利影响。长大以后，宝宝会把这些品德和行为不自觉地带到学校乃至生活中去。因此，要按时接送宝宝，培养纪律性，同时也培养坚强的意志品质和勇于克服困难的精神。

2 如果父母工作忙，单位制度比较严格，那么可请家里别人帮助接送。有条件的单位会安排“幼儿接送车”，帮助接送本单位幼儿。既节省父母的时间，又让宝宝上幼儿园有伴儿，从而更乐意上幼儿园。

3 对于宝宝“早点来接我”的愿望，不能盲目满足，应当养成准时接送宝宝的习惯，尽量不要破坏常规。万一不能按时接送宝宝，要及时向宝宝解释原因，免得宝宝误解。

总之，既要养成按时接送宝宝的习惯，也要培养宝宝每天按时入园和离园的习惯，让宝宝认识到无论刮风下雨、酷暑严寒都要一如既往，把该做的事情做好、做到底，决不能退缩或半途而废，因为这样做，对于宝宝健康成长至关重要。

宝宝入园的物质准备

宝宝年龄小，容易依恋自己的物品，比如小毯子、小被子、小玩具，等等，因为宝宝抱着、闻着这些物品，心里就会有一种安全感、愉悦感。因此，可以带一些宝宝的衣裤备用，以便幼儿园阿姨及时给宝宝更换，再准备一件宝宝在家里最喜爱的玩具，只要看见这些熟悉的东西，宝宝就会有一定安全感。在一定程度上讲，这些物品会帮助宝宝减少哭闹，尽快度过分离焦虑期。

第三节

31～33个月的宝宝

做妈妈须知

预防幼儿厌食症，预防营养不良；

能接住距离一米外抛来的球，每分钟能穿十个珠子；

自己能上下楼梯，学骑儿童车；

学系扣子，拉拉链；

知道自己的、父母的姓名和住址，能分清人物辈份；

能分清左右和上下方位，会按照形状、大小和颜色分类，学习时间概念；

懂得冷、饿、饱、困时怎么办；

正确使用礼貌用语；

知道饭前便后要洗手；

会讲述简单的故事。

一、宝宝的成长

1. 身体发育

体重	男童 约13.0～13.53千克	女童 约12.55～13.13千克
身高	男童 约91.35～93.38厘米	女童 约90.3～91.79厘米
头围	男童 约47.88～48.95厘米	女童 约47.7～48.8厘米
胸围	男童 约49.45～50.54厘米	女童 约49.1～50.2厘米
牙齿	20颗乳牙	
睡眠	夜间睡眠10～11小时，午间睡眠1.5～小时。	

这个阶段中的幼儿，躯体动作和双手动作在继续发展，比前一阶段熟练、复杂，而

且增加了随意性，可以比较自如地调节自己的动作。可以自由轻松地从楼梯末层跳下。会独脚站立。双手动作协调地穿串珠，会用手指一页一页地翻书。会把纸折叠成长方形。对周围的事物有极大的好奇心，喜欢不断地提问。

2. 感觉运动发育

喜欢看图书、听故事，能回答故事中的主要问题。穿鞋时能分清左、右。学习自己洗脚，自己穿有扣子的衣服。喜欢帮助妈妈做事。能自己收拾衣物和玩具。

3. 语言、适应性行为发育

宝宝会用简单句与人交往，不仅会用你、我、他等代词，还会用连词。知道许多日常生活用品的名称和用途。所用简单句包括主语、谓语和宾语。所用词汇中以名词最多，动词次之。直接用名词陈述自己或别人的行为。开始出现问句，如“我们上哪儿去玩”，开始学会等待，如去公园玩碰碰车知道要排队等候。

4. 生长特点

2.5～3岁这个年龄阶段的宝宝，体格生长仍处于较慢的衡速生长期，但心理发育的速度加快。这段时期仍然是幼儿口语发育的关键期，宝宝说话和听话的积极性都很高，语言水平也进步很快，掌握了基本语法结构，词汇量和句型也在迅速扩展，爱听故事、儿歌、诗歌等。注意和记忆能力也较之前有所提高，能较长时间地注意看电视、看电影、做游戏或听成年人讲故事，也能记住一些简单的情节和片断。

感知思维也逐步活跃。这个时期的宝宝个性逐渐显露，在自我意识发展的基础上，宝宝的自我评价和道德品质开始有了初步的发展，能够判断“好”与“不好”、“对”与“不对”，并且能用语言来控制和调节自己的道德行为。

由于语言和动作发展日趋成熟，认识范围不断扩大，好奇心和求知欲不断增强，因此，宝宝很希望与人交往，愿意与小朋友一起玩。

在这个阶段里，宝宝的独立愿望很强，具有一定的自我服务能力和从事一些简单劳动的能力，比如可以自己吃饭、穿衣、洗脸、洗手、扫地、擦桌子及帮助家人取送东西、拔草、浇花等。

幼儿运动技巧有了新的发展，动作日臻成熟，会跑、攀登、钻爬，两手也更加灵活，能玩些带有技巧性的玩具。

这个年龄的宝宝，由于智力的发

展，兴趣爱好广泛，往往兴趣不在吃上，有的宝宝还出现厌食或边吃边玩的现象。

5. 宝宝的身高

身高增长有一定规律 刚出生的新生儿身长平均约为50厘米，生后第一年身高增长最快，约为25厘米；第二年身高增长速度减慢，一年约增加10厘米；2岁以后身高增长速度趋于平稳，平均每年增长5～7厘米。

想知道宝宝未来的身高，有一个2～12岁儿童平均身高估算公式：

身高(厘米) = 年龄 × 7 + 70

通过这个公式，能了解到宝宝的未来身高情况。当然数值只是总体而言，每个宝宝的身高会受到胎龄、性别、母亲营养状况、宫内发育情况、遗传等因素的影响而有所差异。

在宝宝出生后的第一年，脊柱的增长快于四肢。宝宝的动作发育应与脊柱的发育相适应，即宝宝2～3个月大时会抬头，6～7个月大时能独坐，8～9个月大时会爬，10～11个月大时能站立，12～16个月大时能走路。如果没到相应的月龄，宝宝不宜过早地学坐、学站，以免引起脊柱的过度屈曲，会影响身高。

影响宝宝身高的因素 宝宝的身高受遗传影响较大，父母的身高一定程度上可以预测宝宝未来所能达到的身高，公式如下：

男孩未来身高（厘米）

=（父亲身高+母亲身高）×1.078÷2

女孩未来身高（厘米）

=（父亲身高×0.923+母亲身高）÷2

遗传因素对宝宝身高的影响不是绝对的，因为最终身高还受要到后天因素的影响。

足月新生儿的平均身长，男孩比女孩略高，差距约2厘米左右。这种性别差距在整个儿童时期都可能存在，直至青春早期。

营养充足的宝宝长得较快。宝宝营养不能满足骨骼生长需要时，身高增长的速度就会减慢。

睡眠充足的宝宝长得快。宝宝的生长受到脑垂体分泌的生长激素的调节，而人体生长激素的分泌在睡眠时量最高。

运动能促进宝宝的血液循环，改善骨骼的营养，使骨骼生长加速，骨质致密，促进身高的增长。

急性病影响体重，慢性病影响身高。

一般而言，我国北方的宝宝普遍比南方的宝宝要高些；经济条件好、文化水平高的地区，宝宝也长得较高。

身高测量方法 身高是衡量宝宝体格发育的重要的指标，是指从头顶到足底的全身长度。3岁以下的宝宝由于不会站立，或站不安稳，测量身高(又称身长)采取仰卧位测量。让宝宝仰卧在桌面上，两下肢并拢并伸直，用书本固定头部并与桌面垂直，用笔作直线标记，然后用书抵住宝宝脚板并与桌面垂直用笔画线标记，用皮尺测量两线之间的长度为宝宝的身高。

宝宝的 “生长月”

草长柳曳、燕呢莺飞的春天，是万物生长的季节，宝宝们也会在这个生机盎然的季节里快速成长。在各种生长指标中，身高，是最能体现宝宝的发育状况，是衡量宝宝生长发育的一个非常重要的指标。据世界卫生组织的一项报告表明，儿童的生长速度在一年四季并不相同，生长最快的是5月份，平均达7.3毫米，10月份长得最慢，平均只有3.3毫米。因此，每年4～5月份是宝宝长高的最佳时间，被誉为“生长月”。

二、育儿小知识

1. 养育建议

父母要对宝宝的兴趣、注意、记忆表现出关注，让宝宝体会到这种关注；

多拥抱、爱抚宝宝，让宝宝感觉到父母的疼爱和重视，让宝宝自我感觉良好，这样的宝宝学得更好，思考得更多；

家庭气氛一定要温馨和宽松，紧张是心理发展的最大障碍；

如果发现宝宝左脑占优势，就让宝宝多观赏大一些的东西如风景，给宝宝大笔让宝宝在大纸上绘画；

多与宝宝做游戏，通过游戏可以教会宝宝使用尺子，还可以玩买卖东西的角色游戏以培养宝宝数字概念；

多玩分类游戏，锻炼宝宝的逻辑思维能力；

玩沙、玩水、玩橡皮泥或生面团都是有益的游戏；

玩形状不同的积木可以让宝宝了解物体的不同形状，玩掷骰子的步行棋类，可以帮助宝宝对数有所认识；

为幼儿选择图书要考虑到年龄特征、接受能力、爱好等，选择色彩鲜艳、绘画精美、对宝宝有吸引力的图书，画面要大，图形要简单，书要薄一些；

宝宝看书提出来的问题要耐心讲解，鼓励宝宝多提问，父母可以针对图书内容提问让宝宝问答；

教会宝宝看书先看主要内容，然后再慢慢讲解图画中细致处，一本书反复看完的，可以让宝宝把书中故事的内容讲给爸爸或奶奶听。

2. 惧怕症

害怕，是正常儿童发育过程中的一种体验，是儿童的一种健康的反应。但是，如果幼儿胆怯到什么都怕，离不开父母和成年人的身边，即使在大白天或在家中，也不能独自呆在一个房间里，就有可能属于情绪障碍，属惧怕症的倾向。

惧怕症，指宝宝对外界事物的莫名害怕，是婴幼儿在发育生长过程中的一种正常体验，也是宝宝的一种健康反应。害怕的内容会随着年龄的增长而变化。宝宝从小会害怕黑暗、害怕孤独、害怕动物、害怕陌生的环境和陌生人……随着对外界认识的多样化，对世界和事物的认识理解力提高，宝宝的自身能力会有所提高，自信心随之增强，惧怕的内容会越来越减少。如果说宝宝的惧怕状态严重、持久，表现出焦虑、敏感、爱哭，则属适应不良异常反应，属病态，要请医生诊治。

惧怕，是婴幼儿对外界环境的一种行为反应，家庭教育方式对宝宝的惧怕症产生起着极重要的作用。如果家庭对宝宝过分的呵护，为让宝宝听话而吓唬宝宝等，都是产生惧怕的诱因。宝宝的惧怕，来自日常生活中因条件反射的作用不断积累，如果总是高声呵斥、严厉指责给宝宝造成持久的心理压力，加上外界的刺激作用，必定会使宝宝变得胆小、怯懦，总是会惧怕着什么未知的东西。

婴幼儿时期是宝宝一生中最关键的成长时期，是性格与个性的形成期，家庭护理婴幼儿时，往往在不经意之间对宝宝成长和发展中的性格影响作用甚为重要，如果在婴幼儿期不注意防止惧怕状况，会使怯弱、胆小、敏感的个性伴随一生。

矫正惧怕症，可以根据惧怕症发生的原理，通过条件反射持续不断地设法来纠正宝宝们的惧怕行为。如果对某种事惧怕，就要鼓励宝宝克服害怕的心理，指导宝宝去做所怕的事，用行为告诉他：这事并不可怕！从而让宝宝找到自信和培养认识事物的能力。宝宝怕小动物，可以带着宝宝接触这种小动物，从跟成年人一起抚摸，到自己敢于单独直接接触。如果怕水，可以先培养在澡盆里玩水，往身上洒水，再发展到敢于用小桶提水，用水浇花，带宝宝一起去钓鱼、游泳等，最终消除害怕水的心理障碍。

严重的惧怕行为，是一种心理异常的表现，不利于婴幼儿成长发育和身心健康，任其发展会造成难以逾越的精神障碍。因此，在婴幼儿家庭护理过程中，要细心观察，充分重视，及时矫正。

3. 幼儿恋物癖

人类在婴幼儿时期，会本能地透过各种感官来满足探索的需求或安抚情绪，如为满足口腔吸吮欲望，就有吸奶嘴、手指等动作；为满足触觉舒适的感觉，出现抚摸棉被角或熟悉柔软的毛巾、毛毯、棉质纱布、玩偶、枕头等。从生长发育的角度来看，这些现象都属自然过程，婴儿时期因为想睡觉、肚子饿、尿布湿、兴奋、不如意、愤怒等情绪出现时，父母可能会随手拿件替代物来安抚宝宝的情绪，这些经常被随手拿来使用的物品一般会有奶嘴、纱布、柔软的毛巾、被子、枕头、娃娃等。

父母的育儿方法，与宝宝的恋物依赖习惯互为因果。人类的成长，是一连串由依赖到独立的发展过程，从依赖母亲的子宫孕育胚胎，成熟后就会脱离母体出生。婴儿期从依赖吸吮乳汁、吸收营养以维持生命成长，逐渐成长以后、

会吃饭了自然就会与乳汁永别。随着宝宝年龄的增长，人际关系的拓展与生活作息正常化，多数的宝宝不会对这些替代慰藉物产生依恋情形，长大以后自然会慢慢地对婴幼儿期依附品转移，不再有强烈需求。

对成年人的依赖也是同样的道理，从幼儿时期依附父母，等到宝宝的安全感、自信心成熟后就会迈向独立。父母在育儿的过程中，也不会视宝宝依恋的物品为有害的东西，但宝宝的依恋癖好一旦形成，可能会发展成对某些特定物品强烈依赖，因而影响独立健康的人格发展。

接触少，爱抚少，会导致宝宝对玩具上瘾。随着社会经济的发展，人们住房条件越来越好，很多家庭的宝宝都被单独安排在一个房间。白天父母上班，跟宝宝接触的时间少，晚上除了吃饭看电视之外也很少有爱抚和亲热，会导致父母与宝宝之间缺乏沟通，使宝宝缺少“亲情滋养”，往往会使一些宝宝转移感情投人方向，慢慢形成恋物癖好，易上瘾的往往是生活中接触较多的物品，如惯用的浴巾、父母的睡衣等日用品，还有玩偶、动物等玩具。

易忧郁，爱退缩，恋物癖属于轻微自闭症。幼儿“恋物癖”属于轻微自闭症表现，发展下去，重者会造成宝宝敏感退缩、忧郁脆弱的性格。为了防止宝宝出现这样的倾向，父母应当增加与宝宝相处的时间，多用亲情和宝宝沟通。一般来说，不提倡过早给宝宝安排独立的“单人间”。对有恋物倾向的宝宝，父母要增加感情投人，除用亲情沟通外，可以多准备几个“迁移载体”，转移宝宝对恋物“专情”。

宝宝一旦出现“恋物癖”的早期征兆，既不要呵斥或责骂、吓唬，也不宜仅仅轻描淡写地说一说，都会加重宝宝的行为。要注意培养宝宝的兴趣爱好，多与人交往。有类似行为的宝宝一般羞怯胆小、不善于交往、内向且不善于表达自己，培养宝宝多样化的兴趣可以转移注意力，纠正性格弱点，减少不良心理倾向。

4. 学写字不宜过早

为开发早期智力，许多父母很早就教宝宝写字，这种做法不妥。因为教宝宝识字和写字，是两码事，写字，对幼儿的要求要高得多。

从幼儿的生理、心理发展来说，幼儿期儿童神经抑制机能还很差，不能过久地抑制自己的行为，或从事过分细致的活动；在知觉方面，常常表现出笼统、不精确的特点，

宝宝较难区别相似的文字；在空间方位知觉方面，幼儿尚无法掌握左右方位的相对性和角度，3～4岁的幼儿对上、下方位掌握还不很稳定；在手的运动感觉方面，幼儿手上骨骼肌肉远远没有达到成熟程度，手部关节骨化过程还没有完成，手部肌肉的力量也很差，不能胜任持久用力的动作。再加上幼儿的手、眼、脑的协调能力也差，写字时，眼睛总要盯住笔尖。为了能看到笔尖运动，便会歪着身子，侧着脑袋，尽量使右侧的肩、肘、腕向前。因此，过早地要求幼儿学习正确的姿势，学会从左到右、从上到下的笔顺书写文字很困难。

2～4岁的幼儿，90%处于涂鸦状态；5周岁的幼儿，95%能准确地临摹画画，但却有75%的幼儿还不能以正确的笔顺、姿势稳定地书写简单的汉字；6周岁以上的幼儿基本上能以正确的姿势、笔顺准确地书写简单的汉字。因此，宝宝学习写字基本上属于入小学以后的事，不宜在幼儿期提倡。

5. “恐惧教育”不可取

有些父母总爱用恐吓的方法来吓唬宝宝，诸如讲鬼、狼、怪物之类的东西，这种教育方法对宝宝的身心发育不利。

作为一种不良情绪，恐惧，对人体健康的危害极大。强烈的恐惧气氛和突发的恐惧事件，会使人的神经中枢受到强烈的劣性刺激。处在生长发育阶段的儿童，各种组织器官较脆弱，功能也不完善。受到惊吓后，即使不出现危急症状，却因为抗御恐惧的能力较弱，会有恐惧情绪滞留在大脑中，使内分泌功能受损，导致发育减慢，语言障碍，听、视力下降和消化系统发生疾病。

恐惧对幼儿的心理危害更大，更持久。极小的恐惧刺激，比如一条形状怪异的虫子爬在成年人身上，成人的反应仅仅只会当时受到惊吓，过后便会渐渐淡忘掉。但幼儿却会因为这类情景深印脑海中而昼夜不安，在晚上会异常恐惧，甚至需要给予心理安抚和药物治疗。如果治疗没有达到预期效果，或者

根本忽略了治疗需求，幼儿会发生性格负向转变。原本活泼、伶俐的宝宝，会逐渐变得内向、胆小和忧郁，会把这种不良性格延续到青春期和成人期，以致由恐惧心理诱发社交恐惧症，发生不同程度的社会交往障碍。

因此，幼儿期要尽量避免让宝宝遭受恐惧的袭击。受到意外的恐惧打击之后，父母要在医生的指导下，对宝宝进行必要的心理和药物治疗。

现代生活中，使幼儿造成恐惧的心理原因多而复杂。最主要的来自于父母平时经常性的恐吓性语言和行为；其次是意外事故造成的恐惧；另外则来自恐怖影视作品观后造成。恐惧是造成宝宝身心损害的重要因素，应当在家庭生活中尽量摒弃这些不良影响，让宝宝茁壮成长。

三、智能开发从训练开始

1. 幼儿的尊重需要

幼儿在成长发展过程中，有一种强烈的尊重需要——对于自尊、自重和来自他人的尊重的需要或渴望。对父母来说，透过宝宝的行为表现，识别宝宝的真实意图很重要。

幼儿尊重需要的表现形式可以归纳为几类：

❶ 要求得到成年人的关注 幼儿是在与外界环境的互动中发育成长的，成年人的关注是宝宝们的生理需要、安全需要得以满足的首要条件。同时，幼儿也通过成年人的关注来确认自己的存在。大多数情况下，宝宝会用积极的办法引起成年人的关注，如主动招呼父母来看自己搭的积木、画的画、做的某个动作，要求父母帮自己数跳绳、拍球的次数等。宝宝迫切地希望父母或老师看到自己，从成年人的关注中，获得自信和自尊。有时候，宝宝也会用一些消极的办法来引起注意，会把整洁的房间搞得乱七八糟，把某件物品打烂，在有客人来访时大吵大闹生事。有时候，幼儿还会借助一种更为隐蔽的方式表达自己的需要。比如会反复强调自己不舒服，“我被虫子咬了”、“我肚子好痛”等，其实并非实情，只不过是宝宝又一种引起成年人关注的信号，宝宝是想通过父母对自己的关心，感觉到自己的重要。

❷ 要求自主，对抗成年人的意志 就整个幼儿期来讲，接受成年人的旨意，服从成年人的安排，构成了幼儿生活的主要内容。然而一味地顺从听话，

势必会抑制幼儿的天性，阻碍幼儿个性发展、成为独立自我。为此，幼儿会在尊重需要的支持下，表现出一些自主性行为——不依赖他人，自由地做出判断和主张。比如，宝宝会自己选择穿哪一件衣服，自作主张看哪一部卡通片，玩哪一样玩具，把父母的要求当做耳旁风。当然，在幼儿阶段，宝宝对成年人意志的反抗能力是极有限的，如果父母真严厉起来，宝宝也会收敛自己的行为，但宝宝的自主性却不会随之消失，一旦时机成熟，便会再度凸显出来——这是宝宝在“捍卫”自己作为一个人的尊严的标志。

③ 要求被赞扬和被认可 “宝宝都爱听好话”、“哄宝宝”等日常用语，从经验层次面上反映出幼儿的一种普遍倾向，即喜欢被成年人赞扬和认可，出自这种需要，幼儿除了要求父母对自己的各种“杰作”、“本事”给予关注外，迫切希望得到成年人的夸奖和表扬。一句“你真能干”，往往会让宝宝美滋滋的神情持续很久，并能激励宝宝充满信心地去做别的事情。反之，如果幼儿从父母那得到信息是自己做得很不好，则会使宝宝兴趣索然，不愿、不敢再去做别的事。因为父母的认可与赞扬，直接作用于幼儿的尊重需要，正面的鼓励和肯定，可以激发幼儿的积极情绪，增强幼儿的自信心，满足幼儿的尊重需要；反面的批评与否定，则会导致幼儿消极情绪和情感的产生及尊重需要的匮乏。

④ 负责要求 要求负一定的责任，是幼儿自主性行为进一步发展的表现，最常见的现象，是宝宝不再顺从于成年人对自己生活的包办代替，而总是会要求“我自己来”。

于是，从自己吃饭、穿衣、洗澡到帮助家人烧饭、擦地，宝宝什么事都想“插一手”。小家伙会跑来跑去、忙个不停，即使被称做“帮倒忙”、“添乱”也乐此不疲，除非遭到强令禁止、训斥，被赶到一旁才肯罢手。限于发展的水平和已获得的社会经验，宝宝能完成的负责行为毕竟很有限，但宝宝却能从这有限的行为中，看到自己的力量，通过自己对这个世界的操纵和控制，得到成就感、自尊感的愉悦体验。

⑤ **要求有自己的空间** 幼儿行为控制能力虽然很弱，却渴望拥有一块领地，这块领地既是空间上的，也是心理上的。在那里，宝宝可以随意摆放自己的物品、玩具，任意给玩具分配角色、安排任务，可以讲述自己的故事、倾泄情感，还可以保存自己的小秘密。这块领地是幼儿精神发展的庇护所，也是宝宝作为个人尊严的重要堡垒，就和成年人的隐私一样，不容得别人随便刺探。

在成年人眼里，也许宝宝这块领地里的一切、连同宝宝的小小心计都会一目了然，但绝对不要轻易地把它点破。因为，一旦让宝宝发觉自己的秘密全在父母的掌握和控制中，宝宝的尊重需要就会遭受挫折，滋生出自卑、弱小、无能感，从而丧失基本的自尊与自信，在性格上造成极其不利的影响。

2. 放开宝宝去经历

很多时候，父母总是对宝宝做到“有求必应”，只要宝宝提出要求，父母就尽力去满足，日子久了给宝宝养成这样的脾气。如果有一次你不能满足他，他就接受不了，觉得受了大委屈。有的宝宝长大了一些之后，经常会因为不合心意而离家出走，有的则大吵大闹，甚至有的宝宝会拿“死”来威胁父母，这样一来宝宝觉得委屈，父母觉得心疼。有的宝宝离家出走之后遭遇意外，还有的用死来吓唬父母结果弄假成真，白白搭上自己的命，说到底最痛苦的还是父母。

宝宝的一生该经历的必须让他自己去经历，任何人不能代替，只有经历了才会有觉悟。一个人不经历风雨、不经历磨难，他永远悟不出更深的道理。也决不会变得善良、宽宏。他也永远走不出那迷茫和无知。父母不能替宝宝经历，要让他自己去尝试，因为这是宝宝成长必须经历的磨砺！

3. 接球、拍球和踢球

球类，是宝宝非常喜爱的玩具。球的种类很多，包括小皮球、蓝球、足球、乒乓球、汽球、吹塑球等，宝宝可以用不同的球玩出多种多样的游戏。

这个年龄的宝宝，可以学习双手接球和拍球、踢球，提高动作的协调性。开始可以由成年人和宝宝相距1米站好，让宝宝先学着接住滚过来的球。滚动的球经地面摩擦减速，使宝宝容易迎到球滚过来的方向，把球捡起来，再用力抛到成年人身边。然后逐渐加大与宝宝之间的距离，使宝宝意识到球滚过来的地方与自己有一段距离，还可以不断变换球的方向和速度，把球滚给宝宝。

然后，可以让宝宝接反弹起来的球，球经过地面反跳之后弹起来，速度要比直接扔过来慢，因此宝宝能来得及接住反跳的球。父母把球往下掷，等到弹起来以后，再叫宝宝用双手去接。也可以让宝宝自己把球掷下去，再双手接住球。要注意提醒宝宝不要用双臂去接，以免被球弹中胸部，打痛了会影响到宝宝的兴趣。

玩球要注意，不要用充气太足、弹性太大的球，防止宝宝因为接球困难而失去信心。还可以让宝宝学着接住抛过来的球，在距离宝宝1米远处，把球扔到宝宝胸前，扔的劲不要太大，让宝宝容易接住，然后渐渐加大距离，扔球的部位可以向着宝宝的肩下和膝上之间，便于宝宝接住。训练一段时间后，把球扔在离宝宝一定距离的左右方向，让宝宝转动身体去接球。

练习一段时间双手接球后，就能拍球了。先把球掷在地上，待弹起来后再用手去拍，教宝宝学习连续拍球。由低到高，由轻到重，由慢到快，循序渐进地教会宝宝掌握拍球的技巧和力度，对于宝宝全身协调能力是一种极好的锻炼。

玩踢球时，开始可先把球放在宝宝脚前，让宝宝把球踢出去，然后捡回来再踢。玩到熟练后，可以把球滚到宝宝的脚边，让宝宝踢滚动的球。还可以把球放在距宝宝1～2米处，让宝宝加上助跑上前去踢球。然后，父母可以和宝宝相互踢球，还可以让几个小朋友一起踢球，比赛谁踢得远。一定要注意提醒宝宝，不能用脚去踩球，以免摔倒。

4. 掌握说话的节奏

刚刚学会说话的2～3岁宝宝说话节奏很快，像打机关枪一样，别人听不清楚。这是因为：宝宝的性情比较急躁，做什么事都急于求成，风风火火的，说话也没有耐心，恨不能一口气把要说的事倒出来；也有可能是因为家庭中的成年人、尤其是父母说话节奏很快，宝宝跟着模仿；还有可能是宝宝向父母讲述事情时，父母经常没时间听或嫌宝宝啰

唆，宝宝想表达自己的心愿又怕父母不耐烦，加快说话速度；另一种可能，是宝宝与父母说话时，父母老是插嘴或打岔，宝宝怕打断自己的话而会抢着说。

要使宝宝说话速度放慢，可以采取下列措施：

❶ **父母和宝宝说话的节奏放慢** 宝宝听见父母说话不慌不忙、有条有紊的，会逐渐调整自己的语速来适应父母说话的节奏。

❷ **宝宝与父母说话时，要耐心地倾听，不要插嘴，也不要打岔，先让宝宝把话都说出来** 即使宝宝某项要求是不合理的，也要等说完后再提出批评意见。宝宝不担心父母打断自己的话，心理不紧张，也就不必抢着说了。

❸ **对性情急躁的宝宝，要培养耐心，要求做事说话稳重，不要慌忙** 当宝宝说话急得涨红了脸时，父母要和蔼地说："别着急，慢慢地告诉我，我想听清楚你讲的事情。"也可以让宝宝喝点水、歇歇气再说。

❹ **晚上躺在床上睡觉之前，是宝宝精神上放松的时间** 可以坐在宝宝身边与宝宝说一会儿话，让宝宝谈在一天中的所见所闻。宝宝觉得父母不急着休息，有时间听自己讲话，就会放慢速度说话。

❺ **用稍慢的节奏教宝宝念诗歌** 教宝宝念诗歌时可把某些字音拉长，每句诗之间的停顿加大，边念边做些动作，有助于纠正宝宝说话的快节奏。例如唐诗《春晓》可以这样念："春眠——不——觉晓——，处处——闻——啼鸟——。夜来——风雨声——，花落——知——多少——？"（"——"表示把字音拉长）

❻ **讲生动有趣的故事给宝宝听** 故事讲过几遍后，再要求宝宝复述故事给父母听，培养宝宝有条不紊地叙述事情的能力。

5. 让宝宝学会独自游戏

1～3岁的宝宝，还不能很好地和小朋友一起玩。父母又不放心宝宝独自玩，担心宝宝会出什么问题，只好总是跟着宝宝后面。如果父母对宝宝的照料过度，会影响到宝宝个性发展，养成宝宝的依赖性。让宝宝养成独自做游戏的习惯，需要父母的帮助，可以从几个方面试一试：

❶ **从小安排好宝宝游戏的时间，养成良好习惯** 注意观察宝宝喜欢哪种游戏，喜欢什么时间玩，什么时间宝宝的注意力最集中，有针对性地为宝宝安排独自游戏时间

和游戏内容。每天都安排一定宝宝和父母共处的时间，共处时间必须保证，不能随意取消。这样，只要有固定的时间陪着玩，宝宝在别的时间里就不会要求别人注意自己。共处时间最好能安排在每天相同的时刻，以便宝宝养成习惯。

❷ 不要随便介入宝宝的独自游戏

这个年龄段的宝宝，需要父母的指导和必要的照顾，但不要随意地介入宝宝的游戏。宝宝在独自愉快地玩游戏时，父母却误认为宝宝一个人玩很孤单，有意介入宝宝的游戏，会夺走宝宝独自游戏的乐趣，反复这样做，会使宝宝刚刚萌芽的自立能力和忍耐能力消失。

❸ 采取必要的保护措施

宝宝独自游戏的环境必须绝对安全，收拾好危险物品和易碎品，收拾好硬币、药品、纽扣等宝宝可能吞咽的物品。刚开始独自做游戏的时候，父母还要暗中保护宝宝，让宝宝在安全舒适的环境下，充分体验独自做游戏的乐趣。

❹ 控制好独自游戏时间

宝宝独自玩的时间，一般1岁幼儿30分钟左右，2岁幼儿1个小时左右。刚开始时间可能要稍短一些，如10～15分钟。如果宝宝开始扔玩具或把玩具扔得很乱，是玩腻了的表现，可以换一种玩具或换一换游戏场地。

为了让宝宝能够独自游戏，父母要给予适当的表扬。宝宝刚开始独自玩时，耐力很差，父母不能急于求成，不要对宝宝大声斥责，要有耐心。一旦宝宝出色地独自游戏，一定要给予表扬，宝宝体味到独自游戏的乐趣和父母表扬的愉悦，会更乐意独自玩。

6. 培养动手能力

培养宝宝动手的能力，对于宝宝的生长发育有着极其重要的促进作用。因此，在平素的家庭生活中，应当有意识地针对宝宝不同的年龄特征，安排适当的动手操作活动，锻炼和促进手眼协调能力和小肌肉的发育，促进脑部相应区域的发展。

手的操作可以直接促进宝宝视觉、

触觉、动觉及感知觉的发展和相互间的协调。

宝宝通过动手用玩具或动手操作日常生活用品，可以掌握使用物体的方法。以后，便能逐步地掌握成年人使用工具的方法和经验。

幼儿通过手的操作，能够进一步认识同一类物体的共性，使自己的知觉更加具有概括性，并为概括表象和概念的产生准备条件。

在日常生活中，应当及时为不同年龄的宝宝提供合适的动手操作的机会。只要是宝宝表示愿意自己动手做的事，成年人都应当耐心地在一旁指导，而不要自己动手代替宝宝去做。如宝宝希望自己学吃饭的时候，就不要喂；宝宝自己要学穿衣服时，就不要再替宝宝穿衣服；宝宝可以自己握笔时，就应当给宝宝纸和笔画着玩。宝宝刚开始学习这些动作时，难免做得不完善，需要反复地练习。通过反复动手、反复运用，宝宝就能掌握比较复杂的手部动作。

动手练习的内容，一定要适合宝宝的年龄特征，如经常让幼儿做一做手工，包括画图、剪贴、泥工、折纸等，能促进幼儿手部动作发展。

发现宝宝有不正确的动手习惯时，应当及时予以矫正。例如，要注意宝宝端碗，拿匙子、筷子，握笔，握球拍，用剪刀以及拿其他工具的方法是否正确，发现问题应当及时给以指导和纠正。当然，最好从一开始就教会宝宝采取正确的操作方法，尽量杜绝不正确的动手方法。

要特别注意宝宝动手操作时的安全卫生。同一操作活动不应持续过久，以免宝宝手部过度疲劳而失去控制力，造成事故，影响手部正常发育。宝宝在使用金属工具，如剪刀、刀子、铲子和榔头等之前，应当先做示范，教给宝宝正确的操作方法，一定要嘱咐宝宝注意安全。宝宝使用的工具，也应当有安全措施。如剪刀最好是圆头的，刀子、铲子不要过于锋利。

完成动手操作活动后，要提醒宝宝及时洗手，以保持手部的清洁。

7. 启发宝宝思考

宝宝提问的时候，培养宝宝学会自己思考，是最有益的。

宝宝问的每一个“为什么”都是对事物的缘由或目的想象，每一个“怎么样”都是宝宝对事物发展过程与机理的思考。

宝宝问“是什么”时，父母往往随

口解答，但宝宝进一步探求事物之间的关系提出“为什么”时，就需要根据宝宝的年龄特点、知识经验、深入浅出地给予解释。

对于宝宝提出的一些问题，可以暂时不回答，然后提出建议，让宝宝去观察和动手验证，这样收效会更大。有条件的话，可以多给宝宝创造一些亲身体验的机会，如在节假日带宝宝去旅游，让宝宝观察各种自然现象，增长各方面的知识。在睡觉前讲一些生动有趣的故事，或让宝宝看一些画册、儿童读物等，并从中提出问题，让宝宝思考、解答。使宝宝的想象力更丰富，眼界更开阔。

在空闲时，还可以利用游戏让宝宝自己寻求答案。宝宝是在游戏中长大，在游戏中满足求知欲的。宝宝热衷于游戏活动时，应当尽量为宝宝提供各种各样的游戏材料，如小纸片、种子、泥土、小剪刀、积木、水、沙、颜料、空纸盒等，让宝宝开动脑筋去做，千万不要害怕宝宝弄脏衣服、弄乱了家庭小环境而约束宝宝。还可以给宝宝介绍各种工具的用法、材料的特点，提醒宝宝要注意安全。

遇到困难时，应当要求宝宝先努力独立自主地解决，实在解决不了再给予帮助。让宝宝在各种活动中，体验生活，学会思考，发展智力。

8. 创造性思维培养

不要有问必答 提出来问题，是宝宝好奇心的表现。好奇心，是人类对自己不了解的事物感到新奇而有兴趣进行探究的一种心理倾向，它是推动人们主动求异，进行创造性思维的内部动因。好奇心在宝宝身上表现，是不断地提出“是什么”和“为什么”的问题。对待宝宝提出的问题，不要“有问必答”，可以鼓励和引导宝宝自己思考，寻求答案。

赞美宝宝的创造性 每个宝宝都有一定的创造潜能。这种创造潜能就表现在日常生活中，观察宝宝在日常活动中的表现，可以发现宝宝的创造力。比如，宝宝一会儿把扫帚当马骑，一会儿把它当冲锋枪，一会儿又用它来堆雪人，其中有丰富的想象，有“发散思维”，发现了同一事物的不同用处，就是创造性的表现。发现了宝宝的创造性能力，及时加以称赞和肯定，有利于宝宝进一步发挥创造力。

教宝宝有趣地解决问题 在日常生活中，常会碰到一些小困难、小问题，不要急于帮宝宝解决，要让宝宝自己想

想办法。例如，启发宝宝：小猫把球掉到了河里，很着急，帮它想想办法，怎样才能把球取上来，办法想得越多越好。再如水可以做什么用？（洗头、洗衣服、洗水果等属洗涤类的用途，还有饮用、灭火、饲养、发电、做掺和剂、冷却等变通性用途。）把一块小积木放进一个不能伸进手去的瓶子里，让宝宝在不翻倒瓶子的条件下，想办法把积木从瓶中取出来，宝宝想的办法越多、越合理，越好。

根据故事开头编结尾 例如，在一棵大树下，有一只狡猾的狐狸，它几天没有吃东西了，肚子饿得咕咕直叫。忽然。它抬头一看，树上有一只蹦蹦跳跳的小松鼠。狐狸眼珠子骨碌碌一转，说："小松鼠我会闭着眼睛跳下来，你会吗？"小松鼠说："我当然会啦。"说着，它闭上眼睛往下一跳。狐狸连忙跑过去，一把抓住小松鼠，刚要往嘴里送，这时……聪明的小松鼠没有让狐狸吃掉，想一想它用了什么办法？

在音乐、绘画中表现 在充分感受音乐的同时，要求宝宝为歌曲配上动作来载歌载舞，鼓励宝宝表达内心的情感；为歌曲填写新词，先让宝宝掌握基本曲调，再启发思考填上自己的新词；让宝宝自由发挥想象按意愿画，也可以规定一个主题，让宝宝围绕主题，通过对知识经验的回忆来加工和绘画。比如，要求画小猫，宝宝可能画小猫钓鱼，小猫捉老鼠，小猫的一家，宝宝抱着小猫，"加菲猫"等。

在游戏中想象 游戏，特别是建构游戏和角色游戏，都能够发展宝宝的创造思维。用积木搭各种建筑物时，宝宝可以凭自己的想象和意愿，无拘无束地建构。在玩商店、邮局、医院、餐厅、幼儿园等角色游戏中，宝宝可以在人物和活动情节上，根据自己的经验任意进行创造性想象。

9. 打造艺术才能

让宝宝具有艺术专长或发掘宝宝的艺术才能，是所有家庭的共同希望。即使父母自身对艺术类活动一窍不通，也无不希望自己的宝宝能具备艺术造诣，生活得更加充实和丰富多彩一些。从小培养和开发宝宝们的艺术潜能，最好要注意：

①给宝宝机会 在宝宝尚未长大之前，不要过早地给宝宝划出“没有艺术才能”、“艺术细胞缺乏”的圈圈框框，要多给宝宝创造机会，多接触不同的东西。抓住时机，给宝宝以科学的指导。比如，宝宝1岁时可以握笔“涂鸦”，就把笔和纸交给宝宝，特别是颜色鲜艳的笔，不仅使宝宝画画的要求得到满足，也能刺激宝宝视觉的发育，使手指等小肌肉得到发展和锻炼。假如此时父母因为宝宝画得不好，或者把纸笔扔了，就责备宝宝，往往会限制宝宝的创意天性，会使宝宝厌烦画画。

②鼓励与赞赏 人的脑细胞网络，是由出生后受到刺激、逐步发展与完善的，每一个人生下来都具有各种细胞，功能最初是潜在的。如果不适当地给予刺激，就不能分裂增殖，很可能在发挥作用之前就告终结。从小培养对艺术的兴趣，就是对这种潜在的种种细胞有效的刺激。如果这种刺激持续而强烈，兴趣就会使细胞增殖。儿童时期，大脑细胞需要多种刺激，从而为具备多种功能作准备。如果宝宝的兴趣出现变化不是坏事，是自身才能增殖的表现。应该鼓励宝宝有多种兴趣，更不应该因为自己的观念而斥责宝宝。

③自发的兴趣 要想培养宝宝某个方面的艺术才能，不要过于性急，急于训练宝宝，会打乱宝宝兴趣爱好的临界，使宝宝永远失去某种能力发展的可能。父母急于求成，结果会使宝宝形成逆反心理，逃避超负荷的训练，因为繁重的、强迫的刺激只会使宝宝产生厌恶情绪。

④进步的乐趣 切忌嘲笑宝宝的努力。在培养宝宝的艺术才能和开掘艺术潜力时，要随时保护宝宝的积极性。哪怕是一点微小的进步，也要给予宝宝高度的赞赏。即使宝宝提出任何不屑一顾的问题，也要表示关心，承认宝宝付出的努力。

•自尊心

在爸爸妈妈的眼里，我不过是个小孩子，其实我也是有自尊心的。其实在内心里我是很想得到爸爸妈妈的关注的。爸爸妈妈的关注能让我更加自信。我还喜欢被爸爸妈妈表扬和称赞，因为那是对我的一种肯定。我不喜欢爸爸妈妈强迫我做我不喜欢的事情，我也希望有我自己的空间哦！

四、这样教宝宝

1. 教宝宝学会自我肯定

父母以完美主义的态度，过高地要求宝宝，往往会让宝宝变得越来越自卑。宝宝有可能时时处处被包裹在父母的批评和埋怨中，长此以往发展下去，自信心会丧失殆尽。宝宝往往会每做一件事，在潜意识中对自己做出否定，产生“我不行”、“我的脑筋不好使”、“别人就是不喜欢我”等负面意识和情绪。

所有的宝宝都需要从心理上不断的自我肯定，来获取进步所必不可少的原动力。对于有自卑感的宝宝来说，要摆脱自卑阴影，树立自尊和自信，自我肯定无疑特别重要。父母要帮助宝宝学会自我肯定，找到自信，有几种简单易行、行之有效的方法：

❶ **适当降低对宝宝的要求** 对待已经有自卑心理的宝宝，应当适当降低对宝宝的要求。假如宝宝画了一匹马，最好不要挑剔这里不好、那里不像，而应当对宝宝的每一点成功之处及时发现，做出由衷的赞赏：“看，那马尾巴画得真好呀，好像是在风中飘舞一样！”或者“你为马涂的颜色真漂亮！我敢说它是世界上跑得最快的马！”

需要强调的是，应该让宝宝觉得：父母的赞赏完全出自诚恳，而不是应付、客套，更不应该是虚伪、做作的。为了实现这样的目标，必须在方法上做出调整，讲究语言表达艺术。

让自卑宝宝学会自我肯定的首要目标，应当是帮助宝宝，从自己的行为中获得满足和动力。让宝宝懂得，做该做的事，把它做好就是成功，就是对自己最好的肯定。

❷ **变更表扬的主语** 让宝宝多作自我肯定，有一个最简单方法是变更对宝宝做出的所有的表扬的主语：只要把“我”改成“你”，把“我们”(父母)对你(宝宝)的表扬改造成你(宝宝)对自己的表扬。这种简单的变化，能够更充分、有力地让宝宝认识到自己的行为正确，起到一种增加对宝宝赞赏的效果。例如：“你今天用积木盖起了这么高的大楼，我真为你自豪！”可以改为：“你今天用积木盖起了这么高的大楼，你一定为自己感到自豪！”

❸ **鼓励宝宝确立主见** 父母应当对自卑的宝宝多作表扬，但别人，包括小伙伴们却不一定能做到这一点。宝宝们或许会“实话实说”，或许会故意挑剔，甚至讽刺挖苦。此外，宝宝不可能

永远依赖别人的评语来寻求动力，或迟或早都要依靠自己内心的动力来进步。假如宝宝完全依赖成年人的赞许，不知道怎样认可自己，如果长大了去做个球员，就可能在比赛时每打出一个球就回头去看看教练的脸色，当然就很难以成为一个成熟的好球员。因此，对宝宝来说，指出做的好的地方以后，要提醒宝宝不必过分看重别人的评论。

如果宝宝由于做了一件错事而遭到批评，会一下子感到丧失信心。此时应该告诉宝宝，对待批评的最好办法，是承认错误并改正掉。宝宝主动承认了错误后可以告诉他："你这样做很不容易，因为这可需要很大的勇气，你可以对自己说，你做了一件了不起的事。"

4 努力强化宝宝的自我肯定 对自卑情绪严重的宝宝来说，心目中的自我肯定往往会很脆弱和飘摇不定，极需要得到外界经常不断的强化。强化宝宝的自我肯定的方法很多。例如：可让宝宝为自己记一本"功劳簿"，让宝宝每周花几分钟时间，写出或画出自己的"功劳"。告诉宝宝，所谓"功劳"，不一定非得是了不起的成就，任何小小进步，以及为这种进步做出的任何小小努力，都有资格记录下来。还可以为宝宝准备一些小小的奖品，如画片、玩具、图书等，每当宝宝做出一点成绩、一件自己感到自豪的事，就有可能获奖。还可以教宝宝学会以"自言自语"的方法，不断对自己作出赞扬和鼓励，当宝宝遇到困难、正踌躇畏缩时，不妨鼓励宝宝自己给自己鼓劲："来吧，你是一个不怕失败的好宝宝，再作一次努力吧！"

5 自我肯定不宜过度 鼓励特别自卑的宝宝，多作一些自我肯定，并不意味着应该让宝宝"滥用"自我肯定。不要鼓励宝宝在任何时候、任何情况下都采用自我肯定。自我肯定也应当有度，要分时间、分场合，更要有一定的原则、标准和尺度。再好的良药也不能用过量，宝宝的自我肯定如果用过了头，有可能变成一个自负高傲、惟我独尊的偏执者。

2. 对待宝宝的过错

宝宝的过错大大小小，几乎是每天都发生的，父母首先应弄清情况，然后根据具体情况采取适当的措施进行教育。如果对宝宝的过错不闻不问，甚至过于纵容，对宝宝的健康成长是有害的，显然也是错误的。但是，如果对宝宝说错一句话、做错一件事也要严加训斥，甚至又打又骂，都是不对的。干预过多，会让宝宝变得胆小怯懦，会影响宝宝心理健康成长。应当根据宝宝过错的不同性质，采取宽严相结合的方式进行教育，才能取得好的效果。

如果宝宝是在做好事，由于缺乏经验而出了错，父母要肯定宝宝的良好愿望和正确行为，然后再向宝宝讲明在做这件事的过程中需要注意什么，宝宝会比较高兴地接受。例如，宝宝自己洗手洗脸，弄湿了衣袖，父母应耐心地告诉宝宝，在洗手洗脸时要挽起袖子，并做给宝宝看，很快宝宝就会记住，从而避免类似的过错再次发生。

宝宝出于好奇而损坏了一些物品，比如把电动汽车玩具拆得乱七八糟。父母应看到宝宝这种行为中的积极因素，加以正确引导，可以给宝宝讲讲为什么电动汽车会跑，打开汽车的外壳，让宝宝看看里面的电机和其他传动装置，同时告诉他这些东西不应自己随便乱拆，乱拆了以后就不能跑了。这样，既纠正了宝宝的不正确的做法，又保护了宝宝的求知欲。

宝宝做了故意损害别人、或破坏东西的错事，父母一定要严肃对待。首先问清宝宝为什么要这样做，然后仔细耐心地和宝宝谈谈，讲一讲为什么这样做是错误的，这样做的后果是什么，启发宝宝认识到自己的错误，促使以后改正。如果宝宝在外面欺负了小朋友，父母除进行批评之外，还可用一些正面的事例来启发宝宝，应该怎样与小朋友们相处。这样才能使宝宝得到深刻的印象，引起足够的重视。

3. 适当的“劣性刺激”

家庭过分娇惯，父母过度宠爱，宝宝从小就养尊处优，会造成宝宝身心脆弱，表现出怯懦、任性、自私、孤僻、懒惰等心理状态。究其原因，是家庭“给予”的太多，“约束”的太少，因此，在幼儿教育中，除了给予宝宝们生理和心理上必需的“良性刺激”外，应当给予宝宝适当的“劣性刺激”。

所谓"良性刺激"，是指能够满足人的生理、心理需要，使人愉快的外界刺激。与此相反，"劣性刺激"是指令人不满意、不舒服、不愉快的外界刺激。适当的"劣性刺激"对于通常被娇惯宠爱的宝宝来说，是必需和有益的，会对宝宝成长后适应复杂的社会，经受各种挫折和困难的磨砺起到良好的作用，培养一定的心理承受能力。

2～3岁的宝宝虽小，也可以根据宝宝身心发展特点，给予一些"劣性刺激"。

"饥饿"刺激 让宝宝感受一下饥饿的滋味。有些宝宝的营养品、补品多，零食不离口，经常挑食拒食，饭到嘴边没胃口。不妨有意识的给一点"饥饿"刺激，宝宝饿了就能使食欲旺盛。同样，宝宝在心理上也需要"饥饿"刺激。每个宝宝都有欲望和要求，父母如果无限制的满足宝宝的一切欲望，宝宝的兴奋感会处在饱和状态，就会失去追求事物的热情。因此，就应当给宝宝适当制造欲望的"空腹"状态，让宝宝有"饥饿感"。例如，给宝宝买很多玩具，宝宝反而会东挑西捡，兴趣不专。相反，宝宝玩具少了反而会专心地玩，还玩得津津有味。

"困难"刺激 在家庭温暖中长大的宝宝，生活一帆风顺，长大后稍遇挫折就会束手无策，表现得胆小怯懦、依赖成性、意志薄弱。因此，有必要从幼儿时期有意识地给宝宝设置一些障碍，增加宝宝的心理承受能力和克服困难的意志。例如，宝宝学走路时，会摔跤，在克服困难、多次摔跤后，终于能独自行走。要让宝宝独自一人关灯入睡，就需要克服胆小、惧怕的心理。喜欢睡懒觉的宝宝，早上不肯起床，不妨安排好日程早起早睡，跑步锻炼。从日常生活琐事中，让宝宝认识到人生的道路并非畅通无阻，碰到困难和障碍是常有的事。

"劳累"刺激 父母总是认为宝宝小，做不了什么事，处处包办代替，而宝宝从小不劳动，不知道苦累，会变得懒散、依赖、怕苦，活动越来越少，越来越缺乏锻炼。长此以往不仅对身体发育不利，还会影响智力发育，促使不良性格的形成。因此，尽管宝宝小，也要做一些力所能及的事，如学习自己穿脱鞋袜、洗手洗脸、整理玩具，还可以帮助家人拿报纸、浇花等。

"批评"刺激 谁都喜欢听好话，听到批评就不高兴，要让宝宝从小学会能分清是与非，知道对与错，明白做了不对或不好的事情后，要听从劝告，否则要受到批评。使宝宝从小就能感受到“约束”，不敢随心所欲。比如，宝宝乱翻爸爸的抽屉，把里面的东西扔一地，妈妈看见以后挨了批评就大哭，妈妈耐心地给宝宝讲道理，要求宝宝把东西拾起来，并且对爸爸说“对不起”，此后，宝宝再也不乱翻爸爸的抽屉。

“劣性刺激”是一种科学的教育方法，能锻炼宝宝的心理承受能力。宝宝就像小树一样，经受了风霜的刺激和考验，才能长得更茁壮。

4. 游戏中的输和赢

做游戏，免不了输和赢。输和赢不是目的，也不是什么大问题。无论输了还是赢了，都感到有意思，这是正常的儿童心理。

从表面上看，宝宝的游戏似乎也是计较输赢的，但实际上宝宝们并不真的计较输赢。可以证明这一点的是，即使输了，还要再玩，而且玩得很开心。

宝宝们玩儿，不是为了胜负，而是为了游戏本身。游戏本身就是目的，游戏便是一种活动。其实，成年人似乎应当学一学不以胜负为目的的儿童心理。着眼点放在游戏本身上，跟宝宝说：“你玩得很好呀！”至于胜负，附带问问就可以了。

父母不计较，宝宝也就松一口气。若是宝宝们在游戏上也表现出竞争心，那么，对待其他的“学习”岂不更变成一个竞争主义者了吗？如果斤斤计较和与人攀比，这种人生会变得乏味无聊。游戏之中得到快乐，人生之中有乐趣。做父母亲的，应该领悟到这方面的意义。

宝宝的生活与游戏活动有着不可分割的密切关系。因此，对这输赢都不要计较，父母在平时就应当很好地处理好目的与手段的关系，让宝宝有一种正常的心理成长环境。

5. 教会宝宝随遇而安

学会随遇而安，是教会宝宝正确对待全新生活环境的一种优良素质。

宝宝的新环境是指新的生活环境，最主要的是幼儿园环境。

从家庭的个体生活走向幼儿园的集体生活，对宝宝来说是一个巨大的变化。由于生活环境、生活方式，特别是接触的对象不同，宝宝开始会感到不习惯、不适应，产生怯生、恐惧心理，出现哭闹、逃跑、不肯吃饭、不肯午睡等现象。类似现象有时候会持续一两星期甚至更长的时间。

怎样才能让宝宝尽快地适应新的环境？首先，需要做好宝宝进入新环境前的准备工作。

心理准备 入幼儿园前，先带宝宝去幼儿园玩一玩，与老师交谈交谈，消除宝宝的怯生心理；通过参观幼儿园的活动室、玩具橱、游戏室等设备，增进宝宝的羡慕和愉悦情感；让宝宝通过看一看幼儿园小朋友们欢乐的活动场面，从旁边体验一下幼儿园富有情趣的集体生活，促使宝宝产生“我不久就上幼儿园了”、“我是大宝宝了”的自豪感。宝宝产生了进入新环境的意愿，就能为将来适应新环境奠定良好的思想基础。

培养生活习惯 给宝宝安排与幼儿园相适应的作息时间，早睡早起，每天中午定时睡午觉等，进入新环境后，宝宝就容易适应新的生活制度。

培养生活能力 注意培养宝宝的自理、自立能力，放手让宝宝自己吃饭，自己大小便，自己脱衣上床睡觉。家务劳动时，可以让宝宝在身边学着剥一剥豆子，拿一拿工具；外出时可以带上宝宝，尽可能让宝宝多接触外界的人和事，以增进宝宝的独立性，减少依赖性。

通过几个方面的准备工作，宝宝进入幼儿园的新环境，很快就能适应。值得注意的是，进入幼儿园前，切忌使宝宝产生恐惧心理。例如，不要用“不听话就送你去幼儿园”之类的话来恐吓宝宝。

宝宝进入新环境后，如果出现不适应、不习惯现象，父母不应当过度溺爱心疼，舍不得、放不下，更不应当在一旁当陪伴。爸爸妈妈们应当信任幼儿园教师会亲切地关心宝宝，尽量避免自己同宝宝多接触。宝宝回家后，应该从多方面夸赞新环境，促使宝宝心理上的转变。

6. 感情脆弱的宝宝

有一些宝宝感情脆弱，遇上一点小事爱哭。听故事、看电视、听到或看到可怜的情况时，也是眼汪汪的。出门同小朋友玩耍，稍稍被人喝责一下，就会哭着跑回家。

进幼儿园以后，幼儿园的老师教宝宝们用橡皮泥做泥娃娃时，别的宝宝做完作业了，宝宝若不赶快做，就会影响宝宝们集体活动，老师着急地问：“你怎么做得这么

慢！”。换到别的宝宝至多扭捏一下，摇摇头而已。可是这种宝宝却会委屈得眼泪大颗大颗地往下掉。

这样的宝宝不仅感情脆弱，而且感觉上也容易过敏。宝宝的嗅觉很灵，不爱闻煤油炉的味儿，不喜欢吃葱或葱味食品，不喜欢闻公共汽车上新涂的油漆味。坐公共汽车时间稍稍长一点就想吐。出门旅行时，要是听到别人发出呕吐声，这类宝宝常常会随声附和，也会作呕。有这种敏感的宝宝，进幼儿园后连午睡都睡不好。

对待这类善感爱哭的宝宝，应当予以特别注意。决不可以视作劣等性格，妄加评论宝宝缺乏自尊心、心眼儿小等，最好不要给宝宝下结论。对待有这类性格倾向的宝宝，妄加评论往往反倒会拔苗助长，强化宝宝的弱势，不利于宝宝健康成长。而多一点关照，多一点爱心，会让宝宝倍感温暖，培养自尊与自信。

社会当中的人们有各种各样的性情，就会有这种生性敏感的人。对待这类宝宝所具有的善感心灵，应当慎重。即使等到长大成年以后，也要继续加以保护。当然，也要加强锻炼。晕车的宝宝坐公共汽车，最好逐渐增加乘车里程。在托儿所内午睡时，让宝宝睡在最靠近老师的床位，让宝宝放心去睡。睡不着也不要训斥，可以启发宝宝想象一下童话故事中的情节。宝宝从外面哭着回来时，不要反复追问为什么，而是跟宝宝讲一讲愉快的事。让宝宝感到，人生中不仅有伤感事，更有很多很多愉快的事。

过分袒护宝宝固然不好，但为人父母、为人师长者，绝不能因为幼儿感情脆弱而责怪宝宝。人生并不是集体旅行，只要能健康成长，高高高兴兴地生活下去就行。无论是坚强的人，还是感情脆弱的人，只要善于利用自己的天性，来共同组成多彩的社会，正是各种各样的天性，才使人性完美，使世界呈现多样化的美丽。

7. 淘气的宝宝

好动、好奇、好模仿是幼儿的特点。随着年龄的增长，个性的形成，兴趣爱好的逐渐广泛，模仿力增强，宝宝探求尝试活动越来越多，以满足其身心发展的需要，是发展的自然规律。但由于认知能力不高，自我制约力不强，宝宝往往会做出令人哭笑不得、应接不暇的蠢事或恶作剧，在“淘气包”中尤以男孩居多。

对待淘气的宝宝，可以借鉴下列方法：

❶ **转移注意力** 人们专心致志、兴趣正浓地做事时最耽心别人打扰。宝宝也有同样的心情，常常会把家中的东西，不管是有用还是无用，不管危险还是安全，拿来当作道具，兴趣十足地做游戏。在这种时候，如果强迫、威吓宝宝中止游戏是不明智的。可以利用幼儿注意力的自控能力较弱，稳定性差的特点，转移宝宝的注意力，随后把不可以玩的东西拿走，放到宝宝不易拿到的地方。

❷ **正视现实** 宝宝的个性和兴趣由于年龄阶段不同，体现的程度也有差异。家里如果真有一个“小淘气”，父母要正视现实，理解宝宝的心情，走进宝宝的心里，与宝宝平等相处交朋友，及时发现宝宝的优点，给予肯定及表扬，使宝宝得到正面的强化教育，以利改正错误。如果仅仅对淘气的宝宝一味地责备、批评，会导致宝宝心理偏差，效果适得其反。

❸ **利用兴趣、爱好因势利导** 宝宝精力旺盛、想象力丰富，加上好动、好奇的特性，是出现“淘气”现象的主要原因。可以根据宝宝的兴趣爱好，引导幼儿进行有益的活动。如宝宝爱玩打仗的游戏，可以讲一讲邱少云的故事，教育宝宝既要勇敢，又要守纪律。宝宝喜欢玩动手动脑的游戏，可以为宝宝准备一个玩具箱，放一些废旧的锁、手电筒、收音机等物品，给喜欢飞机的宝宝一架飞机模型专门拆、装，引导宝宝进行探索，培养兴趣。这些有益的活动，既丰富知识，又满足愿望，同时能帮助宝宝克服“淘气”。

8.“五音不全”的宝宝

宝宝稚气的歌声，让人们听了总会泛起会心的微笑。然而，有的宝宝在唱歌时，经常会出现“五音不全”，大致有以下几种情况：

❶ 宝宝的“五音不全”主要体现在唱歌的音准方面，唱起歌来会走音跑调。

❷ 唱歌时，像在说话、说歌，没有高低音之分，不入调。

❸ 唱歌时，发音忽高忽低，唱不准组成旋律的每个音。

❹ 宝宝普通话的咬字发音不准，影响唱歌时的音准。

对“五音不全”的宝宝，可以通过以下方法训练，逐步纠正听音能力的差异：

培养宝宝的听音能力 音准和听音能力有很大的关系，听音能力差的，

弹和唱完全是两个调。父母可以演奏乐曲，或者用录音机放歌曲让宝宝听后跟着唱，有条件的，可以让宝宝学一种乐器，让宝宝边弹、边听、边唱，听听弹的音和唱的音是不是一样准确。

不要让宝宝清唱歌曲 清唱，往往会让宝宝起音不准，更容易走调，要让宝宝跟着琴声唱，或者跟着录音机磁带唱，刚开始小声地跟唱、练习。对某句歌曲唱不准的，要耐心地逐句教，让宝宝逐句听录音，逐句学唱练唱，直到唱准为止。

如果宝宝普通话发音不准，可以选择一些儿歌，让宝宝朗诵，要注意朗诵时的咬字发音和声调，帮助宝宝提高音准能力。

选择适合宝宝唱的歌曲，使宝宝在自然声区里唱歌，有利于提高宝宝的音准。

9. 爱“忌妒”的宝宝

宝宝其实也有“忌妒心”。尤其是在宝宝进入集体生活以后，老师的称赞和表扬，会引起宝宝在内心的不服和忌妒，如果不加以疏导，会引发宝宝之间的矛盾甚至敌意。

宝宝出现这种情况，不仅父母、老师着急担心，宝宝自己也难受。帮助宝宝克服忌妒心要加以正确疏导，提高宝宝自我认知能力，培养移情能力和努力奋斗的能力。

提高自我认知能力 帮助宝宝提高自我认知水平，是克服忌妒心理的基本途径之一。父母一旦发现宝宝忌妒心强就很生气，故意说：“××比你强多了，你应该向他学习。”这样做只能加深宝宝的忌妒心，使宝宝产生敌意。正确的做法，应该跟宝宝讲清楚，每个人都有长处和不足，如果父母平时就能做到这一点，就等于给宝宝的忌妒心理打了预防针。随着宝宝认知能力的发展，会逐渐懂得每个人的能力都有限，谁也不可能什么事情都比别人强。为人父母者，可以先拿自己做例子，然后才帮助宝宝认识自己，告诉宝宝自己既有许多优点，也有不如人的地方。这样做宝宝比较容易接受，克服忌妒心也能比较有效。如果能学会经常这样去想问题，宝宝的忌妒心理就会慢慢打消，变得能够客观地评价自我、评价别人。

培养移情能力 自我认知能力较强的宝宝，也比较容易培养移情能力。简单的说来，所谓移情，就是能设身处地为别人着想。移情能力，是宝宝心理成熟的重要标志，而心理成熟的宝宝才具备自我排解忌妒心理的能力。

例如，2岁的小甜甜，一个人看动画片，已经会被剧情感动得哭，说明宝宝已经会站在剧中人物的角度想问题。但看到妈妈抱别的小朋友，甜甜却忌妒的不得了，这说明宝宝的移情能力还比较弱。对此，父母不妨经常带上宝宝去有相仿年龄宝宝的朋友家做客。事先，告诉朋友，看到甜甜以后抱一抱他。回到家里，父母就可以问，“××的妈妈抱你，甜甜是不是也很开心？”让宝宝明白，别人的妈妈抱自己，是表示欢迎自己和妈妈，宝宝自己开心，宝宝的妈妈也开心。接下来进一步引导宝宝懂得，同样，别的宝宝到我们家做客，我们也应该做以让他们都开心。

移情能力强的宝宝，在人际交往中，更受周围人的欢迎。

把忌妒心转化为努力 可以尝试着把宝宝的忌妒心理转化为竞争意识。先让宝宝明白自己落后的原因不在于别人，而在于自己。如果宝宝一时还无法接受，父母不妨先赞扬宝宝哪些方面做的好，在宝宝情绪平静后，再一起看看哪些方面没有做的很好，需要更努力。此外，父母平时也要注意自己的言行，因为成年人自己不自觉流露的忌妒心，很容易感染宝宝。

多参加竞赛类游戏 可以鼓励宝宝多参加一些竞赛游戏，比如飞行棋、国际象棋等棋类游戏。对于忌妒心强的宝宝来说，游戏的功能在于，能多一些体验成功与失败交织的矛盾感受。多经历一些这样的心理上的矛盾冲突，可以锻炼宝宝的心理自我调适机能。

开始，可以一边教宝宝学习游戏规则，一边和宝宝一起玩。然后，试着鼓励宝宝跟小朋友一起玩。宝宝赢了比赛，父母可以在和宝宝一起开心的时候，多问问宝宝，为什么会赢，人会一直赢吗？宝宝输了后，父母不要表现出很难过的样子，应该尽量平静，让宝宝明白，比赛中输赢都很正常。输了可以再赢，赢了也可能再输。

五、亲情交流，让宝宝健康成长

1. 健康的家庭精神环境

给宝宝提供一个健康的家庭精神环境，主要是防止家庭“精神污染”，杜绝家庭存在着消极、不科学、不健康的生活情调和文化氛围，而类似的情况往往容易被忽视，是直接危害宝宝身心健康成长的各种精神因素的总和。

❶ **消极的生活态度** 有些父母经常在宝宝面前谈论目前社会上的不正之风、分配不公、道德沦丧、贪污腐化等社会阴暗面，发牢骚、讲怪话、怨气连天；有的父母甚至还把反映社会阴暗面的“顺口溜”说给宝宝听；向宝宝传递拜金主义、享乐主义、利己主义等消极信息。长期耳濡目染，宝宝就会缺少社会责任感和远大志向，看问题偏激、情绪不稳定、自私自利、任性蛮横，这样的宝宝将来很难应对社会。

❷ **享乐的生活方式** 有的家庭有相当的优越条件，生活富裕，但缺少一种艰苦朴素、奋发进取的积极态度，只满足于安乐生活，不求上进，无所作为，经常沉湎于吃喝玩乐中。这种环境可能会养成宝宝目光短浅，不求上进，养尊处优，玩世不恭。

❸ **不和睦的家庭关系** 家庭主要成员不能和睦相处，经常争吵，甚至大打出手，这种状况不仅给家庭生活罩上阴影，还会给宝宝带来难以弥补的心理创伤。造成宝宝性格孤僻、自卑感强、自尊心低下，自控能力差，可能导致宝宝离家出走，甚至走上歧途。

❹ **打骂的教育方法** 宝宝经常处在被打骂责难的环境中，是对幼小心灵和肉体的一种摧残，会使宝宝意志脆弱、胆小怕事、精神恍惚、情绪低落、缺乏自信，易使宝宝患精神忧郁症和精神封闭症。

❺ **缺乏修养的讲话方式** 父母由于缺乏文化修养，平时脏话、粗话不离口，甚至当着宝宝的面讲低级趣味的话，长期如此，会使宝宝从小讲话就没有礼貌，不讲理，粗鲁蛮横，使人讨厌，不易被社会所接受和容纳。

父母是宝宝们最直接的、最好的老师，父母的行为对教育宝宝至关重要。养成文明的家庭环境，积极健康的生活态度，为幼儿提供良好的家庭精神环境，要避免上述的各种不当做法，让宝宝们健康成长。

2. 接宝宝回家五要、五忌

宝宝刚刚入园，全家人都会有不同程度的担心：宝宝在幼儿园会不会没吃饱，会不会想家，会不会受小朋友的欺负……于是，接宝宝回家后，会出现许多新话题。

为了让宝宝更好地适应幼儿园集体生活，以下“五要”和“五忌”适合父母从幼儿园接宝宝回家时，做为应对参考。

“五要”是：

走路回家，保持平静，分享快乐，主动沟通和积极配合。

走路回家 宝宝刚刚进入幼儿园，离开家一整天，见到亲人会有“撒娇”表现。父母在接宝宝时，可以适当给予宝宝亲热的拥抱，但要注意坚持让宝宝自己走路回家。一方面，这个年龄段的宝宝完全能够做到自己走路回家；另一方面，坚持让宝宝自己走回家，也是给宝宝一种自己已经长大了的心理暗示，有利于宝宝的心理独立与成熟。

保持平静 宝宝进入幼儿园，是家庭中一件大事。刚开始有种种不适应表现是正常的。宝宝对幼儿园生活的不适应，往往受环境和成年人态度的影响。父母接宝宝回家后，最好尽量保持家中往日平静的氛围，不过分渲染对宝宝入园问题的关注，以免造成宝宝的紧张情绪。父母平和的态度，是宝宝很快适应幼儿园生活的良好外部环境。

分享快乐 宝宝到全新陌生的环境中，会有一些心理压力，减轻宝宝压力的最好办法是缓解宝宝紧张的心理。回到家后，有意识引导宝宝回忆幼儿园一天的快乐。例如，认识了哪个小伙伴？老师带你们做哪些游戏了？……父母以平静、略带羡慕的态度与宝宝分享快乐，有利于宝宝建立良好的情绪体验，尽快适应幼儿园的生活。

主动沟通 为帮助宝宝尽快适应新环境，父母主动与宝宝沟通。聊一聊幼儿园一天的生活，谈一谈结识的新朋友，陪宝宝玩一玩游戏十分必要。

积极配合 宝宝在幼儿园的集体生活，与家庭生活有许多不同之处，父母要主动了解宝宝在幼儿园的生活、游戏和学习情况，进一步了解幼儿园对宝宝的要求，积极主动配合幼儿园，让宝宝坚持与幼儿园保持“一致”、“一贯”的要求十分有益。

“五忌”是：

忌甜水等待，忌刨根问底，忌迁就放纵，忌零食补偿，忌偏听偏信。

甜水等待 常常能见到父母在接宝宝时，拿着一瓶甜饮料，惟恐宝宝在幼儿园喝水不够。如果每天都有“甜水等待”，会影响宝宝在幼儿园里正常饮水。而且长此下去，会影响到儿童健康。要倡导宝宝喝白开水，因为白开水中有饮料没有而人体需要的微量元素。

刨根问底 宝宝离家一整天，亲人的惦念可以理解，接宝宝回家后，全家人围着宝宝问这问那，不仅令宝宝厌烦，还会强化宝宝不适应感。宝宝的情绪受客观环境影响，家人的紧张和反常表现会直接影响到宝宝，让宝宝产生焦虑情绪。

迁就放纵 宝宝心情不愉快时，常常会莫名其妙地发脾气。刚入园时宝宝也会出现“撒娇”或“耍赖”现象。这时候父母不要表示同情，要用转移的方法排解宝宝心中的不快，不可以顺着宝宝性子娇纵。

零食补偿 父母惟恐宝宝在幼儿园吃不饱，回到家就把各种零食摆在宝宝面前任挑选。这样做的结果会促使宝宝在幼儿园里更不好好地吃晚饭，因为每天回家都有零食做补充，宝宝会在幼儿园吃晚饭的时候留有余地，时间长了，会影响宝宝健康。

偏听偏信 父母对刚刚入园的宝宝会不放心，会向宝宝提出这样那样的问题。而这个特殊阶段的宝宝，常常会把想象与现实相混淆，会说出与事实不符的答案。如宝宝之间发生不愉快，往往会说“某某小朋友打我了”，遇到这种情况父母不可“偏听偏信”。此外，宝宝回答问题时往往把问题的结尾作为答案，如父母问：“你今天吃没吃饱？”宝宝回答：“没吃饱。”父母接宝宝前，要多与老师沟通，客观地了解宝宝在园的情况，避免产生误会。

3. 与宝宝互动的特殊奖品

宝宝慢慢地长大，有了自己的思想和意志，有时候会不听父母的话，越是批评宝宝就越是反抗，会使宝宝的习惯成为屡教不改的难题。

有一种非常有趣的方式，可以激发宝宝的好胜心和进取心，使宝宝自动自觉地改掉坏习惯或养成一个好习惯。简单地说，这是一种用画图来表现的奖励制度。

3岁的宝宝已经有了视觉形象方面的意识，有很出色的灵感，能用纸笔创造出心目中美丽的东西。给一点漂亮的不干胶贴纸，做一些基本的画图工作，可以满足宝宝们独立自主的欲望，让宝宝觉得自己很厉害、很能干。有针对性的绘图方式，可以使“小捣蛋”乖乖地待在自己的房间中不乱跑，听话地每天按时睡觉。它还适用于其他各种情形，想要宝宝做什么，或者不做什么的时候都可以用这种特殊的方式来约束宝宝的行为。

当然，要确保互动图画奖励拥有3种元素：

一个简单的目标 图画中要有详细而精确的标识。比方说，想要宝宝每天都在自己的小床上睡觉，可以画一张床，床上睡着宝宝，然后在纸的上方围绕着床画上7个大大的蓝色圆点，代表一周7天。当宝宝达成了这一天的目标后，就被允许在圆点上涂上一个彩色的三角形。

一段合理的期限 要使宝宝不气馁，一个目标的时期不能定得太长。要让宝宝看到自己每天的进步，有满足感。从两天到一个星期，对一个3岁的宝宝来说，已经是很长的时间了。一个星期后，再和小家伙一起重新定制一个新的目标。

一种明确的奖赏 奖励，的确是使宝宝听话的最好的方法。可以先和宝宝约定好，然后在图上画上奖励品，把这张图片贴在宝宝房间的墙上，能够天天见到的地方。一个有互动性的图画会提醒宝宝，自己的目标是什么。

4.“好爸爸”的小锦囊

活泼好动，没有一分钟肯安静下来；精力充沛，好奇心强，加上能走会动手，爬高上低，这个年龄阶段的宝宝，简直就是家庭中“不稳定因素之源”。而且，小家伙似乎很有一番主见，什么事情都不听父母的，什么事情都喜欢我行我素，父母要费尽心思，才能和宝宝达成沟通。

做为现代家庭的父母，想和家里的那个“不稳定因素”搞好关系？没问题。

其实，与宝宝沟通的渠道，是用时间和耐心、爱心、细心浸泡出来的。这里有几条锦囊妙计，通过和宝宝一起玩的办法，既培养宝宝的能力，又能加强与宝宝的沟通。

❶ 观察“小自然” 这个年龄段的宝宝，注意力集中时间只有十几分钟，想让宝宝耐住性子观察一件事物，的确很难。但如果找到能激发宝宝们兴趣的东西，陪着小家伙一起去做，情况就不一样了。

最简单的办法，是抓一把绿豆，拿一个小盘，用浅浅的水泡起来，等着它们发芽儿。如果还想增加一点儿难度，还可以找一些花花草草的种子，在小花盆里种上。或者弄一点小金鱼、小乌龟之类的小动物在家里养一养。或是找一点黑色的小小蚕卵来和宝宝一起经历孵化、采桑、换食一直到吐丝结茧，再到化蛹成蝶的生动养蚕经历。这些小生命个头不大，花钱不多，却足以培养起宝宝的观察能力和爱心。

如果能适当地加以引导，例如，分时段地观察，对比小生命在不同条件下的生长情况，然后简明扼要地做记录，或是用画笔、照相机留下这些生命每天的变化，然后和宝宝一起制作一份观察报告。无论现在还是若干年后，全家一起再次翻看的时候，一定会非常有意思。

❷ 拼比眼力 拼图玩具虽然简单，但在国外一直很流行。下至四五岁的宝宝，上至六七十岁的老人都对它很感兴趣。

买一大盒拼图扔给宝宝，并不能稳住宝宝的心。做为父母，在宝宝身上花多少时间和心思，就会有多少收获，还不如两代人趁机坐下来和宝宝一起完成这一项“伟业”。然后，把亲子间共同的作品贴在硬纸上，装进镜框，挂在墙上。这要做，肯定比送给宝宝的任何一件礼物都管用。因为，那上面每一条曲曲弯弯的缝隙里都浸透了对宝宝的爱，做这样一件事，比一本正经地跟宝宝谈心要简单易行，而亲情收获的效果不可低估。

爸爸妈妈来互动

奖励宝宝

适当奖励宝宝对宝宝来说可不同一般呢！例如教宝宝画画时，宝宝能够按照爸爸妈妈的吩咐画好一个圆筒冰淇淋和一些小勺子。那么就奖赏给宝宝一次快乐的冰淇淋店之旅吧。如果能按照要求画出一些空着的小笼子和小动物。或者在笼子中贴上一种动物的粘纸。那么就奖励宝宝去真正的动物园开开眼界吧。这些简单的游戏，却能使宝宝雀跃，宝宝会把游戏当作一件大事去认真地完成。

3 看闲书 课本和辅导材料以外的书，平日里都被父母归入“闲书”的行列。而有益的“闲书”是培养宝宝爱好，激发学习兴趣最佳途径之一。小时候的摘抄本——记录大量从“闲书”上找到的精彩词句、章节，剪贴下来，诵读熟悉，将来写作文时候用上，能得到老师的频频夸奖，要知道，写文章妙笔生花，读“闲书”功不可没。

图文类读物更能引发宝宝的兴趣，启发宝宝关注生存环境、培养爱心的优秀作品更是能陶冶心志。男宝宝的爱好似乎从小就具有性别色彩，父母不妨让宝宝敞开了看有关“兵器知识”、“航模制作”、“汽车世界”一类的杂志，只要加以正确指点，看这一类书肯定会使成长后读书进学校的功课受益匪浅。

4 户外运动 窗外是大好的景色，天天憋在屋子里也不是个事儿。饭后闲暇，不妨拿起羽毛球拍，跟宝宝到楼下的空地上活动活动筋骨。挥舞着球拍，两人离得挺远不说，路过的人也近身不得，绝不会比待在家里危险。全家人在住地附近跳跳绳、打打球、踢踢毽子，一家三口来一次记分赛，更能让全家亲子间的关系其乐融融。

第四节

33～36个月的宝宝

做妈妈须知

学习画画和粘贴，学习折纸游戏，学用剪刀；
学习做客的礼貌；
知道父母工作单位和电话，能够说明白自己所经历过的事情；
会猜谜语；
每天坚持读儿歌讲故事，做计算游戏；
学习立定跳远；
认识主食副食十种；
喜欢幼儿园，做好入园准备；
增加户外活动；
注意饮食卫生，预防肠道传染病；
预防缺锌；
流脑疫苗加强。

一、宝宝的成长

1. 身体发育

体重	男童 约13.13～13.53千克	女童 约12.55～13.13千克
身高	男童 约91.7～93.38厘米	女童 约90.35～91.77厘米
头围	男童 约48.8～48.95厘米	女童 约47.7～48.8厘米
胸围	男童 约50.2～50.54厘米	女童 约49.1～50.2厘米
牙齿	20颗乳牙	

2. 脑的发育

3岁末，脑的重量为1000克，整个幼儿期脑容量只增长100克。但脑内的神经纤维迅速发展，在脑的各部分之间形成了复杂联系。神经纤维的髓鞘化继续进行，尤其运动神经锥体束纤维的髓鞘化过程进行更显著。为幼儿动作发展和心理发展提供了生理前提。

神经系统的抑制过程明显发展，但兴奋过程仍占优势，因此，幼儿易兴奋。

幼儿期大脑皮层活动特别重要的特征，就是人类特有的第二信号系统开始发育，为儿童高级神经活动带来了新的特点。儿童借助于词的刺激，从而以形成复杂的条件联系，这是儿童心理复杂的重要基础。

3. 感觉运动的发育

3岁的宝宝，自主性很强，能随意控制身体的平衡和跳跃动作。可掌握有目的地用笔、用剪刀、用筷子、杯、折纸、捏面塑等手的精细技巧。学会单脚蹦、会拍球、踢球、越障碍、走S线等。

4. 语言、适应性行为发展

3岁的宝宝，主动接近别人，并能进行一般的语言交往。学会复述经历，学会较复杂的用语表达。好奇心强，喜欢提问。生活自理能力增强，会自己穿衣服及鞋袜。到这个阶段，个性表现已很突出，喜爱音乐的爱听录音机的歌曲；对画画感兴趣的喜欢各种颜色；对文学感兴趣的，喜欢听故事，朗读也带表情，语言流畅，能表达自己的意思，会讲故事，背诗词等。会编简单谜语。

5. 心理发育

幼儿期的心理发育，是在新的生活条件和各种活动中向前发展的。

3岁儿童独立行走之后，能够自由行动，会主动接近别人，能和小朋友一起玩儿，接触到更多的事物，对幼儿期儿童的独立性、社会性和认识能力的发展均有积极作用。宝宝双手的动作发展得复杂多样化，能自己穿脱衣服，自己洗手、洗脸等。双手协调，不论在动作的速度上和稳定性上都有明显增强。此时的宝宝已经能熟练掌握300～700个单词，和人交往时，已经能适用合乎日常语法的简单句子，并能发问。

由于动作和语言的发展，智力活动更加精确，更有自觉性质，在感知、想像、思维方面都得到发展。幼儿通过游戏活动，开始出现高级情感萌芽，懂得

一些简单的行为准则，知道了“洗了手才可以吃东西”、“不可以打人，打人妈妈不喜欢”这些行为准则，可以和小朋友们和睦相处，也是为品德发展做准备。

6. 睡眠

3岁的宝宝夜间睡10～11小时，午睡1～1.5小时。

7. 情感特点

3岁的宝宝大多数时间会表现出极其活泼愉快，容易兴奋。但有时会大哭大闹，忽而又会破啼为笑，忽晴忽雨，变化多端——其实，这正是宝宝感情发育丰富多彩、逐渐成熟的标志。

这个年龄阶段的宝宝，感情以多变为主要特征，包括好冲动、易变化、明显外露、不断丰富、日益深刻等具体特点。

好冲动 宝宝常常会因为环境的变化，或者一点点小事冲动起来。幼儿冲动时，完全不能控制自己，甚至听不进好言相劝，短时间内不能平静下来。个别宝宝一旦激怒后几个小时也停不下来。在幼儿冲动时，可以用注意转移法来调节宝宝的情绪。如请宝宝帮助妈妈做一件事，或者给宝宝一件有趣的玩具，有此来引起积极情绪，替换消极情绪。如果这些办法都不生效，就暂且不要理会，让宝宝感到孤单，没有人理睬，也自然会觉得没趣，因而停止哭闹。然后再对宝宝讲道理，指出这样做不好。对待宝宝的无原则冲动，不能迁就，应当在平静以后，提出要求，培养宝宝控制自己好冲动的能力，学会接受成年人的指示，调节自己的情绪。幼儿越来越大，这种冲动性也越来越减少，自我控制能力开始增强。

易变化 宝宝常常会出现破啼为笑，说变就变。有时因为成年人的一点点举动就会引得宝宝哈哈大笑，笑声刚止，就会因为妈妈的一句话又哭起来。

有时候宝宝玩得正高兴，却因为一件玩具引起争端，免不了大哭大闹。

幼儿情绪最容易受到父母的感染，父母喜欢的，宝宝也喜欢，父母厌恶的宝宝也容易厌恶。所以，父母在宝宝面前，不能轻易显露自己的不良情绪和情感，要时刻给宝宝以良好积极的情感感染。

明显外露 宝宝不能意识到自己的情绪，毫无控制和掩饰，想哭就哭，想笑就笑。到学前期，可以在不愉快时控制自己不哭出声来，受表扬时，心里高兴，脸上却不笑。遇事哈哈大笑、又蹦又跳的表现少了，面带微笑来表示内心喜悦的稳定情绪多了。但是，宝宝的总体特点仍然是情感容易明显外露，不易控制自己。

不断丰富 幼儿时期，宝宝的社会性情感发展很快，求知欲更加旺盛，社会性需要的范围越来越广泛。很多方面的精神需要得到满足，从而产生了更加丰富的情感。成年人如果给宝宝讲故事，领着宝宝玩儿就会受到欢迎。在这些愉快的活动中，宝宝沉浸在幸福、愉快、亲近、安详的情感之中，宝宝对能给自己产生精神需要的成年人产生尊重、敬佩、喜爱，而对坏人坏事产生愤怒、厌恶。对自己做成功了的事感到骄傲，做错了的事惭愧，对同伴的某种能力很羡慕，对达到的某些目的而失望。

在幼儿集体里，能力强的宝宝受到大家的崇敬，小伙伴们都愿意与这样的宝宝结伴游戏。能力较差的宝宝容易受到排斥，很少有人与这样的宝宝结伴做事。父母应当仔细观察，宝宝和谁好？宝宝在小朋友们中受不受欢迎？针对具体情况，提示强者学会团结弱者，弱者有勇气同大家一起做事。在这样的基础上，发展宝宝的高级社会性情感。

日益深刻 年幼的宝宝喜欢妈妈抱，也喜欢抱布娃娃，然而大一些后，小家伙就想装成“小大人”了，妈妈再抱会感到害羞，玩布娃娃怕别人笑话。由于社会性精神生活的需要不断增加，引起情绪和情感的事物和性质都发生巨大变化，随着言语和认识能力的提高，各种社会性情感很快得到发展。宝宝的情感不再只是指向自己，已经能把自己与别人联系起来，出现了同情感，有了较高级的社会性情感。小时候喜欢吃零食，常常控制不住自己，妈妈给的糖果走到哪都想吃，吃完就把包装纸扔到地上。大一些的宝宝，能掌握公共卫生的社会公德标准，懂得不能随地扔垃圾。随着认识能力的提高，情感的深刻性也发展起来。宝宝逐渐对各种事物的情感体验一步一步地逐渐深刻而趋于稳定。

二、育儿小知识

1. 养育建议

▲ 教育宝宝提防坏人或意外走失

不要同陌生人说话，不接受陌生人的食物和礼物，不让陌生人碰自己的身体，不跟陌生人走；

有事找警察叔叔，有急事打110电话；

记住自己家的地址，记住爸爸妈妈的姓名，记住自己家的电话号码。

▲ 学习儿歌和讲故事

反复给宝宝读儿歌，使宝宝对儿歌感兴趣，选择故事性强的儿歌，先把内容当做故事讲然后再读，妈妈读一句让宝宝跟读并背下来；

选择搭配有图画的儿歌集，学会儿歌后可以让宝宝给大家表演；

故事情节要简单，要口语化，故事要短；

最好有图，边讲边看；

选择对宝宝有意义的故事，但要让宝宝能听懂。

▲ 综合学习

给宝宝一团橡皮泥或面团；

宝宝应该有各种颜色的蜡笔或油画棒，有黑板和各种颜色的粉笔；

备一条围裙，水粉颜料和毛笔；

各种布头、各色毛线、各色包装纸等；

让宝宝尽管随意涂抹，不要怕把颜色弄得到处都是；

不要让宝宝照着成年人的画学着画；

如果看不懂宝宝的画儿，不要问“这是什么？”

给宝宝足够的空间和自由时间。

2. 宝宝不宜测智商

多数父母都有一个疑问，是不是应该给自己的宝宝常规地做智商测定，有利于宝宝进行早期教育，开发宝宝的智力。

一般说来，医学上确有一定的智商测定手段，用来对于具有一些影响大脑发育的高危因素的宝宝应该进行早期监测，以便早期发现，及时干预，促进有先天性问题的宝宝智力发展。

但是，对正常的宝宝却不宜做常规地智商测定。因为智商测定要受到很多条件的限制和影响。一个智商测定，不能代表一个宝宝的各个方面的发展及才智。而且目前的测定，大都是片面地集中在语言智能和数学逻辑智能上。智商测试的结果容易误导父母，使宝宝错过挖掘各方面潜能的关键期。1983年，美国哈佛大学伽德纳教授提出“多元智能理论”，认为人类至少有8种天生职能，用同一个标准来评定人的智力极其错误。

对于幼儿来说，需要重视身体动觉智能的开发。身体动觉智能，是人体多元职能中的一种，在婴幼儿智能发展过程中是最早发生的。

身体动觉智能是指善于运用整个身体来表达自己的想法和感觉，能用双手灵巧地生产和改造事物的能力，是中枢神经系统支配全身的大小肌肉具有控制技巧的能力。

幼儿身体动觉智能的发生过程，是运动能力发育的过程。幼儿身体动觉智能发展的几个阶段——运动关键期、运动协调期、运动技能学习期，只要给予相应的训练，例如：安装一个小小篮球架，让宝宝玩一玩小篮球；给宝宝带上游泳圈，去游泳池里学习游泳，还能满足小婴儿皮肤对于触觉的需求；让宝宝学习骑一骑小自行车等，通过这些玩具式运动器材的辅助作用，促使宝宝尽早学会跑、跳、投掷、攀登、爬等动作，逐渐掌握平衡、协调、敏捷、力量、耐力、柔韧、弹性、速度等控制技巧，促使幼儿身体动觉智能更好的发展，这样有利于带动其他多种智能的发展。

3. 幼儿多动症

多动症又称做“多动综合征”，是幼儿常见的一种以行为障碍为特征的综合征。

多动症主要症状有活动过多，注意力不集中，易冲动，有不良行为和学习困难表现。

活动过多　活泼好动本是幼儿的天性，但是，如果宝宝表现出不安宁，

喂哺困难，难以入睡，易醒或睡着后难以唤醒，就有多动症的倾向。有的宝宝较早就能站立行走，打翻碗盆，拆散玩具，或独自外跑甚至走失。上学以后，宝宝不能专注，上课时会用手敲桌子、乱跺脚。不能坐定下来看一会儿电视，在家中爬上爬下，拉窗户，踢椅子，宝宝的这种活动表现出杂乱、无目的性。

注意力不集中 幼儿注意力的时间，随着年龄增长而增长。多动症的宝宝注意力不集中表现很突出，宝宝的活动无目的性，从一个活动很快转向另一个活动，拿一件玩具没一分钟，就丢下玩另一件，不能专注于一件事，也记不住讲给自己的事，因为不能注意力集中地听宝宝做事表现出有头无尾，丢三落四。

冲动 多动症幼儿做事不考虑后果，如果说要喝水，拿起来就喝，不管水是凉的还是烫的。上街跑，不注意有没有车。在幼儿园里乱喊乱跑，也不会考虑是否影响到别人。在集体活动时，通常不守规则。出些这些问题，并不是宝宝要刻意捣乱，而是因为冲动使宝宝想不到那么多。

不良行为 多动症幼儿好打架，爱顶嘴，不服从，横行霸道，好发脾气，纪律性差等。这类宝宝过于独立又过于依赖，情绪不稳，时而过于兴奋，时而任意发脾气，甚至产生攻击性行为。因此，这类宝宝很难于同龄人相处，没有好朋友，缺少同龄伙伴。

学习困难 多动症幼儿在智力发育方面存在一定障碍，难以适应一般的教学安排，往往需要个别辅导。有的宝宝存在感知障碍，造成阅读困难。有的由于神经系统功能障碍，产生运动协调困难，不会使用剪刀，不会系鞋带，写字和画图都存在困难。这类宝宝能力方面发育的不协调，常常会引起老师和父母的责备，而受责备又会使宝宝受到挫折，形成恶性循环。

幼儿罹患多动症的原因，至今尚不完全清楚。

但是在家庭生活中，避免一些因素，可以预防宝宝发生多动症：

❶ **先天体质缺陷** 可能由父母的遗传因素引起，也可能由于母亲在妊娠期的问题所引起。例如母亲孕期精神紧张以及其他高危妊娠因素造成胎儿缺氧，影响到胎儿脑发育。

❷ **铅中毒** 城市幼儿容易受到铅污染，如含铅汽油等，造成幼儿认知、言语、感知障碍。

❸ **食物过敏** 有人认为多动症是幼儿对某些调味品过敏引起的。

④ **放射** 有研究发现，电视和荧光灯的小量放射，可能造成宝宝多动症的发生。

⑤ **身体器官异常** 有人发现患多动症的宝宝，身体器官不对称，大小比例异常等情况比正常人多。

⑥ **心理因素** 紧张的环境，家庭的不当教育，过多的指责与体罚，是儿童发生多动症的原因之一。

对于已经患上多动症的宝宝，可以在医生的指导下，用药物治疗，同时按医生设计的训练方法进行行为治疗，帮助幼儿培养自我控制能力，改善幼儿的倔犟固执行为，引导宝宝加强注意力，培养宝宝的责任心。只要及时发现，及早对多动症幼儿采取治疗，预后效果一般还是会比较好的。

4. 城市宝宝的“高层病”

对于幼儿来说，久居高层楼房、与祖辈一起生活，会限制宝宝的活动空间，成为影响宝宝们健康成长的因素。还有可能使宝宝患上自闭症，有人把幼儿自闭症称做是城市儿童住楼房的“高层病”。

户外活动，不仅能加强宝宝的肌肉、骨骼等运动器官的发育，同时还能丰富对宝宝的刺激，使宝宝把许多听到的、看到的、摸到的、闻到的各种信息传递到大脑去。大脑接到这些信息，进行比较、分析和综合，就能促进大脑的发育。

而现代都市儿童们，从小多数被限制于空间不大的室内活动，室内活动的范围受到限制，内容也日复一日雷同，不可能有户外活动那么多姿多彩。在户内生活时间较长的宝宝，长此以往，形成习惯后，活动的欲望受到限制，与年岁较大的祖辈生活在一起，一方面会受上年纪人影响变得好静不好动，另一方面与人交流也会比较少，很容易产生自闭。变得胆小、内向，严重地影响到宝宝个性的发育。

家住在城市的高层楼房的家庭，要在儿童房间中尽量地丰富宝宝的天地，多给宝宝子准备一些可以运动的玩具，让宝宝多蹦蹦跳跳，减少一些画画儿和看书的时间。还可以给宝宝饲养一些小动物，虽然，在高层楼房中养小动物很麻烦，但可以想办法养一些比较小的动物。常常给宝宝请来邻家小朋友们一起玩儿，让宝宝学会交往。当然，最好还是给宝宝创造更多的机会到户外活动，一有时间，就带宝宝到公园和郊外，让宝宝尽情地跑，开心地玩儿，使宝宝的天性能够自由发展。

5. 早用筷子不好

有人认为，宝宝应从小养成用筷子的习惯，有助于宝宝的智力开发。其实，筷子的使用是人手部的精细协调动作。大脑控制手活动的区域要比其他肌肉运动区域大得多，肌肉活动时刺激了脑细胞，有助于大脑的发育。

然而，用筷子来菜这一动作，需要牵动多个关节。它不仅是5个手指的简单屈伸动作，腕、肩及肘关节都要参加，完成这一动作的过程也相当复杂。如果宝宝的年龄小于2周岁，刚开始学用勺子吃饭，就不能很好地完成用筷子吃饭的动作。手动作的训练虽然可以促进大脑发育，但也要以大脑发育至一定水平为前提，“越早越好”的“早”也应有一定的度。

一般情况下，对宝宝的智能训练要遵循儿童大脑发育的客观规律。幼儿可以从3岁起练习使用筷子吃饭。如果过早地逼宝宝用筷子，由于宝宝手部的动作还未发育完好，不但学习起来困难，还可能会因为动作不协调把饭碗弄翻、饭菜弄撒。如果父母不够耐心，难控制自己的情绪，责怪或训斥宝宝，就会挫伤宝宝进餐的积极性，影响进餐情绪，酿成厌食的后果。

教养小帖士

幼儿自我意识

3岁的宝宝自我意识开始发展。自我意识就是人对自己和自己心理的认识，是人的意识的一种表现。3岁的宝宝喜欢自己做事，自己行动，常常会说：“我自己来”、“我自己吃”、“我就不”，父母应当尊重儿童独立性的愿望和信心，同时也要及时给予宝宝帮助。但是当宝宝开始出现自尊心受到戏弄、嘲笑或不公正待遇，或者在别的宝宝面前受到责骂后，可能引起愤怒、哭闹或反抗行为。

三、智能开发从训练开始

1. 让宝宝什么都试一试

婴儿从整天躺着吃奶、睡觉，变成会咿呀说话、到处乱跑的幼儿时，年轻的父母可能发现自己的宝宝“一天一个样”，语言开始丰富，甚至惊奇地发现自己的宝宝突然能说许多话。

幼儿期的宝宝对任何事物都想探索个究竟，什么事都想自己动手“插一杠子”，总会说“自己来”。这是由幼儿的神经心理发育的阶段来决定的。这个时期的宝宝，已经不再是“看到妈妈喊妈妈”的简单的认识性记忆，宝宝已有了回忆性记忆，对周围环境开始探索，充满好奇心。对外界环境的了解主要是动觉与视觉的联系，表现得喜欢爬高走险、躲在门后捉迷藏等。

正确启蒙幼儿的好奇心，对一个宝宝的成长非常重要。所谓启蒙，是要启发宝宝的好奇心，理解世界，理解事物，理解作为个体的人与环境的关系，培养适应能力 ，而不要一股脑儿地向宝宝灌输，让宝宝机械的背诵。

父母希望自己的宝宝能成材，很早就教宝宝背唐诗、写字，以为这就是“早教”。实际上，在这个年龄阶段作用不大。因为2～3岁的宝宝还不能理解，长久的记忆还未发展，长大后都会遗忘。有的父母对宝宝的什么事都想试一试感到不安，怕弄脏手、脸、衣服，怕发生意外，怕打破东西，总之是不放心、不理解。这两类态度都不宜启发宝宝的想象力、创造力、动手能力。

不要小看3岁的宝宝，3岁以前的宝宝已经历了许多事情，这些经历将会成为终生教育的基础。这就是非智力因素的开发，如求知欲、想象力、毅力、观察能力等。对一个人今后成就大小非常重要，而并不在于会背几首唐诗。父母利用生活中的经历积极参加与引导，以帮助宝宝在3岁以前就开始获得一种对问题的理解力。例如，给宝宝洗澡时，可鼓励宝宝用各种不同容器盛水，比较装水的多少来体会容器的大小；也可让宝宝比较小船、鸭子，装满了水的瓶子放在水中，有的可以浮在水面，有的沉人水底。从这些“试一试”的游戏中，父母也可更多地了解自己宝宝的思维。

不要忽视，更不能抹煞宝宝的创造力。创造力是人类最珍贵的能力之一，社会的发展、文明的进步全都依靠人类的创造力。父母不会启发宝宝的这种能力，才是令人感到遗憾的“失误”。

2. 培养阅读爱好

经常对刚学会走路的宝宝讲话，帮助宝宝建立词汇的概念。在给宝宝穿衣服、做饭、带宝宝上商店时，要让宝宝忘掉婴儿用语，用常人和标准的词汇表达认识和感情，这样，宝宝能很快从所处的环境中了解词的真正涵义。

有规律地大声朗读，是父母帮助宝宝培养阅读爱好的最重要方法。有规律地大声朗读，也能使亲子之情更加亲近和浓郁。

让宝宝积极参与阅读。教宝宝吟诵喜爱的诗歌或摇篮曲，宝宝听到自己的朗诵声，会受到鼓舞，从而使语言表达能力进一步提高。

让宝宝模仿父母阅读。如果宝宝看到父母经常阅读书籍，也会模仿。

有规律地去图书馆。即使还不会读书，也要有规律地带上宝宝去图书馆，使宝宝幼小的心灵早早地留下概念：读书是生活的重要组成部分。

3. 不要攀比别人家宝宝

有些母亲喜欢拿自己的宝宝和别人的宝宝比较，结果往往会造成母子二人都感到压力和形成自卑。

母亲们是为了鼓励自己的宝宝才与别人相比，以此来指出自己宝宝的不足之处，原本是想要激励宝宝努力去做，去争取进步，出自一片慈母心肠。但如果尽做一些不利于宝宝的比较，哪一个宝宝都忍受不了。宝宝成天在“比别人不如”的心理压力下过日子，自然会产生自卑感。总是拿自己宝宝攀比别人的优点，不会让宝宝受到鼓励，而会给幼小的心灵播下自卑的种子，再让宝宝去努力，等于束缚住宝宝的双脚后，再让宝宝飞跑一样不明智。

自卑感在宝宝的心灵上留下重创后，每当再做一次比较，就等于向宝宝再猛击一掌，让宝宝感到自己的“无能”、“无助”，陷入“无自我价值感”之中，会产生对什么都不感兴趣、破罐子破摔的心理。

把自己的宝宝与别人相比，特别是用自己宝宝的不足之处与别人的优点相比，这种做法有百害而无一利，因为这样做只会打击宝宝的自信心和自尊心。

“阳光下每一片树叶都散发着自己的光芒”，人，也一样。每一个人都有自己独特的个性，世界上绝对没有两个相同的人。因此，“人与人相比”的做法，不仅毫无意义，而且最好不要拿自己的宝宝去做这类比较。对于宝宝的缺点，不要总是谈论和指责。

如果一定要拿比较的方法来促进宝宝，最好用宝宝本人作为比照标本，也就是说，把宝宝的现在与过去做比较。这样一来，就会发现，宝宝总是在进步、有提高，宝宝自己也感觉到了自己的成长，有成就感，从亲人这儿得到赞赏和表扬，会增强自信心，效果才会好。

4. 特殊阶段发展训练

幼儿好奇、好动，是成长过程中心理发展的需要。俗话说：“淘丫头出巧的，淘小子出好的”讲的就是这个道理。环境刺激与人脑的相互作用，是在活动中进行，人类离开活动，无法产生心理，也无法锻炼出各种才能。特别是幼儿期，活动最为重要。

宝宝们的各种感知能力、记忆能力、想象力和思维能力无不依靠活动而来。穿针引线、摆积木、折纸、画画，发展视力眼协调动作；角色游戏使得想象丰富；唱歌跳舞使得性格开朗活泼。各种使用手指尖的动作对大脑产生良性刺激，手部的反复动作，使大脑产生概括，懂得用不同物品不同的方式，使用不同的力量，宝宝学会了分析、比较。在活动的同时，产生了直觉行动性思维。

进入幼儿期，为了让宝宝学会思考，必须依靠具体的东西、玩具和实物，来作为宝宝暂时理解过程的基础。因此，幼儿各项心理活动都需要从活动中得到发展。好动的宝宝往往都聪明伶俐，若是一味要求宝宝傻吃、闷睡、静坐，只会使宝宝变得呆头呆脑。因此，针对幼儿的特点，适宜组织丰富多彩、天真有趣的活动，让宝宝在愉快的活动中长身体，练才能。

幼儿自出生到入学前，心理水平发展极快。在这个时期，神经系统发育产生突变，学习能力和掌握行为经验都比较容易。宝宝大脑发育有几个激增期：3～10个月，2～4岁，6～8岁，入学前

就会出现这么三次激增，入学以后还会有两次。

随着神经纤维鞘化过程的完成，宝宝会出现某种能力的发展敏感期，也就是心理发展的飞跃期。例如，2岁到入学前，是幼儿掌握口头言语能力发展最快的年龄，其中，学习说话最积极、最主动、进度最快是在2岁左右。如果这个年龄阶段不加以培养，语言发展缓慢或不会说话，以后再学习说话就很费力。而宝宝在5岁左右时，掌握数的概念较为灵敏。

5. 纠正宝宝用口呼吸

有的宝宝习惯于以口呼吸，则易感冒，易患咽炎。

人类的呼吸动作，应当通过鼻子来完成，鼻腔能起到温暖、湿润和洁净空气的作用，能保护呼吸道。不论严冬还是盛夏，空气经过鼻腔到达肺里，都可以接近于体温。鼻腔黏膜上皮有许多腺体，它们能不断地分泌液体。成年人24小时内，鼻腔排出的液体可达1000多毫升，使吸入的空气湿度保持在75%左右。鼻毛能不断地把阻挡住的灰尘、细菌推向口腔。鼻腔中还能分泌溶解细菌的酶，从而增强鼻腔的防病功能。

如果宝宝习惯于用口腔呼吸，不仅鼻腔的作用派不上用场，而且会唇干舌燥，咽喉部发干，容易患上呼吸道疾病。

宝宝用口呼吸，有的是坏习惯，有的是因为疾病，如鼻腔或副鼻窦炎症、慢性扁桃体炎、增殖腺肥大等。如果不及时治疗幼儿这些疾病，纠正宝宝用口呼吸的习惯，长期下去，宝宝容易长成张口、上唇短上翘、露齿型面容，极不美观。

因此，如果发现宝宝习惯于用口呼吸，应当及时带宝宝去医院耳鼻喉科检查，诊治相关疾病后，让宝宝自动养成用鼻腔呼吸的习惯。

6. 创造适宜宝宝成长的环境

成功的早期教育，要给宝宝丰富多彩的生活环境和条件，是宝宝快乐进取的基础。

环境具有强大的影响力，能给宝宝耳濡目染、潜移默化的力量；环境是立体化的、从头到尾的“三维教材”，宝宝在不同的环境中，会长成不同的个性。宝宝成长，需要良好的人际、智慧和意志环境，给宝宝建设一个有利成长的环境是有利一生的事。

人际环境 民主、平等、和睦、欢乐。宝宝是家庭中平等的一员，不要娇宠溺爱，也不要受到冷落。全家人应当做到互相关爱，分工劳动，遇事商量，共同享受生活的乐趣；全家人还应当习惯于互相赞美良好的行为表现，运用礼貌语言和幽默感使生活充满生机；全家人可以经常开故事会、朗诵会、运动会，表演各种节目，还可以请亲戚、朋友、小伙伴来家里做客和一起玩，尽情享受亲情和友情。

智慧环境 丰富、整洁、优美，爱阅读、提问和动手。要给宝宝准备好小书桌、小书柜、玩具柜、科技百宝箱、大地图、地球仪、科学实验器具，可以给宝宝一个植物园、动物园就更加完美。生活环境要整洁优美，特别是宝宝的生活环境要有色彩鲜艳的图案，美丽的风景画，优美的书法作品，“表扬栏”更对宝宝有积极的鼓励作用，同时别忘记给宝宝设立一个锻炼身体的环境。全家人可以经常一齐读书、讨论，一起动手做玩具和小实验，不断鼓励宝宝。对于2岁半以后的宝宝，可以每天设立20分钟的“静悄悄”时间，各自在自己固定的位置专心做事情，不说一句话，过后评定成绩。

意志环境 按时起居、规律生活、自我控制。养成宝宝良好的行为习惯，可以和宝宝一起制定各种作息时间，如早起、早锻炼，制定作息时间表，有利于宝宝养成有动、有静的活动习惯。培养宝宝按时吃饭、洗漱、排便、睡眠、劳动、看电视的习惯，逐步做到不催促，不提醒，培养宝宝责任感和坚持力。3岁以后的宝宝看什么电视，要事先和宝宝商量好，以儿童节目为主，在规定的时间内不多看也不少看；3岁以前的宝宝每天以10分钟为宜，3岁以后每天20～30分钟为宜。宝宝逐渐长大后，还要教会怎样用钱，怎样节约，怎样存放，鼓励宝宝买书和智力玩具，援助他人等，不要让宝宝把心思全放在钱上。

四、这样教宝宝

1. 培养学习兴趣

学习，并不单纯是指读书，应当包括所有对世界和事物的认知能力。宝宝们最大的

特点是爱玩，而寓教于乐，则是让宝宝们学习的最佳方法。

玩中学习 游戏，是最容易也是最乐意被宝宝们接受的学习方式，玩具则是宝宝们最直接和最易接受的教具。那些有无穷玩法的玩具，是最佳的智力玩具，可以让宝宝们学到许许多多的知识。

快乐阅读 为了鼓励宝宝的阅读兴趣，父母可以每天拿出一段固定的时间，和宝宝一起看书，不仅是父母讲、宝宝听，也可以让宝宝设想下一步故事情节，积极的参与和分享，有助于提高宝宝的理解能力和语言能力，更重要的是，使阅读的过程更加有趣。

你问我答 爸爸妈妈不仅可以当问题的解答者，也可以充当提问者，比如问宝宝“你看，树上的叶子落到地上了，这是为什么呀？”类似的问题，可以有多种答案，启发和鼓励宝宝从多种角度思考。

知识分享 爸爸妈妈看到了什么有趣的节目或图书时，可以用简单的语言向宝宝讲一讲书或节目的内容，即使宝宝不能完全理解里面的主题，也能从父母的表情和语言中感受到兴趣和热情，会传输给宝宝这样一个观念：学习是一件充满乐趣的事情！

2. 避免宝宝“小气”

“小气”的宝宝，表现为喜欢吃“独食”，自己的玩具不让别的小朋友玩等，时间长了，很难与小朋友们相处。在幼儿园及学校里，也很难结交到好朋友。父母们一般都希望自己的宝宝能够豁达大度，能够宽容别人。对于独生的宝宝来说，要避免宝宝“小气”，确实需要父母从一点点小事做起，逐渐培养宝宝豁达的性格。

首先要让宝宝明白，家里好吃的东西并不是只有宝宝能吃，好玩的玩具人人都能玩。如果父母在宝宝面前，只知道一切为了宝宝，一切都让给宝宝，会使宝宝错误地认为：父母让他都是应该的，到需要他让父母的时候，那就是违反常规了，宝宝自然不能接受。一开始，宝宝会把好吃的东西让给父母吃，父母不吃，时间长了，会认为这是正常的。一旦家里来了小客人，父母要求宝宝把好吃的东西让给小客人时，就比较困难。所以，宝宝“小气”，还是由于父母长期令宝宝养成的习惯。

宝宝“小气”，还表现出不能承受任何委屈。比如，和小朋友们一起玩时，小朋友不小心踩了宝宝的鞋，马上翻脸“把我的鞋踩脏了，我不和你玩了。”这时候，父母应该用大度的态度来影响他，说“没有关系，不必在乎！来我给你擦一擦，继续和小朋友玩吧！”宝宝就会高高兴兴地继续和小朋友们玩去了。宝宝在外面受了小小的委屈，父母不要太在意，更不要领着宝宝去找小朋友算账。否则，宝宝这种“小气”会表现得越来越明显。

做宝宝的好榜样——宝宝的胸怀是不是豁达大度，受到父母的影响，父母的言行和处事态度，和宝宝有直接的关系。需要父母平时加强自身修养，在家里上敬老，下让小，夫妻之间也不斤斤计较，邻居家来借东西热情地借给人家等，为宝宝做出榜样。

3. 从小懂得“爱惜”

有的宝宝把吃不完的馒头、点心随手一扔，或故意把娃娃的胳膊拧坏；有的宝宝摇晃小树、践踏草地；有宝宝在雪白的墙上乱涂乱画、在椅子上任意踩踏……这些现象，让人看了十分不舒服，而宝宝自己却满不在乎。造成这些现象的原因，是家庭教育中没有使宝宝养成“爱惜”的好习惯。良好的习惯，需要在日常生活中天长日久、耳濡目染地形成，应当注意到这些方面：

❶ 让宝宝从爱惜自己的玩具、图书做起 宝宝们喜欢各种玩具，父母在为宝宝购买玩具后，必须教会宝宝玩具的玩法和保管的要求，督促宝宝在玩过后，把玩具整理好，放在固定的地方。

对一本喜欢的图书，宝宝会爱不释手，应当及时教育宝宝，在看书时要一页一页小心地翻，不要弄破，看完后放回原处，整理好。

❷ 通过参观成年人劳动的过程，来培养宝宝爱惜劳动成果 如参观服装厂，看到漂亮的服装要经过多道复杂的工序才能制成；参观装修工人怎样粉刷墙壁，让宝宝了解到每一件劳动成果都来之不易，宝宝就不会在往白色的墙上乱画。

❸ 以身作则 父母自己对一切物品都要很爱惜，不浪费粮食和水电，不乱扔书籍；在公共场所不踩踏坐椅和栏杆，会给宝宝留下深刻的印象。

❹ 让宝宝参与力所能及的家务劳

动 只有让宝宝通过自身的劳动，克服困难，付出辛劳，才能体会到劳动成果来之不易，进而尊重别人的劳动。

5 不要轻易满足宝宝的要求 不要宝宝要什么就给什么，否则会使宝宝对物品不爱惜或持无所谓的态度，觉得损失了没关系。如果宝宝不爱惜食物、玩具、图书等，可以通过故事等来讲明爱护物品的道理，同时延缓添置被损坏物品的时间，让宝宝充分体会到损坏东西后所带来的不便。

4. 宝宝的特别行为

婴儿从出生起，就开始接受周围环境的复杂刺激，在家人的教育影响下逐渐形成自己的个性。受到良好的刺激，则形成优良的品德行为习惯，若接受到不良环境刺激和错误的影响，可能造成宝宝精神和心理上的种种问题，导致一些特别行为。

模仿脏话 有的宝宝还没学会说多少话，却一开口就是脏话、粗口，起初家人听了哈哈一笑认为好玩儿，等到宝宝开始学习用语言进行交往时，讲脏话和粗口已经形成习惯，父母束手无策，难让宝宝改口。因此，要矫正宝宝说脏话和粗口，必须有一个文明的语言环境，以美的语言熏陶宝宝。在宝宝咿呀学舌之初，就要教会宝宝文明礼貌用语，结合适当的语言情境，反复多次地进行训练，给以正面强化。在宝宝语言成长发育的运用过程中，逐渐理解词义，培养文明友好的情感。经过正确的训练，让文明优美的语言在宝宝头脑里形成牢固的网络，指导良好的行为，才能说出话来动听，做事也招人喜欢。

攻击性行为 宝宝还不会走路，更不能跑，就会“打架”，一旦发生争端还很难劝解。

幼儿在发育过程中，随着手部的精细动作和大动作的发育，社会群态心理也不断增强，如果教育得法，宝宝会形成良好的群体心理，喜欢与同伴交往，设法用玩具吸引小朋友们，在共同的游戏中体验友好交往的乐趣，从而养成友爱行为习惯。

幼儿出现攻击性行为，大多数是模仿的结果。如果父母经常对宝宝进行体罚或变相体罚，或是大喊大叫、怒斥、打骂宝宝，宝宝也会不知不觉地学会动手动脚，对宝宝的惩罚成为幼儿攻击性行为的示范，作为一种模式映入宝宝大脑。婴幼儿时期受到严厉的惩罚，攻击性行为就更加强烈。到了两三岁时，一不称心就学会用语言攻击，向对方大喊大叫以示威胁，或用身体攻击，打骂小朋友。攻击性行为男孩动手动脚多一些，女孩口骂较多。

由此看来，防止幼儿攻击性行为，关键在于稳定宝宝的情绪，对不明道理幼儿，不可施加强制性手段，否则强制会激惹宝宝的情绪引起暴躁。而和蔼可亲的语言、抚爱的动作、慈祥的表情能给宝宝以安全感，稳定情绪，就能愉快地接受教育。正面强化的方法来培养良好行为，怪僻行为很快就能矫正。

执拗和任性　有些宝宝常会因为某种需要稍不满足，就大哭大闹、满地打滚，一闹好半天，闹得母亲不知所措，父亲怒不可遏而无可奈何。

这类行为的宝宝多表现为神经质，源于教育方法不当，过分溺爱，从小事事得到满足，样样符合心愿，家人对宝宝百依百顺，造成宝宝过分拗执，易激怒，不能适应外界条件变化，缺乏自我克制能力和意志。每当自己的要求得不到满足，就会大发威风，往往会因为母亲忍耐不住而顺从宝宝，会让宝宝更加顺风得意，加倍“霸道”。因此，对于宝宝的无理要求，要耐心诱导，适当采取注意力转移法，让宝宝移开不适当的要求。如果闹得太凶，可以暂时不予以理睬，让宝宝感到无聊，自己就会不再闹。每次大闹以后，不要重提闹的事，而以正确的行为引导，逐渐让宝宝形成良好习惯。

总之，用耐心、和缓的正面教育，可能有效地矫正各种不良行为。

5. 教宝宝慷慨助人

父母们喜欢在很小时候就教宝宝慷慨大方，常常会让宝宝把手里的东西送给别人。有时候宝宝玩腻了手里的玩具，或者是吃饱了，会把手里的东西递出去。还有的情况是，宝宝被成年人逗玩习惯，知道没有人要自己的东西，也会递出食物去，假如真把这食物咬上一口，必定会惹得宝宝哇哇大哭不止。因为婴儿还不懂得与他人分享的道理。对于婴儿期的宝宝来说，父母不必要强迫宝宝把东西送给人，也完全没有必要认为宝宝“小气”、“自私”，更不要因

为宝宝“小气”，父母觉得没面子。

宝宝逐渐长大到了幼儿期，会和小朋友们一起玩之后，可以让宝宝开始理解与他人分享的乐趣，体会到互相交换的好处。在宝宝做出与他人分享的事情之后，要多鼓励，多赞扬，让宝宝感到自豪，体悟到新的乐趣，明白慷慨并不会让自己失去了什么。

在这个年龄阶段上，应当鼓励宝宝多帮助他人，特别是值得同情的人。让宝宝乐于助人，也是教育宝宝慷慨大方的一种方法。父母经常带着宝宝帮助别人，参加社会公益事业活动，让宝宝学会关心他人。对弱者的关心，会激发宝宝乐于助人的愿望，使宝宝从小具备富于同情心和乐于助人的行为。

6. 小小“受气包”

性格，是一种人类的个性心理特点，畏首畏尾、缺乏独立性、过分依恋亲人、在生人面前不敢说话等现象，是性格软弱宝宝的突出表现，有人谑称做小小“受气包”。在性格形成时期，宝宝如果表现出性格意志的缺陷，应当引起重视和及时进行帮助、引导。

❶ 让宝宝学会生活，把握自己 生活中父母的包办代替，是宝宝形成性格软弱的重要原因之一。有些父母对宝宝百依百顺，不让宝宝做任何事情，等于剥夺了宝宝自我表现的机会，导致宝宝独立生活能力的畏缩。

❷ 让宝宝多接触同伴，锻炼自己

宝宝的性格在游戏和日常生活中表现最明显，也是纠正不良性格的最佳途径。爱模仿，是宝宝的一大特点，应当多让性格软弱的宝宝经常和大胆开朗的小伙伴在一起，跟着别人一起，做一些平时不敢做的事，耳濡目染，慢慢得到锻炼。

❸ 尊重宝宝，不要揭宝宝的短 性格软弱的宝宝比较内向，感情较脆弱，父母尤其要注意保护宝宝的自尊心。如果当众揭宝宝的短，会损害宝宝的尊严，无形中的不良刺激，只会强化宝宝的弱点。

❹ 让宝宝大胆说话 要做到这一点，功夫还是在于父母。父母应该戒急、戒躁，不能当面打骂、责备，逼迫宝宝说话。可以邀请一些同龄小朋友和性格软弱的宝宝一起参与集体活动，在一旁引导或者干脆回避，让宝宝们有一个自由、无拘束的语言空间。如果条件允许，还可以经常带宝宝到一些视野、空间开旷的地带，鼓励宝宝放声高喊、高唱，宣泄情绪的同时形成良好心态。

7. 应对宝宝的“性好奇”

宝宝从出生起，就对“性”产生天然的好奇，是正常的现象。

应该明白，儿童对异性的兴趣大多停留男女形体区别、生殖器结构的解剖和行为规范等方面的不同上。与其说宝宝是对异性的兴趣，倒不如说是对异性的好奇心。然而，多数父母只教给宝宝们认识全身其他器官的名称，如耳、眼、鼻等，对性器官却闭口不谈，对男孩的生殖器仅用一个代名词如“小雀雀”，对女孩则不知讲什么好。这样，会使宝宝们对性器官感到神秘莫测。宝宝偶然向父母提到这些问题，会遭到阻止，或避而不谈，或哄骗甚至恐吓宝宝，反而会让宝宝们胡思乱想。

宝宝对异性的兴趣，还表现在性游戏上。在幼儿园或者在家庭中，一些幼儿结伴玩游戏时会做“过家家”的游戏，男孩当爸爸，女孩做妈妈，在性别角色上一般不会发生错位。宝宝们还会模仿影视中的镜头或父母的亲昵情况，互相拥抱接吻；会怀抱洋娃娃喂奶，还会合睡盖一条被子；也有的宝宝会相互观察各自的生殖器等。

儿童的性游戏是好奇心的表现，并非带有真正的性色彩。老师、父母看到类似情形时，往往会阻止责骂，有的还会因此阻止宝宝与异性小朋友一起玩。这样做反倒容易导致宝宝的性压抑，使宝宝误以为性器官是见不得人的东西，一切与之有关的行为都要受到惩罚，以致于不能以自然的态度与异性接触。

正确的做法，是让宝宝既与同性小朋友一起玩，也和异性的小朋友一起玩。特别在幼儿园里，不要形成男孩和女孩分开的风气，更不要见到一个男孩和一个女孩一起玩就嘲笑。在幼儿园里也不宜把男孩女孩洗澡时分开，可以让宝宝看到异性的裸体。如果女孩指着男孩的生殖器官问这是什么东西，为什么自己没有时，应当坦然告诉宝宝：这是男女性别不同的标志，女孩的生殖器是平坦的，男孩的生殖器像小鸡鸡一样。这样做满足了宝宝的好奇心，宝宝也就会不以为然、不以为耻。

发现宝宝们玩起不适当的性游戏时，父母和老师应巧妙地用玩具、讲故

事或诱导宝宝玩别的游戏等方法，把宝宝的好奇心和注意力吸引到别的方面去。

总之，宝宝对身体认识的自然态度，对与异性接触的自然态度，都有益于宝宝形成健康的性心理，有助于减少宝宝在成年后出现这样那样的性问题。

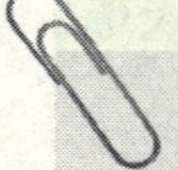

爸爸妈妈来互动

耐心听宝宝背古诗复述故事

3岁的宝宝已经能够背诵之前学习的儿歌或者古诗，此时的宝宝也拥有一定的表现欲，所以爸爸妈妈有空的时候，要叫过宝宝来，让他来背诵儿歌或者古诗，宝宝想不起来的时候要做相应的提示，帮助他记住。也可以给他讲个故事，然后让他也来给你讲一遍。背完古诗或讲完故事，一定别忘夸赞宝宝几句，这时宝宝会愈加的高兴。

五、亲情交流，让宝宝健康成长

1. 让宝宝乐于接受父母的要求

一般说来，小儿进入3岁就到了第一反抗期。实际上小儿满2岁时，自我意识就发展起来了，他想做的事如果父母不答应就表示反抗，常常会听到2岁多的小孩“不”、“不要”。到了3岁，他们已有了自己的小朋友，有了一定的社会交往，这种独立行为的欲望就更加强烈，一旦想做某件事就表现得非常任性，不愿服从大人的安排。但他们毕竟太小，常常力不从心，有时不仅没把事情做好还损坏了东西，甚至出危险。所以，对于宝宝的这种状况和热情，大人应给予充分的理解。

那么，如何让这些宝宝能够接受父母的要求呢？强力压制是肯定不行的，只能采取说服诱导的方法，要仔细分析宝宝的意图，然后区别对待。如果小孩只是想自我服务或是帮助大人做家务，父母就不要一味地限制，那样小孩会很恼火。正确的方法是帮助和指导他，让他把想做的事做好。如果不合理的要求，父母可以用他感兴趣的东西转移他的注意力，或者耐心地讲清道理，告诉他为什么不可以做。合理的限制还是需要的，但宝宝的感情可以让他表现出来，不能强行压抑。

要想让宝宝容易顺从父母的安排有一点非常重要，即父母应该经常和宝宝一起玩耍、交谈，了解和尊重他们的意志和兴趣。要让宝宝知道你对他很在意，这样宝宝容易变得顺从。

有时父母采用“回馈技法”来处理小儿的反抗也很有效。比如小儿在游艺场没完没了地玩滑梯不回家，父母可以先对他说“再玩两次就回家”，让宝宝有个思想准备，玩完两次以后就坚决领他走，这时宝宝肯定会生气甚至哭闹，父母可以对他说“我知道你不高兴，玩得正高兴被打断，要是我也会生气，但是我们总不能今晚不回家吧？”让宝宝知道你很同情他的感受，但做任何事都会有一定的限制。逐渐地宝宝反抗的次数会减少，容易接受父母的要求。

2. 父母，宝宝的性启蒙者与榜样

父亲母亲双性别的影响力，对宝宝性别发育起到举足轻重的作用。儿童的性别认识在4岁前已成定势，4岁以后再想改变宝宝的性别认识会十分困难。宝宝出生后，接受的主要是父母提供的直观形象影响，男孩天生就欣赏父亲那有力的臂膀，宏钟般的嗓音；女孩更羡慕妈妈温暖的怀抱和柔情的风韵气质。如果父亲是典型的男性，母亲是标准的女性，为宝宝提供典型的男性信息和女性信息，男孩会努力学习父亲的男性行为，女孩会学习母亲的女性行为。

家庭关系在很大程度上反映出两性关系，父母之间如果经常处在矛盾和争吵之中，不仅会影响宝宝的心理发育和个性发展，也会把宝宝对爱恋的偶像推向无所适从状态。同样，父母如果对宝宝经常打骂、虐待或放纵，也会有同样的效果。父母长期分离、离异或一方死亡，容易造成宝宝在性别角色早期认同或性爱偶像的缺损。如果不能及时给予以补充，则也会影响到宝宝的性别健康发育。此外，儿童如果长时间生长在一个缺少同龄玩伴的环境中，不得不与成年人或老年人为伍，若不加以注意，会使宝宝对某些成年人或老年人产生崇拜及爱恋心理，进而发展为恋老趋向。

3. 爸爸妈妈不要打宝宝

爸爸妈妈打宝宝，往往是出于一时冲动，然而，却会对宝宝的心灵造成不

可弥补的严重后果。常挨打的宝宝，会出现一些不良心态和心理偏差。

说谎

有的家长发现宝宝做错事后，打骂宝宝做为惩罚。宝宝为避免皮肉之苦，瞒得过就瞒，骗得过就骗，如果能骗过一次，就可减少一次“灾难”。可是宝宝说谎，往往站不住脚，容易被家长发现。一旦被发现后，为了惩罚宝宝说谎，家长态度更加强硬。为了逃避挨打，宝宝下一次做了错事更加恐慌，更有可能会说谎，构成恶性循环。

懦弱

如果宝宝经常挨家长的拳打脚踢，时间一久，宝宝一见到家长，就会感到害怕，不敢接近。因此，不管爸爸妈妈要求做什么，也不管爸爸妈妈的话是对是错，都只得乖乖服从。在这种不良的、绝对服从的环境下成长的宝宝，常常容易形成自卑、懦弱性格。这种宝宝往往会惟命是从，精神压抑，学习被动。

孤独

挨打的宝宝，常会感到孤独无援。尤其是爸爸妈妈当众打宝宝，会使宝宝的自尊心受到伤害，往往会怀疑自己的能力，会自感“低人一等”，显得比较压抑、沉默。因为被小朋友看不起而抬不起头。于是宝宝往往不愿意与家长交流，也不愿意和小朋友一起玩，性格上会显得孤独。

固执

有的家长动辄打宝宝，损害宝宝的自尊心，使宝宝产生对立情绪、逆反心理。于是，有的宝宝会用故意捣乱来表示反抗，存心让家长生气。有的宝宝爸爸妈妈越打越不认错，犟劲越大，甚至会用离家出走、逃学来与家长对抗，变得越来越固执。

粗暴

由于宝宝模仿性很强，在家里挨了爸爸妈妈打，到外面就去打别的宝宝，尤其是比自己小的宝宝。爸爸妈妈打宝宝，实际上起了教自己的宝宝去打人的坏榜样作用。

喜怒无常

有的家长打过宝宝以后，又觉得心痛、后悔，即去抚慰宝宝挨打的痛处，甚至抱着宝宝痛哭，并加倍给宝宝以物质上的补偿。这种情况，开始宝宝会感到莫名其妙，时间一久会习以为常，慢慢也变得喜怒无常。

家长期望通过打来教育宝宝的做法，肯定是错误的。打骂，只会造成宝宝种种不良的心态和心理偏差，决不能获得教育宝宝的效果。

附录

婴幼儿养育其他注意事项

FU LU

附录1

为宝宝做婴儿操

一、新生儿按摩操（出生后一个月）

目的 这两节操可以疏通宝宝上肢和腹部血脉，同时又可以使宝宝在妈妈的轻轻抚摸下产生舒适、愉快的情绪反应。

方法：

❶ 宝宝仰卧，双臂放于体侧。妈妈用双手掌面按摩宝宝双腿4～6次。

❷ 宝宝、妈妈姿势同上。妈妈用双手掌面按顺时针方向按摩宝宝腹部6～8次，然后再用双手掌面从宝宝腹部中心向两肋腰间方向抚摸6～8次。

注意事项 这两套操可以从宝宝出生一周以后开始做。注意在宝宝不饿不饱、精神愉快的时候进行。妈妈动作一定要轻柔，可以隔着一两层棉布按摩，以防擦伤孩子娇嫩的皮肤。另外，平时应让宝宝穿上小衣小裤，任宝宝手脚自由活动，促进其全身运动，从而促进脑的发育。

二、宝宝被动操（出生后二至六个月）

适宜用于2～6个月的孩子，共8节，每节4～8次。

第一节：胸部运动

预备姿势 宝宝仰卧，操作者用双手握住宝宝双腕，把大拇指放在宝宝掌心里，使宝宝握拳，两臂放在宝宝体侧。

动作：

（1）两臂体前交叉。

（2）两臂左右分开，宝宝掌心向上

（3）两臂胸前交叉。

（4）还原。

注意事项 宝宝两臂分开的时候，操作者应稍用力；宝宝两臂胸前交叉的时候，操作者的双手不要太用力。

第二节：上肢肩部和胸部运动

预备姿势 宝宝仰卧，操作者用双手握住宝宝双腕，把大拇指放在宝宝掌心里，使宝宝握拳，两臂放在宝宝体侧。

动作：

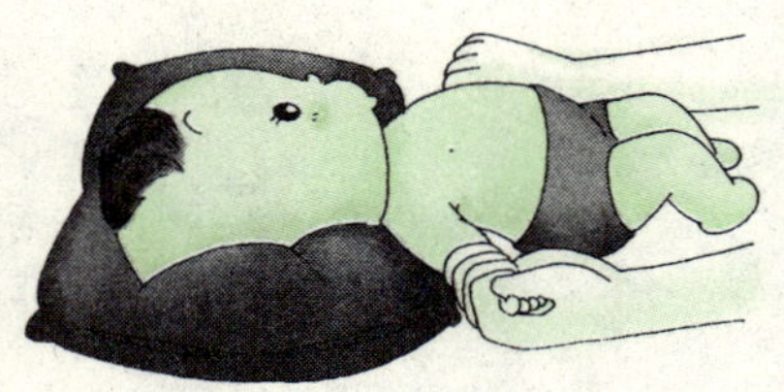

（1）两臂左右分开，掌心向上。

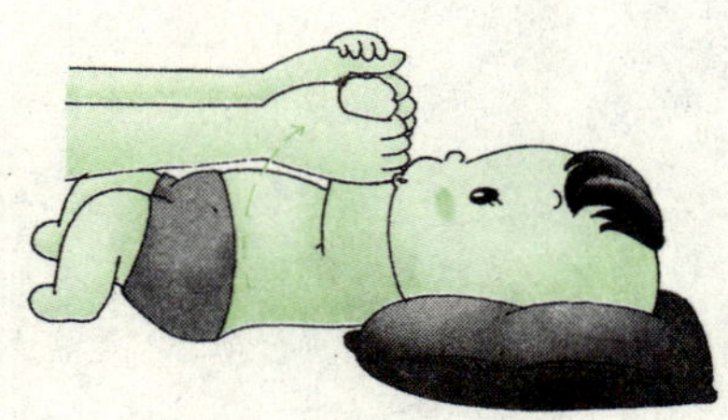

（2）两臂向身体前方平举，掌心相对。

（3）两臂上举，掌心向上。

（4）还原。

注意事项 宝宝两臂前举、上举的时候，两臂的距离应与肩同宽。动作要柔和，用力不要太大。

第三节：上肢伸屈运动

预备姿势 宝宝仰卧，操作者用双手握住宝宝双腕，把大拇指放在宝宝掌心里，使宝宝握拳，两臂放在宝宝体侧。

（1）弯曲宝宝左臂肘关节后，还原。

（2）弯曲宝宝右臂肘关节后，还原。

（3）再交换做。

注意事项 肘关节弯曲的时候，手要接触宝宝肩。宝宝屈臂的时候，操作要稍用力，伸直的时候，不要太用力。

第四节：肩部运动

预备姿势 宝宝仰卧，操作者用双手握住宝宝双腕，把大拇指放在宝宝掌心里，使宝宝握拳，两臂放在宝宝体侧。

动作：

（1）把宝宝左臂拉向宝宝胸前。

（2）左臂由宝宝胸前向外侧环绕。

（3）把宝宝右臂拉向宝宝胸前。

（4）右臂由宝宝胸前向外侧环绕。左右臂轮换做。

注意事项 宝宝手臂回旋的时候，应以肩关节为轴心。转动的时候，操作者的手不要用力太大。

第五节：下肢运动

预备姿势 宝宝仰卧，两腿伸直，操作者用两手握宝宝脚腕（踝部），但不要握得太紧。

动作：

（1）把宝宝两腿同时屈至腹部。

（2）还原。

注意事项 宝宝的腿屈至腹部时，操作者要稍用力；伸直时不要太用力。

第六节：两腿轮流屈伸

预备姿势 宝宝仰卧，两腿伸直，操作者用两手握住宝宝脚腕（踝部），但不要握得太紧。

动作：

（1）让宝宝左腿屈缩至腹部，还原。

（2）让宝宝右腿屈缩至腹部，还原。两腿轮换做。

注意事项 宝宝腿屈缩至腹部时，操作者要稍用力；伸直时不要太用力。

第七节：股关节活动

预备姿势 婴儿仰卧，两腿伸直，操作者用两手握婴儿脚腕（踝部），但不要握得太紧。

动作：

（1）把婴儿左侧的大腿与小腿屈缩成直角。

（2）再把婴儿左腿屈缩至腰部。

（3）再把婴儿左腿向身体侧转动。

（4）还原。两腿轮换做。

注意事项 婴儿回旋的时候，应以婴儿的股关节为轴心转动。操作者动作要柔和，不要用力太大。

第八节：两腿伸直上举

预备姿势 宝宝仰卧，两腿伸直，操作者用两手握宝宝脚腕（踝部），但不要握得太紧。

动作：

（1）把宝宝的两腿上举与腹部成直角。 （2）还原。

注意事项 宝宝两腿伸直上举与腹部成直角时，臀部不要离开原位。

附录2 成长中的不安全因素有哪些

宝宝成长中的不安全因素

不安全因素	来源	主要危害	预防措施
空气污染	室内空气污染，室外空气污染	室内空气污染会导致宝宝出现如打喷嚏，流鼻水等呼吸道症状；室外空气污染会增加严重的呼吸疾病，如气喘更严重，肺功能降低等。	检查住家周围的空气污染程度；当空气不好时，尽量不要让宝宝外出；对于本来就有气喘、肺病的宝宝，要给予特别照顾。
多环芳烃	烧烤食品，木材燃烧	致癌，会造成细胞突变；引起皮肤不适，造成发育的危害；使宝宝呼吸及免疫系统功能下降。	避开木材或木炭燃烧时产生的烟，尤其是烤肉时产生的；避开新铺设的柏油路；烹调食物时，尽量不要选择烧烤的方式。
二手烟	抽烟人群	二手烟是最常见的危害儿童健康的污染物。可引发儿童哮喘、幼儿猝死综合征、气管炎、肺炎和耳部炎症等；二手烟还是引发儿童哮喘的主要刺激因素。	尽量不要在宝宝面前吸烟；如果有人坚持室内抽烟，保持空气的流通性；怀孕的妈妈不要抽烟。

续 表

不安全因素	来源	主要危害	预防措施
霉菌	潮湿的墙壁，地板，空气中	霉菌可使食物霉变。食用霉变食物后，或直接引起中毒，或产生致癌物质，毒害人体；霉菌若直接在人体内繁殖，引起霉菌性肺炎等疾病，多见于一些久病体弱者；霉菌引起的过敏性疾病，如支气管哮喘、皮炎等。	在家中要控制湿气，以防霉菌生长；做好规划，认真打扫家中有利于霉菌生长的地方；使用空调系统，要经常擦拭滤网。
重金属	水污染，油漆，劣质铅笔，汽油	所有重金属超过一定浓度都对人体有毒。如汞中毒的临床表现有，全身症状为头痛、头昏、乏力、发热。口腔及消化道症状表现为齿龈红肿酸痛、糜烂出血、牙齿松动、口腔有臭味，并有恶心、呕吐、食欲不振、腹痛、腹泻。皮肤接触可出现红色斑丘疹，以四肢及头面部分布较多。	检测家中的重金属含量以及宝宝的血液中重金属含量；使用干净水源，支持相关政策以减少木制品，动物饲料，以及引用水源的重金属含量；食用一些利于排出重金属的食品如虾皮、牛奶、豆制品等；时常清洁双手；避免接触未干油漆；妥善回收含有重金属的废电池、费灯管等。
杀虫剂	家庭使用的杀虫剂	杀虫剂含有多种有害物质，具有强有力的神经毒性，当宝宝接触到时，会出现皮肤过敏，眼睛灼热刺痛或恶心症状，对心脏、肠胃道、肾脏与呼吸系统也会造成伤害；另外，有研究表明接触杀虫剂也会造成一些免疫系统的毛病。	家长自主判断杀虫剂的毒性；尽量采用物理方法或其他办法代替杀虫剂；使用杀虫剂时要严格按照说明书，并降低宝宝接触到杀虫剂的风险。

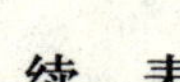

续 表

不安全因素	来源	主要危害	预防措施
挥发性有机化合物	家用洗洁精，芳香剂	挥发性有机化合物是易挥发的酯类化学物质，宝宝接触高浓度挥发性有机化合物，会造成儿童眼睛和呼吸道刺激，头痛，头晕，视觉模糊和记忆力减退；长期接触，则会造成孩童神经系统、肾脏及肝脏的损害。	采用毒性较少，挥发性较低的产品；使用某些果皮如柚子皮、柑橘皮等当天然芳香剂；若要使用这些产品，要严格按照产品要求；尽量不要让宝宝接触到这些试剂。
三氯甲烷	水池，游泳池	三氯甲烷能引起肌肉、骨骼、肠胃系统及颅面部发育不正常。	可以使用活性炭净水器，水煮沸后将盖子打开一会，让化学物质散出去。选择氯含量低，通风良好的游泳池
甲醛	装修完的房子，油漆	甲醛的主要危害表现为对皮肤黏膜的刺激作用，甲醛是原浆毒物质，能与蛋白质结合，高浓度吸入时出现呼吸道严重的刺激和水肿、眼刺激、头痛；高浓度甲醛还是一种基因毒性物质。	新装修的房子里一般甲醛都会超标，在新房里放上一两盆吊兰，或是活性炭，甲醛就全部会被吸收。
电	插座，电器	触电可造成人身伤亡，设备漏电产生的电火花可能酿成火灾、爆炸，高频用电设备可产生电磁污染等。	不要购买“三无”的假冒伪劣家用产品；使用家电时应有完整可靠的电源线插头。对金属外壳的家用电器都要采用接地保护；不能在地线上和零线上装设开关和保险丝。禁止将接地线接到自来水、煤气管道上；避免宝宝接触插座，电器等。

续 表

不安全因素	来源	主要危害	预防措施
塑胶	塑料制品，塑料袋，塑胶跑道	高温则分解出毒害物质，塑料制品本无毒害物质，但因为它的回收再利用的设备不够完善，工艺简陋，而且许多厂家无合法营业执照，导致再生产的塑料制品在温度达到65℃时，毒害物质就会析出并且渗入到食品中，则会对肝脏、肾脏、生殖系统及中枢神经等人体重要部位造成危害。	执行国家的限塑令，避免加热带有塑料袋的食物，不要燃烧塑胶制品。
宠物咬伤	家养猫、狗	宠物对人类健康具有直接或间接危害，会造成很多疾病，其主要传播途径包括：作为传染源直接传播人畜共患病：通过直接接触（通过皮肤、黏膜、结膜、消化道和呼吸道）的传播方式传播人畜共患病，这些疾病包括狂犬病、炭疽等。	到正规的地方买宠物，每年打预防针，和宠物接触时尽量保持距离，尽量让宠物远离人的食物烹饪区，让宠物养成良好的卫生及生活习惯，配备常用的卫生药物，特殊人群慎养宠物。

附录3

婴幼儿常见病防治

多汗

疾病简介 小儿多汗有两种情况，一种是“自汗”，表现为宝宝白天无故出汗。一种是“盗汗”表现为宝宝夜间睡眠出汗、醒后停止出汗，无论自汗或盗汗，都表现为宝宝全身或局部无故出汗过多，甚至大汗淋漓。小儿多汗大多与宝宝体质虚弱有关。

应急与护理 平时应多观察宝宝，如果是生理性的，应尽量排除相关因素；如排除了生理性多汗，考虑病理性多汗，不管是何种病理性疾病，都要及时带宝宝上医院就诊以明确诊断并进行相关治疗。宝宝出汗除了失去水分外，同时失去一定量的钠、氯、钾等电解质，这时给宝宝喂些淡盐水可以补充水分及钠、氯等盐分，维持体内电解质平衡，避免脱水而导致虚脱。还应经常给宝宝擦浴或洗澡，及时更换内衣、内裤。宝宝皮肤娇嫩，过多的汗液积聚在皮肤皱折处如颈部、腋窝、腹股沟等处，可导致皮肤溃烂并引发皮肤感染。

小儿夏季热

疾病简介 夏季热是婴幼儿时期常见一种病，多发生在6个月～2岁的宝宝。表现为持续发热，体温常在38℃～40℃之间，并伴有口喝、多饮、多尿、少汗或无汗。发病季节多集中在6～8月，秋凉以后，宝宝的症状大多会自行消退。

应急与护理 防治小儿夏季热重在护理。要注意居室通风、凉爽，有条件的，亦可把患儿迁移到天气比较凉爽、气温比较低的地方生活。要给幼儿穿柔软、宽大的衣服，勤洗澡，勤换衣服和尿布。睡前给患儿用温水洗浴，可以刺激皮肤血管扩张，易于散热，这样可以预防夜间体温过高。对待持续发热、口渴的患儿，要及时补充液体，可以让患儿喝一些淡盐凉开水。还需给予营养丰富的营养，容易消化的流质或半流质饮食，如猪肝粥、黄鳝鱼粥等。

鹅口疮

疾病简介 婴儿口腔两侧黏膜或舌头上有时会出现状似奶块的白色片状物，而且不易去除。这是由一种霉菌（白色念珠菌）引起的口腔黏膜感染性疾患，医学上称为鹅口疮。鹅口疮多见于新生儿以及慢性腹泻、营养不良的宝宝，或长期使用抗生素、肾上腺皮质激素的宝宝，以及乳头、食具不卫生，使霉菌侵人口腔黏膜所致。不严重时宝宝无特殊不适，随着病情加重，宝宝会烦躁不安，并因进食时疼痛而拒食。

应急与护理 患鹅口疮的宝宝要注意饮食卫生，需保持餐具和食品的清洁，奶瓶、奶头、碗勺等使用后用碱水清洗并煮沸消毒，要专人专用勿与他人混用。母乳喂养前，妈妈应先洗手，清洁乳头。饮食应多食比较容易消化吸收、富含优质蛋白质的食物，并适当增加维生素B和维生素C的供给，如动物肝脏、瘦肉、鱼类以及新鲜蔬菜和水果等。鹅口疮比较容易治疗，由于弱碱环境不利于霉菌生长，故可用2%～5%的苏打水清洗口腔。也可用制霉菌素研成末与鱼肝油滴剂调匀，涂搽在创面上，每4小时用药一次，疗效显著。

荨麻疹

疾病简介 荨麻疹也叫“风疹”，是一种常见的儿科过敏性皮肤病。患病宝宝的皮肤上出现很多形状不同、大小不一、红色、隆起、中间呈白色的疹子，患病部位会发生剧痒，出现后24小时内会自动消失。荨麻疹大多数为急性发作，持续数小时或数天，发作与消失非常快，来去如风。

应急与护理 患荨麻疹可使用冷敷和止痒的药膏来应急，针对痒的部位做局部冰敷是对抗皮肤痒最好的方法。患荨麻疹后尽量不要让宝宝去抓患处，妈妈也不要给宝宝热敷，因为前者会越抓越痒，后者会刺激血管扩张，释出更多的过敏原。

湿疹

疾病简介 婴儿湿疹俗称“奶癣”，是一种婴幼儿时期常见的皮肤炎症，最早见于2～3个月婴儿。患病宝宝表现为皮肤有红色皮疹或红斑，或伴有流水、糜烂、结痂、瘙痒。大多发生在宝宝面颊、额部、眉间和头部，严重时躯干四肢也会有。

应急与护理 冷湿敷对于湿疹不严重的宝宝是个不错的方法，可有效对抗皮肤痒。冷湿敷时将4～6层细纱布，浸入冷水中（以不滴水为宜），将湿纱布敷于宝宝患处，根据湿疹渗出物的多少来决定更换的时间和次数。纱布吸收的渗出物达到半饱和的程度时，需更换纱布。每日2～3次。

佝偻病

疾病简介 佝偻病一般表现为枕突，就是宝宝的后脑勺，有一圈光突突的不毛之地。肋骨外翻有些宝宝会有鸡胸、漏斗胸、X型腿、O型腿、肋串珠等表现。一般早产儿和出生体重较低（低于3千克）的宝宝，少晒太阳（维生素D缺乏），生长发育太快的宝宝和吃奶少的宝宝，另外孕期和哺乳期的妈妈缺钙也会造成宝宝缺钙。

应急与护理 介于佝偻病所形成的骨骼变形，一旦形成就可能会留下后

遗症，所以，佝偻病重在预防，一定要有先知先觉，避免发生骨骼变形。宝宝要多晒太阳和户外活动，每天补充适量的维生素D，1～1岁半，每天一粒鱼肝油，1岁半以后，如果经常晒不到太阳，也要经常补充鱼肝油，可以每周3～5粒鱼肝油。要每天补充适量的钙剂。多喝奶（每天500～600毫升）。

百日咳

疾病简介 百日咳是小儿常见的呼吸道传染病，患儿年龄越小越易诱发肺炎等严重并发症。患病宝宝表现为阵发性痉挛性咳嗽，咳嗽后有如鸡鸣般的回声，眼睑可出现浮肿，两唇灰暗。此病病程可达3～4个月，多发生在冬春季节。

应急与护理 百日咳发作时会有剧烈的咳嗽，使宝宝很难受，可以将宝宝的床头垫高，让枕头抬高一些，这样做可以让宝宝呼吸顺畅，缓解咳嗽的强度。宝宝咳嗽剧烈的时候，妈妈可以在宝宝的胸口上放一条热毛巾热敷，然后轻拍按摩背部，会减轻宝宝胸背的疼痛。另外，保持室内空气新鲜、有一定湿度；少食多餐，频繁呕吐的宝宝注意营养的补充；切勿在病儿跟前吸烟，以免咳嗽加剧。

流感

疾病简介 流感多发在冬春季，6个月～3岁的宝宝是流感的易感人群。生病宝宝表现为高烧、头痛、咳嗽、全身酸痛、疲倦无力、咽痛，有时还会出现恶心、呕吐、拉肚子等。流感容易诱发多种严重并发症，如肺炎、心肌炎、中耳炎、脑膜炎等。

应急与护理 需及时治疗、隔离患流感的宝宝。一般要隔离至退热，平均约一周左右。尤其是在流感发病前3天内传染性最强，要注意消毒措施。患流感且咳嗽的宝宝在饮食上应避免给他吃凉性的食物，卧床休息，补充适当水分。

小儿伤风感冒

疾病简介 感冒是常见病，婴幼儿伤风感冒表现为发热但体温不太高、不出汗、畏寒，喜欢让家长抱在怀里。同时患病宝宝流清鼻涕、咳嗽、痰清稀、舌苔薄白。

应急与护理 宝宝感冒家庭护理重要的是要让宝宝充分休息，宝宝年龄越小，越是需要休息，待症状消失后方可恢复自由活动。饮食上应根据宝宝的食欲及消化能力不同，分别给予流质或面条、稀粥等食物。喂奶的宝宝应暂时减少次数，以免发生吐泻等消化不良症状。另外需要注意按时服药、居室保持安静、空气新鲜等。

风热感冒

疾病简介 风热感冒，其起因通常是便秘。通常情况是这样的，便秘两天以后，喉咙痛一两天，然后出现感冒症状，这就是风热感冒。中医认为肺和大肠相表里，排便不畅，大肠影响肺就出现感冒症状。风热感冒主要表现为小儿发热重，但怕冷怕风不明显，鼻子堵塞流浊涕，咳嗽声重，或有黏稠黄痰，头痛、口渴喜饮、咽红、咽干或痛痒。大便干，小便黄，检查可见扁桃体红肿，咽部充血，舌苔薄黄或黄厚，舌质红、脉浮而快。

应急与护理 让宝宝多喝水，饮食清淡，多休息，避免将宝宝带到公共场所及风大的地方；给宝宝提供易于消化，下火的食物；注意对症下药，不要将风热感冒与其他类型感冒混淆，时刻注意病情的变化。

暑热感冒

疾病简介 小儿暑热感冒表现为发热、头晕、口渴、身倦无汗。同时伴有明显的恶心呕吐、腹泻。小儿暑热感冒多发生在夏季。

应急与护理 夏日宝宝患暑热感冒时，妈妈切不可随意给宝宝吃退烧药。发烧初起时不必太紧张，可用温水擦身辅助身体散热，并给宝宝多喝水，同时给宝宝食用祛暑食物，另外注意饮食清淡，可给宝宝多喝绿豆汤、西瓜汁、冬瓜汤等具有清火作用的食品。忌食油腻食物以及甜食。

咳嗽

疾病简介 咳嗽是儿科中常见的疾病，多发生在冬春季节。由于小儿呼吸系统防御功能不健全，咳嗽反射不敏感，咳嗽的症状和大人不一样，较小婴儿会在喝水、吃奶时发呛，严重的只要吃奶，就会发呛。

应急与护理 为了避免宝宝晚上咳嗽难受，最好让宝宝侧卧，左右侧轮换着睡，并将头部或上身用毛巾垫得高一些，这样可以缓解呼吸困难让宝宝舒服一些，同时可以避免呼吸道分泌物返流到气管引起咳嗽。宝宝咳嗽得很厉害时，不宜玩耍得太疲劳，不然会加重咳嗽。另外，需注意给宝宝保暖，尤其是脚心和头顶部不要受凉，但也不要让宝宝身体过热。喝温热的苹果汁和梨汁、开水或温的牛奶、米汤可使宝宝黏痰变得稀薄，缓解呼吸道黏膜的紧张状态，促进痰液咳出。可以使用一些比较安全有效的中药外敷方法，如百草琼浆益气贴、夏季使用的三伏贴等。

扁桃体炎

疾病简介 扁桃体炎是咽部扁桃体发生急性或慢性炎症的一种病症。为儿童时期常见病。扁桃体是人体咽部的两个最大的淋巴组织，一般4～5岁后逐渐增大，到12岁以后开始逐渐萎缩。正常情况下扁桃体能抵抗进入鼻和咽腔里的细菌，对人体起到保护作用，但是小儿由于身体抵抗力低，加上受凉感冒，就会使扁桃体抵抗细菌的能力减弱，从而导致口腔、咽部、鼻腔以及外界的细菌侵入扁桃体、发生炎症。严重者扁桃体红肿化脓，形成化脓性扁桃体炎，久治不愈可转成慢性扁桃体炎，容易引起肾炎、心脏病。

临床表现为在急性期出现发热头痛，畏寒，幼儿可因高热而引起惊厥，咽痛明显，唾液增多等，严重者可出现张嘴困难。检查时，可见扁桃体红肿，表面有淡黄色或白色的脓点，下颌淋巴结常见肿大。在慢性期表现为咽部和扁桃体潮红，可见黄色分泌物，咽喉疼痛不明显，偶尔有低热及食欲不佳等。

应急与护理 首先儿童时期的扁桃体炎是防治的重点，加强锻炼，对于宝宝来说，冬季时也要参与户外活动，如多走动使身体对寒冷的适应能力增强，减少扁桃体发炎的机会；保持口腔清洁，吃东西后要漱口；急性扁桃体炎多为细菌感染所致，特别是化脓菌，如链球菌、金黄色葡萄球菌等，因此必须使用抗生素，其中青霉素类最有效，根据炎症的轻重程度可选择口服或静脉注射；忌吃干燥辛辣煎炸等刺激性食物，如姜、辣椒、大蒜、油条等。

小儿腮腺炎

疾病简介 小儿腮腺炎，民间也叫"痄腮"，表现为耳下腮部肿胀疼痛，严重的还会出现高烧、恶心、呕吐。患病宝宝面部就像打肿脸的胖子，一般会一侧的腮先肿胀，后波及另一侧。发病1～3天最明显，以后逐渐消退，约2周肿胀完全退尽。

应急与护理 一旦发现腮腺炎，患儿应立即隔离，卧床休息；最好给宝宝食用软、易消化的食物，如粥等，开始的饮食应为流食，以后逐渐过渡到半流食，最后恢复到正常饮食；要多饮开水，保持口腔清洁，也可用复方硼砂溶液漱口；肿胀部位可用中药外敷，外敷后可减少局部疼痛； 宝宝得了腮腺炎，应隔离至腮腺肿胀完全消退后才可入托或上学。

惊风

疾病简介 小儿惊风，又称“惊厥”，俗名“抽风”。多见于1~5岁的小儿，年龄越小，发病率越高。患病宝宝表现为肢体抽搐，两目上视和意识不清。

应急与护理 一旦宝宝发生高热惊厥，应迅速把宝宝放到床上，躺好，解开纽扣、衣领、裤带，并用裹有手帕、棉花或纱布的筷子、牙刷柄置于宝宝上下齿列之间，防止咬伤舌头。若宝宝牙关紧闭，不要强行撬开，以免损伤牙齿。为使宝宝呼吸道通畅，最好保持平卧位，头偏向一侧，防止呕吐物和黏液进入气管。同时，可用拇指按压宝宝人中穴，并及时送往医院。切忌不要把宝宝抱在怀里，更不要乱摇乱晃，这么做只会加重症状。

小儿哮喘

疾病简介 哮喘是一种严重危害儿童身体健康的常见慢性呼吸道疾病，其发病率高，常表现为反复发作的慢性病程，严重影响了患儿的学习、生活及活动，影响儿童青少年的生长发育。不少幼儿哮喘患者由于治疗不及时或治疗不当最终发展为成人哮喘而迁延不愈，肺功能受损，部分患者甚至完全丧失体力活动能力。严重哮喘发作，若未得到及时有效治疗，可以致命。应充分理解儿童哮喘的特点，充分利用其不断发展及演变的动态特点，予以积极早期治疗，从而防止儿童哮喘发展为成人哮喘。

应急与护理 居室应该每天开窗通风，调查表明，每换气一次，可除去空气中原有微生物60%；家中要经常备一些药物，当宝宝哮喘发作时立即使用，可减少发作或减轻症状，如出现症状应及时送往医院；保持病室安静，保证患儿休息。

便秘

疾病简介 宝宝如果大便干硬，量少又难于排出，虽然一天可有2～3次，但其总量比平常一次的量还要少，就是发生便秘了。如果同时有食欲减少、腹部胀满、便意频频，则更是便秘的表现。便秘的发生多由消化不良或脾胃虚弱引起。

应急与护理 饮食调节，对于吃牛奶的宝宝，要适时地添加润肠辅食，如蔬菜汁、新鲜水果汁、西红柿汁等，同时要注意多给宝宝饮水，清晨起床后给宝宝饮温开水1杯，这些方法都可以促进肠蠕动，防治宝宝便秘。 训练排便习惯，不滥用导泻药，如经常服用导泻药，会使肠壁活动依赖于药物，导致肠道功能失调，反而会使便秘加重；适当服用通便食品，对于长期便秘的宝宝，可以在医生指导下，服用一些调整肠道功能的保健食品。另外，每天晚上为宝宝做顺时针的环绕脐部的按摩，也是很有效果的。

菌痢

疾病简介 小儿菌痢全称为细菌性痢疾，生病宝宝表现为腹痛、腹泻、呕吐、发热、脓血便。严重的会出现突发高烧、昏迷、痉挛、呼吸不畅等现象。菌痢多发在夏秋两季。

应急与护理 患病宝宝应卧床休息，腹痛时腹部可放热水袋。饮食一般以流质或半流质为宜，忌食多渣、多油或有刺激性的食物，瓜果桃梨、雪糕等生冷之物也暂勿食用，以免增加胃肠负担，加重胃肠功能紊乱。宝宝大便有里急后重时，可让大便解在尿布上，可防止肛门直肠脱垂。每次大便后妈妈需用温水洗净臀部，并用５％鞣酸软膏涂于肛门周围的皮肤上。如有脱肛时，可用纱布或软的手纸涂上凡士林，托住脱垂的肛门，一面轻轻按摩，一面往上推，可复位。宝宝的食具、衣被均需消毒。

腹泻

疾病简介 小儿腹泻是宝宝消化系统疾病中的常见的一种症状，表现为改变原来排便习惯，排便次数明显增多，粪便稀薄或含有脓血。如果排便次数增多但粪便成形正常，则不是腹泻。小儿腹泻发病年龄以2岁以下为主，多发在夏秋季。

应急与护理 不论什么原因引起腹泻，关键是及时补充水分。妈妈可以给宝宝喝盐糖开水或“口服补液”。腹泻期间，宝宝的饮食要清淡，忌油腻食物，也不可吃生冷的水

果，可以吃一些白粥，给宝宝添加的食品也要稀一些。宝宝每次排便后，妈妈都要用温水清洗小屁屁，特别是注意肛门和会阴部的清洁，最好用柔软清洁的棉尿布，且要勤换洗，以免发生红臀及尿路感染，如果小屁屁发红了，应将它暴露在空气中自然干燥，然后涂抹一些尿布疹膏。宝宝如果一天大便的次数超过5次，需到医院就诊。

小儿伤食

疾病简介 也叫小儿积食，是因宝宝进食超过了他的消化能力引起的，表现为一系列消化道症状，如厌食、上腹部饱胀、舌苔厚腻、口中带酸臭味等。

应急与护理 宝宝一旦出现伤食，妈妈得从调整饮食入手。出现这种情况，可暂时停止进食或少食1～2餐，同时喝些食醋。可以给他吃些粥、蛋花汤、面条等容易消化的食物，且1～2天内不要给宝宝吃脂肪类食物。

小儿流涎

疾病简介 小儿流涎多见于1岁左右的宝宝，经常发生在断奶前后，宝宝表现为流口水较多，因此俗称小儿流口水。

应急与护理 宝宝流涎容易使其颏、下颌等部位引起皮肤发红甚至糜烂。因此妈妈应该经常用温水给宝宝洗净、擦干并涂上护肤霜保护宝宝这些部位的皮肤，同时应经常更换围涎巾，尤其是在冬季。

小儿水痘

疾病简介 水痘是由水痘病毒引起的急性传染病，生病宝宝表现为发热及成批出现周身性红色斑丘疹、疱疹、痂疹。刚开始出现在胸部、腹部，然后扩展到全身。水痘以1～4岁小儿多见，冬春两季发病率较高。

应急与护理 水痘的护理最重要的是皮肤的护理，如果不注意皮肤的清洁，反复搔抓

破溃后易继发细菌感染，愈后会有疤痕。所以需给患儿的指甲剪平，避免抓伤、擦破皮肤，引起感染或造成永久的疤痕。另外，妈妈要让患病宝宝多休息，若有发热，更要卧床休息，多喝开水和果汁。居室要通风，宝宝的衣服要清洁宽大、柔软舒适，但衣被也不宜过多过厚。

鼻出血

疾病简介 小儿鼻出血为小儿常见病，多因小儿鼻黏膜脆弱导致，多发生在比较干燥的春季。如果宝宝经常无故鼻出血，可能有其他疾病导致，需就医。

应急与护理“捏鼻止血”可用来紧急处理小儿鼻子流血。如出血量不大，可将拇指和食指紧紧地压住病儿的两侧鼻翼，压向鼻中隔部。同时在患病宝宝前额部敷以冷水毛巾，压迫5～10分钟，鼻子出血可止住。捏鼻止血时，宝宝头不要过分后仰。如果出血量大，可向鼻腔充填脱脂棉卷。

小儿维生素A缺乏症

疾病简介 维生素A缺乏病是因体内缺乏维生素A而引起的全身性疾病，其主要病理变化是全身上皮组织显现角质变性。眼部症状出现较早而显著，对暗适应能力降低，继之结膜、角膜干燥，最后角膜软化，甚至穿孔，故又有夜盲症、干眼症及角膜软化症等之称。病多见于营养不良及长期腹泻的婴幼儿发病高峰多在1～4岁，6岁以上较少见。

应急与护理 应积极治疗原发疾病，如肠道感染，肝、胆病和其他全身性疾病，使体内代谢恢复正常，以便吸收和利用胡萝卜素和维生素A。婴儿时期须注重人乳哺育须给含脂的牛乳、豆类食品、胡萝卜泥、蛋黄等，此外，可加菠菜汤、番茄汁等。注意食用方法，如胡萝卜生食不如熟食效果好，因为胡萝卜中的维生素A原只在有脂肪存在时，才能转化成维生素A。所以胡萝卜炒食或拌香油，维生素A的消化吸收率增高。

小儿紫癜

疾病简介 过敏性紫癜是儿童常见病之一，属于自身免疫性疾病，发病急是它的突

出特点。近年来过敏性紫癜发病率呈上升的趋势，6～14岁儿童的发病率较高，患病儿童多数是过敏体质。宝宝过敏性紫癜发病较急，宝宝或家长首先看到的通常是皮肤紫癜，大多开始出现在双侧小腿，踝关节周围，有时还伴有荨麻疹，病情较重的宝宝上肢、胸背部也可出现出血点，甚至会有大片瘀斑或血性水泡。紫癜的特征是高出皮肤、大小不等、呈紫红色、压之不退色的出血点。一般1～2周消退，也可反复出现或迁延数周、数月不退。其次是有关节疼痛，约有1/3～2/3患儿会发生关节红肿疼痛，不能走动。多见于踝关节、膝关节，甚至部分患儿出现关节腔积液。关节肿胀的特点是消退后不留后遗症。还有少数患儿出现脐周疼痛、呕吐，甚至便血、肠套叠。另有约30%的患儿会出现肾脏损害，如血尿、蛋白尿或管型尿，这种较严重的表现称为紫癜性肾炎，一般发生在病后2～4周。肾炎发病轻重不一，多数为轻型，通常不治自愈，少数可出现肾功衰竭、尿毒症。

应急与护理 从家长和宝宝配合治疗的角度来讲，调节饮食在宝宝过敏性紫癜的治疗中就显得尤为重要了。首先应给予素食，不要有鸡、鸭、鱼、虾、牛奶或各种肉类。经过治疗紫癜消失1个月后，才可恢复动物蛋白的饮食，恢复的原则是含动物蛋白的饮食一样一样的逐步添加。3天加一种，吃后无过敏反应再加第二种、第三种。这样既保证了安全，也有利于发现过敏原为何种动物蛋白。

其次，治疗期间患儿应控制自己不要到冷空气或人群密集环境中去，避免剧烈运动、过度疲劳，杜绝感染机会。因为，病毒或细菌的感染可导致紫癜的复发，一般3个月内患儿情况平稳，以后复发的机会很少。如果紫癜迁延不愈，超过3个月，复发机率就会增多。

肥胖

疾病简介 小儿肥胖症表现为，宝宝体重超过同年龄标准体重或相同身高儿童标准体重的20%以上。过于肥胖的宝宝还伴有经常会有疲劳感，用力时会气短或者腿痛。严重的时候会发生呼吸困难的情况。

应急与护理 患病宝宝的饮食宜选用热量少、体积大的食物，以满足患儿的食欲，不致引起饥饿的痛苦。如绿叶菜、萝卜、豆腐等。进餐次数不宜过少，必要时，两餐之间

可供低热量的点心。每餐进食的量应合理。另，体重不宜骤减，体重降至该年龄正常值以上10%左右时，不再严格限制饮食。

遗尿

疾病简介 遗尿俗称尿床，常见于3岁以上的小儿。生病宝宝表现为睡中不自觉地排尿。如果是因为白天贪玩导致精神疲劳，或者睡前饮水过多而尿床，不算是小儿遗尿。

应急与护理： 如遗尿，妈妈要关心体贴，并改善宝宝的生活环境。需避免宝宝发生强烈的精神刺激、过度紧张和疲劳的现象。还需注意家庭成员间的人际冲突不要暴露在患病宝宝面前，以免造成宝宝的心理创伤，诱发遗尿。

呕吐

疾病简介 呕吐是婴幼儿常见病之一，呕吐多由宝宝脾胃功能失调发生。患病宝宝表现为乳、食物经宝宝的食道自口吐出。患病的宝宝应注意饮食，最好禁食一两顿，然后喂食容易消化且细软的食物，胃功能正常后恢复正常饮食。

应急与护理 注意饮食，宜定时定量，避免暴饮暴食，不要过食煎炸、肥腻食品及冷饮；呕吐较轻者可进易消化的流食或半流食，少量多次给予，呕吐重者暂予禁食；令患儿侧卧 以防呕吐时呛人气管；积极查明呕吐原因，针对病因治疗。给药时药液不要太热，服药宜缓，可采用少量多次服法，必要时可服一口，停一息，然后再服。

此外，对待宝宝应该循循善诱，温和的教导，不应当对宝宝大声呵斥；防止宝宝受到惊吓。

口腔溃疡

疾病简介 口腔溃疡是小儿易患的一种口腔黏膜疾病，口腔溃疡处为边缘色红，中心是黄绿色的溃烂点，疼痛剧烈，流口水。患病宝宝经常伴有口臭、口干、尿黄、大便干结。轻者只溃烂一两处，重者可扩展到整个口腔，甚至会引起发烧以及全身不适。

应急与护理 想让宝宝远离烂嘴巴的苦恼，最重要的是在平时注意调整饮食，妈妈平时要多给宝宝吃一些富含核黄素的食物，如牛奶、动物肝脏、菠菜、胡萝卜、白菜等。督促宝宝多喝水，注意口腔卫生，并保持大便通畅。

过敏性体质

疾病简介 过敏性体质的宝宝，对母乳和牛奶都过敏，哪怕只喝一口，马上脸上和身上都起湿疹。1岁以前宝宝的肠道比较脆弱，不能过滤掉易致过敏的蛋白因子。1岁以后，宝宝的肠道成熟了，过敏症状会慢慢好转。

应急与护理 妈妈平时应细心观察宝宝是否有过敏体质，具体对哪一种物质或食物过敏，或直接到过敏症专科门诊做过敏原皮试，便于有效预防。如宝宝有过敏性疾病史，季节转换之前可向专科医生咨询，需了解和掌握用药知识。

要预防婴儿脑震荡

疾病简介 婴儿在出生的最初几个月里，各部的器官都很纤小柔嫩。尤其是头部，相对大而重，颈部肌肉软弱无力，遇有震动，自身反射性保护功能差，很容易造成脑损伤。

应急与护理 婴儿脑震荡不单单是由于碰了头部才会引起，有很多是由于人们的习惯性动作，在无意中造成的，家长要避免一些危险的动作。比如，有的家长为了让宝宝快点人睡，就用力摇晃摇篮，推拉婴儿车；为了让宝宝高兴，把宝宝抛得高高的；有的带宝宝外出，让宝宝躺在过于颠簸的车里等。这些一般不太引人注意的习惯做法，可以使宝宝头部受到一定程度的震动，严重者可引起脑损伤，留有永久性的后遗症。

儿童的行为障碍

儿童的行为障碍，大多是因为不良环境，家庭及学校教育不得法，而使儿童产生异常心理后形成的。

课堂上的捣乱行为

有这种行为的孩子与多动症孩子不同，他们是有意恶作剧、出洋相，发出各种声音来引起别人的注意。对这种孩子，你越批评，越给予注意，他的行为越难以克服。最好的办法是在他们捣乱时不予过问，在平时多表扬少批评。给他们其他表现自己的机会，如体育比赛、表演等。

逆反心理

有的孩子就是不听话，你叫他东，他偏往西。在孩子3岁以后，往往不能按父母的要求做，但随年龄增长，辨别是非好坏，就能讲道理了。有的儿童逆反心理越来越严重，表现出不顺从。对4～7岁不听话的孩子要进行训练，首先在活动和游戏中鼓励他和父母合作。进而要求他在游戏中按命令或游戏规则去做。如果他不能听，则停止游戏。

破坏行为

有的儿童将钟表玩具拆开，是因为好奇，但有的孩子拆毁东西的心理是破坏。他们可以将物品向墙上掷，打破玻璃窗或灯泡，对别人的哭泣或愤怒感到有趣。造成孩子有破坏行为的原因很多，如儿童受到欺侮和嘲笑时不敢公开表示反抗，受到挫折时难以表达和发泄等，积累多了就会有异常的表现。对有破坏行为的儿童，要给予更多的爱和关注，引导他们把精力用于做好事上，使他们因做好事而受到人们的赞扬。